ThinkWise 소프트웨어 3개월 정품사용권

《시작과 끝 ThinkWise》를 구매하신 모든 분들께
ThinkWise 프로그램의 3개월 정품 사용권한을 드립니다.

◇ **제품명** : ThinkWise 14 Arena
◇ **쿠폰번호** : *****-*****

ThinkWise 14 Arena 설치 및 인증 방법 1

① 도서를 구매하신 후 해당도서 영수증 사진을 TW@bmark.co.kr로 보내주세요.
② ThinkWise 14 Arena 정품 프로그램(275,000원) '3개월 무료이용권' 쿠폰 인증번호를 발송해 드립니다.

ThinkWise 14 Arena 설치 및 인증 방법 2

① ThinkWise 홈페이지에 회원가입 후 로그인하세요.
② **[마이페이지]** - **[쿠폰등록]**을 누르십시오.
③ 위의 쿠폰번호를 입력하고 **'확인'**을 누릅니다.
④ 다시 **[마이페이지]**로 접속합니다.
⑤ **[프로그램]** - **[파일버튼]**을 눌러 ThinkWise 14 Arena 정품 프로그램을 설치합니다.
⑥ 설치 완료 후 프로그램을 실행하면 나타나는 프로그램 인증번호 입력란에 발급된 인증번호를 입력한 후 **'다음'**을 누릅니다.
⑦ 제품 인증 완료 화면이 나타나면 프로그램 정품 전환이 완료된 것입니다. **'마침'**을 누르세요.

시작과 끝
ThinkWise
생각에 엔진을 달다

▌유상민 황태희 장민석 공저

머 리 말

10여 년 전 ThinkWise 사용자였던 저는 현재 ThinkWise를 가르치는 강사로 활동하고 있습니다. 사용자에서 강사가 되기까지 꾸준히 마인드맵을 사용하며, 머릿속의 생각을 '잘' 정리하는 방법으로 ThinkWise 만한 프로그램이 없다는 것을 절실히 느끼게 되었습니다. 모든 사람이 '성공하는 정리 방법'으로 ThinkWise 프로그램을 사용하면 각 개인의 생활에 혁신이 올 것이라고 확신하는 이유입니다.
그 후, '왜 많은 사람이 ThinkWise 프로그램을 사용하지 않을까?'라는 의문이 들었고, 그 이유로 'ThinkWise가 어렵다고 느끼거나 익숙하지 않아서'라고 결론지었습니다.

본 교재는 컴퓨터가 익숙하지 않은 분들은 물론이고 ThinkWise를 처음 접하는 분들도 쉽게 사용할 수 있도록 기초부터 활용에 이르기까지 '기본설명'에 충실한 완벽 실용서입니다. 손쉽게 따라하면 남녀노소 누구나 마인드맵 작성의 전문가가 될 수 있도록 구성했습니다. 각 장마다 맵 작성에 유용한 Tip을 알려드리고, 빠르게 맵을 만들 수 있는 '핵심'만을 다루도록 노력했습니다.

처음부터 잘하는 사람은 절대 없습니다. ThinkWise 홈페이지와 카페를 통해서 여러분들보다 조금 일찍 사용하신 분들의 맵을 똑같이 몇 번 작성해 보시거나, 이 책에 나와 있는 내용을 충실히 학습하다 보면 금세 마인드맵 전문가가 될 수 있습니다. 그리고 더욱 중요한 것은 개인에게 맞는 일정, 업무, 학습, 연구, 개발 등 모든 분야에 마인드맵 작성을 적용해 보면서 ThinkWise 프로그램의 놀랍고 강력한 '정리의 힘'을 정확히 아는 것입니다.

출판에 아낌없는 도움을 준 북마크 식구들과 ThinkWise의 개발사인 ㈜심테크시스템의 정영교 대표님께 지면을 통해서 감사의 말씀을 전합니다. 바쁜 일정에도 도움을 주신 유길문, 조석중, 오경미 작가님 그리고 김강수 원장님께도 감사드립니다. 다시 한 번 독서에 눈을 뜨게 해준 대한민국 명품 독서 모임인 리더스클럽(독서토론과 정보공유로 가치 있는 삶을 이루어 간다는 목표를 가진 모임)의 모든 임원과 회원 분들께 감사드립니다.

마지막으로 이 책을 만들기까지 제일 고생한 사람은 아내입니다. 자료정리에서부터 준비와 편집까지 아내의 도움 없이는 할 수 없는 일이었습니다. 아내에게 감사의 마음을 전합니다. 이렇게 고생해서 만든 이 책이 ThinkWise를 통해 생각을 더 쉽게 정리할 수 있도록 많은 사람에게 도움이 되길 바랍니다.

이 책을 보며 따라 했는데도 못하겠다는 분은 절대 없을 것이라 확신합니다.

2015년 1월

유상민, 황태희, 장민석

■ 추천사 1

'정리되지 않은 생각을 정리할 수 있는 프로그램은 왜 없을까?'

1991년 귀국해 심테크를 설립하고 시뮬레이션 프로그램 개발과 컨설팅 사업을 한창 진행하던 1996년의 어느 날, 문득 '생각을 정리할 수 있는 프로그램'에 대한 필요를 느끼고 ThinkWise 개발을 추진하기 시작했습니다. 워드프로세서가 빠르게 보급되던 시절, 토니 부잔의 마인드맵 기법에 매료되어 나 자신의 생각을 정리하는 도구로 사용할 목적으로 시작한 개발이었습니다.

마인드매핑에서 마인드프로세싱으로

첫 제품을 1997년에 완성하고 회사 내부에서 활용하면서 톡톡히 효과를 보았지만, 일반시장을 상대로 판매하기에는 시장성이 없다는 결론에 이르렀습니다. 이를 해결하기 위해 제가 생각해 낸 방법은 'MS Office와의 연결고리를 만드는 것'이었고, 맵이 워드로 자동변환되는 제품을 세계 최초로 개발하였습니다. 빙고! 'You do the thinking, and ThinkWise will do the rest.'라는 문구를 앞세워 제품을 2001년 컴덱스에서 발표하며, 마인드프로세싱이라는 새로운 용어와 패러다임을 세상에 선언하였습니다. 그 이후 13년이 지난 지금, 정리되지 않은 채 솟아나는 생각들을 빠르게 시각화·구조화하고 동시에 언제든지 워드 문서로도 변환할 수 있는 획기적인 마인드프로세서 'ThinkWise'는 이제 일 잘하는 사람과 공부 잘하는 사람의 공개된 비법이 되었습니다.

시각적 사고에서 조감적 사고를 거쳐 글로벌 경쟁력을 향하여

인터넷, 모바일, 클라우드로 대변되는 지금의 IT 환경에서 우리 사회는 글로벌 경쟁력이라는 지향점을 향해 움직이고 있습니다. 이 과정에서 풀어야 할 가장 큰 숙제는 산업 인프라의 하드웨어적 확장이 아니라 구성원의 창의적 역량개발임을 우리는 잘 알고 있습니다. 그리고 그 실마리를 시각적 사고에서 찾을 수 있음을 강조하고 싶습니다. 작게는 낙서나 메모부터 시각적 매핑과 같은 방법을 통해 시각적 사고를 훈련하면, 전체를 보는 조감적 사고가 개발되고, 조감적 사고는 다시 창의적 사고역량을 계발하기 때문입니다.

'잘 쓰는 당신이 더 훌륭합니다'

ThinkWise를 오랫동안 사용해온 사용자가 가끔 찾아와 자신의 체험담과 함께 좋은 제품을 만들어 주어 고맙다고 할 때 항상 해왔던 말입니다. '만든 사람보다 훨씬 잘 쓰는 당신이 더 훌륭합니다. 그리고 자신의 소중한 체험을 대가 없이 남과 나누는 사람 또한 훌륭하고 아름답습니다.'

1997년 ThinkWise 프로그램이 출시된 이래 출간된 여러 권의 사용서와 설명서 중에서도 이 책은 매우 큰 특징을 갖습니다. 그것은 17년간 개발되어온 ThinkWise의 기능적 실체를 빠짐없이 세밀하게 분석하여 설명하고 있을 뿐만 아니라, 초보자에서 전문 사용자까지 참고할 수 있는 해설의 깊이와 눈높이를 일관되게 유지하고 있다는 점입니다. 이것이 가능한 이유는 저자가 소프트웨어 개발뿐만 아니라 시스템 컨설팅 분야에서도 공인된 전문가라는 사실과, 자신의 체험을 남과 기꺼이 나누려는 오랜 의지 때문이라고 생각합니다. 지난 17년간 ThinkWise를 기획하고 개발해온 사람으로서 다시 한 번 이 책을 쓰신 유상민 선생님께 깊은 감사의 마음을 전합니다.

정영교(심테크시스템 대표이사)

■ 추천사 2

흩어지는 생각들을 일목요연하게 정리하고 싶은 마음이 있었습니다. 그러나 방법도, 시스템도 뚜렷이 없던 차에 '짠'하고 해결사가 나타났습니다. 그것은 정영교 이사님께서 개발한 ThinkWise 프로그램이었습니다. 정영교 이사님은 MS Office와 연결한 독창적인 마인드맵 프로그램인 ThinkWise를 세계 최초로 개발하신 분입니다. 국내는 물론이고 해외로도 이런 ThinkWise 프로그램의 유용함을 널리 알리고 계신 유상민, 황태희 선생님을 비롯한 장민석 교수님께서 이번에 ThinkWise를 실무에서 바로 활용할 수 있게 하는 실용서를 공동집필하셨습니다. 이 책《시작과 끝 ThinkWise》를 익히고 활용하면 떠도는 많은 생각들을 ThinkWise에 유용하게 정리할 수 있고, 책을 읽고 기록으로 남기는 것뿐만 아니라 회사 실무에도 아주 멋지게 활용할 수 있을 것입니다.

유길문(《더 시너지》 저자, 리더스클럽 회장)

■ 추천사 3

강사에게 ThinkWise 마인드프로세서는 강의를 자신감 있게 준비하기 위한 최고의 도구입니다. 강의계획서를 작성하고 교안을 만드는데 ThinkWise가 실질적인 도움을 주기 때문입니다. 또한 강의를 위해 책을 정리하고 요약할 때 한 장으로 펼쳐진 맵은 지식을 시각화할 수 있는 최고의 방법입니다. 강사들에게 그리고 책을 읽고 정리하는 모든 분들에게 ThinkWise를 완벽하게 사용할 수 있도록 도와주는 《시작과 끝 ThinkWise》를 추천합니다.

ThinkWise 프로그램을 사용하면 시간 단축은 물론이고 핵심을 요약할 수 있고, 머릿속의 다양한 생각들을 정리할 수 있습니다. 이미 수년째 활용하고 있는 저는 그 효과에 대해 만족하고 있으며, 주변 모든 분들에게 적극적으로 추천하고 있습니다. 단언컨대 ThinkWise가 현재의 업무에 많은 도움을 드릴 것입니다.

조석중(《독서를 명령하라》 저자, 배움아카데미 대표, 강의기법 전문강사)

■ 추천사 4

3년 전 독서모임에서 유상민 선생님을 통해 Thinkwise를 활용한 디지털 마인드맵을 처음 접했습니다. 머릿속 생각을 나뭇가지처럼 하나하나씩 펼쳐서 화면 하나에 만들어 놓는 방식이 무척 신기하고 새로웠습니다. 컴퓨터를 잘 다루지 못했기 때문에 나 같은 기계치도 디지털 마인드맵을 잘 사용할 수 있을지 걱정했지만 사용해보니 정말 쉽고, 간단하고, 편리했습니다.

Thinkwise 마인드맵을 사용하다 보면 프로그램 안에 있는 다양한 기능들을 배워서 사용하고픈 마음이 커집니다. 하지만 다양한 기능들을 배워도 꾸준히 사용하지 않으면 금방 사용법을 잊어버립니다. 저처럼 오래 기억하지 못하고 배움이 더딘 사람들을 위해서 하나하나 자세히 설명한 마인드맵 해설서가 있으면 좋겠다는 생각을 항상 했습니다. 그런데 이번에 누구나 쉽게 이해하고 따라 할 수 있는 책이 나와서 정말 반갑습니다. 이 책에는 친절하게도 그림 설명이 많아서 더 알고 싶은 기능들을 책에 있는 대로 따라 하다 보면 쉽게 원하는 형태의 맵을 만들 수 있습니다. 특히 컴퓨터를 잘 다루지 못하는 사람들에게 정말 쉽고 좋은 가이드북입니다.

그동안 유상민 선생님은 강연과 교육을 통해 초등학생부터 성인까지 다양한 사람들이 어떻게 하면 생활 속에서 마인드맵을 잘 활용할 수 있을지 끊임없이 지도해왔기 때문에 사람들이 무엇을 어려워하는지도 잘 알고 있었습니다. 이번에 출간된 책은 저자들이 현장에서 직접 들은 의견과 경험, 그리고 마인드맵에 푹 빠져 지내면서 얻은 지식을 독자를 위해 잘 정리해 놓은 특별한 의미를 지닌 책입니다. 기본적으로 컴퓨터 프로그램은 사람을 위해서 만들어졌기 때문에 누구나 사용하기 쉽고 편리해야 합니다. 이 책은 여기에 주안점을 두고, 독자로 하여금 이해하고 따라하기 쉽게 쓰였습니다.

마인드맵은 일상에서도 활용도가 높습니다. 실제로 저는 가계부를 작성하거나 책을 읽고 인물 관계도를 만들 때, 글을 쓸 때, 생활계획표나 여행계획표를 만들 때, 남편의 출장 보고서 작성, 책 쓰기, 목차 작성 등에 마인드맵을 사용하고 있습니다. 과거에는 수평으로만 작성하던 문서를 그림처럼 다양한 모양과 방향으로 만들 수 있어서 창의적인 사고도 가능하게 해줍니다. 집 밖에 있을 때는 스마트폰으로도 맵을 작성하고, 여러 사람들과 공유할 수 있어서 좋습니다.

무엇보다 한 장으로 생각을 들여다볼 수 있는 것은 마인드맵이 지닌 최고의 장점입니다. 좀 더 많은 사람들이 이 책을 통해 마인드맵을 배우고 잘 활용할 수 있기를 바랍니다. 나만의 경쟁력을 키울 수 있는 좋은 콘텐츠의 사용을 안내해주는 이 책이 있어서 많은 사람들이 도움을 받을 수 있을 것이라고 생각합니다.

오경미(《이제는 오감대화다》 저자, 독서지도사)

■ 추천사 5

'머릿속에 있는 많은 생각들을 한눈에 볼 수 있도록 정리할 수 없을까?' 이런 평소의 고민이 ThinkWise 마인드프로세서를 만나면서 해결되었습니다. 업무의 특성상 매일 반복되는 것 같지만 어제와 또 다른 일정들로 인해 체계적인 시간관리와 업무관리가 절실하던 차에 유상민 선생님을 만난 건 큰 행운이었습니다.

프로그램에 익숙해지기 전까지는 머릿속이 더 복잡해지는 듯했지만 직원들과 스터디를 통해 익숙해지고 나니 업무의 진행속도가 빨라졌습니다. 업무에 대한 세밀한 부분까지 점검할 수 있기에 사업계획 및 업무보고 또한 ThinkWise로 진행하고 있습니다. ThinkWise는 한눈에 볼 수 있고 쉽게 사용할 수 있다는 장점을 가진 프로그램이기에 만나는 사람 모두에게 적극 권하고 있습니다.

많은 사람들이 ThinkWise를 통해 정리되지 않던 머릿속의 생각을 잘 정리하여 많은 일들을 더 쉽고 기분 좋게 진행하면 좋을 것입니다. 마침 강의에서 부족했던 부분들과 현장에서 고민했던 내용들을 정리한 《시작과 끝 ThinkWise》가 출간된다고 하니 쌍수를 들고 환영하는 바입니다. 많은 사람들이 읽고 활용한다면 자기계발과 조직 발전에 그 진가를 발휘할 것입니다.

김강수(신광요양원 원장)

ThinkWise

CONTENTS

머리말 ··· 04
추천사 ··· 06

Part1. ThinkWise 기본 로드맵

Chapter 1 ThinkWise 알아보기
마인드맵과 ThinkWise 마인드프로세서 ··· 20
마인드프로세서의 개념 ··· 21
ThinkWise 마인드프로세서의 기능 ··· 22
필요성 ··· 23
구성요소 ··· 25

Chapter 2 ThinkWise 14 Arena 설치하기
설치방법 ··· 28

Chapter 3 ThinkWise 14 Arena 기본 사용법 익히기
ThinkWise 실행하기 ··· 33
ThinkWise 종료하기 ··· 35
ThinkWise 14 Arena 화면구성 살펴보기 ··· 37
명령지시 부분 ··· 40
ThinkWise 옵션 설정하기 ··· 45

Chapter 4 ThinkWise 14 Arena 기본 문서 다루기
- 새로운 맵 만들기 ··· 58
- 제목 입력하기 ··· 63
- 가지 만들기 ··· 64
- 맵 문서 저장하기 ··· 72
- 클라우드로 내보내기/가져오기 ··· 88

- 문자열 삽입 … 93
- 자동 붙여넣기 … 95
- 메모 추가 … 99
- 노트를 활용하여 설명 입력하기(문장으로 기록하기) … 101
- 개체 삽입 … 106
- 표 생성하기 … 114
- 여러 줄 입력 … 122
- 가지 이동 … 124
- 다양한 화면보기 옵션 … 127

Part2. 손쉬운 문서 다루기

Chapter 1 맵 문서 디자인

- 진행 방향 … 132
- 가지 모양 … 137
- 맵 디자인 … 138
- 서식 지정 … 145
- 마이 펜 … 151
- 스타일 복사 및 붙여넣기 … 154
- 그림 사용하기 … 156
- 외부 그림파일 활용하기 … 160
- 맵 문서에 삽입된 그림 저장하기 … 163
- 테두리 … 166
- 외곽선 추가 … 169
- 기호 … 172
- 관계연결선 실행하기 … 174
- 묶기 실행하기 … 177
- 특수기호 입력 … 180

Chapter 2 맵 문서 편집

- 가지 수정 ··· 184
- 방사형 맵의 1레벨 가지 순서 지정 ··· 185
- 줄맞춤 ··· 186
- 잘라내기, 복사 그리고 붙여넣기 ··· 188
- 선택하여 붙여넣기 ··· 191
- 자유로운 가지 배치 ··· 204
- 찾기와 바꾸기 ··· 209
- 가지선택 ··· 214
- 영역 선택 ··· 219
- 실행 취소와 다시 실행 ··· 222
- 가지 추출 ··· 223

Chapter 3 맵 문서 보기

- 화면보기 ··· 226
- 끌기 ··· 230
- 가지 접기/펴기 ··· 230
- 입력틀 ··· 238
- 창 메뉴 사용 ··· 240
- 맵 문서가 저장된 폴더 열기 ··· 244
- 정렬 ··· 245
- 배치 & 그룹 ··· 246
- 가지 간격 ··· 249
- 자동번호 붙이기 ··· 251
- 가지 순서 정렬 ··· 252

Chapter 4 맵 문서 완성

- 맞춤법 검사 ··· 255
- 인쇄 ··· 256
- 화면 캡처 ··· 275
- 자동합계 ··· 277
- 도움말 사용 ··· 278

Part3. 성공하는 사람들만 아는 ThinkWise 200% 활용법

Chapter 1 발상 도구 ThinkWise

- 브레인스토밍 ··· 282
- 방사형 연상 ··· 287
- 속성 열거 ··· 287
- 시계열 사고 ··· 289
- 피쉬본 ··· 290
- 역진행 사고 ··· 290
- SWOT 분석 ··· 291
- 강제 연결법 ··· 292
- 시계 ··· 293

Chapter 2 소통 도구 ThinkWise

- 발표(프레젠테이션) 개념 ··· 294

Chapter 3 문서작성 도구 ThinkWise

- 내보내기 ··· 302
- 가져오기 ··· 311
- 다른 프로그램에 맵 붙여넣기 ··· 316

Chapter 4 정보관리 도구 ThinkWise
- 자료 연결(하이퍼링크) ··· 319
- 나누기 ··· 329
- 연결 맵 붙여넣기 ··· 330
- 폴더 구조 생성 ··· 331

Chapter 5 일정관리 도구 ThinkWise
- 일정 ··· 334
- 자원 ··· 346

Chapter 6 협업 도구 ThinkWise
- ThinkWise의 협업 서비스 ··· 351
- Cloud(클라우드) ··· 352
- Collaboration(컬래버레이션) ··· 352
- Communication(소통) ··· 352

Chapter 7 모바일 ThinkWise
- ThinkWise Mobile ··· 356

부록
- 활용 맵 예시 ··· 364
- ThinkWise 활용기 ··· 378

PART 1

ThinkWise 기본 로드맵

Chapter ❶

ThinkWise 알아보기

마인드맵과 ThinkWise 마인드프로세서

마인드맵이란 마음속에 지도를 그리듯이 줄거리를 이해하며 정리해 나가는 방법으로 주제를 중심에 두고 떠오르는 생각들을 적어 나가는 필기법입니다. 영국의 토니 부잔에 의해 1970년대에 고안되었으며 좌뇌와 우뇌의 특성을 적절히 활용할 수 있는 방법으로 인정받고 있습니다. 확산적 사고와 연상과 결합의 사고 특성이 반영된 마인드맵은 창의성 계발과 이해, 암기와 같은 능력 향상에 탁월한 효과를 가지고 있습니다. 또한 중요한 핵심 개념들을 효과적으로 시각화하고 정보의 수렴과 아이디어의 결합을 자유롭게 해줌으로써 주제를 보다 쉽게 표현하고 정리할 수 있도록 해주는 생각의 도구입니다.

기존의 지식을 바탕으로 더 새롭고 유용한 것들을 도출할 수 있도록 해주는 마인드맵은 기본적으로 종이와 필기도구만 있으면 시작할 수 있습니다. 종이가 클수록 더 많은 아이디어를 낼 수 있으며, 필기도구는 여러 가지 종류와 색상을 사용하는 것이 시각적으로 도움이 됩니다. 손으로 그리는 마인드맵의 장점을 살리고 정보화 시대에 적합한 디지털 마인드맵을 많은 사람들이 활용하고 있습니다.

마인드맵을 효과적으로 작성하기 위해서는 어떻게 생각할 것인가와 어떻게 표현할 것인가에 대해 이해하는 것이 중요합니다. 떠오르는 생각을 맵으로 잘 표현하기 위해서는 중심 이미지, 가지의 추가와 배치, 과장과 강조 효과, 관계선과 연결선을 사용해야 합니다. 그리고 풍부한 생각을 자연스럽게 떠올리고 생각을 확산해 나가기 위해서는 상상, 연상 및 결합의 방법을 사용하게 됩니다.
마인드맵으로 생각을 잘 표현하기 위해서는 작성 원칙을 잘 이해하고 숙달이 될 때까지 반복적으로 훈련하여야 합니다. 이러한 과정을 거치면서 마인드맵 방식에 익숙해지면 생각을 표현하는 방식에 대해 어느 정도 본인에게 적합한 활용법을 발견하게 될 것입니다.

ThinkWise 같은 디지털 마인드맵의 장점은 첫 번째, 작성된 맵이 전자문서의 형태로 저장되므로 수정과 확장이 용이하고 내용을 공유할 수 있다는 점입니다. ThinkWise의 경우 ThinkWise 웹 사이트에서 PC용 버전을, 앱스토어에서 아이폰과 아이패드용을, 구글의 플레이스토어에서 안드로이드를 사용하는 스마트폰 및 태블릿에 설치할 수 있습니다. 이렇게 다양한 운영체제에서 사용이 가능하여 컴퓨터, 태블릿, 스마트폰을 오가면서 활용할 수 있다는 장점이 있습니다.

두 번째, ThinkWise는 다양한 IT 기술 및 제품과의 접목이 가능하며 가지의 모양, 배치, 이미지 작성 등을 쉽게 할 수 있습니다. 마인드맵 전개 과정에서 첨부파일과 이미지를 넣을 수 있으며, 메모, 책갈피, 꼬리표, 작업정보 기능 등도 지원됩니다. 다양한 파일 형태로 변환과 저장이 가능하며, 손쉽게 업무와 연계하여 활용할 수 있습니다.

세 번째, ThinkWise는 배치와 구조화의 문제를 디지털 마인드맵으로 해결해 줌으로써, 짧은 시간 동안 폭발적으로 떠오르는 창의적인 아이디어를 쉽고 빠르게 시각화할 수 있습니다. 대, 중, 소의 형태로 전개한 내용 중에 중복이나 누락이 있을 경우에는 상·하위 전개과정으로 쉽게 이동시킬 수 있습니다.

네 번째, ThinkWise로 한번 만들어진 자료는 영구적으로 관리하고 발전시켜 나갈 수 있으므로 추가적인 노력을 현저하게 줄일 수 있습니다. 종이에서 전개한 마인드맵에 내용을 추가하고자 할 경우 처음부터 다시 전개해야 하지만, 디지털 마인드맵으로 작성한 경우에는 손쉽게 내용을 추가할 수 있습니다.

마인드프로세싱의 개념

생각 따로 필기 따로인 기존의 업무방식의 문제점을 보완할 방법은 창의적 사고와 생각의 구체화를 동시에 해나갈 수 있는 도구를 사용해 업무처리 과정에서 불필요하거나 불합리한 과정과 절차를 줄이고 개인과 조직의 역량을 창의적 사고에 집중하는 것입니다. 이러한 기존의 정체된 업무방식에서 벗어나 창의적이고 시각적인 사고와 필기를 한 개의 도구를 통해 입체적으로 활용하여 업무를 진행하는 것을 '마인드프로세싱'이라고 합니다.

이렇게 마인드프로세싱은 기존의 워드프로세싱과 대비되는 새로운 개념의 업무처리 방식이라 할 수 있습니다. PC(개인용 컴퓨터)의 등장과 함께 타자기의 대체품으로 시작된 워드프로세서는 문장을 작성하는 획기적인 도구로 시작되었지만, 20년이 흐른 지금 웬만한 사람이면 자신의 자서전을 전자출판할 정도로 보편적인 도구가 되어버렸습니다. 한때 '분당 몇 타를 치는가'가 대단한 능력처럼 여겨지던 시절도 있었지만, 이제는 초등학생도 워드를 사용해서 숙제를 합니다.

이처럼 모든 것은 변화하고 그 변화 속에서 업무처리 방식도 예외일 수 없습니다. 당연하게 사용해 오던 책상 위의 커다란 모니터가 어느 순간에 모두 LCD로 바뀌었듯이, 창의적 사고와 필기가 동시에 가능한 마인드프로세싱이라는 새로운 업무처리 방식도 개인과 조직의 경쟁력 향상을 위한 혁신적인 방법으로 빠르게 확산되어 가고 있습니다.

ThinkWise 마인드프로세서의 기능

ThinkWise는 마인드맵을 좀 더 손쉽게 작성할 목적으로 개발된 프로그램입니다. ThinkWise는 글자만 입력하면 가지가 자동으로 만들어지며 클립아트, 맵 진행 방향 지정 기능 등을 사용하여 다양한 모양의 마인드맵을 쉽고 빠르게 만들 수 있습니다. 또한 컴퓨터로 작성하는 것에서 그치지 않고, 작성한 맵을 인쇄, 수정하고, 한글과 컴퓨터사의 '한글'이나 Microsoft사의 MS Word, MS PowerPoint, MS Excel 등 다양한 형식의 문서로 변환하여 활용할 수 있습니다. 여러 응용프로그램으로도 마인드맵을 작성할 수 있지만, ThinkWise에는 다른 프로그램에는 없는 다양한 기능들이 있습니다. ThinkWise 14 Arena를 기준으로 주요 기능을 알아보겠습니다.

■ 창의적인 사고와 필기 기능

ThinkWise는 무순서 다차원적으로 전개되는 우뇌의 확산적 사고 속성과 순차적이며 논리적으로 전개하는 좌뇌의 수렴적 사고 속성을 지원합니다. 또한 다양한 창의적 사고기법을 일상의 업무에 쉽게 적용할 수 있습니다. 그리고 인간의 창의적 사고 과정을 극대화하기 위해 두뇌 친화적인 사용자 인터페이스를 제공합니다. 즉, 배우고 쓰기 쉬우며 다양한 기능을 담고 있습니다.

■ **시각적 사고와 필기 기능**

무엇보다 시각적 사고와 효과를 극대화할 수 있습니다. 즉, 준비된 생각이나 단어를 나열하는 좌뇌형 서술의 도구가 아니라 생각을 그리듯이 시각적으로 표현할 수 있습니다. 생각을 전개해 나가는 과정에서 그려진 내용을 보며 동시에 생각의 전체 모습을 파악하고 쉽고 빠르게 재배치하여 생각을 구조화해 나갈 수 있습니다.

■ **다양한 호환성**

마인드프로세싱의 결과로 만들어진 내용을 기존의 직선적인 형태의 문서로 전환할 수 있으며, 기존의 업무 방식에 사용된 다양한 시스템 및 문서 양식과 호환이 가능합니다.

필요성

마인드프로세서는 당신의 생각을 구조화하는 과정에 필요합니다. 많은 경로를 통해 획득한 정보를 논리적으로 정리하는 능력은 현대의 정보화 시대에 있어 가장 중요한 생존기술입니다. 오른쪽으로 읽고 서술하는 기존의 직선적 서술 방식은 많은 정보를 효과적으로 정리하는 데 본질적인 문제점을 가지고 있습니다.

　우리의 두뇌는 여러 감각기관을 통해 입체적으로 정보를 받아들이며, 이것은 기존의 직선적인 필기 형태로 정리하기 어렵습니다. 두뇌는 크게 좌뇌와 우뇌로 나뉘며, 무순서 다차원적으로 입력되는 정보를 처리하는 독특한 기능을 수행합니다. 이러한 사고 기능을 수행하는 우리의 두뇌는 진정 경이로운 능력을 가지고 있습니다. 나름대로의 기능을 수행하는 좌뇌와 우뇌를 가지고 있는 인간의 뇌는 아무런 패턴이나 순서가 없는 정보들을 처리할 수 있습니다. 또한, 뇌는 시각적 정보를 매우 효율적으로 처리할 수 있는 능력을 가지고 있습니다. 두뇌는 이미지와 색상에 민감하게 반응합니다. 즉, 정보를 맵의 형태로 시각화하면 우리의 두뇌는 매우 효과적으로 주제들의 상관관계를 이해하고 분석할 수 있습니다.

■ **ThinkWise 작성 원칙**

1. 자신의 일에 관해 자연스럽게 떠오르는 생각을 계층과 흐름을 고려하지 말고 일단 종이에 적어 보십시오.
2. 가장 큰 주제를 선별하고 그 밑으로 하위 주제(가지)를 정리하십시오.

3. 논리적 흐름이 필요하다면 방사형보다는 직선적 흐름으로 정리하십시오.
4. 그림을 사용하여 주제의 의미를 시각화하고, 나중에 알아볼 수 있도록 노트를 추가하여 세밀한 설명을 달아두십시오.
5. 프로젝트에 관한 맵이라면, 주제별 일정을 입력하여 일정표를 작성하십시오.
6. 반드시 중요한 맵 파일은 저장하고 백업하십시오. 맵을 열 때마다 새로운 아이디어가 떠오르고 이를 추가하는 작업은 계속 반복될 것입니다. 똑같은 새로운 아이디어라도 나중에 다시 인위적으로 재현하기란 거의 불가능합니다. 따라서 맵 작성 과정에서 현재까지의 결과물을 수시로 저장해 두는 작업은 매우 중요합니다.

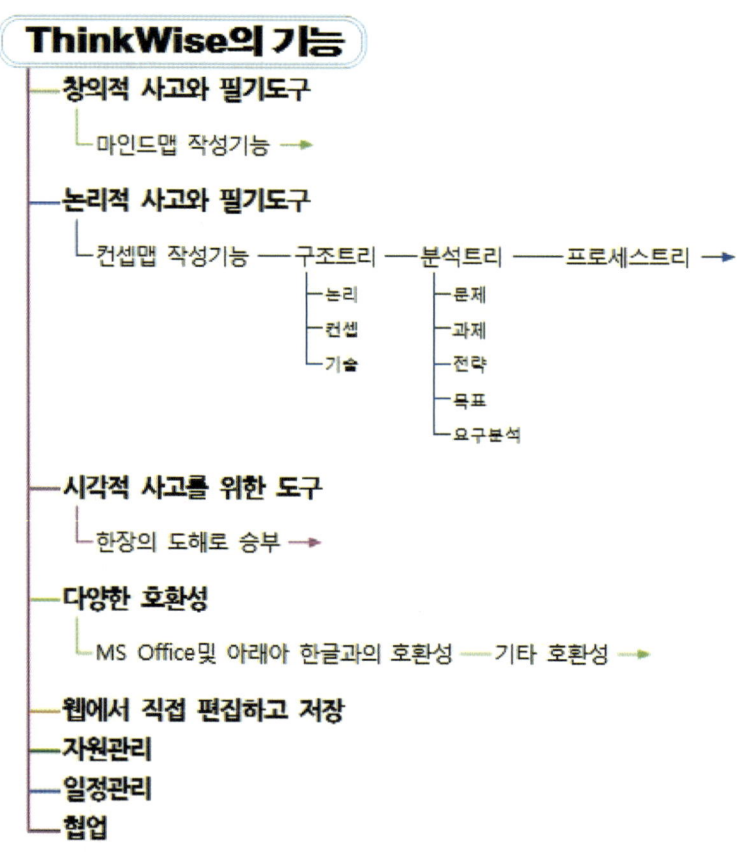

구성요소

■ 계층
어떤 주제는 다른 주제와 개념적으로 연결되어 있습니다. 특히 어떤 주제는 더 작은 여러 개의 세부 주제로 세분화될 수 있습니다. 주제가 상하관계의 개념으로 연결된 것을 계층 또는 단계라고 합니다. 계층 구조상 가장 상위의 주제가 맵의 중심주제 또는 제목이 됩니다. 중심주제의 바로 밑에는 중심주제의 요지에 해당하는 1단계 주제가 자리 잡게 되고 각각의 1단계 주제에 다시 2단계의 주제들이 배치됩니다.

■ 흐름
'흐름'이란 생각을 논리적으로 표현해 나가는 방향을 의미합니다. 어떤 맵은 방사형으로 모든 방향으로 뻗어나가는가 하면, 어떤 맵은 시작에서 끝으로 흘러가는 일직선의 흐름을 가질 수 있습니다. 프로젝트 계획을 맵으로 작성하는 경우, 일의 시작에서 종료까지의 순서를 표현하기 위해 특히 흐름의 특성이 매우 중요해집니다. ThinkWise는 마인드맵 작성에 매우 단순하면서도 강력한 환경과 기능을 제공하도록 제작되었습니다. ThinkWise는 이러한 기본 개념과 환경을 통해 여러분이 다양한 용도로 활용하고 효과를 거둘 수 있도록 하는 도구입니다.

■ 제목
제목은 사용자가 맵으로 작성하고자 하는 생각을 의미합니다. 이것은 중심에 위치하며 모든 가지들은 이 중심제목에서 파생됩니다.

■ 주제
주제는 마인드맵의 가장 기본 단위입니다. 주제에 주제를 추가하려면 우선 하위주제를 연결할 수 있는 새로운 가지를 생성하여야 합니다.

■ 가지
가지는 마인드맵에서 아주 작지만 중요한 부분으로 가지선은 인접한 두 레벨 간의 주제를 연결해 주는 역할을 합니다. 가지는 각 레벨에서 수의 제한이 없습니다.

■ **레벨**

레벨은 중심주제를 중심으로 주위에 작성되는 가지의 계층을 의미합니다. 굵은 통나무의 나이테나 연못에 돌을 던졌을 때 퍼지는 물결의 모양을 생각하면 쉽게 이해할 수 있을 것입니다. 둘 다 중심에서 방사형으로 퍼져나간다는 공통점이 있습니다. 이것을 맵에서 정보를 정리하는 과정에서 중심주제로부터 생각이 퍼져나가는 형태로 적용할 수 있습니다. 단계의 개수는 컴퓨터의 실제적인 메모리에 의해서 제한을 받지만 이론적으로는 제한이 없습니다. 위의 예제 맵을 보면 1레벨의 가지는 3개의 가지로 구성이 되어 있습니다. 그 중에서 1레벨의 맨 위에 있는 첫 번째 가지는 다시 3개의 가지를 가지고 있습니다.

■ **아이콘**

아이콘은 주제에 입력하여 사용되는 상징적인 작은 그림입니다. 아이콘은 맵의 주제를 쉽게 파악하도록 도와줍니다.

■ **그림(클립아트)**

클립아트 형태의 그림을 의미하며 이것은 쉽게 추가할 수 있습니다. 그림을 사용하는 가장 중요한 목적은 맵이 의미하는 내용을 읽기 쉽도록 돕는 것이며, 그림들은 맵이 의미하는 바를 쉽게 이해하도록 도와줍니다.

■ **노트**

선택된 주제에 대해서 방대한 양의 텍스트 정보를 추가할 때 사용합니다.

■ **일정**

프로젝트 관리를 위해서 일정에 대한 내용을 구체적으로 추가할 수 있습니다.

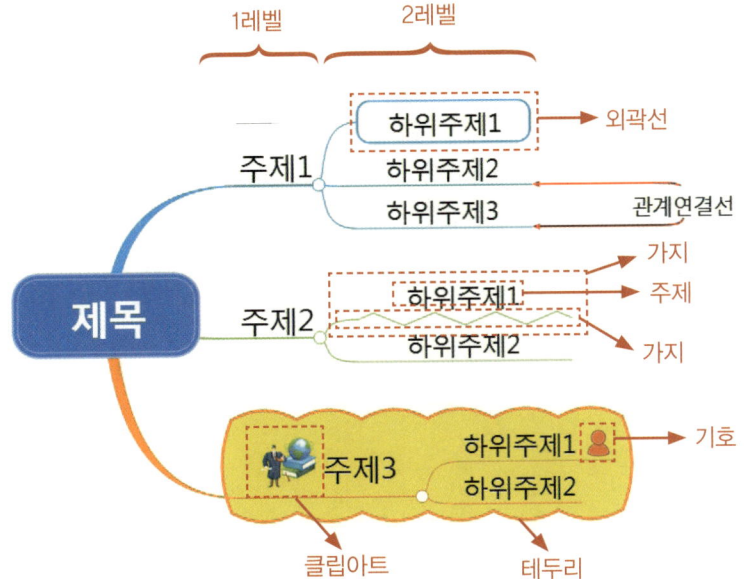

Chapter ❷

ThinkWise 14 Arena 설치하기

■ 설치하기 전에

ThinkWise 프로그램은 원본 CD를 이용하거나 ThinkWise 홈페이지를 방문하여 프로그램을 다운로드받아 설치할 수 있습니다. ThinkWise 프로그램을 설치하여 사용하려면 하드 디스크의 여유 공간을 500MB 이상으로 확보해야 합니다. ThinkWise 프로그램을 설치할 때 사용자의 시스템의 버전은 Windows XP, Windows Vista, Windows 7 이상이 필요합니다.

■ 설치방법

ThinkWise 프로그램 CD를 준비된 CD-ROM 드라이브에 넣습니다. 자동으로 ThinkWise 프로그램 설치가 시작됩니다. 자동실행이 되지 않는 컴퓨터에서는 탐색기를 실행하여 CD-ROM 드라이브를 선택한 다음 'SETUP.EXE' 파일을 직접 실행합니다. InstallShield Wizard가 설치 준비를 시작합니다. 또는 ThinkWise 프로그램(ESD)을 홈페이지에서 다운로드한 경우에는 다운로드한 파일 'TWArena14.exe'를 더블클릭하여 설치를 시작합니다.

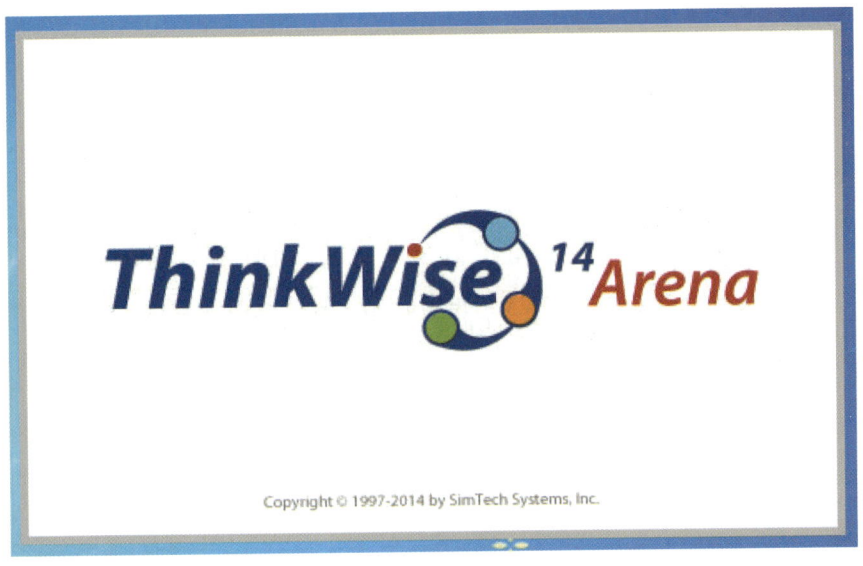

ThinkWise 프로그램 설치를 위해 다운로드한 파일을 실행하면 ThinkWise 프로그램 설치가 시작됩니다.

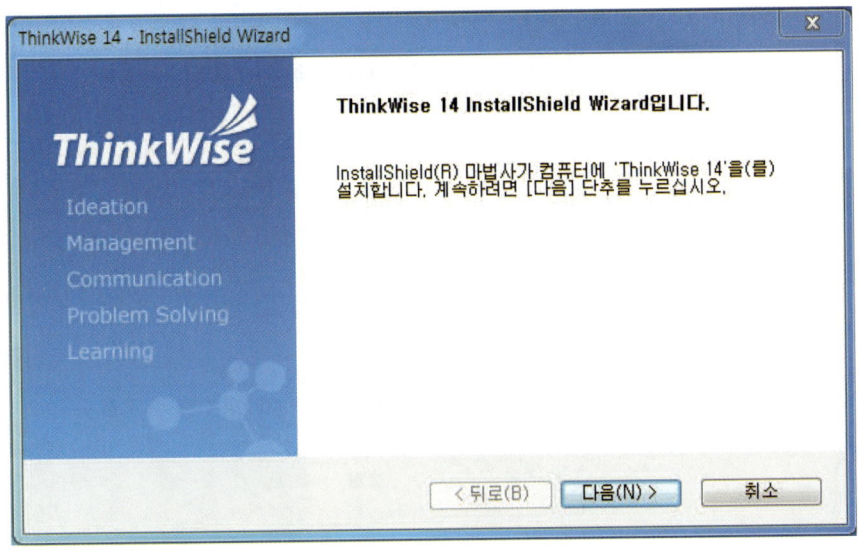

소프트웨어 라이센스 동의서 대화상자가 나타납니다. 사용권 계약서의 내용을 읽은 후 동의할 경우 [동의] 단추를 클릭하고 [다음(N))]을 누릅니다.

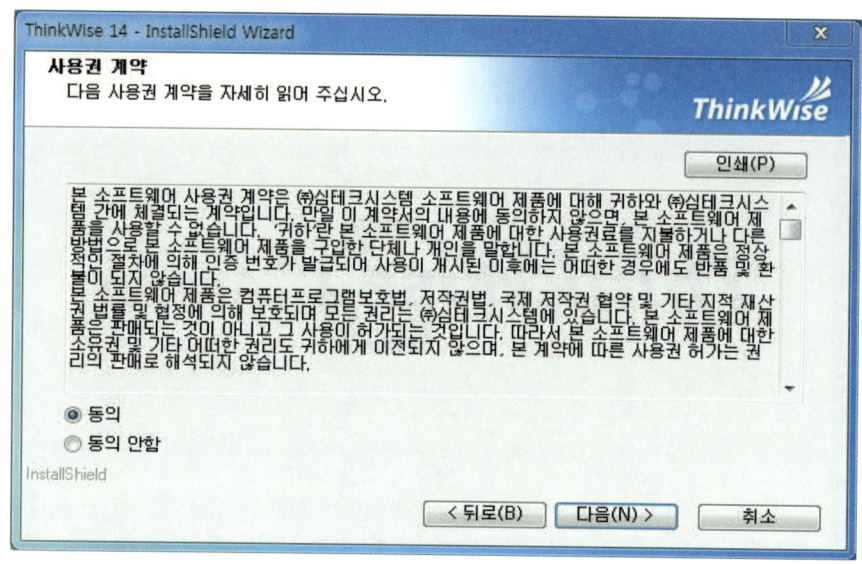

'간편 설치'와 '사용자 설치' 중 선택하여 '다음'을 클릭합니다.

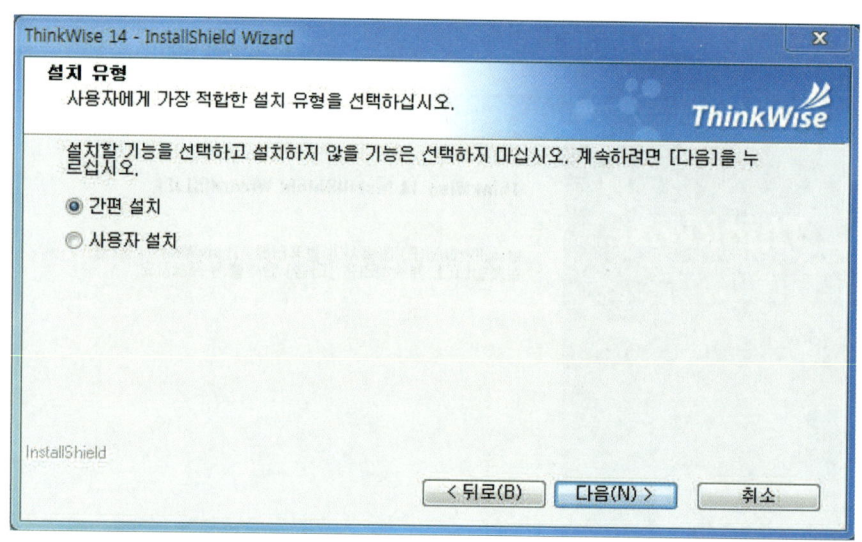

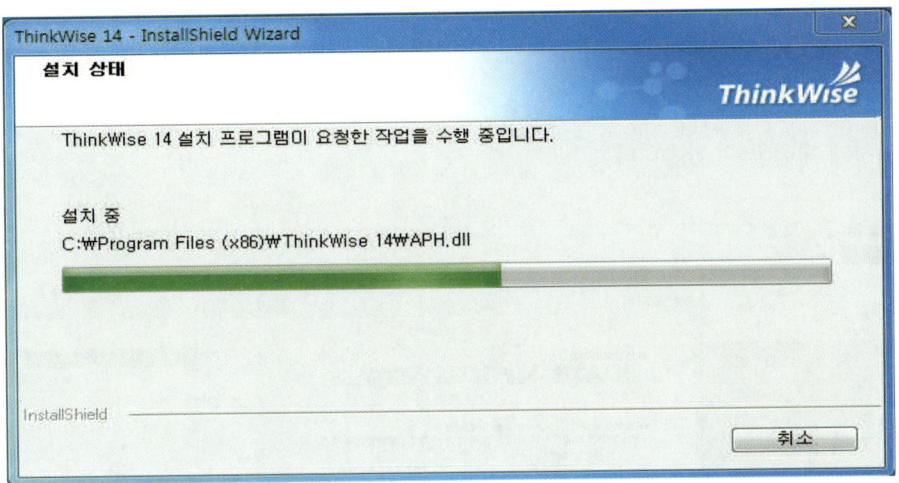

프로그램 설치가 진행됩니다.

설치완료 대화상자가 나타나면 ThinkWise 프로그램을 바로 실행할 것인지의 여부를 선택한 후 **[완료]** 버튼을 누릅니다.

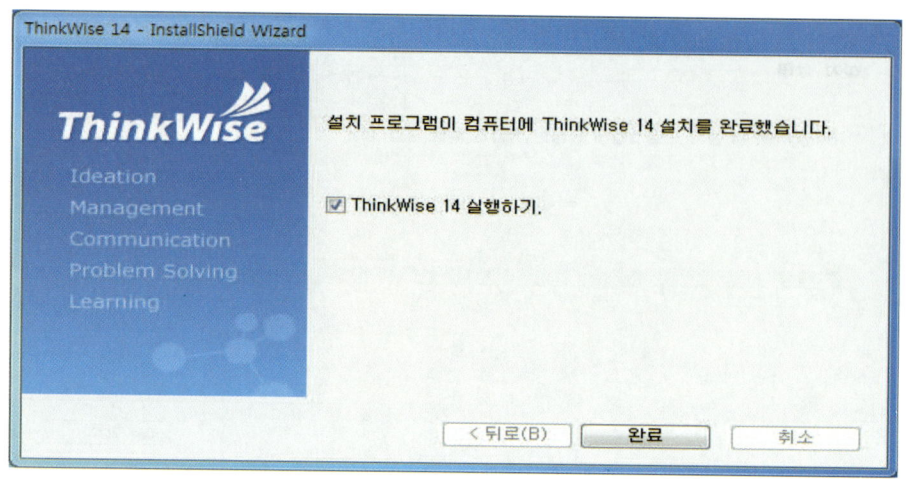

설치가 완료되었으면 ThinkWise 프로그램이 자동으로 실행됩니다.
프로그램이 실행되면 제품 구매 후 발급받은 인증번호를 입력하고 **[다음]**을 누릅니다. 이때 컴퓨터는 반드시 인터넷과 연결되어 있어야 합니다. 인증번호를 입력하지 않고 취소 버튼을 누르면 10일간 사용 가능한 체험판으로 실행됩니다. 사용자는 10일 동안 ThinkWise 프로그램의 모든 기능을 정품과 동일하게 체험할 수 있습니다.

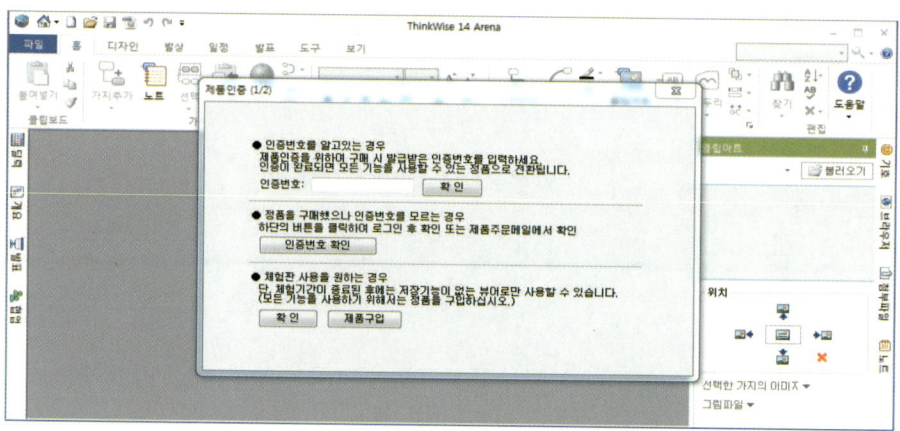

Chapter 3

ThinkWise 14 Arena 기본 사용법 익히기

ThinkWise 실행하기

ThinkWise는 [시작] 메뉴를 이용하거나 '바로가기' 아이콘 혹은 직접 ThinkWise 파일을 찾아 더블클릭하여 실행할 수 있습니다.

■ 시작메뉴를 이용하여 실행하기

작업 표시줄에 있는 [시작] 단추를 누르고 [모든 프로그램]-[ThinkWise 14 Arena]를 클릭합니다.

■ 바로가기 아이콘을 이용해 실행하기

[모든 프로그램]-[ThinkWise 14 Arena]에서 마우스 오른쪽 버튼을 클릭한 후 [보내기]-[바탕화면에 바로가기 만들기] 메뉴를 선택하면 바탕화면에 ThinkWise 14 Arena 바로가기 아이콘이 만들어집니다. 이 바로가기 아이콘을 더블클릭하면 ThinkWise가 실행됩니다.

■ ThinkWise 파일을 찾아 직접 실행하기

컴퓨터나 USB 저장장치에 있는 ThinkWise 파일을 더블클릭합니다. 해당 문서가 열리면서 ThinkWise가 실행됩니다.

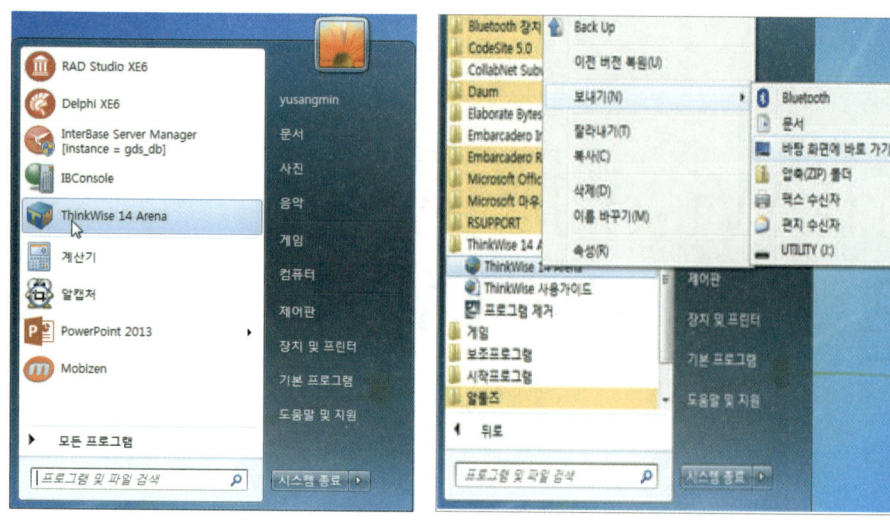

▶시작메뉴에서 실행하기   ▶바로가기 아이콘을 이용해 실행하기

▶바로가기 아이콘

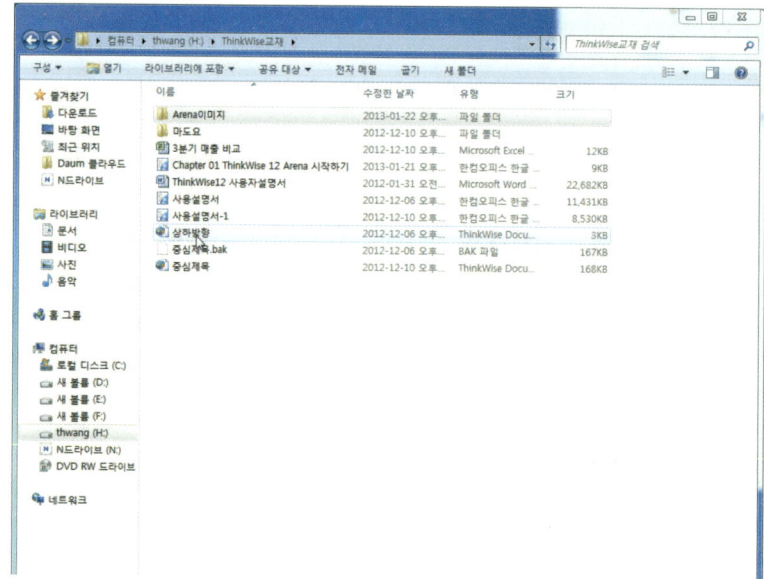

▶ThinkWise 파일에서 직접 실행하기

ThinkWise 종료하기

ThinkWise는 **창조절버튼**을 이용하거나 [ThinkWise] 단추 또는 메뉴를 이용해 종료할 수 있습니다. 이때 저장하지 않은 파일을 종료하려면 저장할 것인지 묻는 대화상자가 나타납니다.

■ **창조절버튼을 이용해 종료하기**

ThinkWise는 문서를 열 때마다 각각 서로 다른 창에서 열립니다. ThinkWise 화면 오른쪽 위에 있는 □를 누르면 각각의 문서를 닫을 수 있습니다.

■ **[ThinkWise] 단추를 이용해 종료하기**

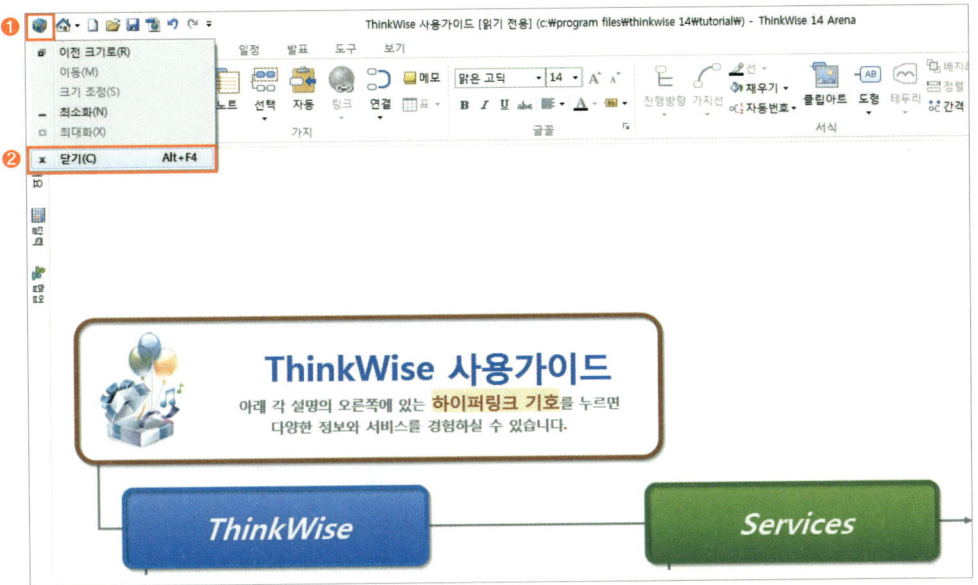

창의 왼쪽에 있는 아이콘 모양의 단추를 클릭해 아래의 **[닫기]**를 클릭합니다.

■ **메뉴를 이용해 종료하기**

[**파일**]-[**종료**]를 선택합니다.

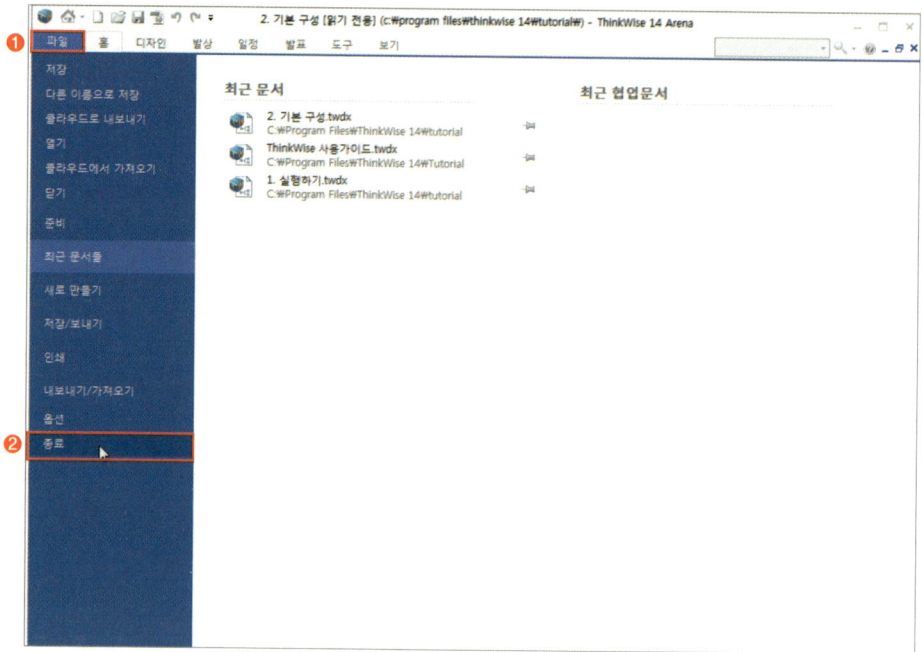

TIP
- ThinkWise 종료 : [Alt]+[F4]
- 문서 닫기 : [Ctrl]+[F4]

ThinkWise 14 Arena 화면구성 살펴보기

ThinkWise 14 Arena의 기본 화면은 다음과 같이 구성됩니다.

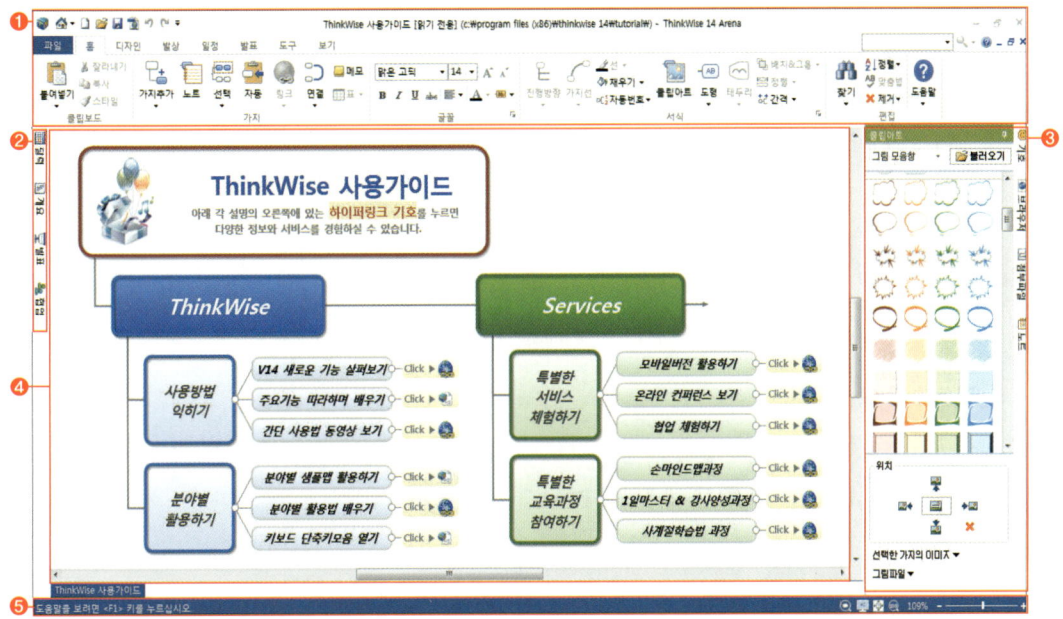

❶ **명령지시 부분** : 텍스트 형태의 메뉴와 아이콘 형태의 명령 단추가 통합된 '리본메뉴'가 있습니다.

❷ **왼쪽 작업창** : 문서 전체에 대해 적용하는 것으로 프리젠테이션이나 회의 진행에 유용한 기능을 제공하며, 달력창은 일정을 바로 추가할 수 있는 편성을 제공합니다.

① ② ③  ④

① **달력창** : 일정 기능을 사용할 때 달력창을 이용하여 손쉽게 일정 정보를 추가하거나 수정할 수 있습니다. 일정 기능은 매우 편리하게 일정관리를 할 수 있도록 지원하므로 프로젝트 관리, 업무관리, 학사관리 등 다양한 용도로 사용할 수 있으며, 간트 차트(Gantt Chart : 작업의 일정이나 그 관리에 쓰이는 그래프) 또한 매우 쉽게 생성할 수 있습니다.

② **개요창** : 맵 문서의 내용이 트리구조로 화면에 표시됩니다. 개요창에서 주제를 클릭하면 맵 문서에도 동일한 항목이 선택되고, 설명 모드에서 선택한 부분이 화면 중앙에 표시되어 매우 효과적으로 프레젠테이션을 할 수 있습니다.

③ **발표창** : ThinkWise를 이용하여 마치 파워포인트의 슬라이드쇼와 같이 프레젠테이션을 할 수 있도록 지원합니다. 슬라이드쇼를 진행할 내용이 시나리오창에 표시되며 각각의 시나리오 화면은 이동, 수정, 추가 등의 편집 작업이 가능합니다.

④ **협업창** : ThinkWise를 이용하여 네트워크를 통하여 협업으로 맵을 작성하고, 회의 개설, 참여, 초대, 투표 등을 할 수 있습니다.

❸ **오른쪽 작업창** : 기호, 클립아트, 브라우저, 첨부파일 노트 등 맵 문서 작성을 보다 편리하고 빠르게 할 수 있도록 관련된 기능을 모아놓아 실용성을 높여줍니다.

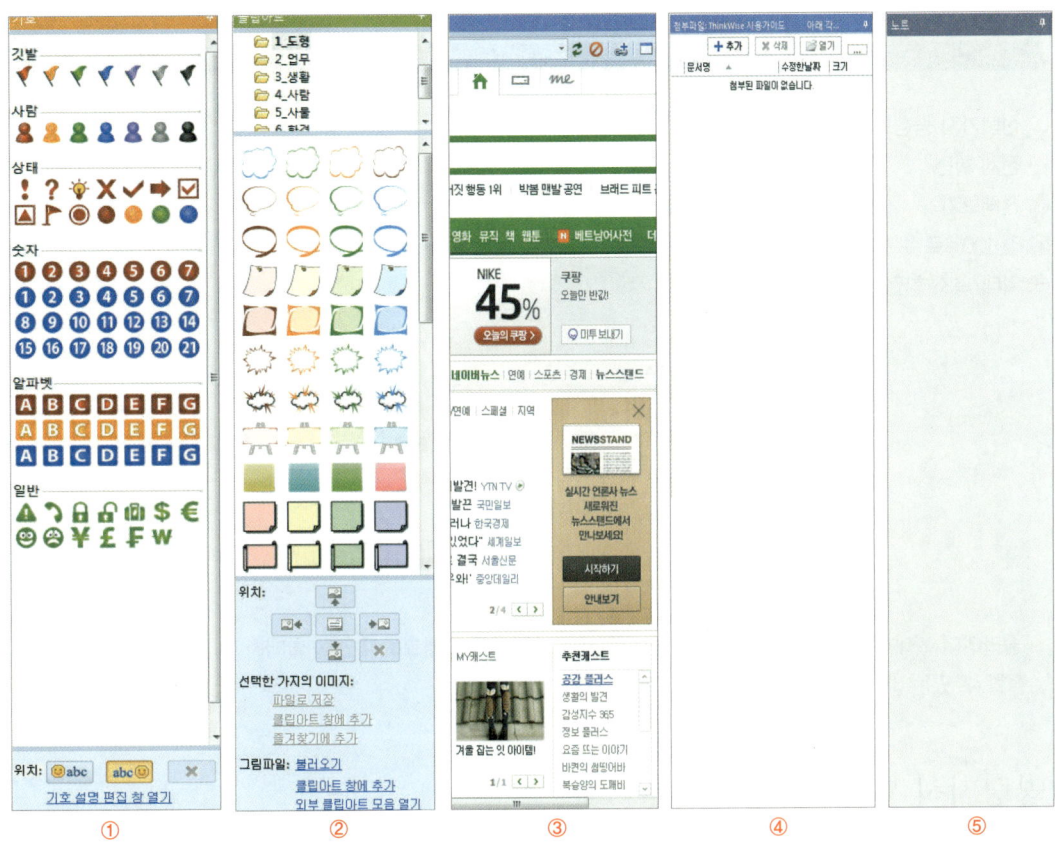

① **기호창** : 맵 문서 작성시 각각의 가지에 기호를 추가하여 진행 사항, 의미, 우선순위 등을 표현함으로써 일의 진행 상태, 중요도, 할 일 등을 관리해 나갈 수 있도록 지원합니다.

② **클립아트창** : ThinkWise로 맵 문서 작성시 다양한 이미지를 활용할 수 있도록 지원하는 작업창입니다. 그림을 추가, 삭제하거나 글자와 그림의 배치를 조절할 수 있고, 내 컴퓨터 또는 인터넷에 있는 그림을 불러와 자유롭게 표현할 수 있도록 지원합니다.

③ **브라우저창** : 인터넷 검색을 하거나 하이퍼링크된 파일 목록을 브라우저창에서 바로 실행하여 보여줍니다. 별도로 탐색기나 브라우저를 실행할 필요가 없이 매우 실용적인 작업을 지원합니다. 옵션을 통하여 운영체제에서 제공하는 인터넷 브라우저를 사용할 수 있습니다.

④ **첨부파일창** : 각종 첨부파일을 맵에 포함시킬 수 있습니다.

⑤ **노트창** : 맵 작성시 가지에는 핵심어를 적었다면 노트에는 그와 관련된 상세 설명을 기록할 수 있습니다. 모든 가지에 대해 문장으로 서술되는 내용, 본문에 해당하는 내용을 기록할 수 있으며, 표, 이미지도 사용할 수 있어 매우 편리합니다. 아무리 많은 내용도 노트를 이용하면 전체를 한눈에 보며 체계적인 사고와 문서 작성을 할 수 있습니다.

❹ **바탕화면(작업영역)** : 작업 중인 맵 문서를 볼 수 있으며, 편집할 수 있는 곳입니다.

❺ **상태표시줄** : 화면보기 및 맵의 확대/축소, 창 크기 맞춤으로 구성됩니다.

① 선택가지 중심보기
② 전체 화면
③ 전체보기
④ 맵 100%로 보기
⑤ 확대/축소 화면보기 배율지정

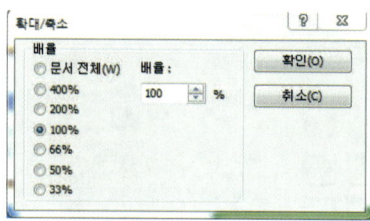

⑥ 슬라이더 확대/축소 : 확대/축소 버튼을 클릭하거나 조절바를 드래그하여 맵을 확대하거나 축소할 수 있습니다. 조절할 수 있는 비율은 33%~400%입니다.

명령지시 부분

명령지시 부분은 빠른 실행 도구 모음, 제목표시줄, 창조절단추, 리본메뉴 등으로 구성됩니다.

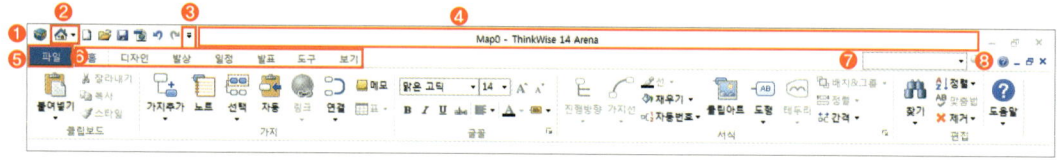

❶ **ThinkWise 단추** : 문서를 열고 닫고 저장하거나 인쇄하고 공유하는 등 문서의 기본 기능을 수행하는 메뉴이며 최근 작업한 파일명을 보여줍니다.

❷ **홈맵** : 설정되어 있는 홈맵으로 이동하거나 홈맵을 설정할 수 있습니다.

❸ **빠른 실행 도구 모음** : 저장, 실행 취소, 다시실행의 명령 단추가 포함되어 있으며, ThinkWise에서 자주 사용하는 명령들을 모아놓은 부분으로, 필요한 도구를 추가하거나 삭제할 수 있습니다.

❹ **제목표시줄** : 현재 사용하고 있는 프로그램 이름과 현재 작업 중인 맵문서 이름이 표시됩니다. 작업 중인 문서를 아직 저장하지 않았을 경우 Map0, Map1, Map2, … 식으로 임시파일 이름이

표시됩니다. 이곳에서 현재 작업 중인 문서의 이름을 확인합니다. 오른쪽에는 프로그램 창을 조절하는 최소화, 최대화 단추와 화면복원, 닫기 단추가 있습니다.

❺ **파일탭** : 새로 만들기, 저장, 열기, 다른 형식으로 내보내기 등을 할 수 있습니다.

❻ **리본메뉴** : ThinkWise 14 Arena부터 도입된 리본메뉴는 더욱 직관적으로 명령을 찾아 수행할 수 있도록 사용자 인터페이스가 새롭게 개선된 구조입니다. ThinkWise에서 사용 가능한 모든 명령이 **탭 - 그룹 - 명령** 단추 순서로 구성되어 원하는 명령을 구조적인 순서로 쉽게 찾을 수 있습니다.

• **[홈] 탭** : ThinkWise의 주요 기능이 모여 있는 대표 리본메뉴입니다. 문서작성, 가지추가, 글꼴, 삽입, 서식, 그리기, 편집, 보기 등 주요한 기능들을 손쉽게 찾아 빠르게 실행할 수 있습니다.

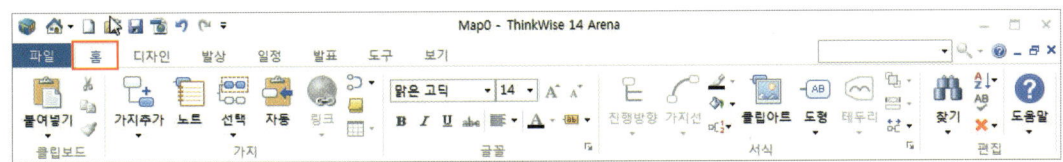

• **[디자인] 탭** : 맵의 스타일을 변경하거나 테마를 이용하여 맵의 바탕색과 가지색을 변경할 수 있습니다.

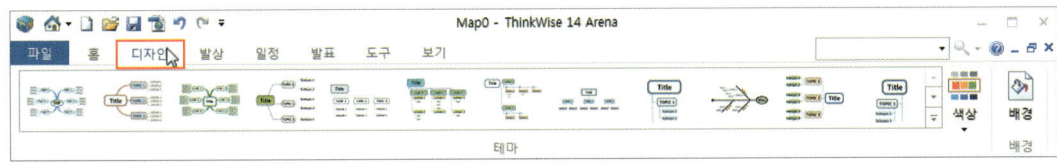

• **[발상] 탭** : 아이디어 발상에 활용할 수 있는 다양한 기법을 쉽게 적용할 수 있도록 설계되었으며, 그 기법과 응용방법을 소개합니다.

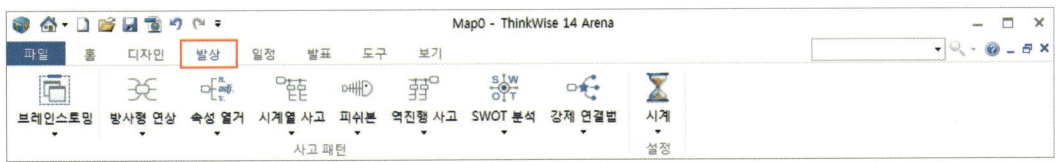

- **[일정] 탭** : 맵 문서를 이용하여 일정 및 자원관리가 가능하도록 기능을 지원합니다. 일정을 지정하거나 수정할 수 있으며 자원을 입력하고 일정 창 화면보기와 내보내기를 지원합니다.

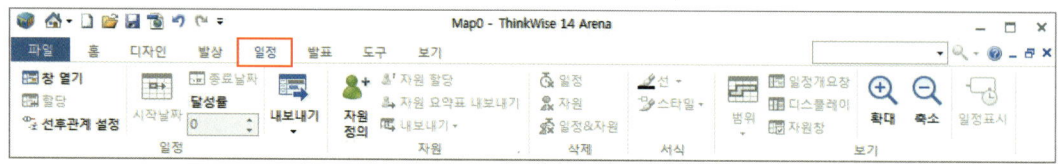

- **[발표] 탭** : ThinkWise를 이용한 프레젠테이션 기능을 지원합니다. 슬라이드를 생성하여 시나리오를 기획할 수 있으며 프레젠테이션 실행이 가능합니다.

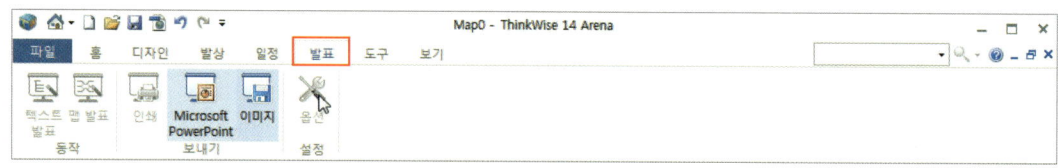

- **[도구] 탭** : ThinkWise 문서에 다양한 개체를 추가하거나 데이터를 추출하고 구조화하는 등 다양한 부가기능을 제공합니다.

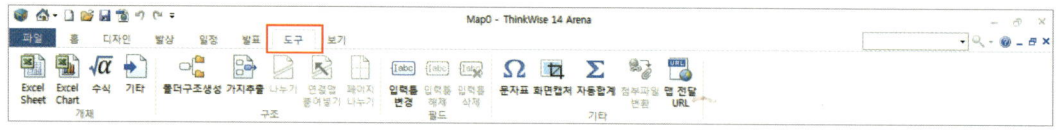

- **[보기] 탭** : 맵 문서의 다양한 보기 방법을 지원합니다. 일부 가지를 접거나 펴고, 특정 부분만을 화면에 표시할 수도 있으며 범위 메뉴에서는 맵이 작성된 시기별로 가지를 표시할 수 있습니다.

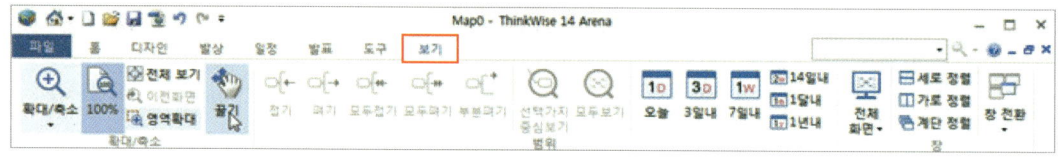

❼ **검색창** : 현재 편집하고 있는 문서에서 특정한 낱말을 찾거나, 지정한 폴더나 파일에서 찾거나, 인터넷에서 검색하여 결과를 보여줍니다.

❽ **도움말/문서창 조절단추** : ThinkWise 온라인 사이트의 도움말을 볼 수 있으며 열려진 문서의 창을 조절합니다.

> **실습** 빠른 실행 도구 모음에 메뉴를 추가하고 제거하는 방법에 대해 알아봅니다.

[**빠른 실행 도구 모음**]은 사용자가 특정한 기능을 따로 모아두는 곳으로 초보자들에게는 익숙하지 않은 기능입니다. 한 번 지정해두기만 하면 같은 작업을 반복할 때 좀 더 편리하게 활용할 수 있습니다. [**빠른 실행 도구 모음**] 사용법에 대해 알아보겠습니다.

■ 빠른 실행 도구 모음 설정 방법

빠른 실행 도구 모음에 자주 사용하는 자신만의 메뉴를 추가하여 메뉴를 빠르게 사용할 수 있습니다.

1 [**빠른 실행 도구 모음**] 오른쪽에 있는 아래쪽 화살표를 눌러 [**기타 명령**] 메뉴를 실행합니다.

2 [**사용자 지정**] 창이 실행되면 [**빠른 실행**] 탭의 [**다음에서 명령 선택**]에서 빠른 실행 도구 모음에 추가하고자 하는 명령단추를 선택한 후 [**추가**]를 클릭합니다.

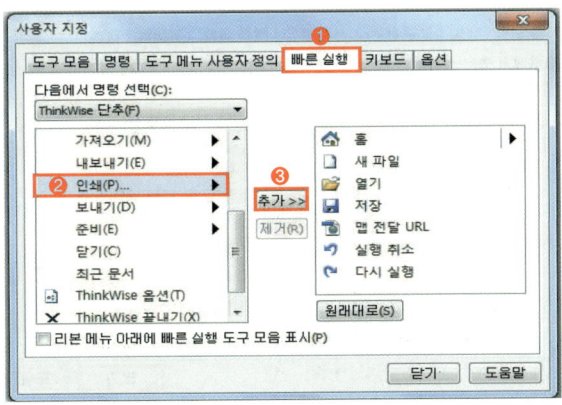

③ 빠른 실행 도구 모음에 추가한 메뉴가 표시된 것을 확인할 수 있습니다. **[닫기]** 버튼을 누르면 창이 닫힙니다.

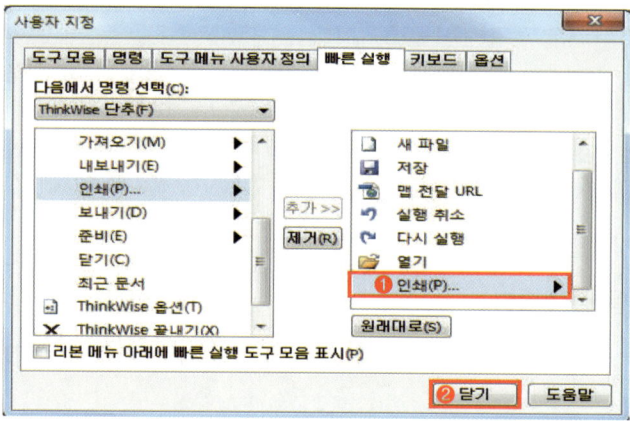

④ 빠른 실행 도구 모음에 **[인쇄]** 아이콘이 추가된 것을 확인할 수 있습니다.

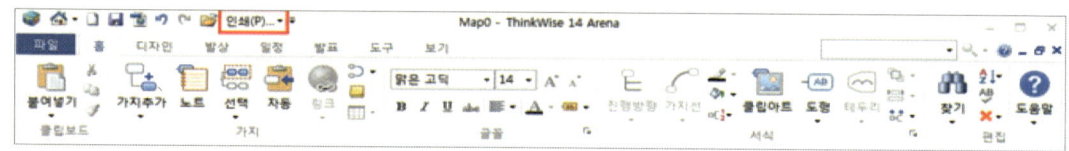

■ 빠른 실행 도구 모음 제거 방법

빠른 실행 도구 모음에서 필요 없는 아이콘을 제거할 수 있다.

① **[빠른 실행 도구 모음]** 오른쪽에 있는 아래쪽 화살표를 눌러 **[기타 명령]** 메뉴를 실행합니다.
② **[사용자 지정]** 창이 실행되면 오른쪽 리스트박스에서 제거하고자 하는 **[인쇄]** 아이콘을 선택한 후 **[제거]** 단추를 클릭합니다. 빠른 실행 도구 모음에서 메뉴가 제거된 것을 확인한 후 **[닫기]** 버튼을 누르면 창이 닫힙니다.

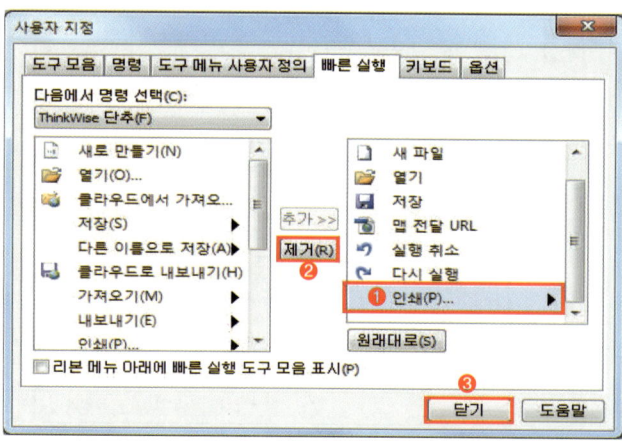

3 빠른 실행 도구 모음에 **[인쇄]** 아이콘이 제거된 것을 확인할 수 있습니다.

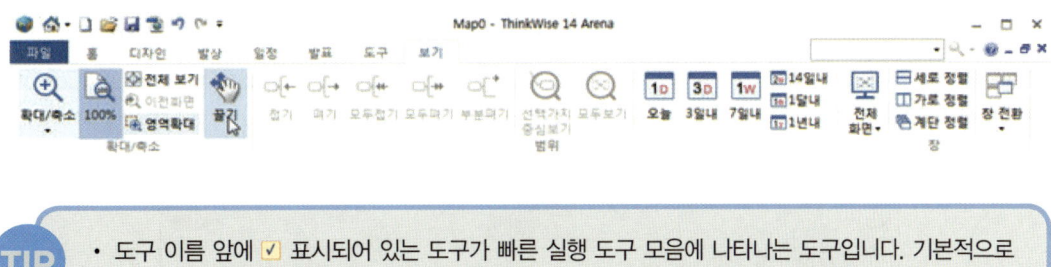

TIP • 도구 이름 앞에 ☑ 표시되어 있는 도구가 빠른 실행 도구 모음에 나타나는 도구입니다. 기본적으로 홈, 새 파일, 저장과 실행 취소, 다시 실행 앞에 ☑ 가 표시되어 있습니다.

ThinkWise 옵션 설정하기

ThinkWise를 실행하기 전에 기본 환경 설정을 지정해 놓으면 좀 더 편리하게 ThinkWise를 사용할 수 있습니다. 옵션 값을 설정하지 않아도 ThinkWise를 사용하는데 큰 불편은 없지만 자신만의 환경을 설정할 수 있습니다.

■ ThinkWise 옵션 실행

ThinkWise 옵션은 사용자가 새 문서를 작성할 때 기본적으로 적용할 옵션을 설정하는 곳입니다. 이 메뉴에서는 기본 스타일, 기호, 피쉬본, 일정, 발상 등 다양한 프로그램 옵션을 설정할 수 있습니다.

1. 기본 스타일

기본 스타일 탭에서는 새 파일 실행시 적용할 기본 스타일을 지정할 수 있습니다. 기본 스타일은 단계별 스타일, 노트 스타일, 가지 색과 배경색을 지정할 수 있으며 기타 여러 가지 메뉴가 있습니다.

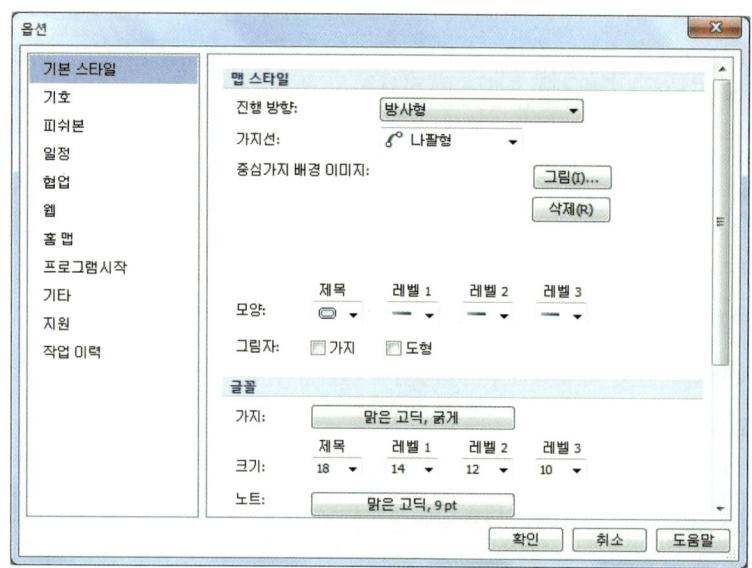

- **맵 스타일**

  새 파일 메뉴를 실행하였을 때 열리는 새로운 맵 문서가 기본적으로 갖게 되는 단계별 맵 스타일을 지정할 수 있습니다.

  [진행 방향] 위에서 선택한 단계에 적용할 맵 진행 방향을 지정합니다.
  [가지선] 위에서 선택한 단계에 적용할 가지선의 스타일을 지정합니다.
  [중심가지 배경 이미지] 맵 문서의 중심제목에 들어갈 이미지를 지정합니다. 그림 버튼을 누른 후 원하는 이미지를 지정합니다.
  [모양] 맵 문서의 선 모양을 지정합니다. 제목과 1레벨, 2레벨, 3레벨까지의 선 모양을 지정할 수 있으며 4레벨부터는 3레벨의 선 모양이 동일하게 적용됩니다.

- **글꼴**

  새 파일 메뉴를 실행하였을 때 열리는 새로운 맵 문서가 기본적으로 갖게 되는 단계별 글꼴을 지정할 수 있습니다.
  [가지] 맵 문서의 기본 글꼴을 지정합니다.
  [크기] 제목과 1레벨, 2레벨, 3레벨의 글자 크기를 각각 지정할 수 있으며 4레벨부터는 3레벨의 글자 크기와 동일하

게 적용됩니다.
[노트] 노트에 입력될 글자의 글꼴과 크기를 지정합니다.

- **색**

맵 문서의 가지색과 배경색을 지정합니다.

[임의] 새로 생성될 가지의 색상을 시스템에서 임의로 결정하여 적용합니다.
[고정] 새로 추가될 가지의 색상을 한 가지로 고정하고 사용자가 색상을 선택합니다.
[사용자 정의] 새로 추가될 여섯 가지의 색상을 사용자가 지정하면 지정된 순서대로 가지 색상이 바뀝니다.
[배경색] 맵 문서의 배경색을 지정합니다.

- **스타일 불러오기**

이미 작성된 맵 문서로부터 기본 스타일을 읽어들여 적용합니다. **[스타일 불러오기]** 버튼을 누르면 ThinkWise에서 제공하는 스타일 문서 목록을 볼 수 있으며, 이 중에서 하나를 선택하거나, 내가 만들어 놓은 다른 파일을 선택할 수 있습니다.

01 **[스타일 불러오기]** 버튼을 클릭합니다.
02 스타일 맵 문서를 선택합니다.
03 선택한 문서의 스타일대로 기본 스타일이 지정됩니다.

- **전체 초기화**

사용자가 지정한 기본 스타일을 모두 초기화합니다.

> **TIP** • 기본 스타일에서 지정한 스타일은 새 파일 실행시 적용됩니다.

2. 기호

기호는 가지에 삽입할 수 있는 작은 그림입니다. 기호를 사용함으로써 가지에 입력된 주제의 의미를 직관적으로 설명하고 의미를 전달하는 데 도움이 됩니다. ThinkWise 화면 오른쪽에 위치하는 기호는 각각 의미가 부여되어 있는데, 이 옵션에서는 기호의 의미를 사용자가 원하는 내용으로 바꿀 수 있도록 하였습니다.

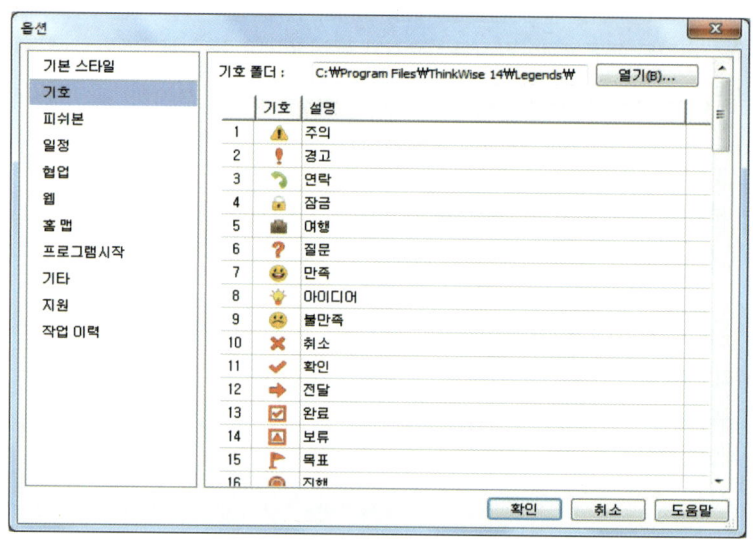

- 기호의 설명을 바꾸는 방법
  - 01 [기호] 탭을 선택합니다.
  - 02 각 기호 옆의 설명 입력란을 마우스로 클릭합니다.
  - 03 바꾸고자 하는 설명을 입력하거나 설명을 지울 수 있습니다.
  - 04 [확인] 버튼을 누르면 설명 수정이 완료됨과 동시에 옵션 창이 종료됩니다.

- 기호의 설명은 프로그램에 저장되지만 문서에는 저장되지 않으므로 기호를 수정하였다 하더라도 현재 문서를 다른 컴퓨터(설명을 수정하지 않은 컴퓨터)에서 실행할 경우 수정 전의 설명으로 표시되므로 공유가 필요한 자료는 기호의 설명 수정에 주의하십시오.

3. 피쉬본

맵 진행 방향을 피쉬본으로 지정할 때 맵 문서에 적용될 이미지와 선의 서식을 지정할 수 있습니다.

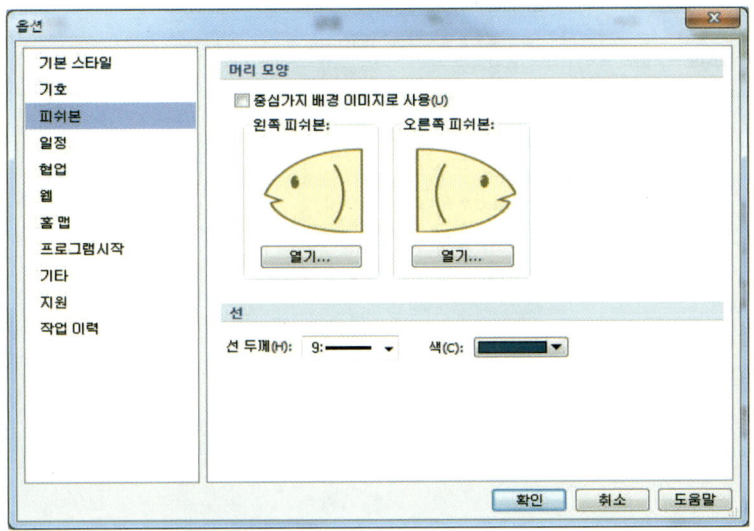

- **머리 모양**

   피쉬본 맵 사용시 적용할 기본 설정을 지정합니다.

   01 중심가지 배경 이미지로 사용 : 맵 진행 방향을 피쉬본으로 지정했을 때 피쉬본 맵의 중심제목 이미지를 사용자가 지정한 이미지로 사용할 것인지 여부를 결정합니다.

   02 왼쪽, 오른쪽에 해당하는 각 **[열기]** 버튼을 눌러 그림파일을 선택하십시오.

- **선**

   맵 진행 방향을 피쉬본으로 지정했을 때 선의 굵기와 색상을 지정합니다.

4. 일정

일정 기능에 적용할 옵션을 지정합니다.

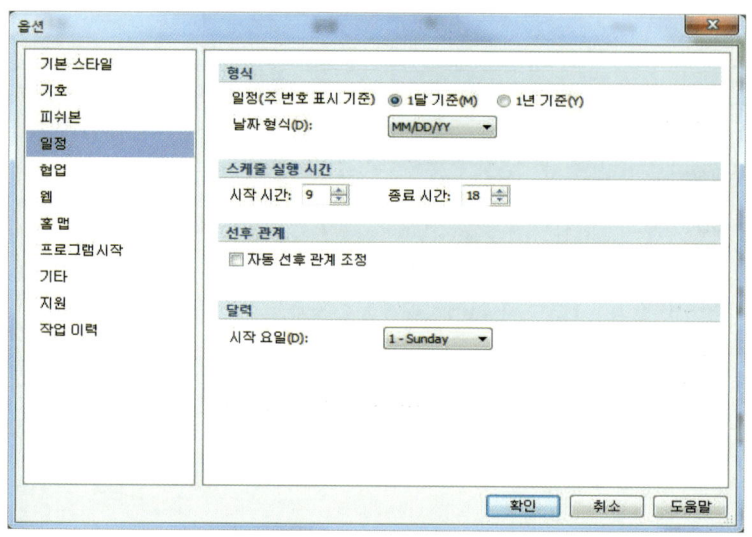

- **형식**

  [일정(주 번호 표기 기준)] : 일정의 단위를 주(week)로 설정하였을 때 주 번호 표시의 기준을 결정합니다. 1달 기준(M)은 매월을 단위로 1주부터 5주로 반복하여 표시하며, 1년 기준(Y)은 1년을 단위로 1주부터 52주로 표시합니다.

  [날짜 형식] : 일정표에 표시되는 날짜의 형식을 지정합니다. MM은 월(Month)을, DD는 일(Day)를, YY는 년(Year)을 표시하는 것으로 MM/DD/YY는 월/일/년을, DD/MM/YY는 일/월/년을, YY/MM/DD는 년/월/일을 뜻합니다.

- **스케줄 실행 시간**

  일정의 단위를 시간으로 설정할 때 시작시간과 종료시간을 지정할 수 있습니다.

- **선후 관계**

  일정 입력시 일정의 선후관계를 지정할 수 있습니다. '자동 선후 관계 조정'을 클릭할 경우 선후관계가 자동으로 설정됩니다.

- **달력**

  일정 입력에 사용되는 왼쪽 달력창의 날짜 형식을 지정합니다. 달력은 일정관리 부분에서 시작하는 요일을 말하는 것입니다. 시작 요일을 변경한 뒤에 맵을 만들고 좌측의 달력을 보시면 시작 요일이 변경한 요일에 맞춰서 바뀌어 있을 것입니다. 일정 입력에 사용되는 왼쪽 달력창의 시작 요일을 작성자의 업무 요일에 맞춰 변경할 수 있습니다.

5. 협업

ThinkWise의 협업 기능 사용과 관련한 환경설정 메뉴입니다. 협업 기능은 Chapter 6의 '협업 도구 ThinkWise'(351쪽)를 참고하십시오.

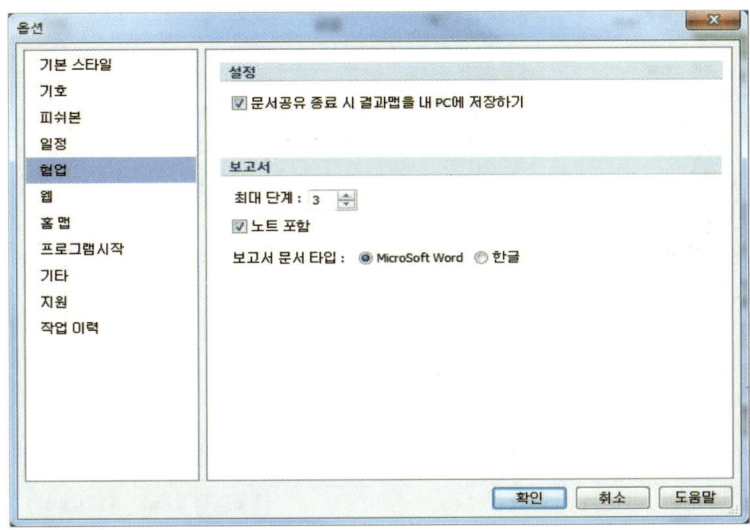

- **설정**
  협업 종료시 결과물을 자동으로 PC에 저장하고자 할 때 선택하는 옵션입니다.

- **보고서**
  협업을 통해 작성된 문서를 보고서 형식으로 변환할 수 있습니다. 이때 작성될 보고서의 문서 형식과 변환 옵션을 지정할 수 있습니다.

  [최대 단계] 보고서 생성시 작성된 맵의 몇 단계까지 보고서에 포함할지를 결정합니다.
  [노트 포함] 보고서 생성시 작성된 맵의 노트내용을 포함할지를 결정합니다.
  [보고서 문서타입] 보고서 생성시 생성할 보고서의 문서 형식을 결정합니다.

6. 웹

클라우드 사용에 대한 기본 설정을 지정합니다. 클라우드 파일 실행시 기본적으로 저장될 위치를 지정합니다.

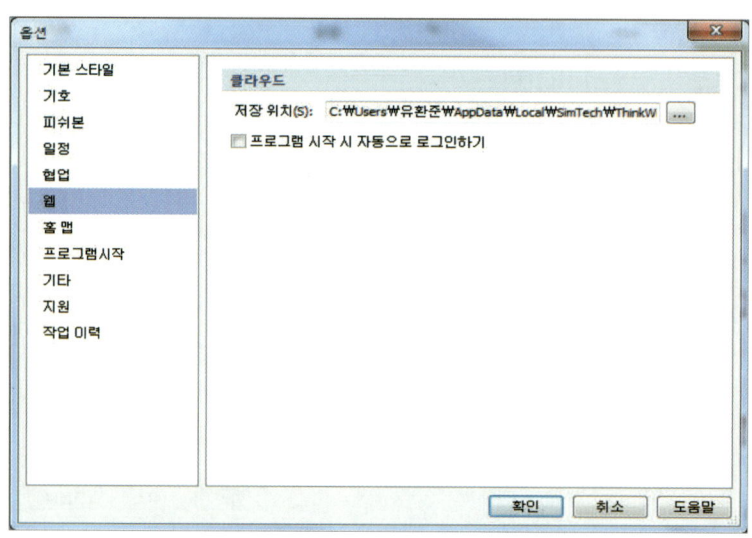

7. 홈맵

홈맵 사용시 홈맵이 저장될 기본 위치를 지정합니다. 홈맵은 여러 개를 지정하여 사용할 수 있습니다.

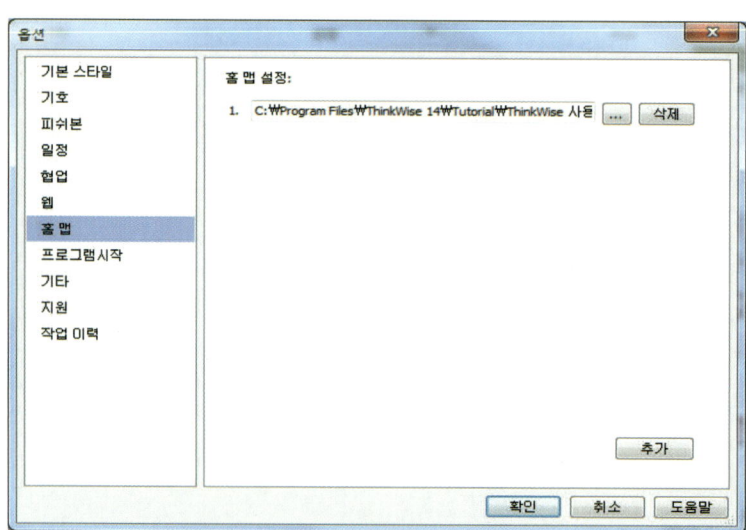

8. 프로그램 시작

프로그램을 시작할 때 지정될 옵션을 설정합니다.

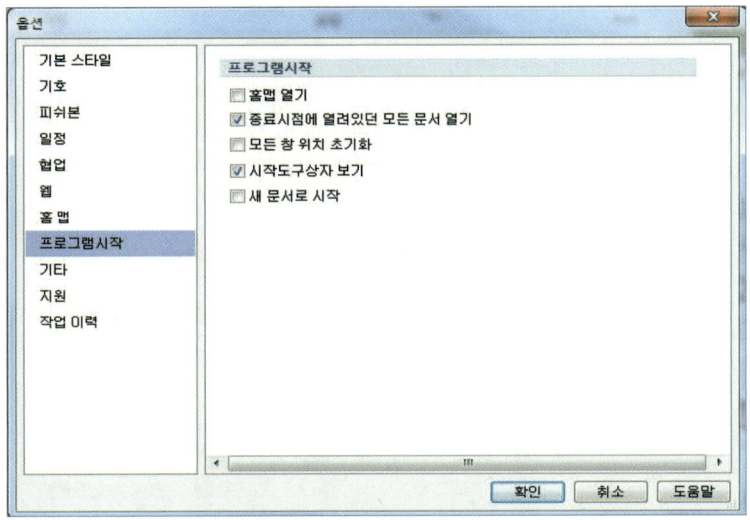

- **홈맵 열기**
  프로그램 시작시 설정된 홈맵을 실행할지 여부를 결정합니다.

- **종료시점에 열려있던 모든 문서 열기**
  프로그램 시작시 직전 프로그램 종료시 열려있던 문서들을 그대로 실행할지 여부를 결정합니다.

- **모든 창 위치 초기화**
  프로그램 작업창의 위치를 초기화합니다. 이 메뉴 설정 후에는 프로그램을 재시작하여야 합니다.

- **시작 도구상자 보기**
  프로그램의 도구상자를 표시할지 여부를 결정합니다.

- **새 문서로 시작**
  프로그램을 시작할 때 새 문서를 자동으로 실행할지 여부를 결정합니다.

9. 기타

옵션의 각 항목에서 다루지 않은 기타 설정을 지정하는 메뉴입니다.

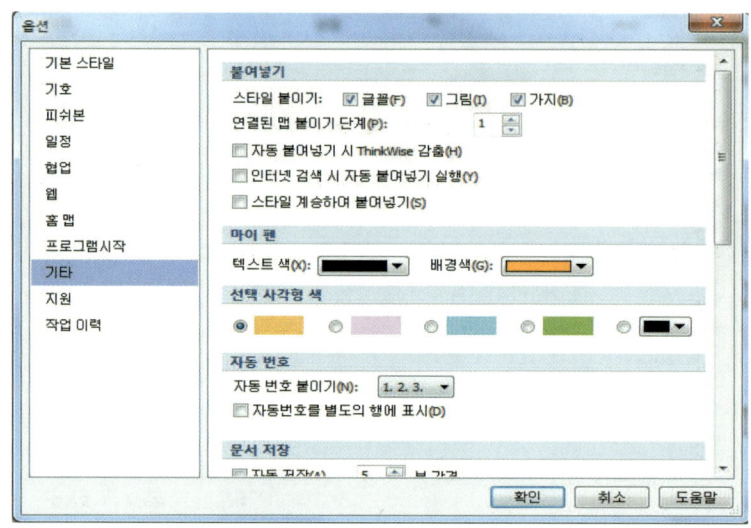

- **붙여넣기**

    [스타일 붙이기] : 특정 가지의 스타일을 복사하여 다른 가지에 동일하게 적용하기 위해 사용하는 기능입니다. 스타일만을 복사하기 때문에 빠르게 서식을 통일할 수 있습니다. 이때 복사할 스타일의 종류를 글꼴, 그림, 가지 중에서 선택할 수 있습니다.
    [연결된 맵 붙이기 단계] : 가지에 링크된 맵 문서를 연결맵 붙여넣기 기능을 사용하여 현재 맵 문서에 통합할 때 사용하는 기능입니다. 현재 문서에 링크된 맵 문서를 1단계라 하고, 그 맵 문서에 또다시 링크된 맵 문서를 2단계라 하며, 몇 단계의 맵을 연결할 것인지를 지정할 수 있습니다.
    [자동 붙여넣기 시 ThinkWise 감춤] : 자동 붙이기 기능을 사용할 때 ThinkWise 화면을 표시할 것인지, 숨길 것인지를 지정할 수 있습니다.
    [인터넷 검색시 자동 붙여넣기 실행] : 인터넷 검색 기능을 사용할 때 자동으로 붙여넣기 기능이 실행될 수 있도록 지정할 수 있습니다.

- **마이 펜**

    마이 펜 기능을 켠 상태로 글자를 입력할 때 적용될 글자색과 배경색을 지정할 수 있습니다. 마이 펜 기능은 맵 문서 작성시 다른 내용과 특별히 구분하고 싶은 가지 또는 문자열을 입력할 때 사용할 수 있습니다.

- **선택 사각형 색**

    맵 문서 작성시 가지를 선택하면 주황색의 글상자가 나타납니다. 이 주황색 글상자의 색상을 다르게 지정할 수 있습니다.

- 자동 번호
  [자동 번호 붙이기] : 자동 번호 붙이기 기능 사용시 자동 번호의 형식을 지정할 수 있습니다.
  [자동 번호를 별도의 행에 표시] : 자동 번호 붙이기 기능을 사용할 때 번호가 가지에 입력된 글자의 윗줄에 입력되도록 지정합니다.

- 문서 저장
  [자동 저장] : 작성된 맵 문서가 자동으로 저장되도록 지정하는 기능입니다. 이때 맵 문서가 저장되는 간격을 분 단위로 지정할 수 있습니다.
  [백업파일 만들기] : 문서를 저장할 때 자동으로 백업파일을 생성해줍니다. 백업파일은 직전에 저장한 문서정보를 그대로 가지고 있어, 맵 문서가 손상되었을 때 문서를 복구할 수 있습니다. 백업파일 만들기를 지정하면 현재 맵 문서가 저장된 위치에 동일한 이름의 bak 파일이 생성됩니다.

- 위치
  [작업 경로] : 맵 문서를 작성하여 저장하거나 다른 문서를 열기 위해 열기메뉴를 실행할 때 처음 접속할 폴더를 지정합니다.
  [그림 경로] : 삽입할 그림메뉴 사용시 처음 접속할 그림 폴더를 지정합니다.
  [검색 공급자] : 인터넷 검색기능 수행시 자동으로 연결될 인터넷 사이트를 지정합니다.

- 기타
  [중심가지 배치] : 방사형 맵 문서를 작성할 때 1레벨 가지의 배치 순서를 지정합니다. 상하 방향은 오른쪽 위에서 아래, 왼쪽 위에서 아래 순서이고, 시계 방향은 오른쪽 위에서 아래, 왼쪽 아래에서 위의 순서로 두 가지 중 하나를 선택할 수 있습니다.
  [기호 위치] : 가지에 기호를 추가할 때 글자를 기준으로 왼쪽 또는 오른쪽으로 기호의 위치를 선택할 수 있습니다. 기호의 위치는 노트, 하이퍼링크, 일정 기능 사용시 가지에 추가되는 아이콘에도 동일하게 적용됩니다.
  [자동 줄바꿈 길이] : 자동 줄바꿈 기능을 적용할 가지의 너비를 지정합니다. 글자의 길이가 지정된 길이를 초과할 경우 자동으로 줄바꿈이 실행됩니다. 물론 지정된 너비와 관계없이 사용자는 가지의 너비와 폭을 임의로 조정할 수 있습니다.
  [새 가지 생성 후 가지선택 방법] : 새로운 가지를 추가한 후에 현재 선택한 가지에 있을지, 새로 추가한 가지로 이동할지를 결정하는 메뉴입니다.
  [노트아이콘 마우스로 접근 시 노트내용 전체 미리보기] : 노트가 입력된 가지를 마우스로 선택하면 풍선 도움말이 실행되며 노트 내용의 일부가 화면에 표시됩니다. 이때 이 옵션을 지정하면 노트 내용의 전체가 표시됩니다.
  [새로운 브라우저로 하이퍼링크 열기] : 인터넷 주소를 하이퍼링크로 연결한 경우 하이퍼링크 실행시 새로운 브라우저로 해당 인터넷 주소창이 열립니다.
  [내장 브라우저로 하이퍼링크(웹 페이지, 폴더, 텍스트) 열기] : 하이퍼링크 링크 실행시 ThinkWise 작업창 중 브라우저 창에서 해당 웹 페이지, 폴더, 텍스트가 실행되도록 설정합니다.
  [바탕화면 더블클릭시 맵 전체를 화면에 맞춤] : 맵 문서 바탕화면 더블클릭으로 맵 전체가 화면에 표시되는 기능을 지정합니다.

[자유가지 이동시 Shift를 누른 상태에서 마우스 이동] : 가지의 자유배치 기능이 Shift를 누른 상태에서만 동작하도록 설정합니다.

[편집화면의 빈 공간에 마우스 최종 클릭 위치 표시] : 맵 문서 바탕화면을 마우스로 클릭했을 때 위치를 표시하도록 설정합니다.

10. 지원

ThinkWise 제품정보와 각종 업데이트, 홈페이지 접속이 가능합니다.

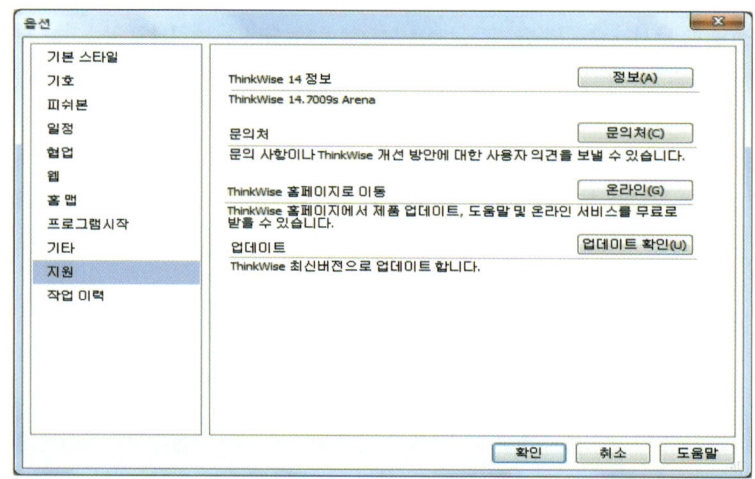

- **ThinkWise 14 정보**
  정보 버튼을 누르면 현재 설치된 ThinkWise 프로그램의 버전정보를 확인할 수 있습니다.

- **문의**
  ThinkWise 사용 중에 발생한 문의사항이나 ThinkWise 사용에 관한 건의사항을 접수할 수 있습니다.

- **ThinkWise 홈페이지로 이동**
  ThinkWise 홈페이지로 접속할 수 있습니다.

- **업데이트**
  ThinkWise 최신 패치를 업데이트할 수 있습니다.

11. 작업 이력

작업 이력은 과거에 ThinkWise로 문서를 작성했던 기록으로, 특정 시점에 작성된 내용을 열어보거나 저장할 수 있습니다.

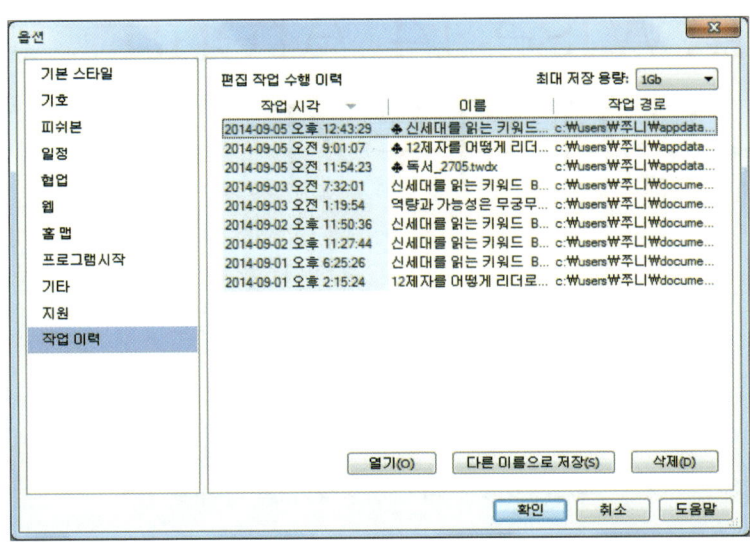

Chapter ❹

ThinkWise 14 Arena 기본 문서 다루기

ThinkWise는 맵 단위로 문서를 만들고 저장합니다. 직접 마인드맵 문서를 작성해 가면서 ThinkWise의 기본 기능을 익히고 예제를 이용하여 다양한 기능을 알아봅니다.

■ **새로운 맵 만들기**

ThinkWise로 새로운 문서를 만드는 방법은 두 가지가 있습니다. 하나는 작성되어 있는 맵을 활용하는 것이고 다른 하나는 새 문서를 이용하여 문서를 작성하는 것입니다. 다음은 이 두 가지 방법에 대해 살펴봅니다.

1. 빈 맵으로 시작하기

빠른 실행 도구 모음의 **[새 파일]** 메뉴를 클릭합니다. 또는 키보드 단축키 Ctrl+N을 누르면 새 창이 열립니다.

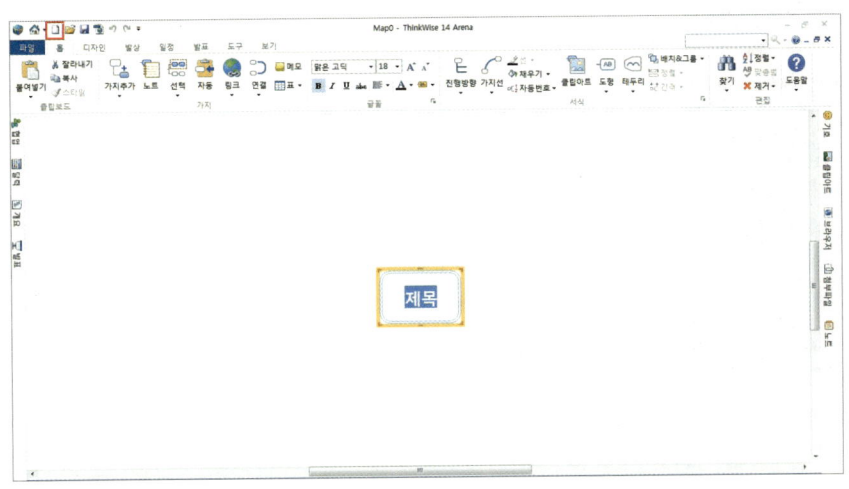

2. 새로 만들기

맵 디자인을 어렵게 생각하는 초보자들은 맵 문서를 작성할 때 프로그램에서 제공하는 스타일, 템플릿, 샘플 맵을 활용하는 것이 편리합니다. 미리 지정해놓은 다양한 스타일을 가지고 맵을 쉽게 작성할 수 있습니다.

[파일] 탭을 누른 후 **[새로 만들기]** 메뉴(단축키 Ctrl+Shift+N)를 클릭하고 대화상자가 나타나면 **[스타일]** 또는 **[템플릿]**, **[샘플]**에서 새로 만들고자 하는 맵 문서의 서식과 스타일을 선택한 후 **[만들기]**를 클릭합니다.

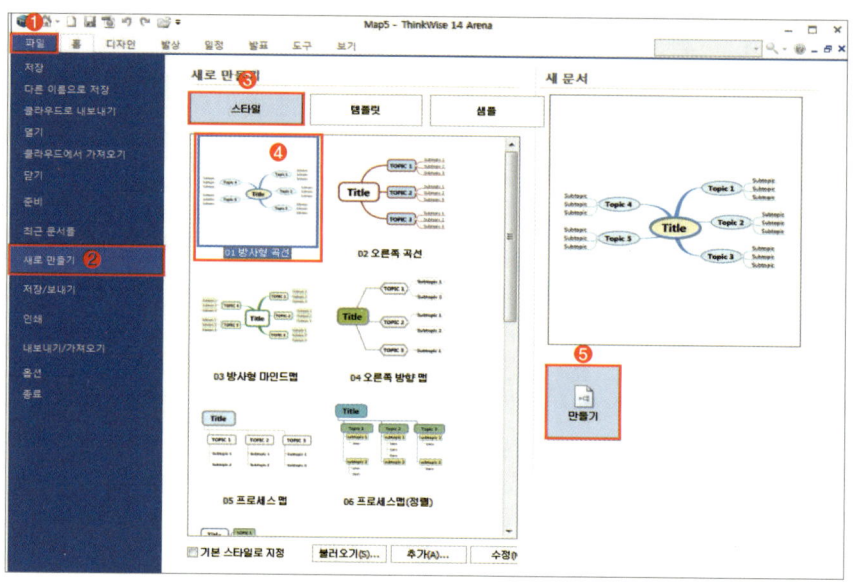

- **스타일**

  ❶ **맵 스타일** : 화면에 표시된 14개의 스타일 중 새로 작성할 맵 문서에 적용할 스타일을 선택한 후 확인을 클릭하면 선택한 스타일로 맵 문서를 작성할 수 있습니다.
  ❷ **추가** : 자주 사용하는 맵 문서를 목록에 추가할 수 있습니다. 추가 버튼을 클릭하여 자주 사용하는 맵 문서를 선택하면 스타일 목록에 지정한 맵 문서가 추가됩니다.
  ❸ **수정** : 맵 스타일에 등록된 맵 문서의 스타일을 수정할 수 있습니다.
  ❹ **삭제** : 맵 스타일에 등록된 맵 문서를 삭제할 수 있습니다.
  ❺ **불러오기** : 이미 작성된 맵 문서로부터 기본 스타일을 읽어들여 적용할 때 사용합니다. 스타일 불러오기 버튼을 누르면 ThinkWise에서 제공하는 스타일 문서 목록을 볼 수 있으며, 이 중에서 하나를 선택하거나, 내가 만들어 놓은 다른 파일을 선택할 수 있습니다.

- **템플릿**

  이미 작성되어 있는 템플릿 문서를 이용, 내용만 입력하여 쉽게 문서를 완성할 수 있습니다.

  ❶ **맵 템플릿** : 화면에 표시된 25개의 템플릿 맵 중 용도에 맞는 템플릿을 선택한 후 확인을 클릭합니다.
  ❷ **추가** : 자주 사용하는 맵 템플릿 문서를 목록에 추가할 수 있습니다. 추가버튼을 클릭하여 자주 사용하는 맵 템플릿 문서를 선택하면 템플릿 목록에 지정한 맵 문서가 추가됩니다.
  ❸ **수정** : 맵 템플릿에 등록된 맵 문서를 수정할 수 있습니다.
  ❹ **삭제** : 맵 템플릿에 등록된 맵 문서를 삭제할 수 있습니다.

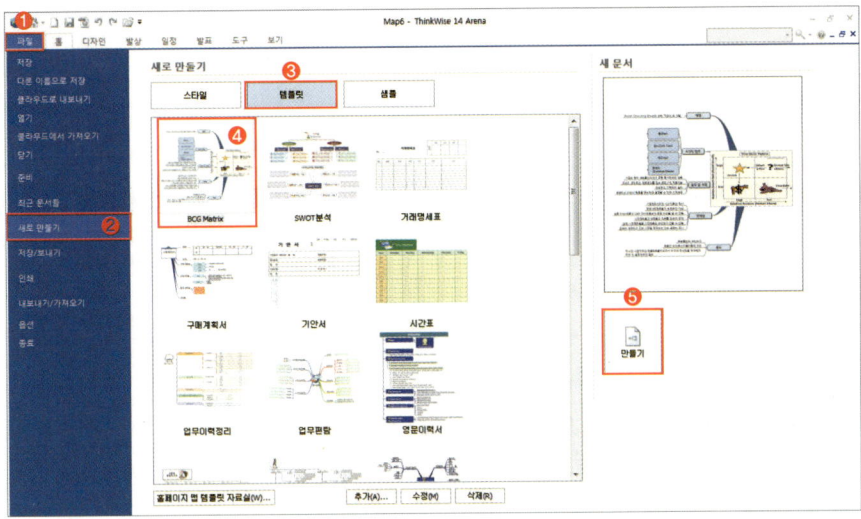

3. 샘플 맵을 이용하여 만들기

완성된 샘플 맵 문서를 이용할 수도 있으며 또한 샘플 맵은 카테고리별로 구분하여 검색이 가능하며 원하는 샘플 맵을 선택하고 **[열기]** 버튼을 누르면 선택한 샘플 맵이 실행됩니다.

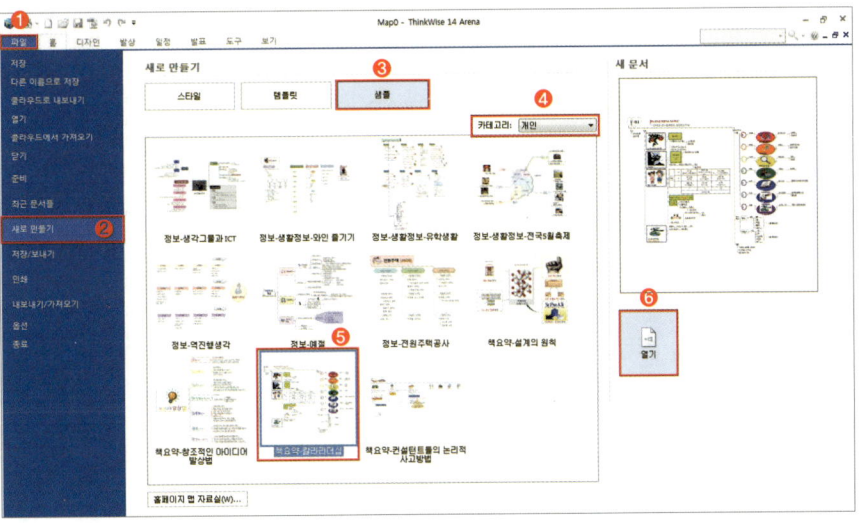

새로운 맵을 만들기 위해 맵 스타일에서 방사형 곡선 맵을 선택하여 새로운 맵을 만들어보자.

1 [파일] 탭을 클릭하여 [새로 만들기]를 선택한 후 [스타일]에서 [01 방사형 곡선]을 선택한 후 [만들기]를 클릭합니다.

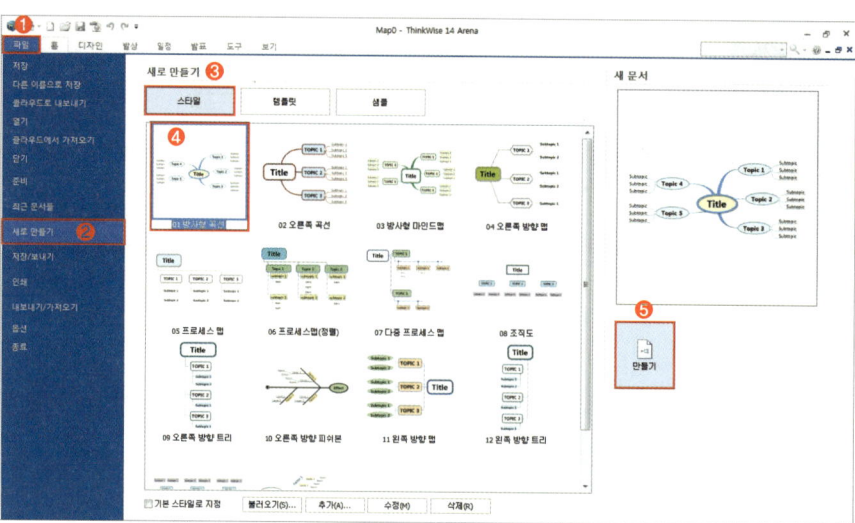

2 ThinkWise 바탕화면에 [제목]이라는 내용이 표시되면서 새로운 마인드맵 문서를 만들 수 있습니다.

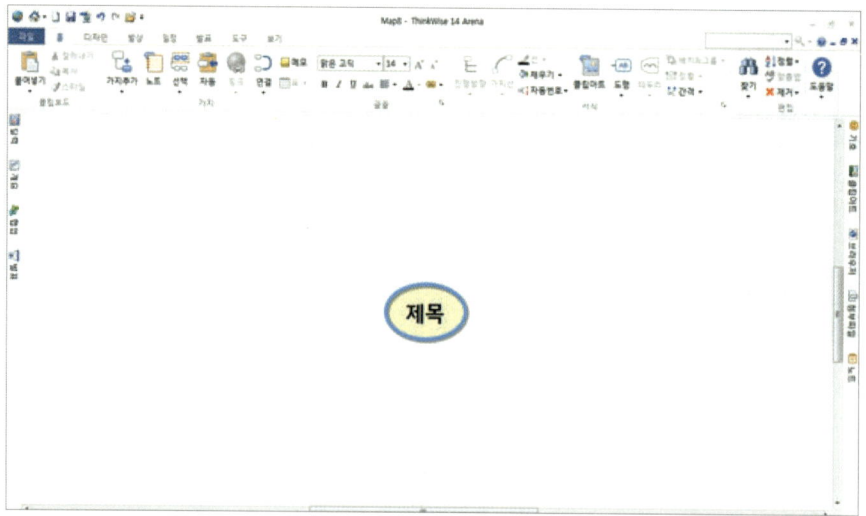

■ 제목 입력하기

새 파일을 실행하면 중앙에 제목이라고 입력된 중심제목이 나타납니다. 제목이라는 글자를 마우스로 더블클릭한 후 중심주제를 수정하고 Enter↵ 를 누르면 입력이 완료됩니다. 또는 마우스로 중심제목을 선택한 후 Enter↵ 를 누르면 글자를 수정할 수 있는 상태가 되며, 이때 중심주제를 수정하고 다시 한 번 Enter↵ 를 누르면 입력이 완료됩니다.

> **실습** 방사형 곡선 스타일로 새로운 맵을 만들고 중심주제를 '중심제목'으로 바꾸시오.

 [파일] 탭에서 [새로 만들기]를 선택한 후 [01 방사형 곡선]을 선택하여 새로운 맵 문서가 열리면 '제목'이라고 입력된 중심주제를 더블클릭합니다.

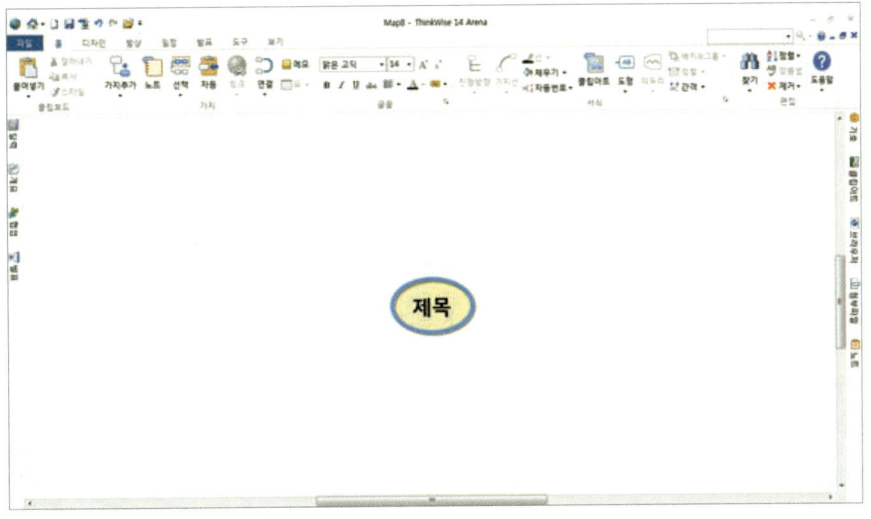

2 중심주제를 '중심제목'으로 수정하고 Enter↵ 를 누릅니다.

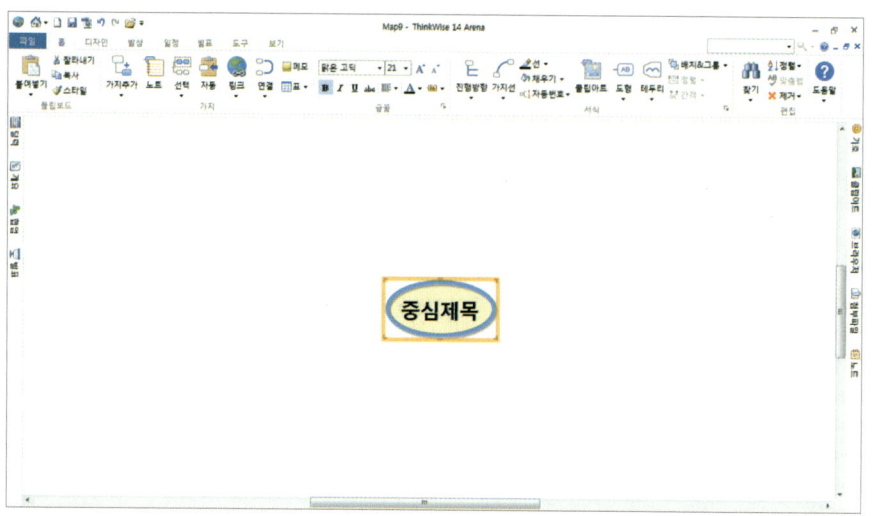

■ 가지 만들기

새로운 맵 문서를 만들고 맵 문서의 제목을 입력한 후, 다음 단계로 가지를 추가해야 합니다. 가지는 선택한 가지를 기준으로 그 하위에 추가됩니다. 중심제목에 하위가지를 추가하는 가장 쉬운 방법은 기준이 되는 가지를 선택하고 키보드의 Space Bar 나 Insert 를 눌러 글자 입력 후 Enter↵ 를 누르면 됩니다. Space Bar , Insert 는 제목(또는 선택한 제목)에 하위가지를 생성하는 단축키입니다.

1. 가지 추가하기

01 중심제목을 마우스로 선택한 후 Space Bar 를 누릅니다. 또는 **[홈]** 탭의 **[가지]** 그룹에 있는 **'가지추가'** 메뉴를 선택합니다.

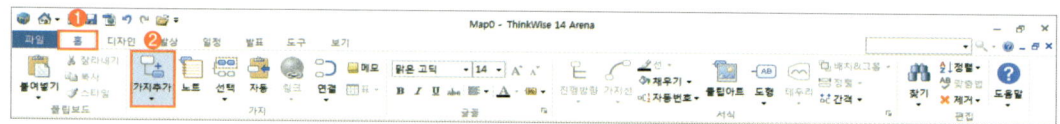

02 가지가 추가되고 커서가 깜박이는 것을 확인한 후 하위가지 '주제1'을 입력하고 Enter 를 누릅니다. 중심제목 뿐 아니라 맵 문서 내 모든 가지에서 같은 방법으로 하위가지를 추가할 수 있습니다.

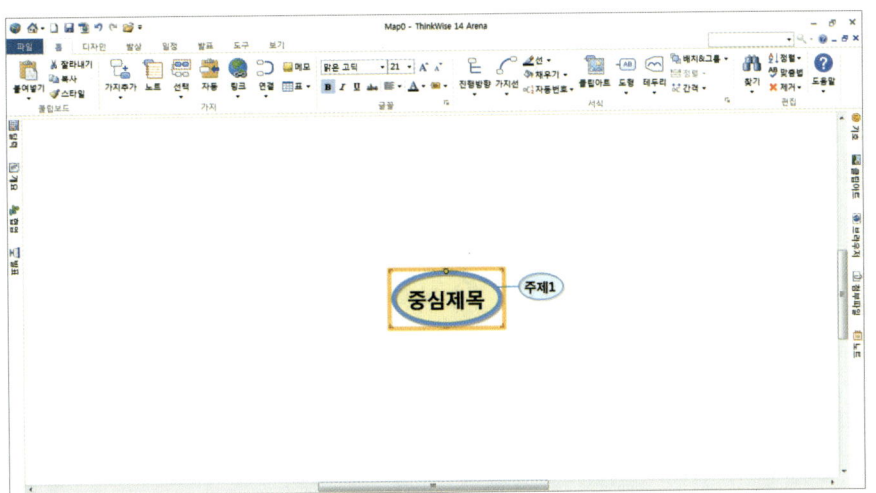

TIP
- ThinkWise는 가지선택 후 Space Bar 를 누르지 않아도 글자 입력시 자동으로 가지가 추가되면서 글자가 입력됩니다.

실습 다음과 같은 새로운 맵을 만드시오.

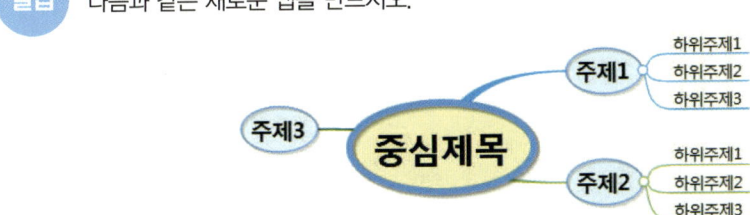

1 마우스로 중심제목을 선택한 후 [Space Bar]를 눌러 '주제'을 입력하고 [Enter↵]를 누릅니다. 같은 방법으로 '주제2'와 '주제3'도 입력합니다.

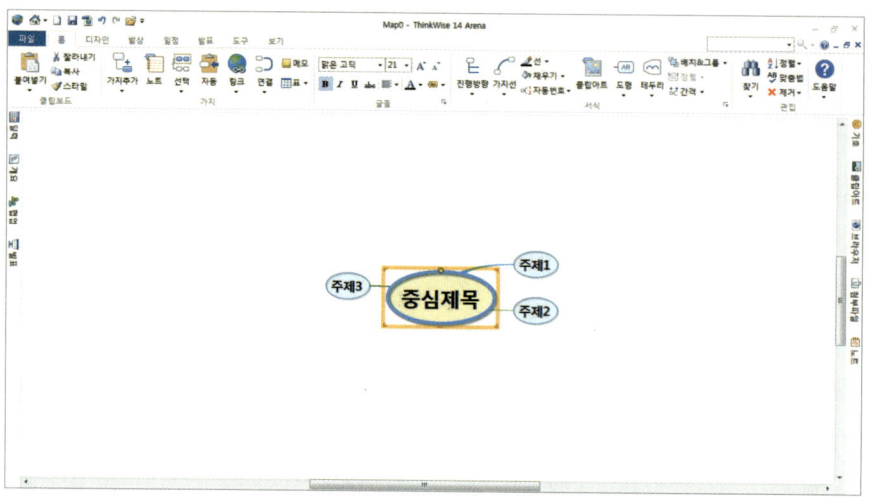

2 '주제1'을 선택한 후 [Space Bar]를 눌러 가지가 추가되면 '하위주제1-1'을 입력한 후 [Enter↵]를 누릅니다. [Space Bar]를 눌러 '하위주제1-2'를 입력하고, [Enter↵], [Space Bar]를 눌러 '하위주제1-3'을 입력한 후 [Enter↵]를 누릅니다.
3 '주제2'를 선택한 후 2의 과정을 반복합니다.

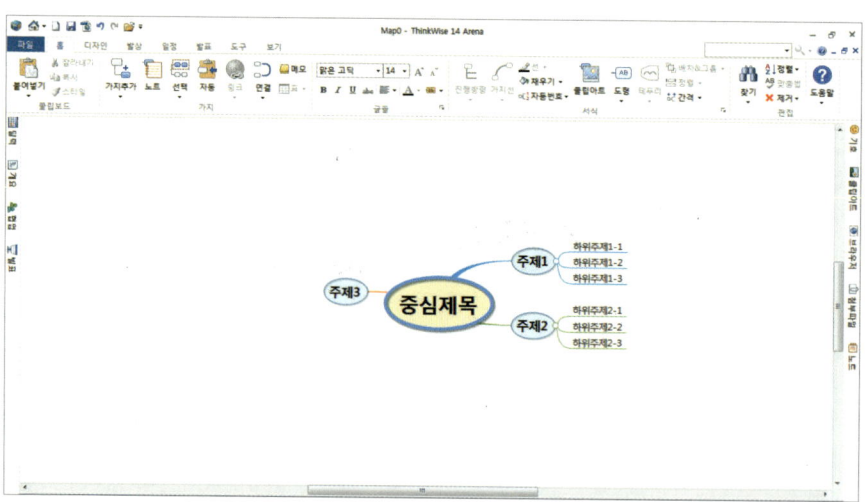

TIP
- ThinkWise는 가지선택 후 [Space Bar]를 누르지 않아도 글자 입력시 자동으로 가지가 추가되면서 글자가 입력됩니다.

2. '다중가지' 추가하기

가지 추가시 보통의 경우 한 번에 한 개의 가지를 생성하지만 필요에 따라서 한 번에 여러 개의 가지를 생성할 수도 있습니다. 한 번에 여러 개의 가지를 생성할 때 같은 레벨의 가지만 생성하는 것이 아니라 레벨이 다른 다중가지도 한 번에 추가할 수 있습니다. 한 줄에 한 가지가 만들어지고, 맨 앞에서 한 칸(space)을 띄면 상위가지에 종속된 형태로 만들어집니다. 하나의 주제를 선택하고 한 번에 여러 개의 하위가지를 추가하는 방법은 아래와 같습니다.

01 다중가지를 추가하고자 하는 중심주제 또는 특정 가지를 선택합니다.
02 Ctrl + Space Bar 를 누릅니다. 또는 [홈] 탭의 [가지] 그룹에 있는 [가지추가]-[다중가지 추가] 메뉴를 실행합니다.

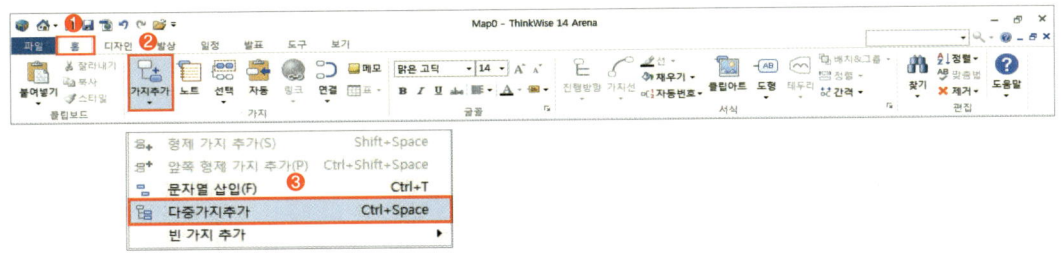

03 [다중가지 추가] 대화상자가 나타나면 하위가지로 추가할 주제를 Enter↵ 를 이용해 각각 다른 줄로 입력합니다. 이때 다중 레벨로 구분할 주제는 글자 앞에 빈칸이나 탭을 넣습니다. 빈칸 또는 탭의 유무에 따라 레벨이 구분됩니다. 모두 입력 후 [확인] 버튼을 누릅니다.

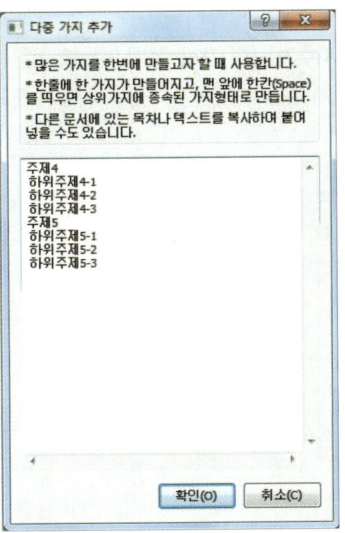

04 여러 개의 주제가 다중 레벨로 구분되어 추가됩니다.

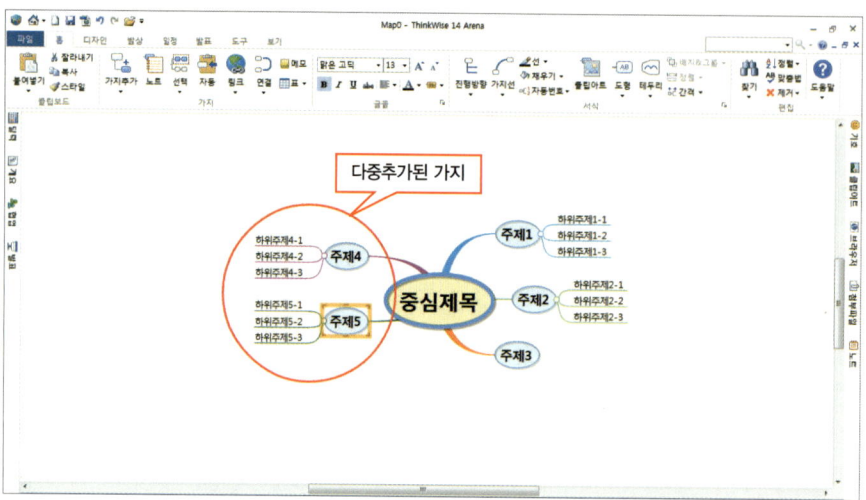

3. 빈 가지 추가하기

가지를 추가할 때 대부분의 경우에는 주제를 입력하여 만들지만, 주제를 입력하지 않고 빈 가지만을 추가해야 하는 경우가 있습니다. 이런 경우에 빈 가지 추가 기능을 사용하면 한 번에 1개에서 9개까지의 빈 가지를 쉽게 만들 수 있습니다.

01 빈 가지를 추가할 가지를 선택합니다.

02 [홈] 탭의 [가지] 그룹에 있는 **[가지추가]-[빈 가지 추가]** 메뉴를 실행하고 생성할 빈 가지의 개수를 선택합니다. 또는 여러 개의 빈 가지를 추가하기 위하여 Shift + '숫자' 입력시 숫자만큼의 빈 가지를 생성할 수 있습니다.

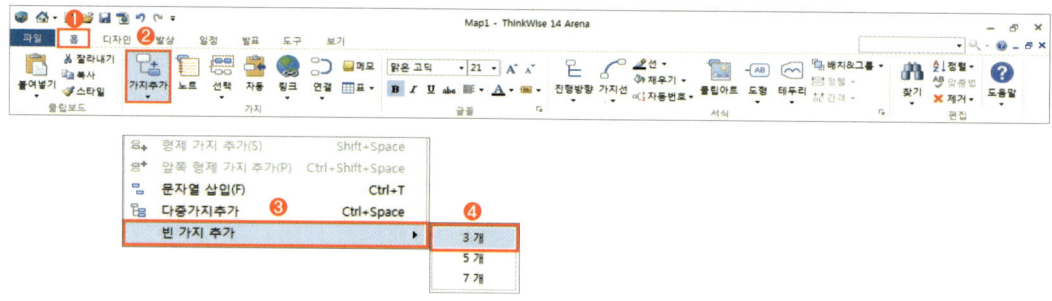

03 선택한 가지 수만큼의 빈 가지가 추가됩니다.

실습 다음 그림과 같이 맵의 중심주제에 3개의 빈 가지를 추가하시오.

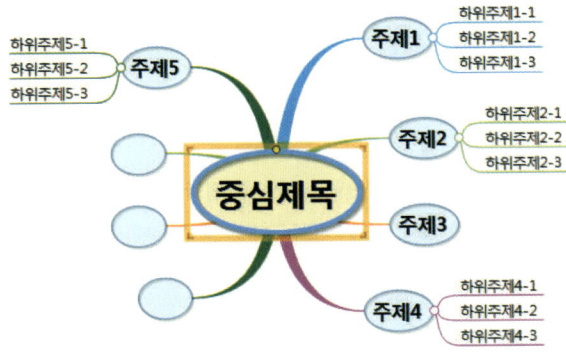

1 빈 가지를 추가할 중심주제 '중심제목'을 선택합니다.
2 [홈] 탭의 [가지] 그룹에서 [가지추가]–[빈 가지 추가] 메뉴에서 추가할 가지의 숫자 '3개'를 선택합니다.

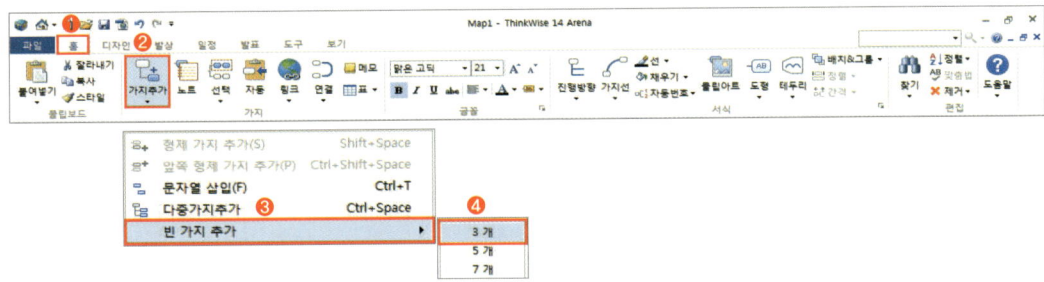

3 선택한 중심주제에 3개의 빈 가지가 추가된 것을 확인할 수 있습니다.

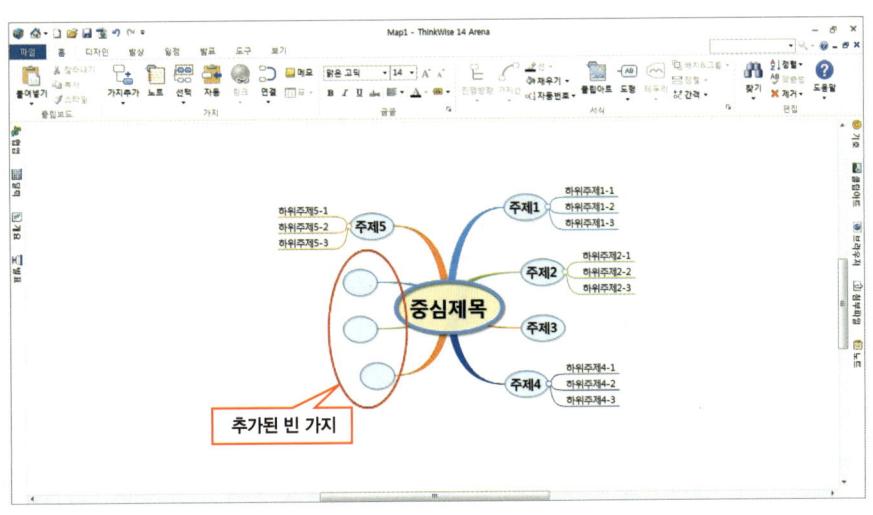

4. 형제가지 추가하기

현재 선택한 가지의 형제가지를 추가할 수 있습니다. 이 기능을 사용하면 형제가지를 추가하기 위해 상위가지로 이동할 필요가 없습니다.

01 형제가지를 추가하고자 하는 위치에 있는 가지를 선택합니다.

02 [홈] 탭의 [가지] 그룹에 있는 [가지추가]-[형제가지 추가] 메뉴를 선택합니다. 또는 Shift 를 누른 상태로 Space Bar 를 누르면 선택한 가지 바로 아래에 새로운 형제가지가 추가됩니다.

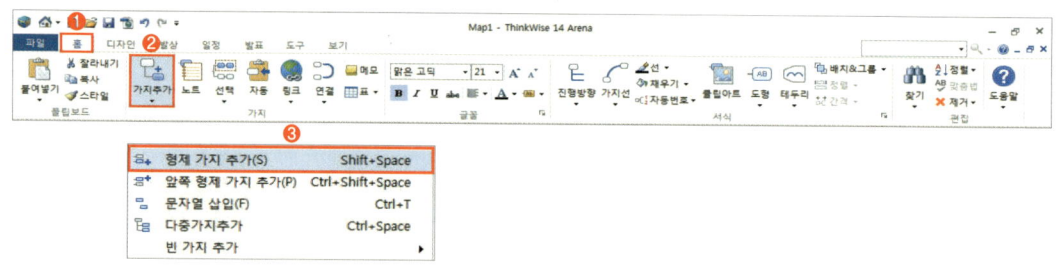

03 주제를 입력하고 Enter↵ 를 누르면 형제가지 추가가 완료됩니다.

실습 다음 그림과 같이 '주제 2' 아래에 형제가지 '주제 2-2'를 추가하시오.

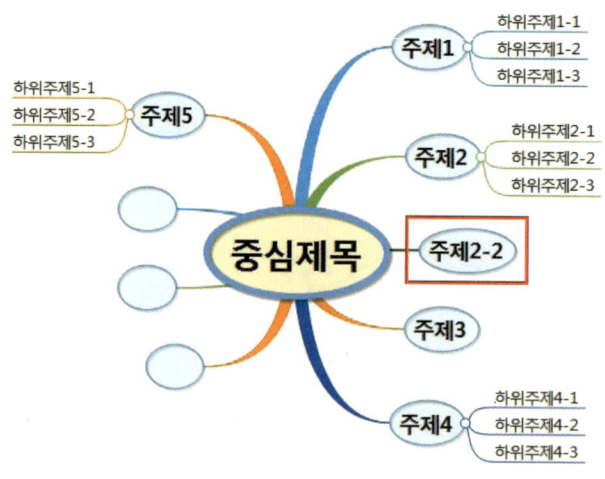

1 형제가지를 추가하려고 하는 '**주제2**' 가지를 선택합니다.
2 Shift 를 누른 상태로 Space Bar 를 누르면 선택한 가지 바로 아래에 새로운 가지가 추가됩니다.

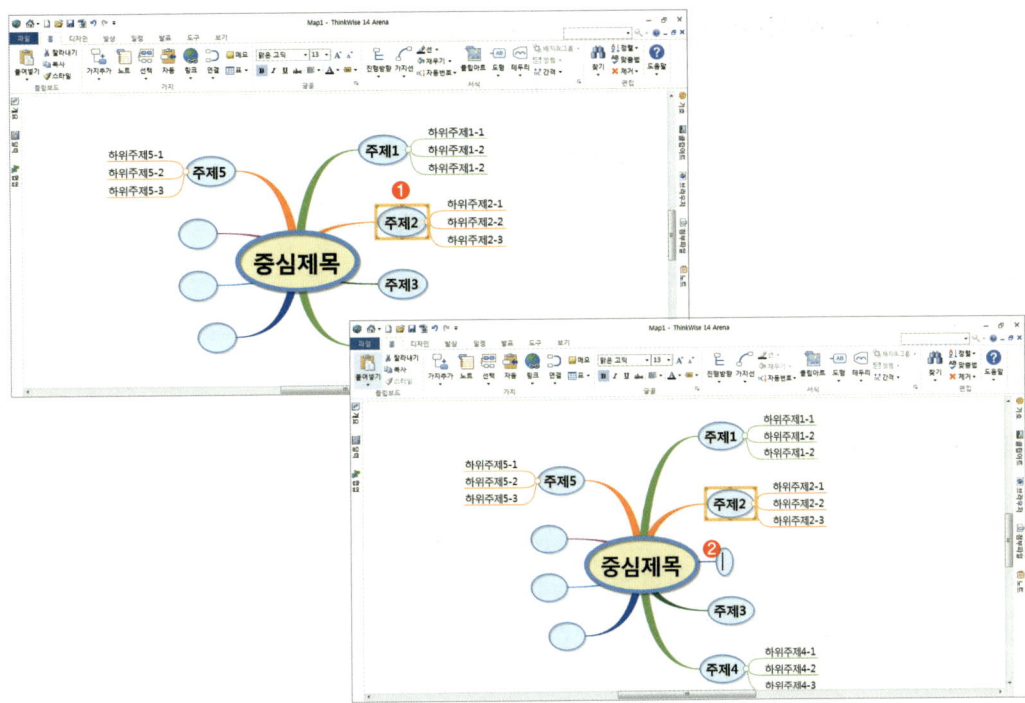

3 '**주제 2-2**'를 입력하고 Enter↵ 를 누릅니다. 형제가지 '**주제2-2**'가 추가된 것을 확인할 수 있습니다.

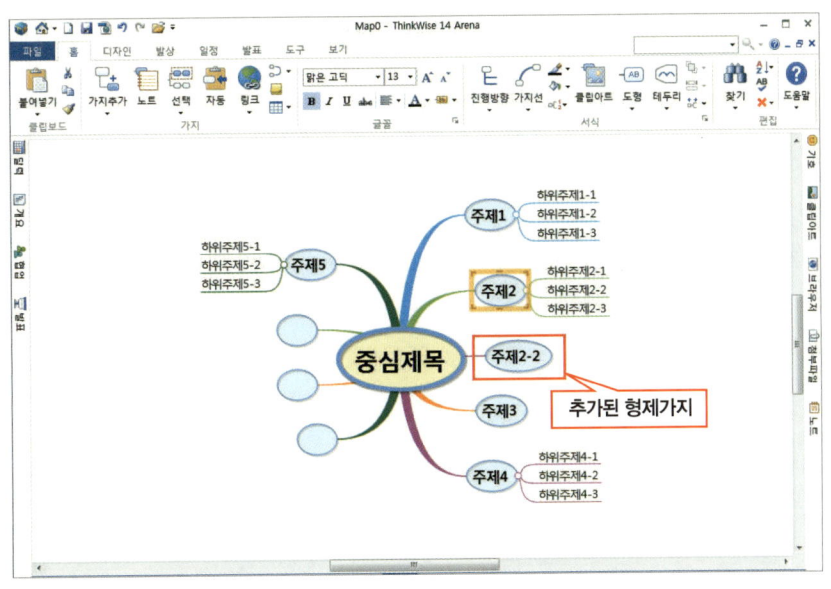

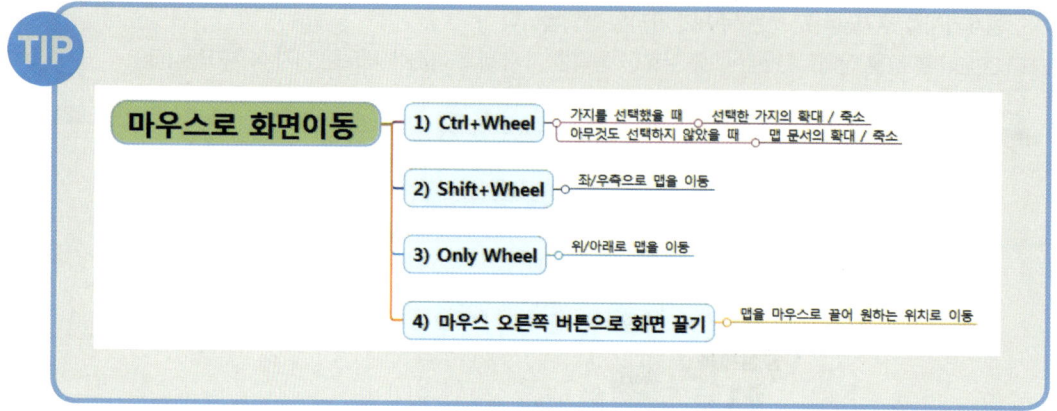

■ 맵 문서 저장하기

맵 문서는 폴더의 위치와 파일 이름을 가지고 저장되기 때문에 나중에 파일을 찾기가 쉽습니다. 저장된 문서는 마치 캐비닛에 넣어둔 파일과 같습니다. 만일 맵 문서의 이름이나 넣어둔 위치를 알고 있으면 다음에 열어볼 때 쉽게 찾을 수 있습니다. 문서를 저장하는 기본 원칙은 **'가능한 자주 저장'**입니다. 규칙적으로 저장하는 습관은 사용자의 맵 문서 정보를 불의의 사고로부터 보호할 것입니다. 맵 문서를 저장할 때 다른 사람이 접근할 수 없도록 비밀번호를 설정할 수 있어서, 기밀 정보의 저장에도 활용할 수 있습니다. 또한 **[파일]-[준비]** 메뉴에서는 맵 문서에 대한 속성 및 특성에 대해 입력할 수 있습니다. 또한 상세한 문서정보, 문서 암호를 설정할 수 있습니다.

문서를 저장하기 위해서는 **[빠른 실행도구 모음]**의 📄 **[저장]**을 누르거나 **[파일]** 탭의 메뉴에서 **[저장]** 또는 **[다른 이름으로 저장]**을 선택합니다.

1. 맵 문서 처음 저장

처음으로 맵 문서를 저장할 때에는 저장위치와 파일 이름을 지정해야 합니다.

01 [파일] 탭을 눌러 [저장]을 실행하거나 키보드 Ctrl+S 를 누르면 [다른 이름으로 저장] 대화상자가 실행됩니다.

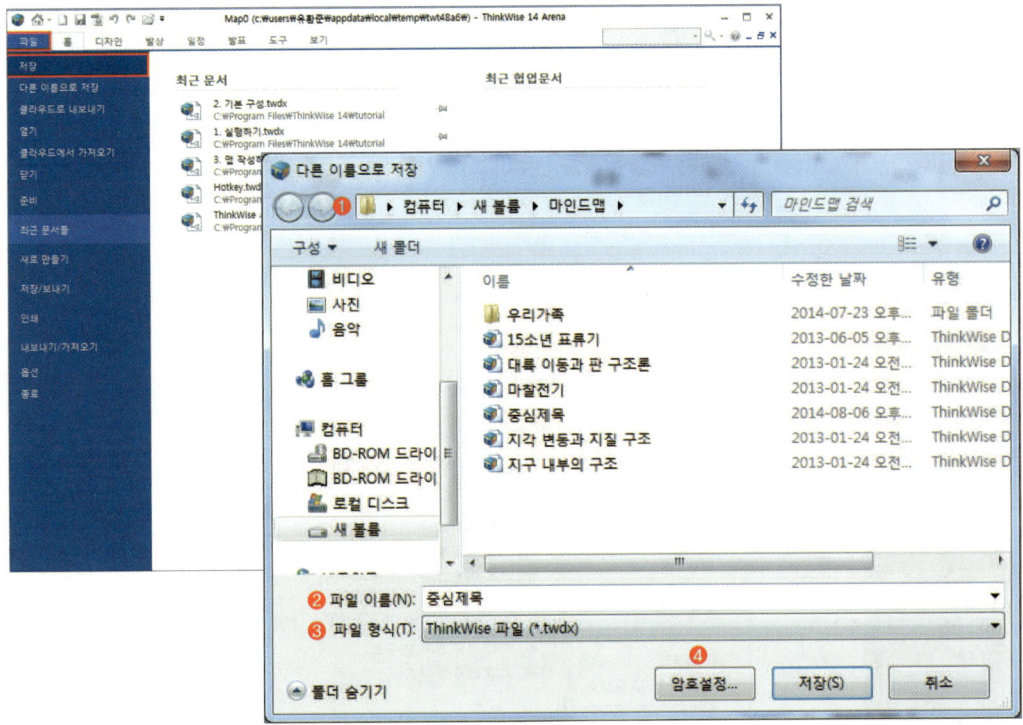

❶ **저장 위치** : 문서를 저장할 위치를 지정합니다. 새로운 폴더를 생성하려면 저장 위치 아래에 있는 새 폴더 아이콘을 실행합니다.

❷ **파일 이름** : 저장할 맵 문서의 이름을 지정합니다. 자동으로 맵 문서의 중심주제를 파일 이름으로 제안합니다. 만약 다른 이름으로 저장하기를 원한다면 파일 이름에 원하는 이름을 씁니다. ThinkWise 파일로 저장하는 경우 자동으로 파일 형식 *.twdx로 파일 확장자가 추가됩니다.

❸ **파일 형식** : 맵 문서의 저장 파일 형식을 변경합니다. 파일 형식은 맵 문서를 맵 형식뿐 아니라 각종 이미지 파일과 텍스트 파일로 저장할 수 있도록 지원합니다. 저장하고자 하는 파일 형식을 지정하면 됩니다.

❹ **암호설정** : 다른 사람이 보거나 수정하지 못하도록 문서에 암호를 설정할 수 있습니다.

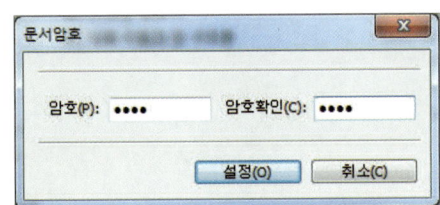

02 [저장] 버튼을 누르면 문서 저장이 완료됩니다.

2. 문서 열기

이전에 작성했던 문서를 열고자 할 때 열기 메뉴를 사용합니다.

01 [**파일**] 탭을 눌러 [**열기**] 메뉴를 실행합니다. 또는 [**빠른 실행 도구 모음**]에서 📂 아이콘을 클릭합니다. [**열기**] 대화상자가 실행되면 열고자 하는 문서를 선택하고 [**열기**] 버튼을 누릅니다.

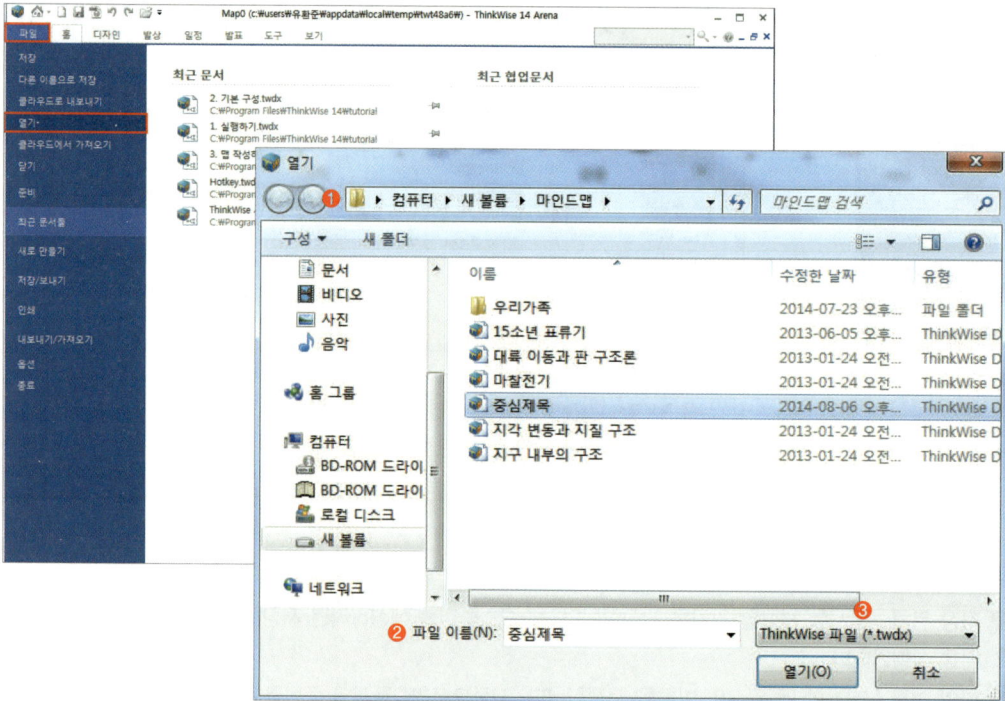

❶ **찾는 위치** : 열고자 하는 문서가 들어 있는 폴더 위치를 지정합니다.
❷ **파일 이름** : 열고자 하는 파일 이름을 선택합니다.
❸ 열고자 하는 문서의 파일 형식을 선택합니다.

```
① ThinkWise 파일 (*.twdx)
② ThinkWise 3.0 - 12 파일 (*.twd)
③ ThinkWise 연결맵 압축파일 (*.twds)
④ 어린이 씽크와이즈 파일 (*.jtw)
⑤ ThinkMap 1.1 - 2.5 파일 (*.map)
⑥ 텍스트 파일 (*.txt)
⑦ 한글 파일 (*.hwp)
⑧ Microsoft Word 파일 (*.doc)
⑨ Microsoft PowerPoint 파일 (*.ppt)
⑩ Microsoft Project 파일 (*.mpp)
⑪ Extensible Markup Language (XML) (*.xml)
⑫ ThinkWise 모바일파일 (*.twm)
⑬ MindManager 파일 (*.mmp;*.mmap)
⑭ Freemind 파일 (*.mm)
```

① **ThinkWise 파일 (*.twdx)** : 통합형식의 ThinkWise 프로그램 문서를 열 수 있습니다.

② **ThinkWise 3.0-12파일 (*.twd)** : ThinkWise 3.0에서 12버전 프로그램 문서를 열 수 있습니다.

③ **ThinkWise 연결맵 압축파일 (*.twds)** : 연결맵이 포함된 ThinkWise 문서를 열 수 있습니다.

④ **어린이 ThinkWise 파일 (*.jtw)** : 어린이 ThinkWise에서 작성한 문서를 열 수 있습니다.

⑤ **ThinkMap1.1-2.5파일 (*.map)** : ThinkWise 2.5 이하 버전 문서를 열 수 있습니다.

⑥ **텍스트 파일 (*.txt)** : 텍스트로 작성된 문서를 열 수 있습니다.

⑦ **한글 파일(*.hwp)** : 한글 문서를 맵으로 변환하여 열 수 있습니다.
  [홈] 탭의 가져오기 메뉴의 한글 문서를 맵으로 변환과 동일한 방법으로 문서열기가 가능합니다.

⑧ **Microsoft Word 파일 (*.doc)** : Microsoft Word 문서를 맵으로 변환하여 열 수 있습니다.
  [홈] 탭의 가져오기 메뉴의 MS Word 문서를 맵으로 변환과 동일한 방법으로 문서열기가 가능합니다.

⑨ **Microsoft PowerPoint 파일 (*.ppt)** : Microsoft PowerPoint 문서를 맵으로 변환하여 열 수 있습니다.
  [홈] 탭의 가져오기 메뉴의 MS PowerPoint 문서를 맵으로 변환과 동일한 방법으로 문서열기가 가능합니다.

⑩ **Microsoft Project 파일(*.mpp)** : Microsoft 프로젝트 파일을 열 수 있습니다.

⑪ **Extensible Markup Language (XML) (*.xml)** : 웹 호환성을 가진 XML 파일을 열 수 있습니다.

⑫ **ThinkWise 모바일파일(*.twm)** : ThinkWise 모바일에서 작성한 문서의 열기가 가능합니다.
  Arena 버전부터 twdx로 통합되었습니다.

⑬ **MindManager 파일(*.mmp; *.mmap)** : MindManager 프로그램에서 작성한 문서를 열 수 있습니다.

⑭ **Freemind Files (*.mm)** : Freemind 프로그램에서 작성한 문서를 열 수 있습니다.

3. 모두 저장

현재 프로그램에 실행되어 있는 모든 맵 문서를 한꺼번에 저장합니다.

`01` [파일] 탭을 눌러 [저장/보내기] 메뉴의 [모두 저장]을 실행합니다.

`02` 현재 실행된 모든 맵 문서가 한꺼번에 저장됩니다.

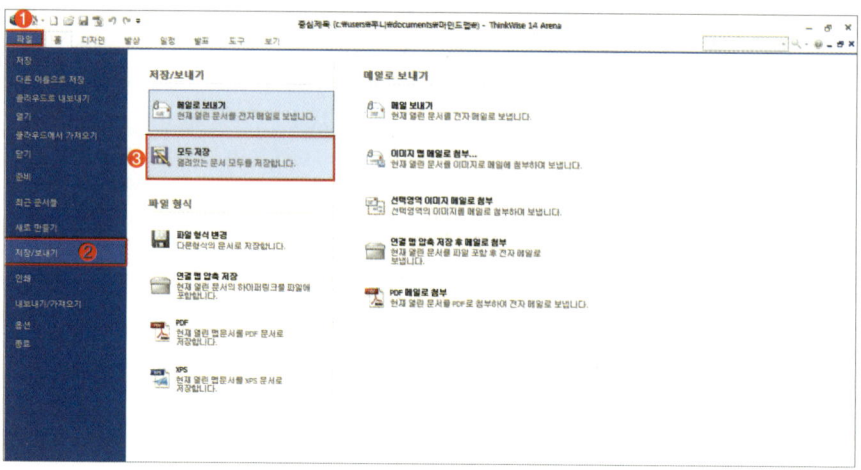

4. 다른 이름으로 저장

맵 문서를 저장할 때 몇 가지 이유로 인해 다른 이름으로 저장해야 할 경우가 있습니다. 다른 위치 (사용자의 컴퓨터에 있는 다른 위치 또는, CD-ROM이나 플로피 디스크 그리고 원거리의 컴퓨터) 에 복사본을 저장할 수도 있고, 같은 위치에 다른 이름의 복사본을 저장할 수도 있습니다.

01 [파일] 탭을 눌러 [다른 이름으로 저장] 메뉴를 선택합니다. [다른 이름으로 저장] 대화상자가 실행됩니다.

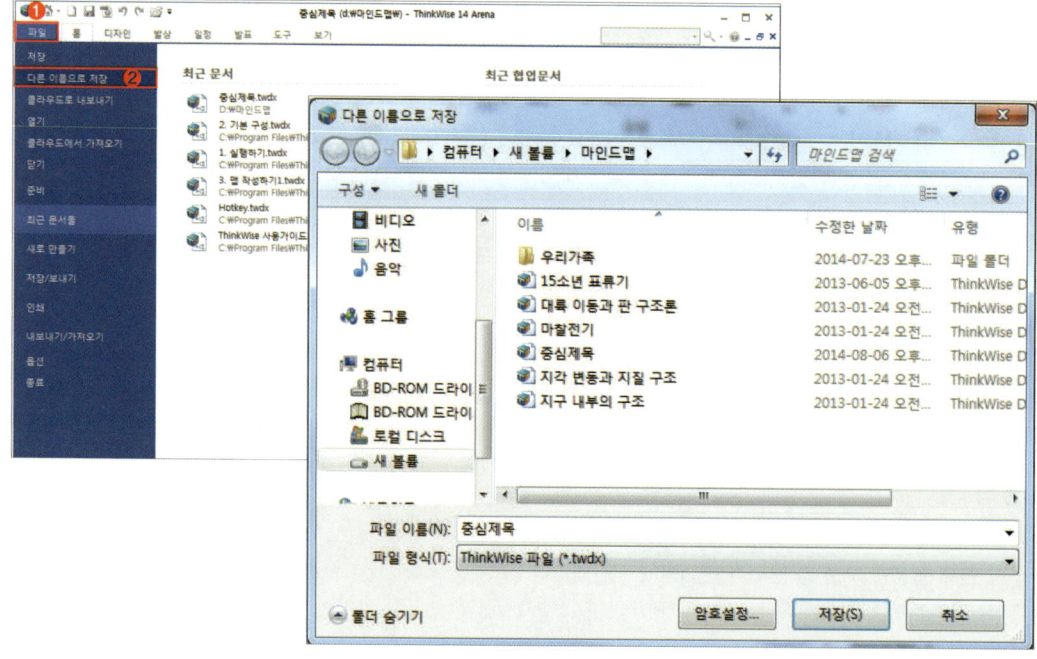

02 문서를 저장할 위치를 정하고 파일명을 지정합니다.

03 다른 형식의 문서로 저장할 수 있습니다.

```
① ThinkWise 파일 (*.twdx)
② ThinkWise 12 Files (*.twd)
③ ThinkWise 2008 파일 (*.twd)
④ ThinkWise 5.0 파일 (*.twd)
⑤ ThinkWise 3.0-4.5 파일 (*.twd)
⑥ 텍스트 파일 (*.txt)
⑦ 서식있는 문자열 (RTF) (*.rtf)
⑧ Extensible Markup Language (XML) (*.xml)
⑨ Enhanced 메타파일 (*.emf)
⑩ Windows Bitmap (*.bmp)
⑪ JPEG 파일 (*.jpeg,*.jpg)
⑫ Gif 파일(*.gif)
⑬ Portable Network Graphics (*.png)
```

① **ThinkWise Files (*.twdx)** : 압축된 형식인 xml 포맷의 ThinkWise 최신버전 형식으로 저장합니다.

② **ThinkWise 12 Files (*.twd)** : ThinkWise 12버전 형식으로 저장합니다.

③ **ThinkWise 2008 Files (*.twd)** : ThinkWise 2008 버전 형식으로 저장됩니다.

④ **ThinkWise 5.0 Files (*.twd)** : ThinkWise 5.0 버전 형식으로 저장됩니다.

⑤ **ThinkWise 3.0-4.5 Files (*.twd)** : ThinkWise 3.0 버전에서 4.5 버전까지의 형식으로 저장됩니다.

⑥ **텍스트 파일 (*.txt)** : 오직 글자로만 저장이 되며 어떤 서식도 적용되지 않습니다.

⑦ **서식 있는 문자열 (*.RTF)** : 서식이 적용된 글자로 저장됩니다.

⑧ **Extensible Markup Language (*.xml)** : 웹 호환성을 가진 파일로 저장됩니다.

⑨ **Enhanced 메타파일 (*.emf)** : '벡터 기반'의 그림파일이며, 파워포인트의 개체와 유사한 형태로 저장됩니다.

⑩ **Windows Bitmap (*.bmp)** : 표준 윈도우 그림파일이며, 거의 대부분의 윈도우 프로그램에서 사용할 수 있습니다.

⑪ **JPEG 파일 (*.jpeg, *.jpg)** : Joint Photographic Experts Group의 약자로 사진이나 색상 수가 많은 그림을 저장할 때 압축률이 매우 높기 때문에 그림의 용량을 놀라울 만큼 줄일 수 있습니다. 전자메일에 첨부할 용도로 사용할 경우에 사용합니다.

⑫ **GIF 파일 (*.gif)** : 256 Colors로 그림을 저장할 때 용량이 적기 때문에 홈페이지의 아이콘 등에 널리 쓰이고 있습니다. 맵 문서를 홈페이지에서 사용하거나, 웹 페이지에서 사용하려고 하는 경우 사용합니다.

⑬ **Portable Network Graphics (*.png)** : 압축된 그래픽 이미지 파일 형식으로서, 56 Colors로 그림을 저장할 때 용량이 적기 때문에 홈페이지의 아이콘 등에 널리 쓰이고 있습니다. 맵 문서를 홈페이지에서 사용하거나, 웹 페이지에 사용하려고 하는 경우 사용합니다.

5. 연결 맵 압축 저장하기

저장하려는 맵 문서에 하이퍼링크된 파일이 포함되어 있을 때, 하이퍼링크로 연결된 파일들까지 포함하여 저장하는 기능입니다. 이때 내 컴퓨터에 있는 파일은 모두 그대로 두고 하나씩 복사하여 별도의 파일로 저장합니다. 저장된 *.twds 문서는 압축된 ThinkWise 문서를 나타내는 것으로 ThinkWise 맵 문서와 하이퍼링크된 모든 파일이 포함되어 있습니다.

01 [파일] 탭을 눌러 [저장/보내기] 메뉴에서 [연결 맵 압축 저장]을 실행합니다.

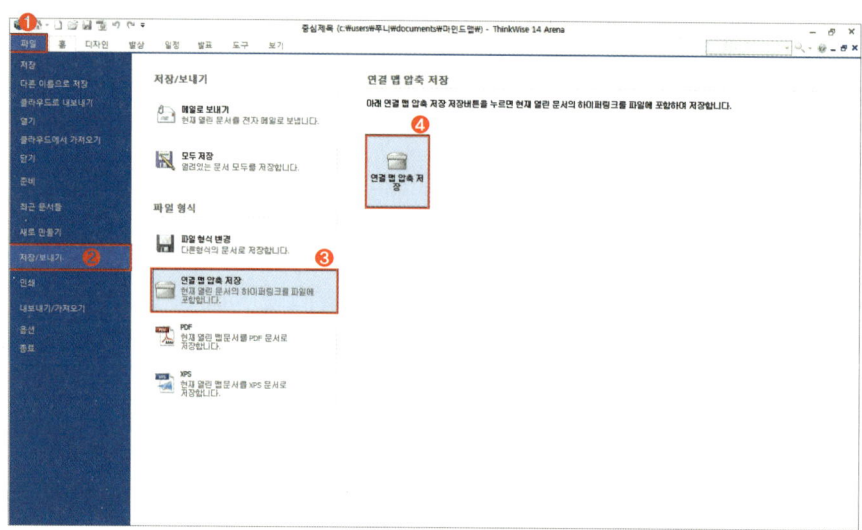

02 하이퍼링크된 파일이 없을 경우에는 적용되지 않습니다.

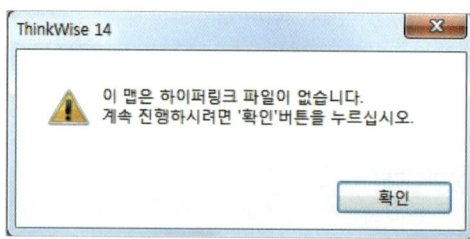

6. 이미지로 변환하여 저장하기

작성한 맵 문서를 png, jpg, bmp 등의 이미지 파일로 저장할 수 있습니다.

01 [파일] 탭을 눌러 [저장/보내기] 메뉴에서 [파일형식] 그룹의 [파일형식 변경]-[이미지로 저장]을 실행합니다.

02 [다른 이름으로 저장] 대화상자가 실행되면 이미지 문서를 저장할 위치를 지정하고 파일명을 지정합니다. 이미지로 변환시 저장 가능한 파일 형식은 emf, bmp, jpg, gif, png, tif입니다.

03 [저장] 버튼을 클릭하면 맵 문서가 이미지 파일로 저장됩니다.

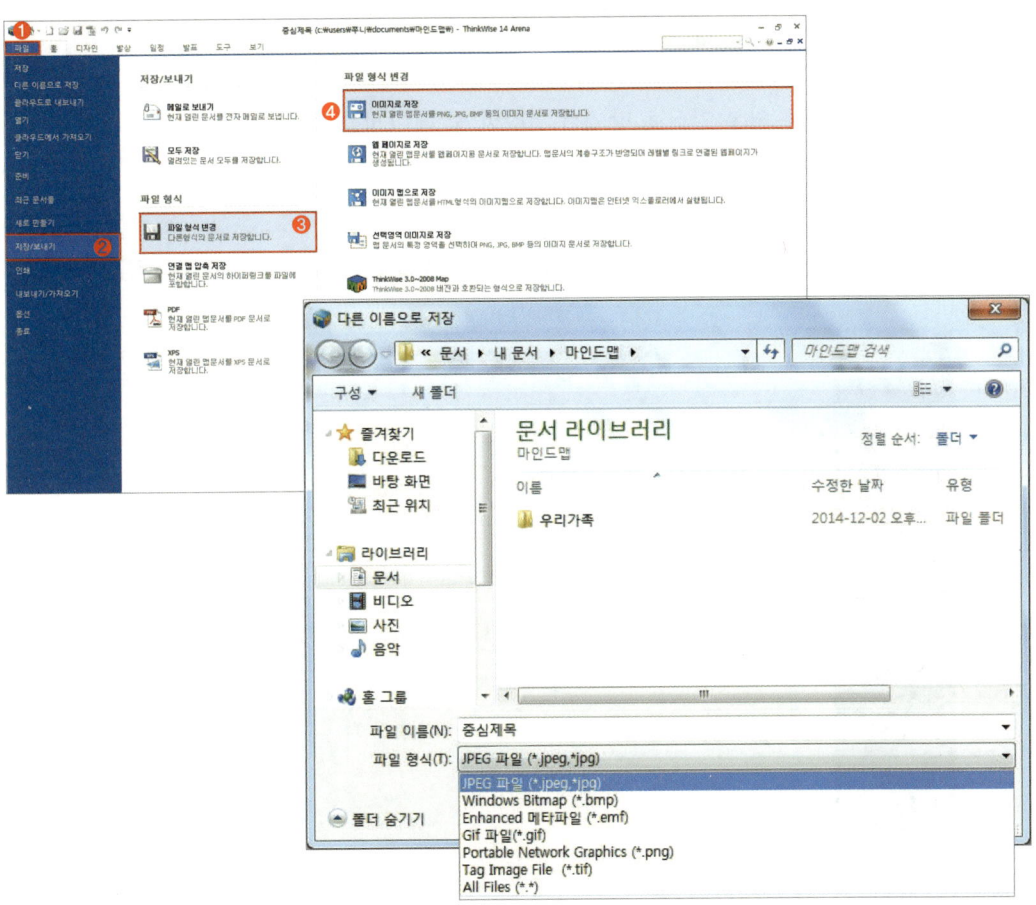

7. 웹 페이지로 저장하기

맵 문서를 HTML 형태의 웹 페이지로 저장할 수 있습니다. 웹 페이지는 Hypertext Markup Language(HTML)를 사용하는 문서를 말합니다. ThinkWise는 쉽게 맵 문서를 HTML 문서로 변환시킬 수 있습니다. 이것은 일반 웹 브라우저에서도 웹 페이지 형태로 변환된 맵 문서의 내용을 볼 수 있으며, 하이퍼링크로 연결된 다양한 주제를 볼 수 있다는 것을 의미합니다.

맵 문서를 웹 페이지로 저장할 경우 맵 문서의 상위가지와 하위가지는 각각의 상위페이지, 하위페이지로 표현되며 하이퍼링크로 연결됩니다. 또한 주제의 내용을 표시하는 페이지에는 노트의 내용도 같이 포함되며 가지들이 가지 묶기로 되어 있는 경우, 가지 묶기의 주제도 페이지로 표기됩니다. 맵 문서를 웹 페이지로 저장하는 경우 맵 문서 파일마다 각각의 폴더로 따로 저장하는 것이 관리와 재사용에 유리하고 웹 브라우저로 index.html 파일을 열어 저장한 웹 페이지를 볼 수 있습니다. 이 기능은 흔히 인터넷에서 볼 수 있는 웹 페이지로 맵 문서를 저장하는 것이며, 인터넷 사용 환경이 지원되는 경우 외부 인터넷 망에서 저장한 웹 페이지를 볼 수도 있습니다.

01 웹 페이지로 저장하려는 맵 문서를 실행합니다.
02 [**파일**] 탭을 눌러 [**저장/보내기**] 메뉴에서 [**파일형식**] 그룹의 [**파일형식 변경**]-[**웹 페이지로 저장**]을 실행합니다.

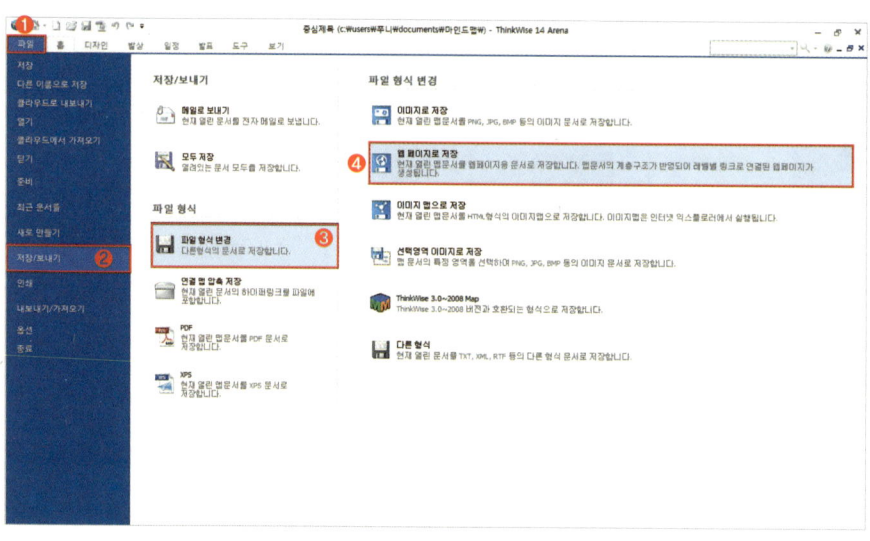

03 [웹 페이지로 저장] 대화상자가 실행됩니다.

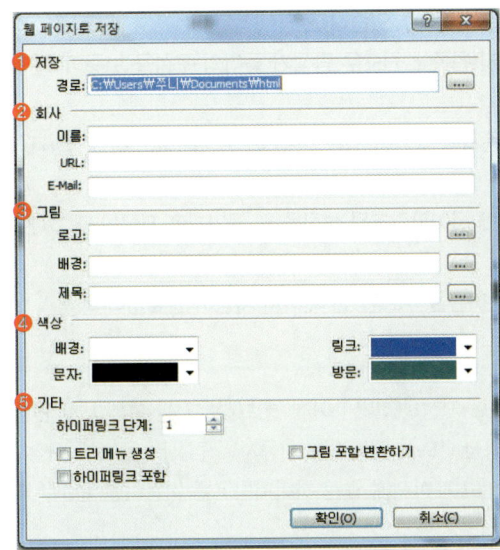

❶ **저장** : HTML이 저장될 폴더 위치를 지정합니다.
  - **경로** : 변환할 문서가 저장될 폴더를 원하는 곳으로 설정합니다.

❷ **회사** : 맵 문서를 작성한 회사나 개인 정보를 입력합니다.
  - **이름** : 이름을 입력합니다.
  - **URL** : URL이란, 'Uniform Resource Locator'(웹 사이트 주소)입니다. 회사의 웹 사이트 주소가 있으면 입력합니다.
  - **E-mail** : 전자메일 주소를 입력합니다.

❸ **그림**
  - **로고** : 회사에서 사용하는 회사 로고나 색인 페이지와 다른 페이지의 제목 부분에 위치하는 이미지로 파일 이름과 폴더 위치를 입력합니다. 웹에서 볼 수 있는 그림 형태인 JPEG나 GIF 형식의 그림파일만 가능합니다.
  - **배경** : 바탕이 색으로 표시되는 대신 특정 파일을 사용하여 표시할 수 있습니다. 로고나 회사 이미지가 잘 보이며 글자가 잘 보이는 파일이어야 합니다. 페이지의 내용보다 돋보이는 것은 사용하지 않는 것이 좋습니다.
  - **제목** : 제목은 웹 브라우저에 맵 문서의 제목이 나오는 것입니다(프로그램 창 상단에 있음).

❹ **색상**
  - **배경** : 웹 페이지의 바탕색을 설정합니다.
  - **문자** : 웹 페이지의 글자색을 설정합니다.
  - **링크** : 웹 페이지의 하이퍼링크 문자의 색을 설정합니다.
  - **방문** : 웹 페이지의 하이퍼링크를 한 번이라도 클릭했을 때 클릭 전과 구분되는 문자색을 설정합니다. 하이퍼링크를 클릭하여 다른 페이지로 이동한 후 다시 돌아왔을 때 적용됩니다.

❺ **기타**
- **하이퍼링크 단계** : 맵 문서를 웹 페이지로 변환할 때 맵 문서의 여러 레벨의 주제를 몇 단계까지 하이퍼링크로 연결할 것인지를 지정할 수 있습니다.
- **트리 메뉴 생성** : 웹 페이지 왼쪽에 윈도우 탐색기 폴더의 구성을 보듯이 웹 페이지의 구성을 메뉴 형태로 보여줍니다.
- **그림 포함 변환하기** : 맵 문서에 그림이 있는 경우 이 설정에 체크하면, 웹 페이지로 저장할 때 그림까지 포함하여 저장합니다.
- **하이퍼링크 포함** : 맵 문서에 하이퍼링크된 설정을 웹 페이지로 저장할 때 그대로 가져올 것인지를 지정합니다.

04 설정을 완료한 후에 **[확인]** 버튼을 누르면 웹 페이지 저장이 완료됩니다.

> **TIP**
> - 맵 문서를 웹 페이지로 저장하였다면 이제 웹 브라우저를 통해 새로 만들어진 웹 페이지를 볼 수 있습니다. 새로 만들어진 HTML 페이지는 사용자의 컴퓨터 폴더에 저장되어 있습니다. 폴더에 있는 index.html 파일을 열고 페이지에 있는 하이퍼링크를 이용하면 웹 페이지로 저장한 맵 문서의 내용을 모두 볼 수 있습니다.

8. 이미지 맵으로 저장하기

맵 문서를 인터넷 익스플로러에서 볼 수 있도록 맵 모양 그대로를 HTML 형식의 이미지로 저장할 수 있습니다. 또한 하이퍼링크로 연결된 인터넷 주소나 이메일 주소 정보가 그대로 보존됩니다.

01 **[파일]** 탭을 눌러 **[저장/보내기]** 메뉴에서 **[파일형식]** 그룹의 **[파일형식 변경]-[이미지 맵으로 저장]**을 실행합니다.

02 **[이미지맵 생성]** 대화상자가 실행됩니다.

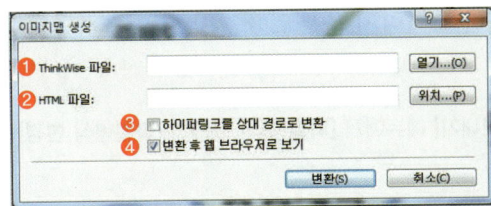

❶ **ThinkWise 파일** : 이미지 맵으로 변환할 ThinkWise 파일을 선택합니다. 기본적으로는 현재 열린 맵 문서가 등록되지만, 열기 버튼을 눌러 다른 파일로 변경할 수 있습니다.

❷ **HTML 파일** : 이미지 맵으로 변환 후 생성된 HTML 파일의 파일명과 저장될 위치를 지정합니다(기본적으로는 현재 열린 맵 문서와 같은 이름으로, 같은 위치에 등록됩니다). 위치 버튼을 눌러 다른 파일명 또는 다른 위치로 변경할 수 있습니다.

❸ **하이퍼링크를 상대 경로로 변환** : 맵 문서에 설정된 하이퍼링크 정보는 이미지 맵으로 변환 후에도 유지되며, 이때 하이퍼링크 연결의 경로를 상대 경로로 변환하고자 할 경우 '하이퍼링크를 상대 경로로 변환'에 체크합니다.

❹ **변환 후 웹 브라우저로 보기** : 변환된 HTML 파일을 바로 실행하려면 '변환 후 웹 브라우저로 보기'를 체크합니다.

03 **[변환]** 버튼을 누릅니다. 인터넷 익스플로러가 실행되고 맵 문서 모양 그대로가 HTML 화면에 표시된 것을 볼 수 있습니다.

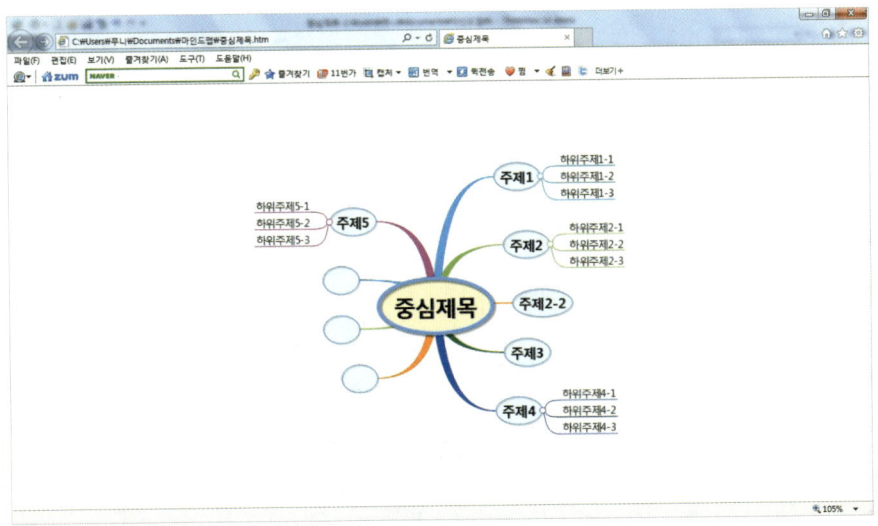

TIP • 변환된 이미지 맵 파일은 맵 문서와 동일한 이름으로 htm 파일과 png 파일로 생성되어 저장된 것을 볼 수 있습니다. 변환된 이미지 맵을 인터넷에 올리거나 다른 위치로 이동하려면 생성된 두 개의 파일(htm과 png)을 함께 이동해야 합니다.

9. 선택영역 이미지로 저장하기

맵 문서의 특정 영역을 선택하여 이미지 문서로 저장할 수 있습니다.

01 [**파일**] 탭을 눌러 [**저장/보내기**] 메뉴에서 [**파일형식**] 그룹의 [**파일형식 변경**]-[**선택영역 이미지로 저장**]을 실행합니다.

02 마우스 포인터 모양이 (+)로 바뀌면 맵 문서 중 이미지로 저장할 영역을 드래그하여 선택합니다.

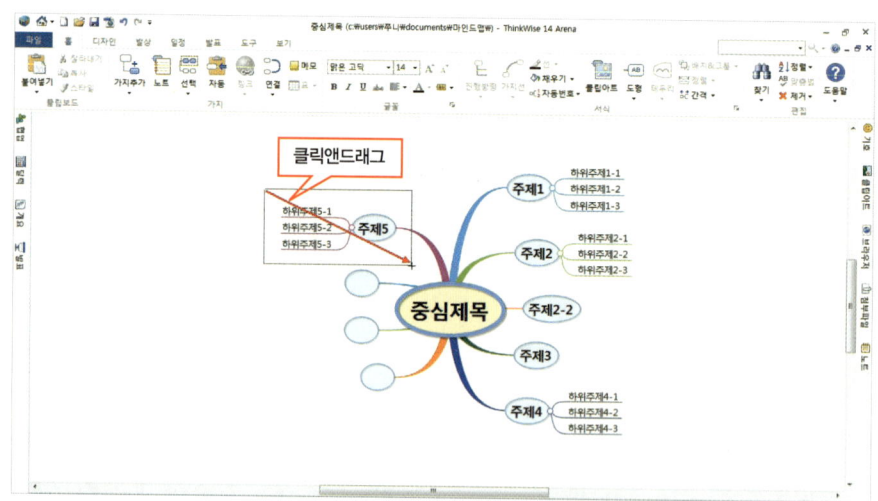

03 [다른 이름으로 저장] 대화상자에서 저장할 위치와 파일 이름을 지정 후 [저장]을 누릅니다.

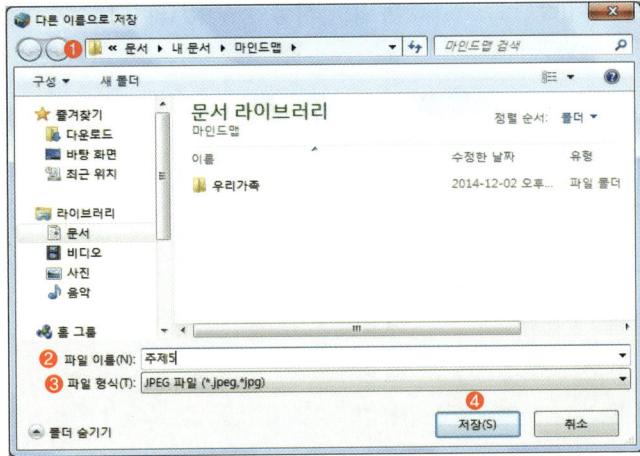

10. ThinkWise 3.0~2008 Map 형식으로 저장하기

Thinkwise 14 버전에서 작성한 맵 문서를 하위버전 형식으로 저장합니다.

01 [파일] 탭을 눌러 [저장/보내기] 메뉴에서 [파일형식] 그룹의 [파일형식 변경]-[ThinkWise 3.0~2008 Map]을 실행합니다.

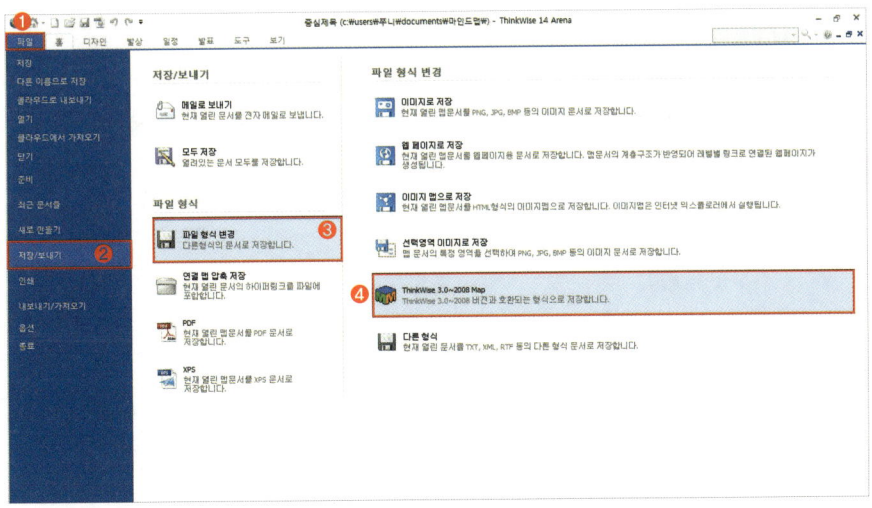

02 [다른 이름으로 저장] 대화상자가 실행되면 문서를 저장할 위치를 지정하고 파일명을 지정합니다.
03 문서를 저장할 파일 형식을 선택하고 저장합니다.

11. 다른 형식으로 저장하기

작성한 맵 문서를 다른 형식(txt, rtf, xml)의 파일로 저장할 수 있습니다.

01 [**파일**] 탭을 눌러 [**저장/보내기**] 메뉴에서 [**파일형식**] 그룹의 [**파일형식 변경**]-[**다른형식**]을 실행합니다.

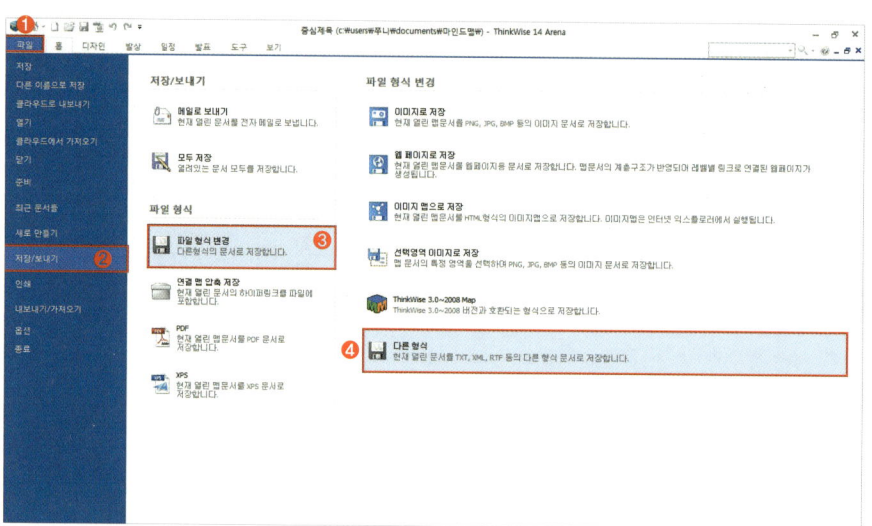

02 [**다른 이름으로 저장**] 대화상자에서 저장할 위치와 파일 이름을 지정합니다.
03 파일형식을 선택합니다.

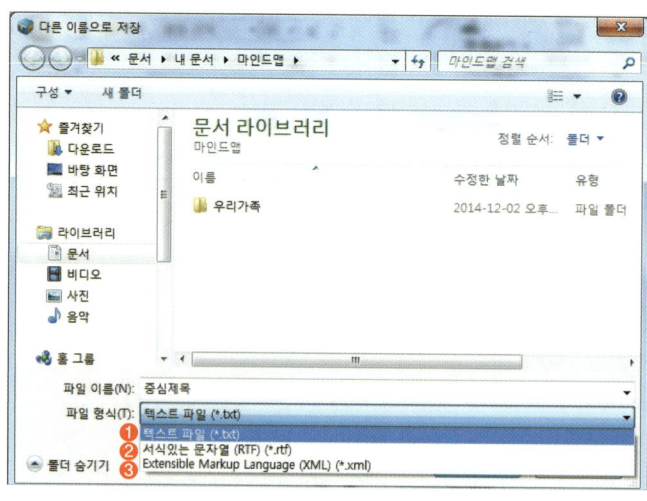

❶ **텍스트 파일 (*.txt)** : 오직 글자로만 저장이 되며 어떤 서식도 적용되지 않습니다.
❷ **서식 있는 문자열 (*.RTF)** : 서식이 적용된 글자로 저장됩니다.
❸ **Extensible Markup Language (*.xml)** : 웹 호환성을 가진 파일로 저장됩니다.

04 [**저장**] 버튼을 누르면 선택한 형식의 문서로 저장됩니다.

12. PDF로 저장하기

작성중인 맵 문서를 PDF 파일로 저장할 수 있습니다.

01 [**파일**] 탭을 눌러 [**저장/보내기**] 메뉴에서 [**파일형식**] 그룹의 [**PDF**]를 실행합니다.

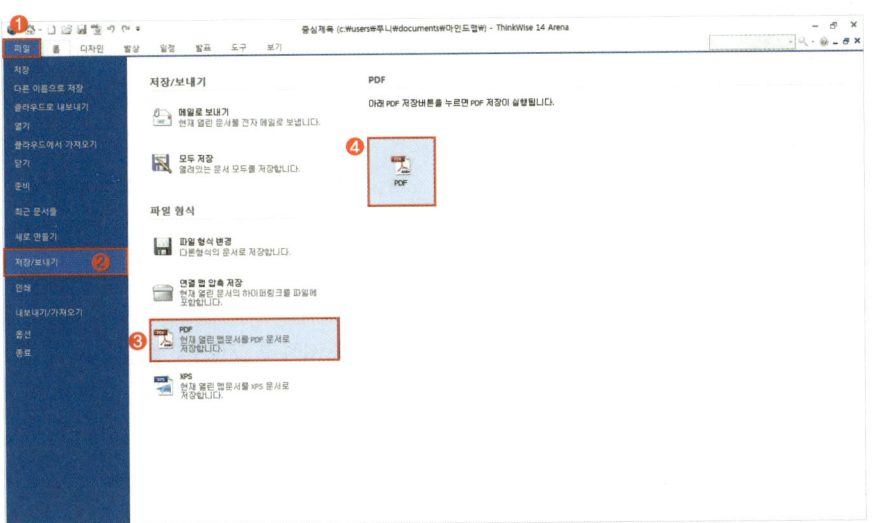

02 [**다른 이름으로 저장**] 대화상자에서 저장할 위치와 파일 이름을 지정 후 [**저장**]을 누릅니다.
03 맵 문서가 PDF 파일로 저장됩니다.

13. XPS로 저장하기

작성중인 맵 문서를 XPS 파일로 저장할 수 있습니다.

01 [ThinkWise 단추]를 눌러 [다른 이름으로 저장] 메뉴에서 'XPS'를 실행합니다.

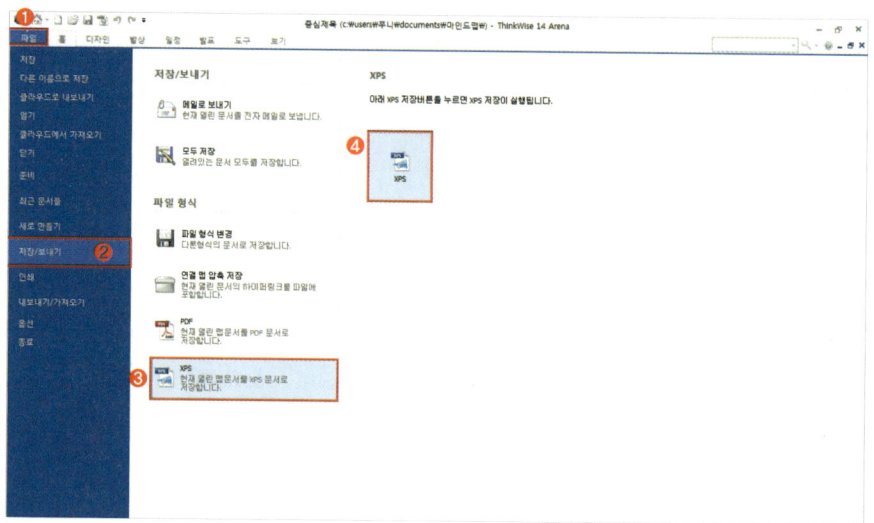

02 [다른 이름으로 저장] 대화상자에서 저장할 위치와 파일 이름을 지정 후 [저장]을 누릅니다.
03 맵 문서가 XPS 파일로 저장됩니다.

■ 클라우드로 내보내기/가져오기

클라우드로 내보내기는 인터넷이 연결되어 있다면 ThinkWise 화면에서 맵 문서를 즉시 클라우드에 업로드하거나 다운로드할 수 있는 기능으로 ThinkWise 맵 문서를 손쉽게 보관하고 다운로드할 수 있도록 지원합니다. ThinkWise와 iThinkWise(웹버전), 모바일 기기의 모든 ThinkWise 프로그램에서 클라우드에 접속하여 파일을 업로드, 다운로드할 수 있습니다.

클라우드 서비스 특징

1. ThinkWise로 작성된 맵 문서를 클라우드에 업로드하면 언제 어디서나 인터넷을 통해 맵 문서를 열 수 있습니다.
2. 모든 모바일 기기에서 ThinkWise Mobile 앱을 설치하면 클라우드를 사용할 수 있습니다.

3. 클라우드에 저장된 맵 문서는 PC와 모바일 기기 어디서나 접속하여 파일 편집, 저장, 업로드, 다운로드가 가능하고 편집된 내용은 자동으로 다시 클라우드로 업로드됩니다.
4. 모바일 기기와 PC에서 작성 또는 수정된 맵은 모든 기기에서 실시간으로 열 수 있습니다.

1. 맵 문서를 클라우드로 내보내기

PC에서 작성한 맵 문서는 간단하게 클라우드로 업로드할 수 있습니다. 우선 클라우드를 사용하기 위하여 ThinkWise 사이트에 회원가입을 완료해야 합니다.

| 01 | **[파일]** 탭을 눌러 **[클라우드로 내보내기]** 메뉴를 실행합니다.

| 02 | ThinkWise 사이트에 가입된 정보를 이용하여 로그인한 후 자동으로 로그인하고자 할 경우 '자동으로 로그인하기'에 체크합니다.

03 클라우드에 저장 화면이 열리면 기존에 클라우드에 저장된 문서들의 목록이 나타납니다.

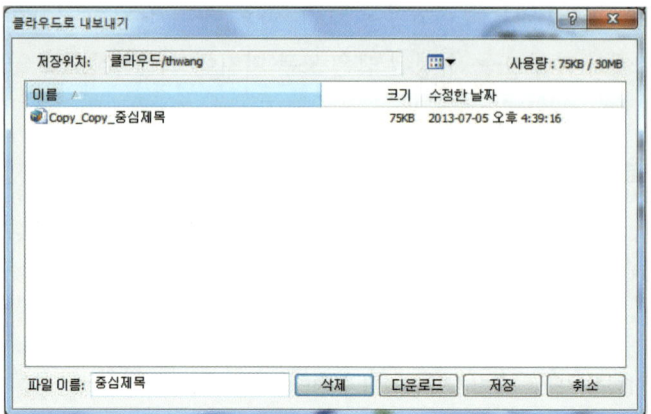

04 [저장]을 눌러 현재 문서를 클라우드에 저장합니다.

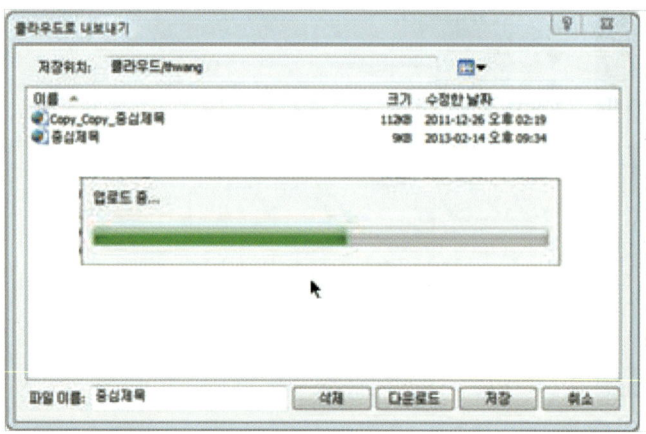

05 선택한 문서가 클라우드에 저장됩니다.
06 '클라우드로 내보내기' 대화상자에서 클라우드 파일을 삭제하거나 PC로 다운로드할 수 있습니다.

TIP
• 클라우드는 ThinkWise 문서를 저장하는 전용공간으로 ID별로 최대 30MB의 저장 공간이 제공됩니다.

2. 맵 문서를 클라우드에서 가져오기

클라우드에 저장해놓은 파일을 즉시 열어 실행할 수 있습니다.

01 [**파일**] 탭을 눌러 [**클라우드에서 가져오기**] 메뉴를 실행합니다.

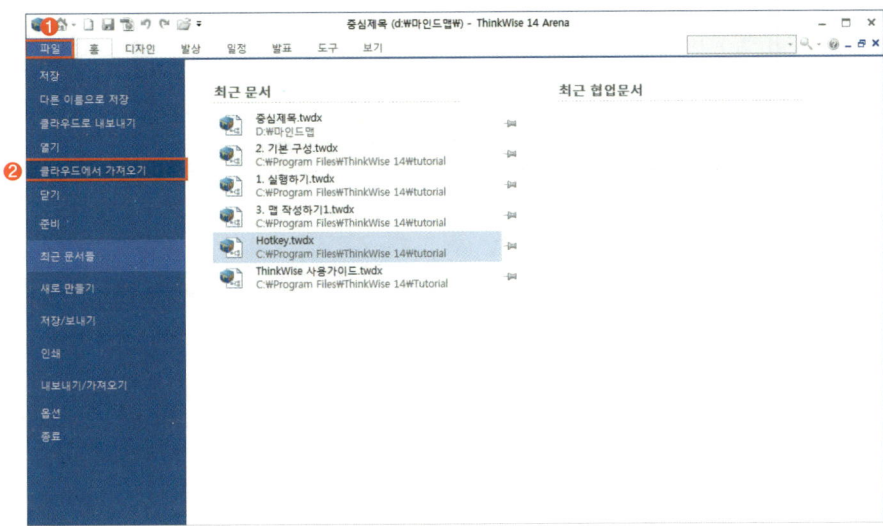

02 ThinkWise 사이트에 가입된 정보를 이용하여 로그인합니다. 향후 자동으로 로그인하고자 할 경우 '자동으로 로그인하기'에 체크합니다.

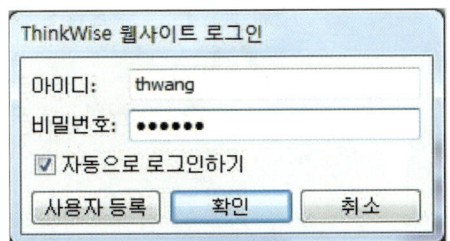

03 [**클라우드에서 가져오기**] 화면이 열리면 파일을 선택하고 [**열기**]를 누르면 선택한 문서를 자동으로 실행합니다. 이때 열린 문서는 열기를 실행한 컴퓨터에 임시로 저장되며, 임시 저장위치는 '**ThinkWise 옵션**'의 '**웹**' 메뉴에서 확인할 수 있습니다.

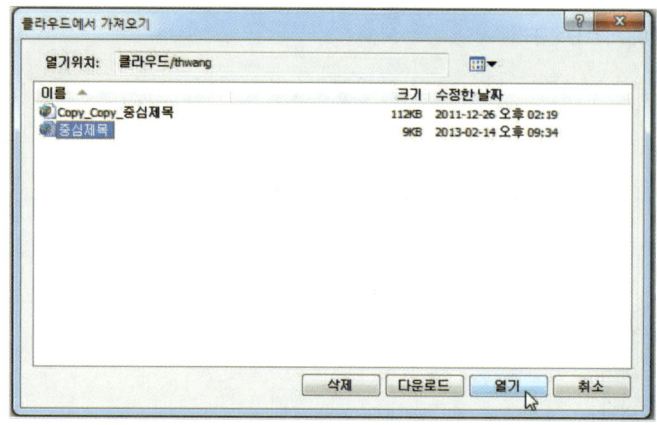

04 클라우드에서 **'열기'** 메뉴를 이용하여 실행된 맵 문서는 문서탭에 '/클라우드/'로 경로가 표시되어 현재 이 문서가 클라우드에 존재하는 것임을 알려줍니다.

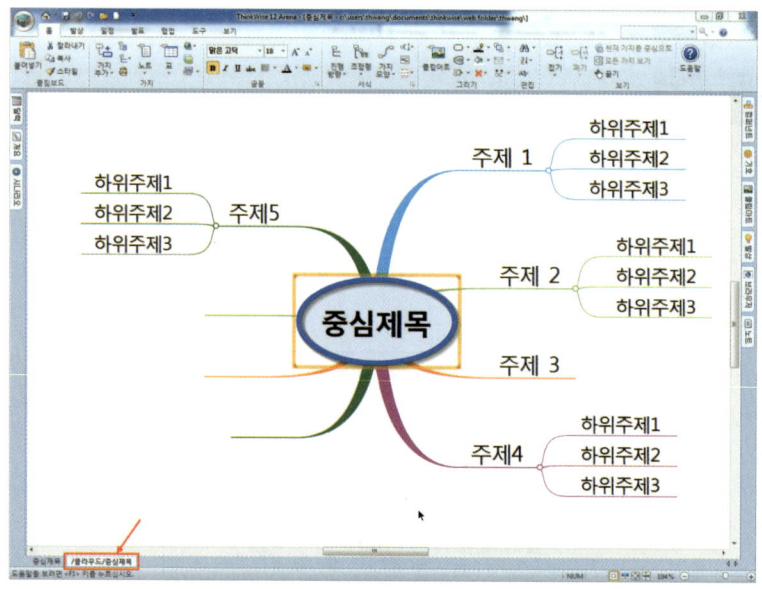

05 '/클라우드/'로 표시된 맵 문서를 저장시 자동으로 클라우드에 다시 저장됩니다.

06 '/클라우드/'로 표시된 맵 문서를 내 컴퓨터에 저장하려면 **[다른 이름으로 저장]** 메뉴를 이용하여 저장해야 합니다.

■ 문자열 삽입

ThinkWise는 맵 문서 내의 어느 곳에든 문자열을 삽입할 수 있습니다.

1. 문자열 삽입하기

01 [홈] 탭의 [가지] 그룹에 있는 [가지추가] 메뉴에서 [문자열 삽입] 메뉴를 선택하고 문자열을 추가하고자 하는 위치를 마우스로 클릭합니다. 또는 맵 문서 바탕화면에서 문자열을 추가하고자 하는 위치를 마우스로 클릭합니다.

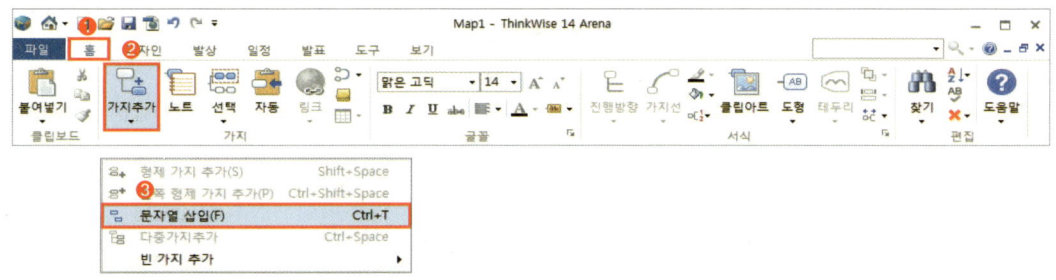

02 마우스 포인터 모양이 표시되면 글자를 입력합니다.

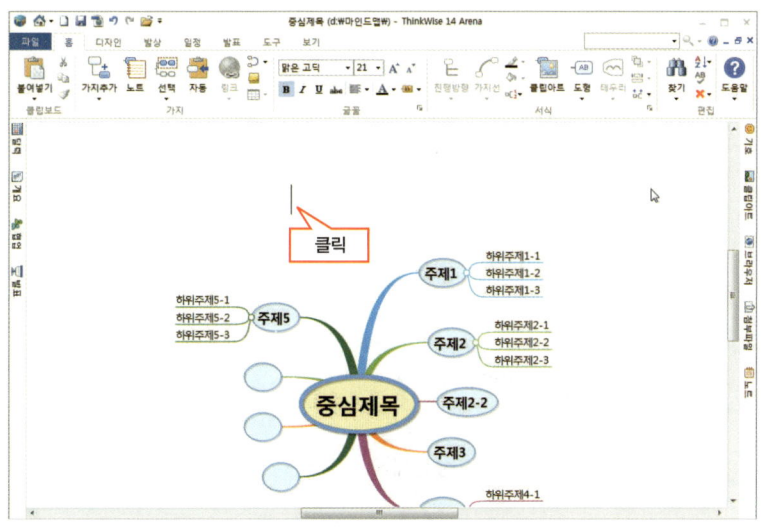

03 '연습맵'을 입력하고 Enter 를 누르면 문자열 입력이 완료됩니다.

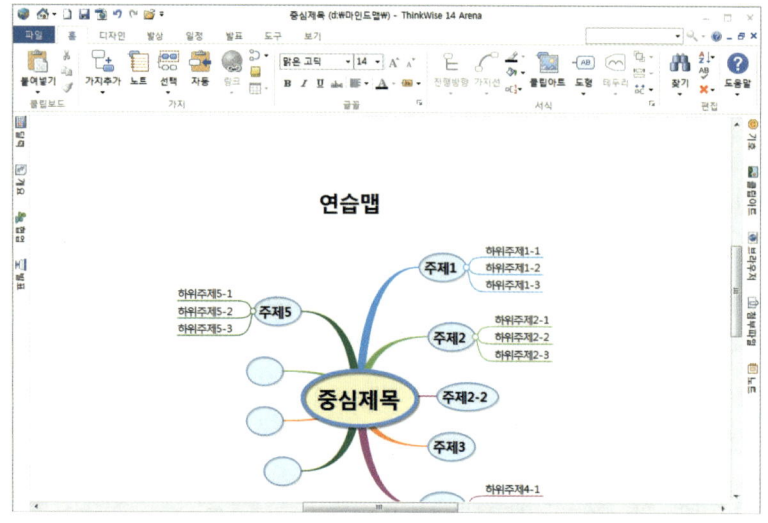

2. 문자열에서 하위가지 생성하기

맵 작성시 입력한 문자열로부터 하위가지를 만들어 맵핑할 수 있습니다. 이 기능은 ThinkWise가 여러 개의 중심주제를 생성하는 멀티맵(Multi Map) 기능을 지원함을 의미합니다.

01 맵 문서에 입력된 문자열을 선택합니다.

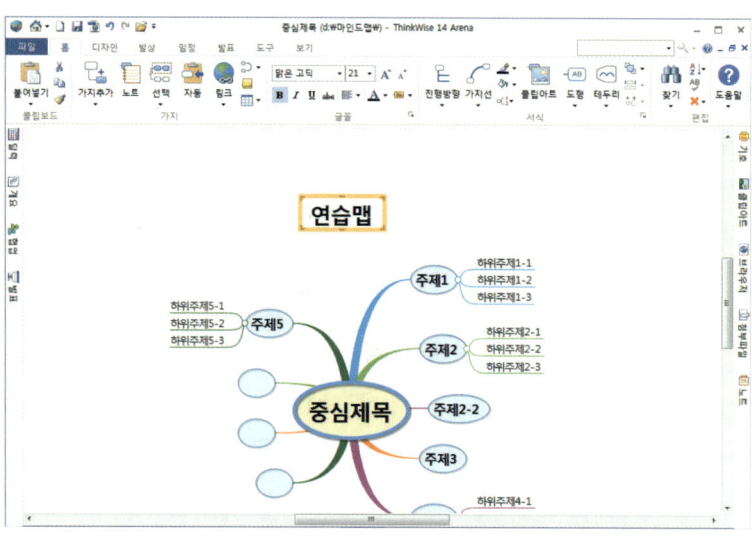

02 입력한 문자열을 선택하고 Space Bar 를 누릅니다.

03 하위가지가 추가되면 '멀티맵작성'이라고 입력하고 Enter↵ 를 누르면 하위가지가 추가됩니다.

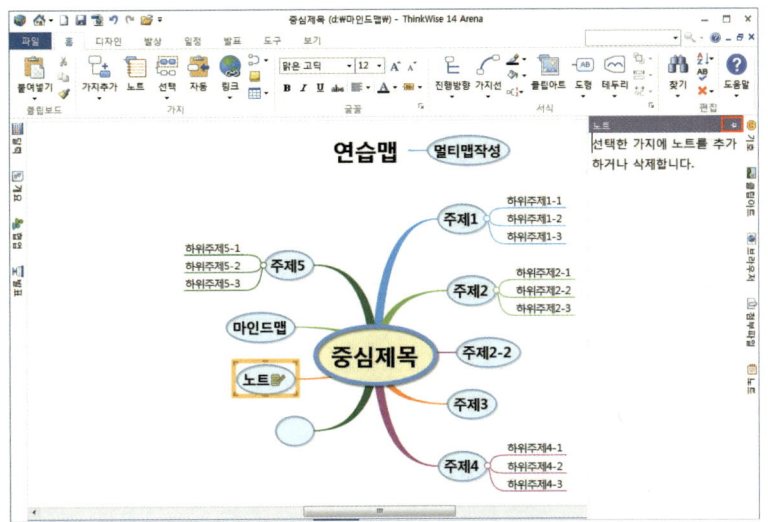

TIP
- 문자열로부터 하위가지를 생성하여 새로운 맵을 만들면, 최초 입력했던 문자열이 중심제목이 되므로, 외곽선을 넣거나 그림 모음창을 이용하여 그림을 넣어 시각적으로 중심제목임을 명확히 해주는 것이 필요합니다.

■ 자동 붙여넣기

ThinkWise는 컴퓨터에서 사용하는 전자 문서를 마우스로 마킹(선택하여 드래그)함으로써 단어나 문장을 선택하고, 선택된 단어나 문장을 ThinkWise에 자동으로 붙여넣는 기능을 지원합니다. 이 기능은 방대한 양의 문서를 읽고 정리할 때 유용하게 사용할 수 있습니다. MS-Word, 한글, PDF, 인터넷 등의 문서를 연 후, 문서에서 중요한 단어나 문장을 마우스로 드래그하는 것만으로 자동으로 맵이 작성됩니다. 한 번 드래그한 단어나 문장은 자동으로 맵 문서에 새로운 가지로 추가되고 '자동 붙여넣기'를 종료할 때까지 이 동작은 연속적으로 실행됩니다.

01 워드, 인터넷 등 자동 붙여넣기를 이용해 내용을 추출할 대상 문서를 실행합니다.

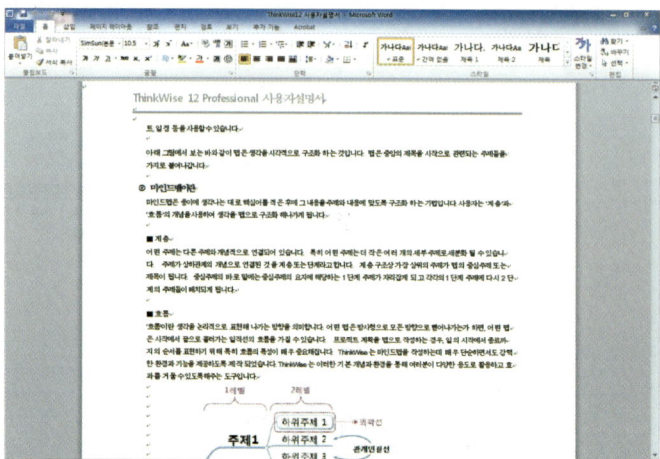

02 자동 붙여넣기를 할 맵 문서 가지를 선택합니다. 선택한 가지의 하위가지로 추출한 내용이 추가됩니다.

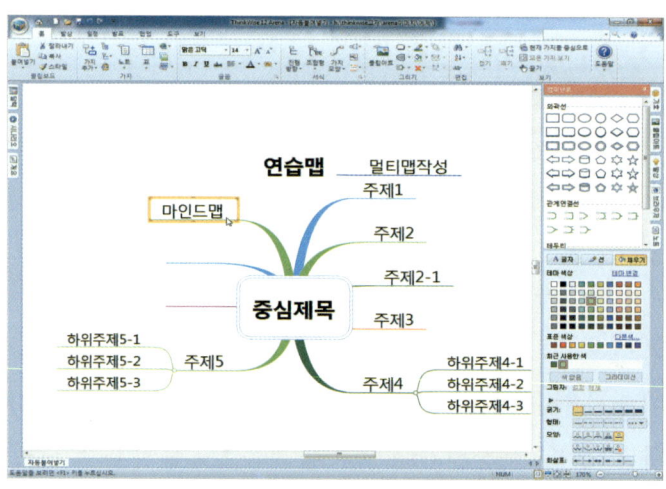

03 [홈] 탭의 [가지] 그룹에서 '**자동 붙여넣기**' 메뉴를 선택합니다. 또는 키보드의 F6 을 누릅니다.

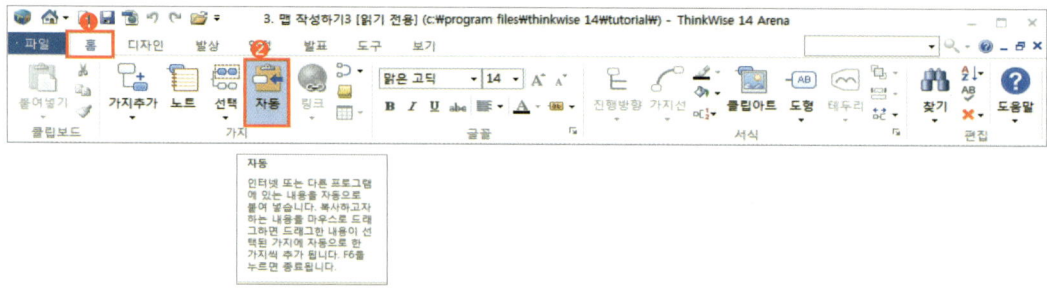

04 자동 붙여넣기 상태가 시작되면 모니터 왼쪽 상단에 자동불여넣기중지(F6) 버튼이 나타나 현재 기능이 실행 중임을 보여줍니다.

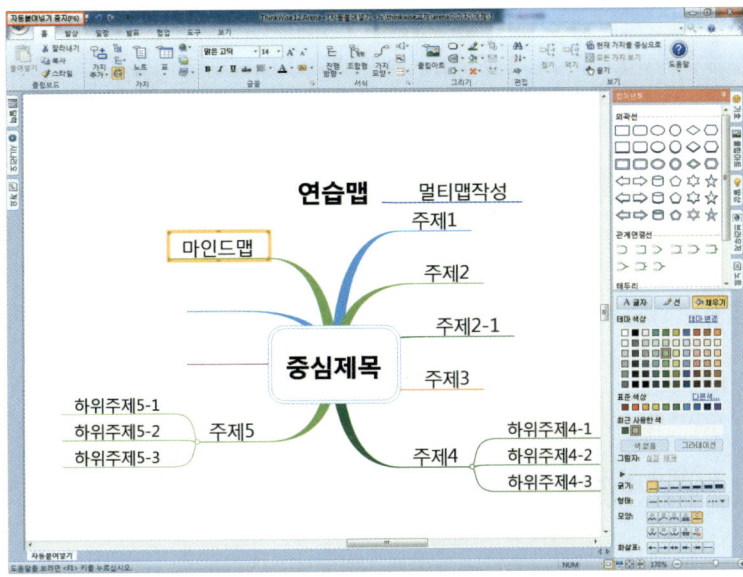

05 실행한 워드, 인터넷 문서에서 맵으로 옮기고자 하는 단어나 문장을 드래그하십시오.

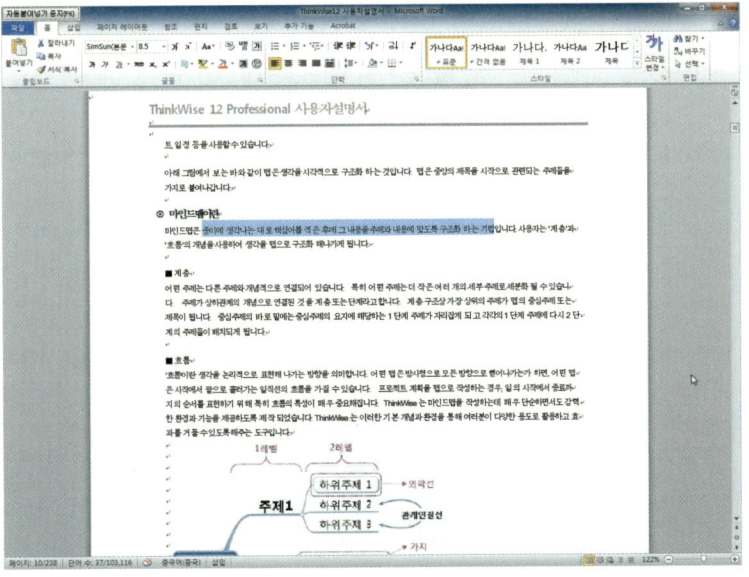

06 한 번 드래그할 때마다 그 내용이 맵 문서에 자동으로 붙여넣어지는 것을 볼 수 있습니다.

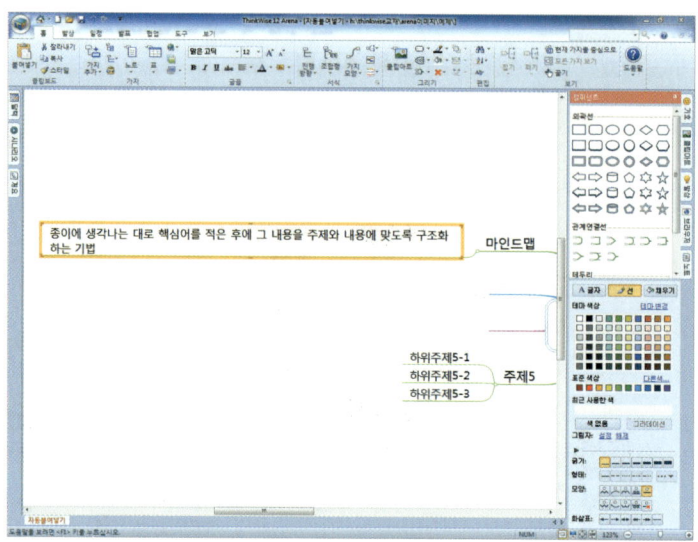

07 자동 붙여넣기를 종료하려면 자동붙여넣기 중지(F6) 버튼을 눌러 맵 문서 작성 화면으로 돌아옵니다.

> **TIP**
> 1. '자동 붙여넣기' 기능 사용시에는 반드시 맵 문서의 특정 가지를 선택해야만 그 하위가지로 단어나 문장이 자동으로 붙여넣어집니다. 가지를 선택하지 않을 경우 선택된 단어나 문장은 맵 문서 바탕 화면에 문자열로 붙여넣어집니다.
> 2. 자동 붙여넣기를 실행하면 ThinkWise 화면이 모니터에서 사라지는데, 이것은 자동 붙여넣기를 실행할 때 ThinkWise 화면을 감추도록 설정되어 있기 때문입니다. 화면이 사라지지 않도록 하려면, ThinkWise 옵션의 **[기타]** 탭에서 '자동 붙여넣기 시 ThinkWise 감춤' 선택을 해제하여야 합니다.

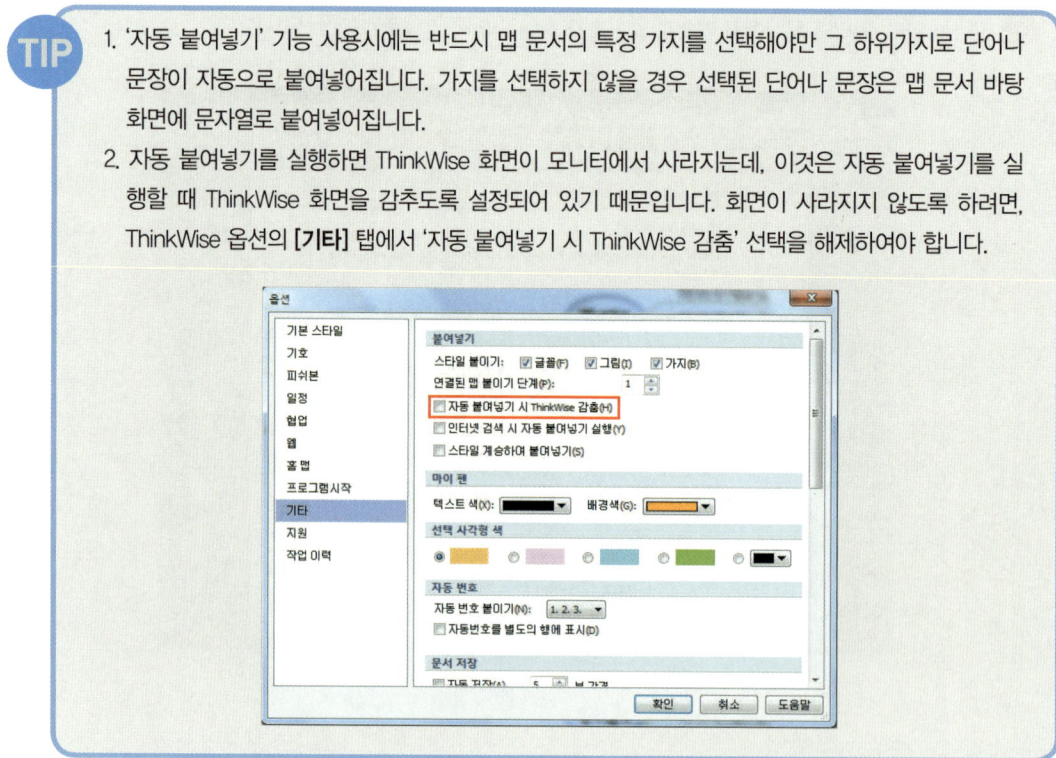

■ **메모 추가**

메모 기능은 맵 문서 바탕에 마치 포스트잇을 사용하듯이 메모를 추가할 수 있는 기능으로 흔히 브레인스토밍을 할 때 포스트잇을 사용했던 것을 떠올릴 수 있는 기능입니다. 메모는 바탕에 추가할 수 있으며 다양한 색상의 메모를 선택할 수 있습니다.

01 새로운 맵 문서를 만듭니다.
02 [**홈**] 탭의 [**가지**] 그룹에서 [**메모**] 메뉴를 실행합니다.

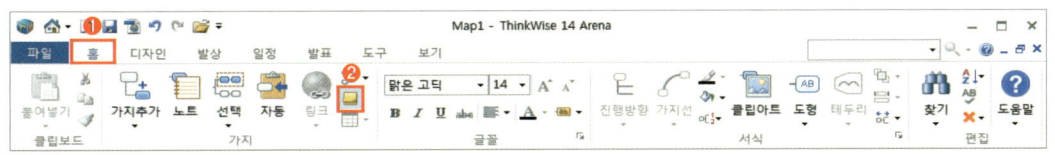

03 맵 문서 화면에 '**메모색상표**'가 생성되면 원하는 색상을 마우스로 클릭하거나 [Shift] 를 누른 상태로 바탕을 클릭하면 메모가 추가됩니다.

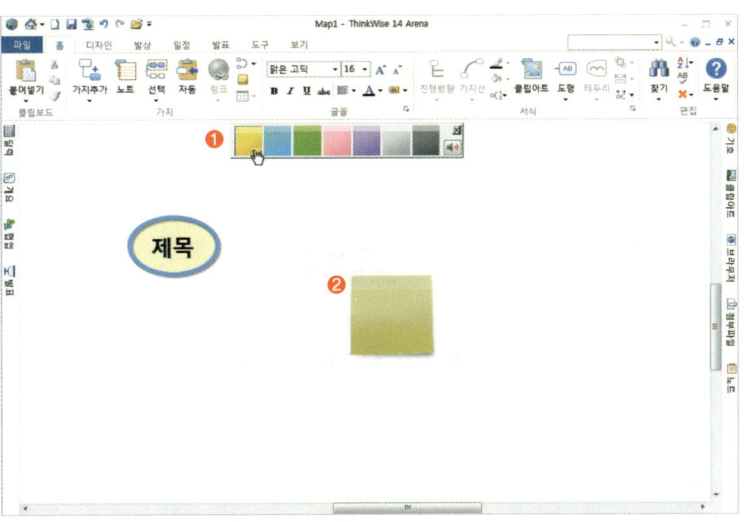

04 주제를 입력하고 Enter↵ 를 누르면 바탕화면의 메모에 내용이 입력된 것을 볼 수 있습니다.

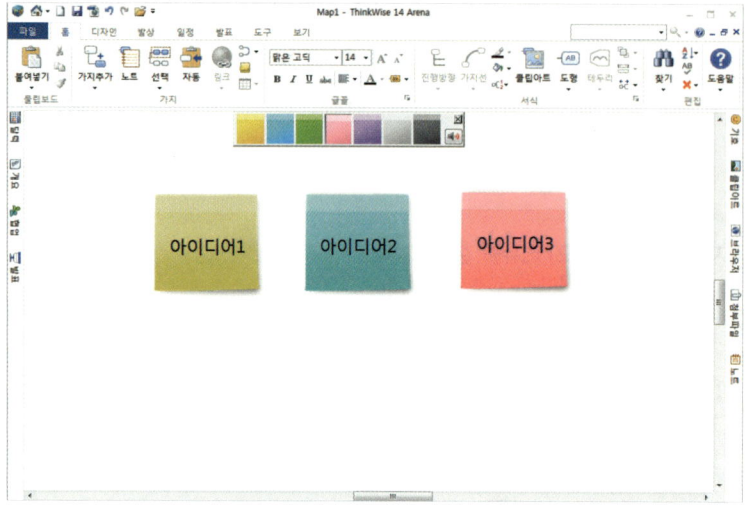

> **TIP** 'Shift + 바탕화면' 클릭으로 메모를 추가한 후 추가된 메모를 여러 개 선택하고 다시 Shift 를 누른 상태로 바탕화면을 클릭하면 메모를 그룹으로 분류하는 선이 생성됩니다. 자세한 사항은 발상의 브레인스토밍 기능(282쪽)을 참고하세요.

■ **노트를 활용하여 설명 입력하기(문장으로 기록하기)**

가지에 입력한 주제에 대한 상세정보를 기록하고자 할 때 노트를 이용합니다. 노트를 이용하면 문서작성시 생각나는 내용을 더욱 구체적으로 빠르게 적을 수 있으며, 작성 후 추가적으로 발생하는 정보를 기록할 때도 매우 유용합니다. 노트의 내용은 '노트 창 열기'를 하거나 노트가 삽입된 가지의 노트 아이콘을 클릭하면 볼 수 있고 맵의 내용과 함께 텍스트 형태로 인쇄할 수 있습니다.

1. 노트 입력하기

맵 문서의 모든 가지에는 노트를 입력할 수 있으며 언제든지 노트를 열어보거나 수정할 수 있습니다.

01 노트를 입력하고자 하는 가지를 선택합니다.

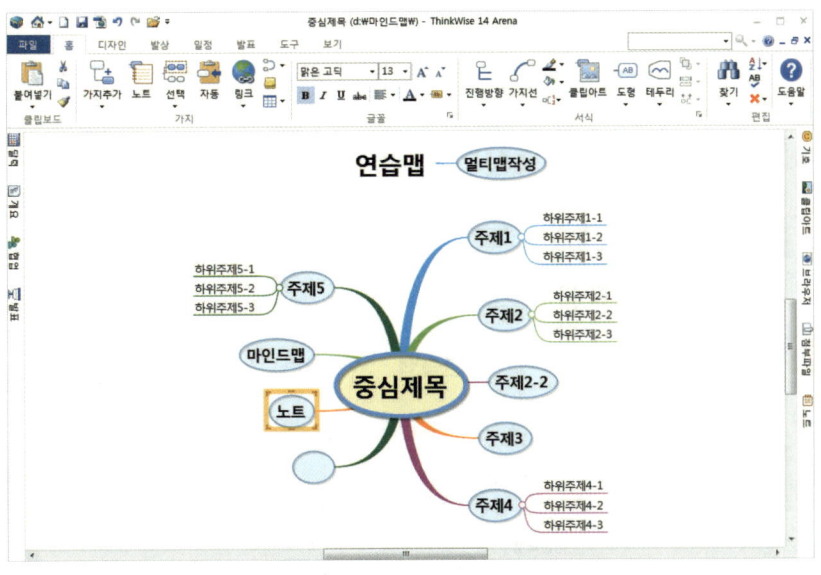

02 [홈] 탭의 [가지] 그룹에서 [노트] 메뉴를 실행하거나 키보드의 F3 을 누릅니다. 또는 화면 오른쪽 작업창 중 [노트] 창을 실행합니다.

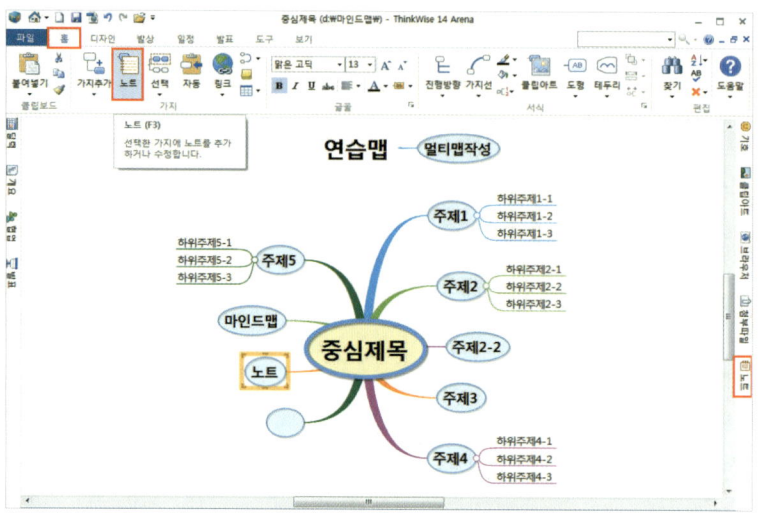

03 화면 오른쪽에 노트창이 열리면 선택한 가지에 해당하는 상세 내용을 입력합니다. 입력이 완료되면 맵 문서로 돌아와 바탕화면을 마우스로 한 번 클릭합니다. 노트 입력이 완료되고 가지의 글자 옆에 아이콘이 생성되어 이 가지에 노트가 기록되어 있음을 알려줍니다.

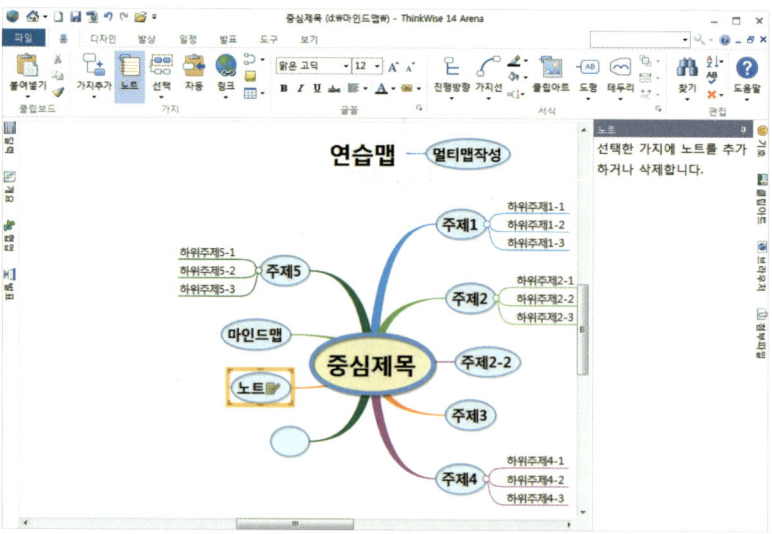

TIP • 노트창에는 텍스트 입력뿐만 아니라, 그림파일, 메타파일, 표, OLE 개체를 붙여넣을 수 있습니다.

2. 노트 보기

노트창은 사용자가 원하면 언제든지 볼 수 있으며, 또한 편집할 수 있습니다. 가지에 추가된 노트 아이콘을 마우스로 선택하거나 노트가 입력된 가지를 마우스로 선택한 후 키보드의 F3을 누르면 노트창이 활성됩니다.

3. 노트창 자동 숨기기

노트창은 ThinkWise 프로그램의 다른 창들과 마찬가지로, 이용할 때마다 창을 열고 닫는 것이 아니라, 사용하지 않을 때는 화면에서 숨기고, 사용하기 위해 마우스를 가져가면 자동으로 보여주는 자동 숨기기 기능을 사용할 수 있습니다.

01 [홈] 탭의 [가지] 그룹에서 [노트] 메뉴를 실행합니다.

02 노트창 오른쪽 상단의 [자동 숨기기] 버튼을 클릭합니다(자동 숨기기의 뾰족한 부분이 옆을 향하면 자동 숨기기가 실행되고, 뾰족한 부분이 아래를 향하면 창이 열린 상태로 고정됩니다).

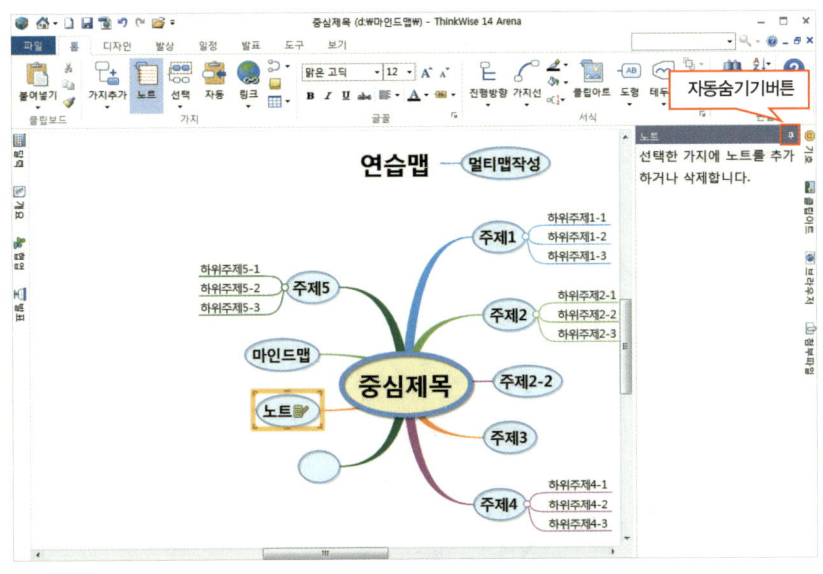

> **TIP**
> 1. [자동 숨기기]가 설정된 노트창 아이콘을 마우스로 클릭하면 노트창이 화면에 나타나고, 사용하지 않으면 자동으로 다시 아이콘 형태로 돌아가므로 노트창을 매우 빠르고 효과적으로 사용할 수 있습니다.
> 2. [자동 숨기기] 설정을 해제하려면 노트창 오른쪽 상단의 [자동 숨기기] 버튼을 다시 한 번 클릭합니다.

4. 노트창 위치 변경하기

노트창은 기본적으로 화면 오른쪽에 표시됩니다. 그러나 ThinkWise는 노트창의 위치를 화면의 다른 위치로 이동할 수 있습니다.

01 노트창 상단의 '노트' 글자로 표현되어 있는 표시줄을 마우스로 클릭하여 드래그합니다.

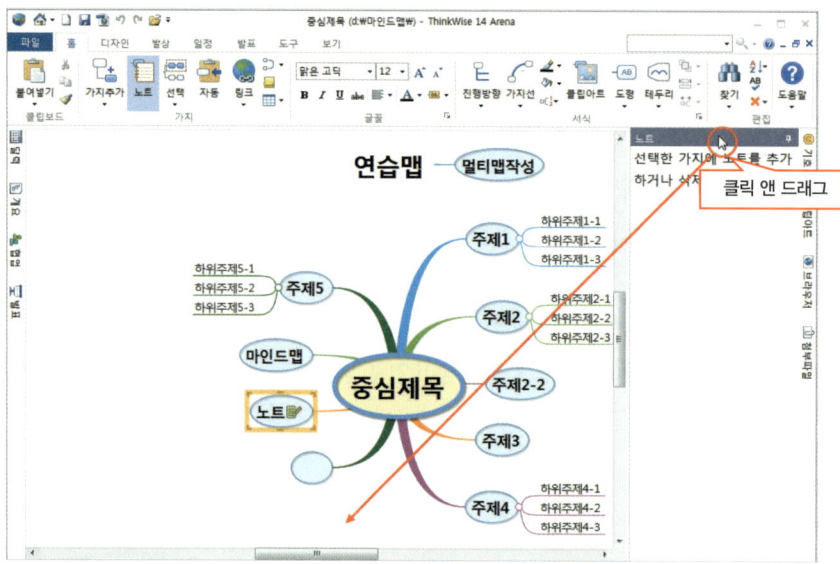

02 테두리를 클릭한 상태로 맵 문서 화면의 아래쪽에 위치시킨 후 마우스를 놓으면 화면 아래쪽에 노트창이 고정됩니다.

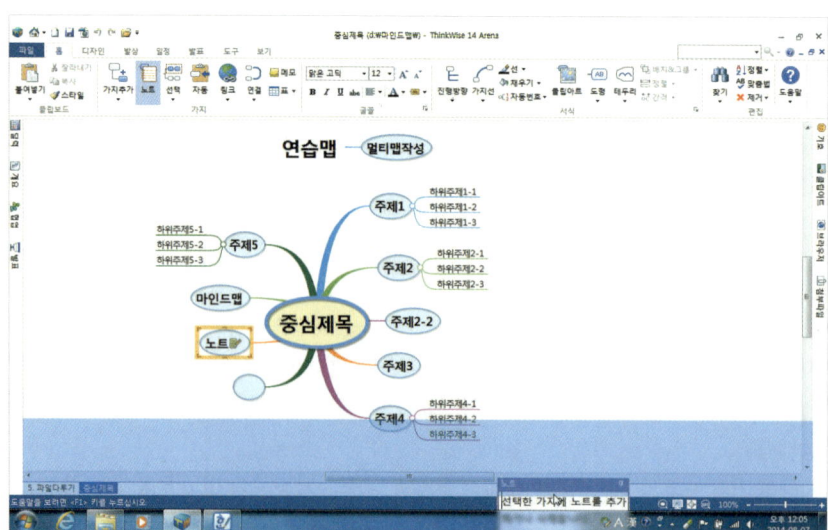

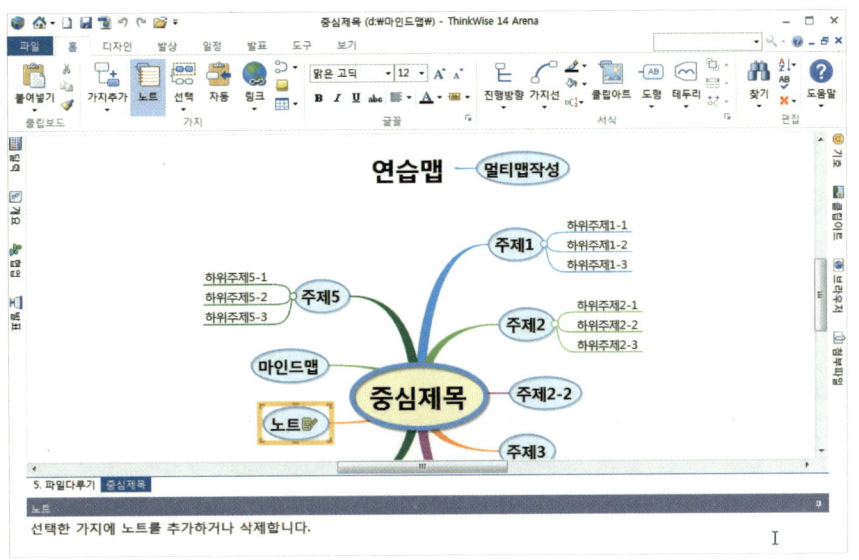

TIP • [자동 숨기기] 버튼이 아래를 향하고 있을 때 노트창을 이동할 수 있습니다.

5. 노트 삭제하기

노트가 입력된 가지를 마우스 오른쪽 버튼으로 눌러 **[속성 제거]** 메뉴 중 **[노트]**를 선택하면 선택한 가지의 노트가 삭제되고 '노트 아이콘'도 사라집니다.

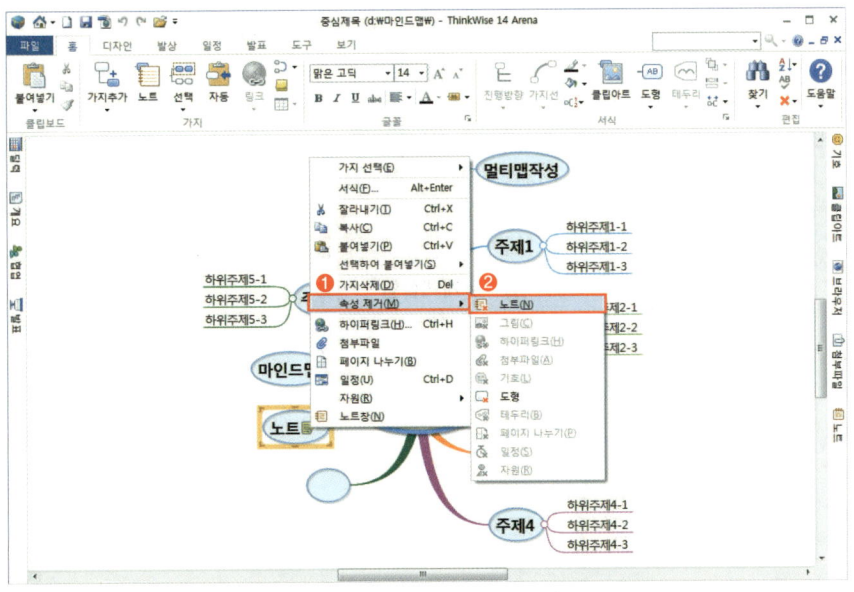

■ 개체 삽입

OLE(Object Linked Embedding)란 다른 프로그램에서 개체를 가져올 수 있고 연결 프로그램과의 관계가 지속되어 있도록 하는 것을 의미합니다. ThinkWise는 컴퓨터에 설치된 다른 프로그램을 별도로 실행하지 않고 ThinkWise 프로그램 내에서 타 프로그램을 사용할 수 있도록 OLE 기능을 지원합니다.

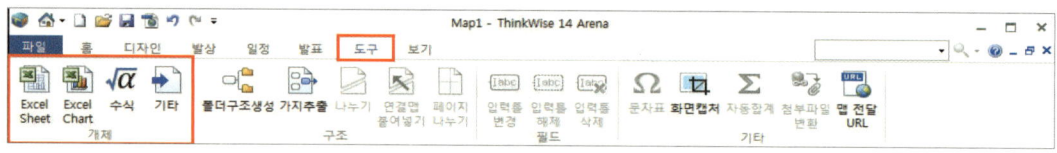

1. 엑셀 시트 삽입하기

맵 문서에 엑셀 시트를 개체로 삽입할 수 있습니다. 다만 이 기능은 Microsoft Excel 프로그램이 설치된 경우에 한해 사용할 수 있습니다.

01 엑셀 시트를 삽입할 가지를 선택합니다.
02 [도구] 탭의 [개체] 그룹에서 'Excel Sheet' 메뉴를 실행합니다.

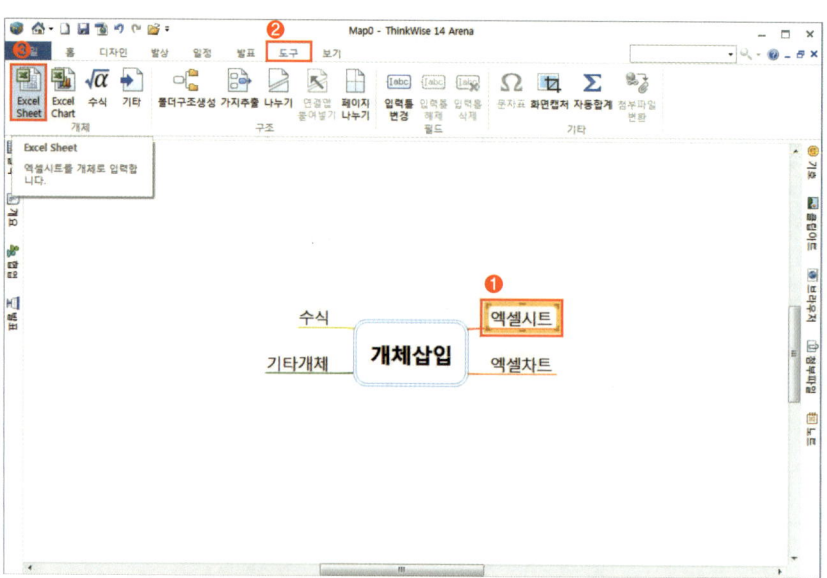

03 엑셀 프로그램이 실행되면 엑셀 문서를 작성합니다.

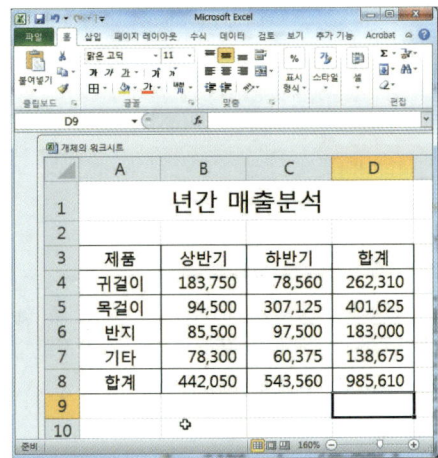

04 엑셀 문서 작성이 완료되면 실행한 엑셀 프로그램을 종료합니다. 맵 문서에 작성한 엑셀 문서가 개체로 추가된 것을 확인할 수 있습니다.

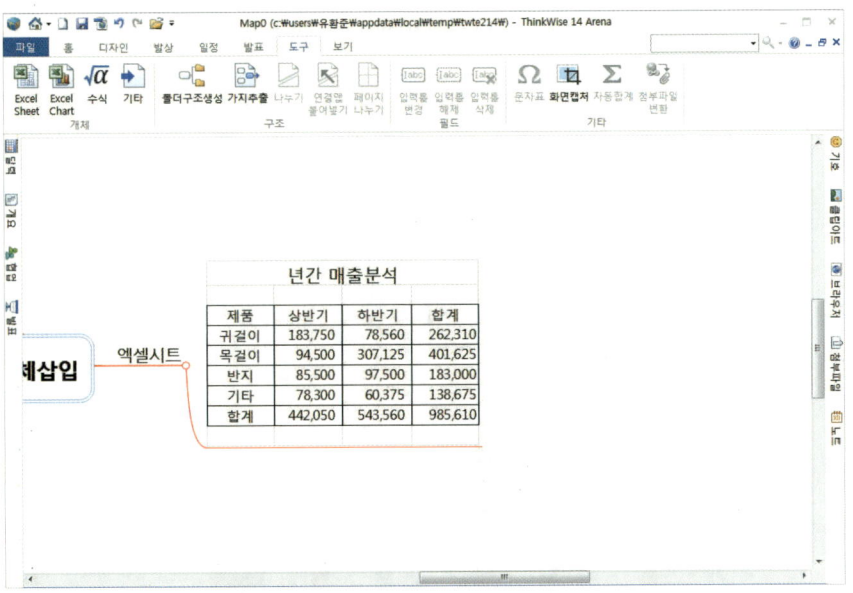

2. 엑셀 차트 삽입하기

맵 문서에 엑셀 차트를 개체로 삽입할 수 있습니다. 다만 이 기능은 Microsoft Excel 프로그램이 설치된 경우에 한해 사용할 수 있습니다.

01 엑셀 차트를 삽입할 가지를 선택합니다.
02 [도구] 탭의 [개체] 그룹에서 'Excel Chart' 메뉴를 실행합니다.

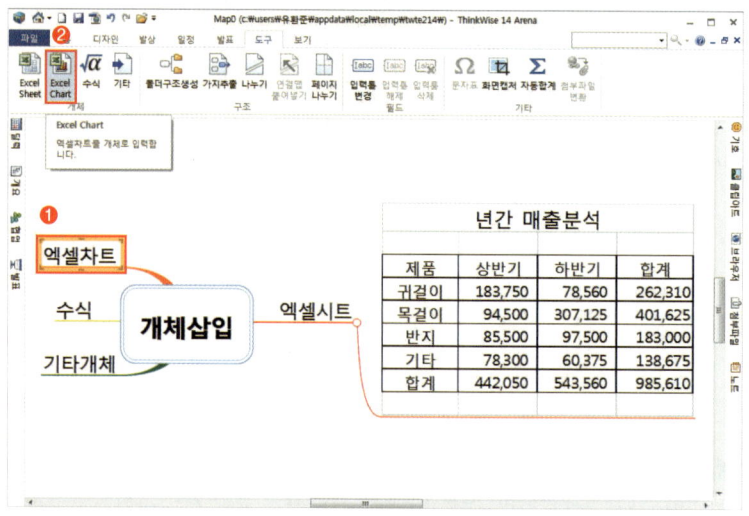

03 엑셀 프로그램이 실행되고 엑셀 차트가 생성됩니다.

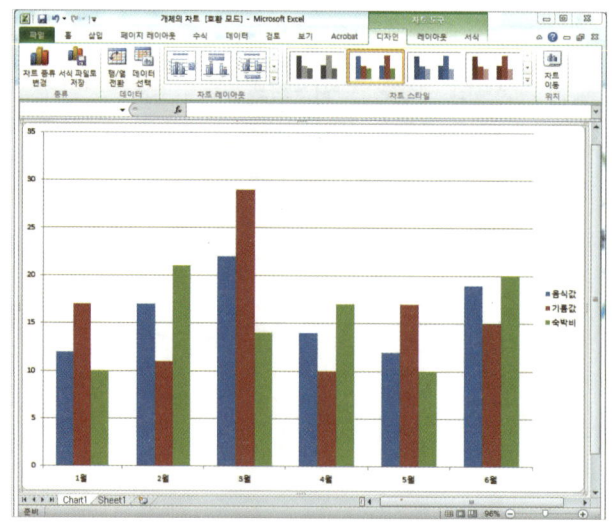

04 차트를 수정한 후 엑셀 프로그램을 종료합니다. 맵 문서에 차트가 추가된 것을 확인할 수 있습니다. 엑셀 차트를 수정하려면 맵 문서에 추가된 엑셀 개체를 더블클릭하여 수정할 수 있습니다.

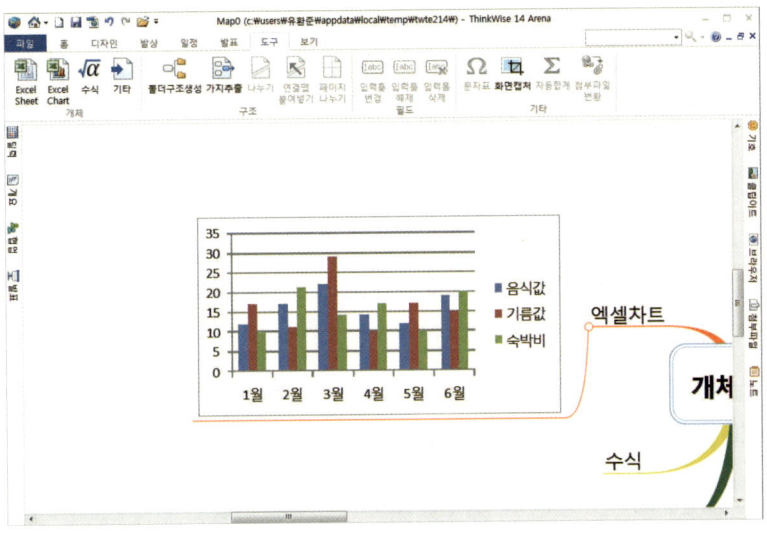

3. 맵 문서에 수식 입력하기

ThinkWise는 Microsoft에서 제공하는 수식입력기를 이용하여 맵 문서에 수식을 입력할 수 있습니다(단, Microsoft Office가 설치된 경우에만 사용이 가능합니다).

01 수식을 추가할 가지를 선택합니다.
02 [도구] 탭의 [개체] 그룹에서 [수식] 메뉴를 실행합니다.

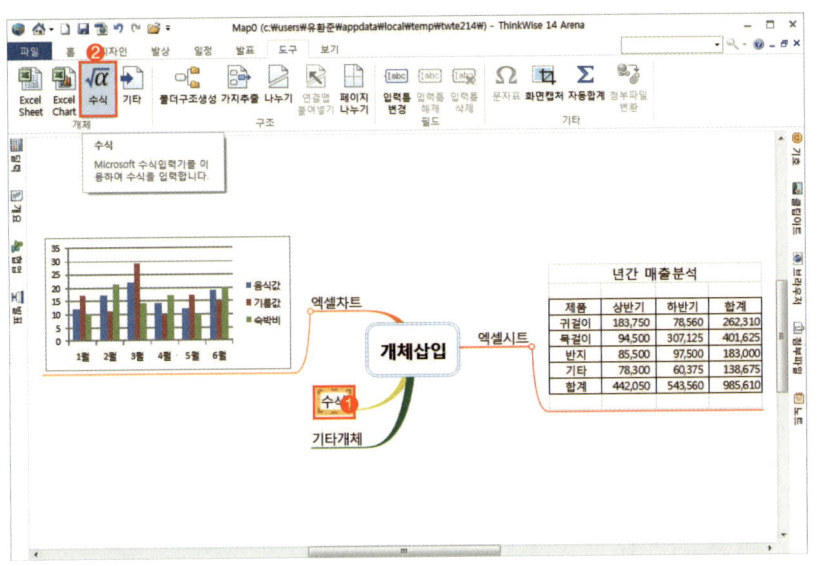

03 수식편집기가 실행되면 수식을 작성합니다.

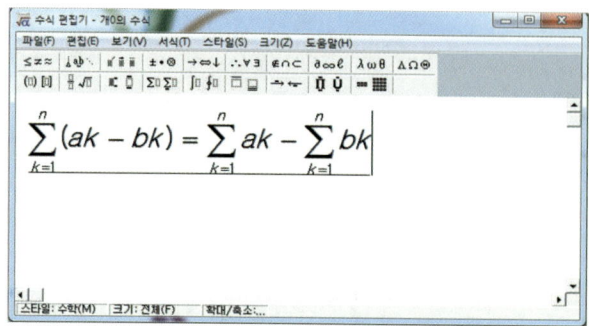

04 수식입력 완료 후 **[수식편집기]** 창을 닫으면 맵 문서에 수식이 입력됩니다. 수식을 수정하려면 맵 문서에 추가된 수식 개체를 더블클릭하여 수정할 수 있습니다.

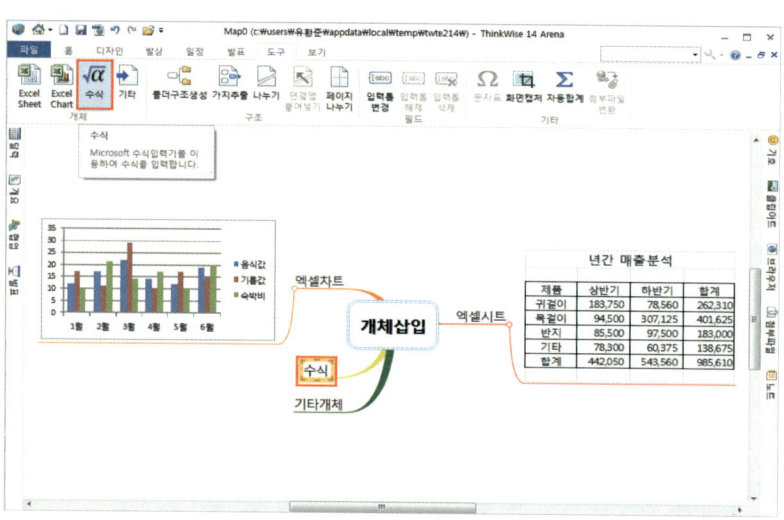

4. 기타 개체 삽입하기

위에서 설명한 엑셀 시트와 엑셀 차트 그리고 수식 이외에도 다양한 개체를 맵 문서에 삽입할 수 있습니다.

01 개체를 추가할 가지를 선택합니다.
02 [도구] 탭의 [개체] 그룹에서 '**기타**' 메뉴를 실행합니다.

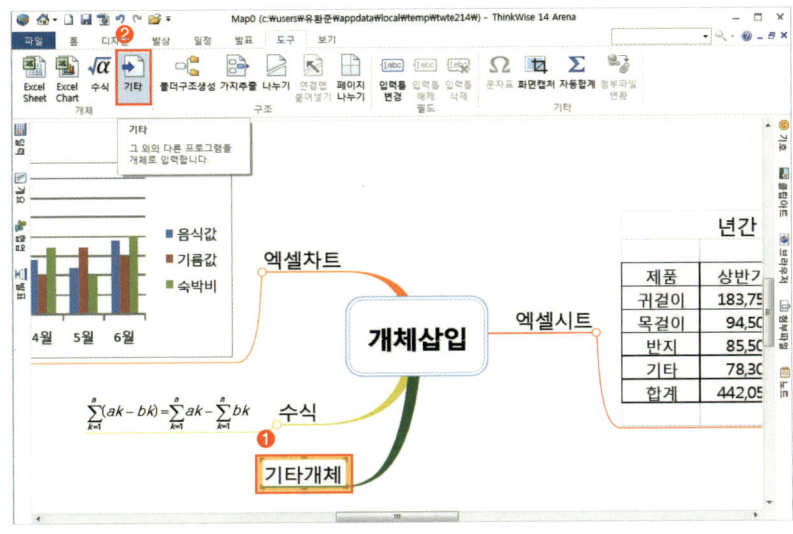

03 [**개체 삽입**] 대화상자가 실행되면 '새로 만들기' 또는 '파일로부터 만들기'를 선택합니다.

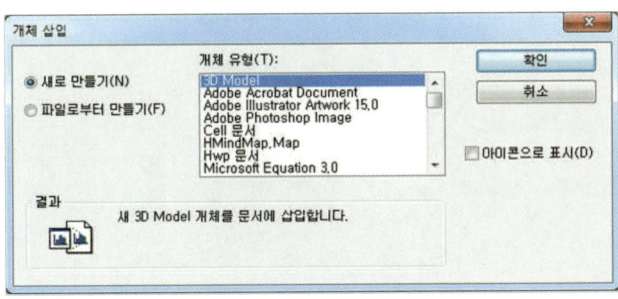

4-1. 새로 만들기

01 '**새로 만들기**'를 선택합니다. 내 컴퓨터에서 지원하는 다양한 개체를 삽입할 수 있습니다.

02 맵 문서에 삽입할 개체 유형을 '개체 유형(T)' 목록에서 '그림판 그림'을 선택하고 **[확인]**을 클릭합니다. 개체 유형에는 내 컴퓨터에 설치된 모든 프로그램 목록이 표시됩니다.

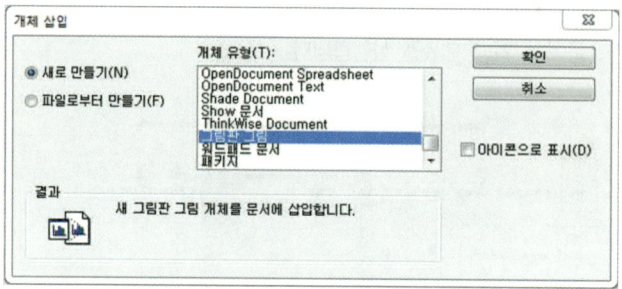

03 선택한 개체 유형의 프로그램이 실행되면 삽입할 개체 내용을 작성합니다.

04 작성이 완료되면 실행된 프로그램을 종료합니다. 맵 문서에 작성한 개체가 추가된 것을 볼 수 있습니다.

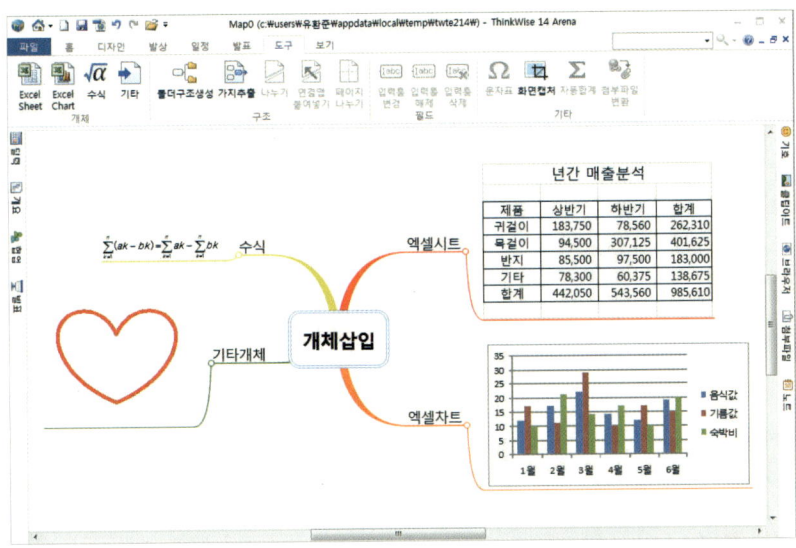

4-2. 파일로부터 만들기

01 '파일로부터 만들기'를 선택합니다. 이미 작성된 파일을 선택하여 개체로 삽입할 수 있습니다.

02 [찾아보기]를 눌러 맵 문서에 삽입할 파일을 선택합니다.

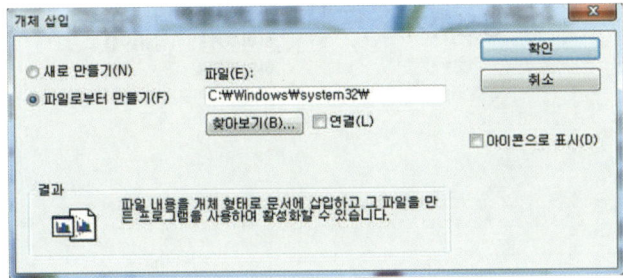

03 [확인]을 누르면 선택한 파일이 개체로 삽입됩니다.

> **TIP**
> 1. '아이콘으로 표시'에 체크할 경우 맵 문서에 하위가지로 개체가 추가되는 대신 개체를 실행할 수 있는 프로그램 아이콘이 추가됩니다.
> 2. 개체 유형에는 내 컴퓨터에 설치된 모든 프로그램 목록이 표시되며 사용하고자 하는 프로그램을 선택합니다.

■ 표 생성하기

ThinkWise는 많은 복잡한 정보나 생각을 체계적으로 정리하는데 매우 유용합니다. ThinkWise는 새롭게 '표 기능'을 지원함으로서 보다 다양한 표현과 정보정리 능력을 극대화할 수 있도록 도와줍니다. ThinkWise의 '표 기능'은 맵 작성 기능과 접목되어 가지 추가, 가지 이동 등과 타 프로그램으로의 '표 전환'도 가능합니다.

1. 맵을 표로 전환하기

작성한 맵 문서를 표로 전환할 수 있습니다.

01 표로 전환하고자 하는 맵 문서의 가지 '주제1'을 선택합니다.
02 [홈] 탭의 [가지] 그룹에서 표의 아래쪽 화살표를 눌러 '**표로 변환**' 메뉴를 실행합니다.

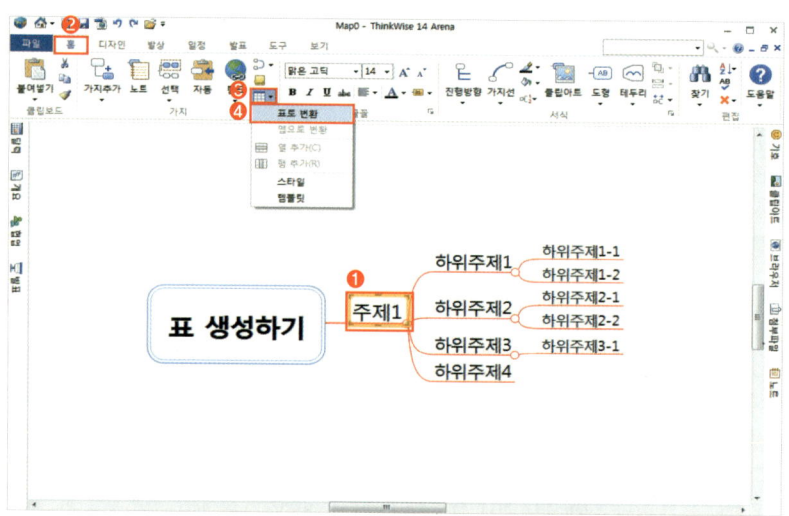

03 선택한 가지의 하위가지가 표로 변환됩니다.

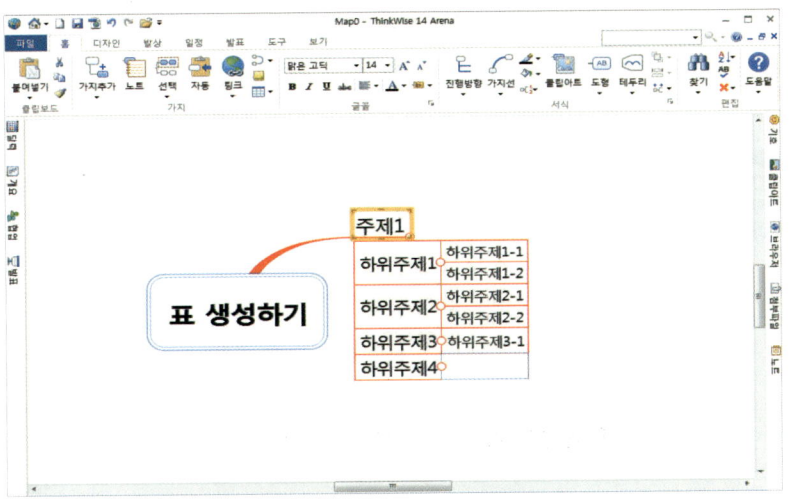

2. 표 편집하기

표로 변환된 맵은 표 상태에서 바로 가지 추가, 가지 이동 등 맵 문서와 동일하게 편집이 가능합니다.

2-1. 표에서 가지 추가

표에서 가지를 추가하는 방법은 맵 문서와 동일합니다.

01 하위가지를 추가할 특정 가지 '하위주제2'를 선택합니다.

02 키보드의 Space Bar 를 눌러 표의 빈칸이 생성되면 '하위주제2-3'을 입력하고 Enter↵ 를 누르면 새로운 칸이 생성되고 표 형태의 하위가지가 추가된 것을 볼 수 있습니다.

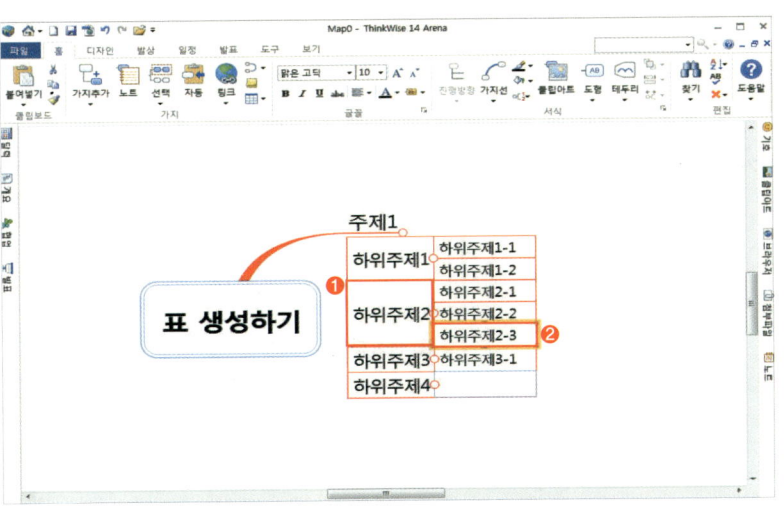

03 이번에는 제일 끝 레벨에 있는 가지를 선택하고 `Space Bar` 를 누릅니다. 새로운 열이 생성되고 입력하고자 하는 내용 '가지 추가'를 입력하면 가지 내용이 추가됩니다.

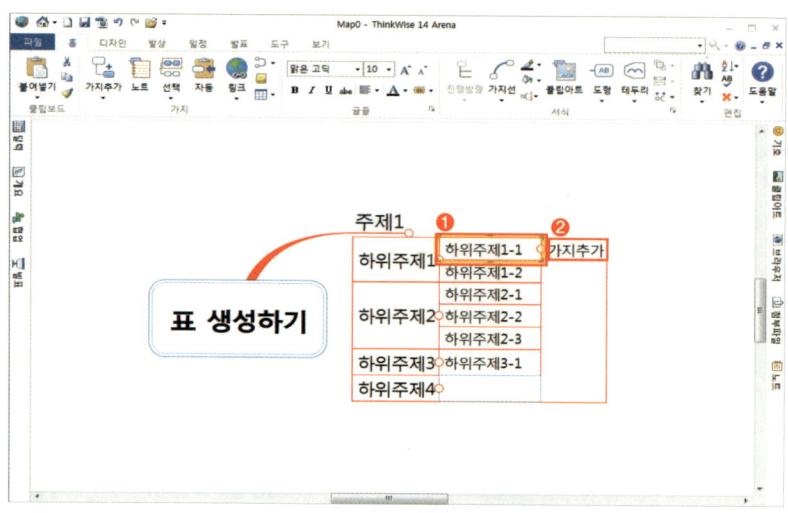

2-2. 표에서 가지 이동하기

표에서 가지를 이동하는 방법은 맵 문서의 가지 이동 방법과 동일합니다.

01 이동하고자 하는 가지 '하위주제2-3'을 선택하여 이동합니다.
02 이동할 위치에 화살표가 생성되면 마우스를 놓습니다.
03 '하위주제2-3' 가지가 이동한 것을 확인할 수 있습니다.

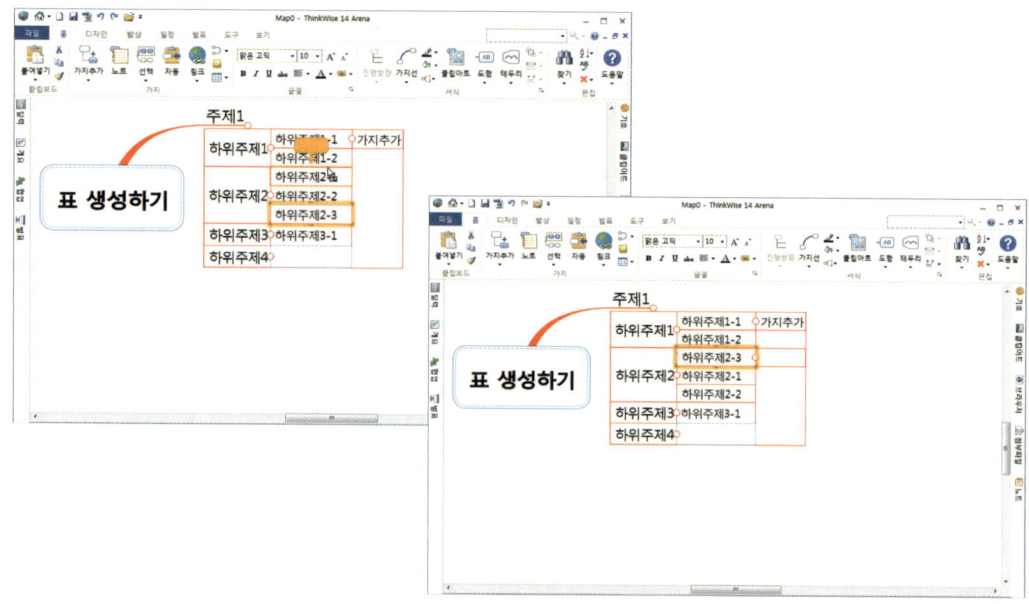

2-3. 표에 열 추가하기

선택한 가지의 왼쪽에 열을 추가할 수 있습니다.

01 왼쪽에 열을 추가하고자 하는 기준가지 '하위주제1-2'를 선택합니다.
02 [홈] 탭의 [가지] 그룹에서 표의 아래쪽 화살표를 눌러 **'열 추가'** 메뉴를 실행합니다.

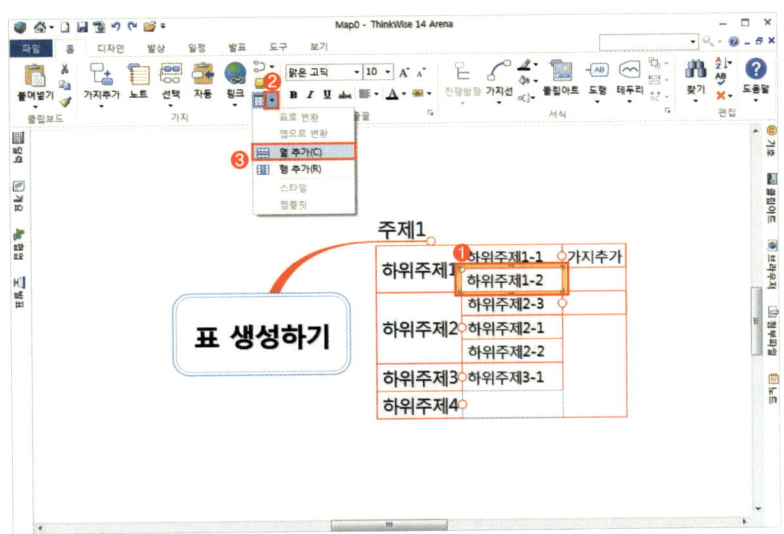

03 선택한 가지 왼쪽에 세로 열이 추가된 것을 확인할 수 있습니다.

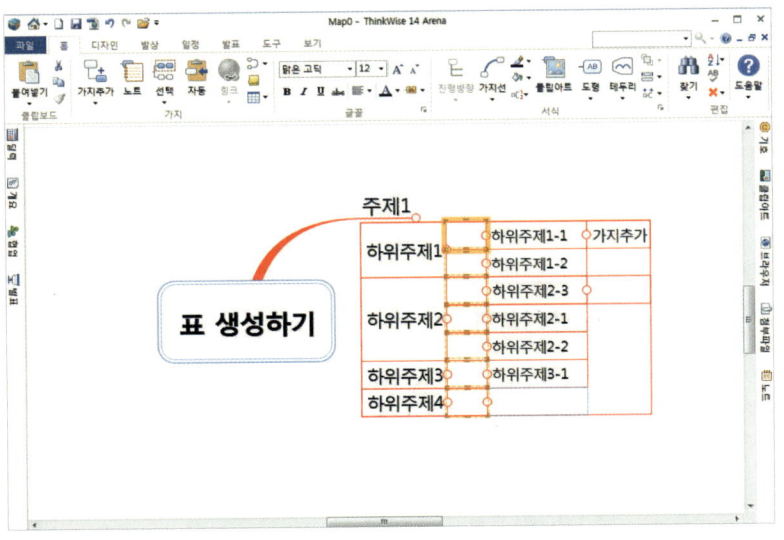

2-4. 표에 행 추가하기

선택한 가지의 위쪽에 행을 추가할 수 있습니다.

01 위쪽에 행을 추가하고자 하는 기준가지 '하위주제3'을 하나 선택합니다.
02 [홈] 탭의 [가지] 그룹에서 표의 아래쪽 화살표를 눌러 **'행 추가'** 메뉴를 실행합니다.

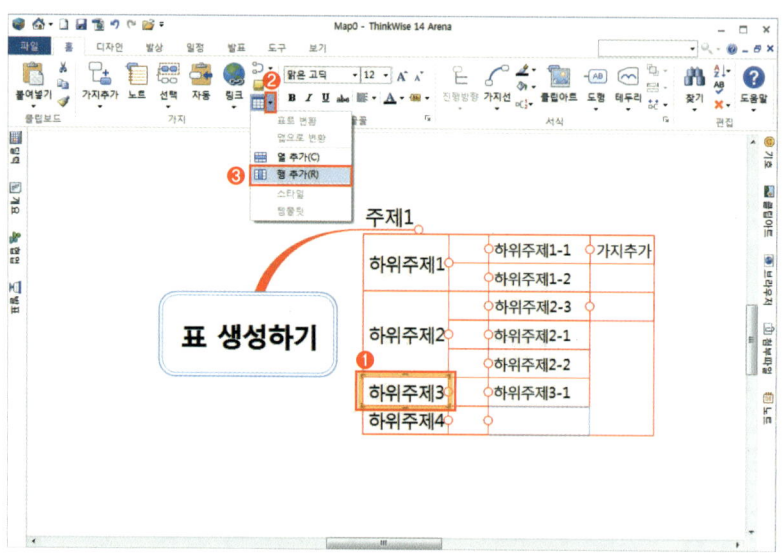

03 선택한 가지 위쪽에 가로행이 추가된 것을 볼 수 있습니다.

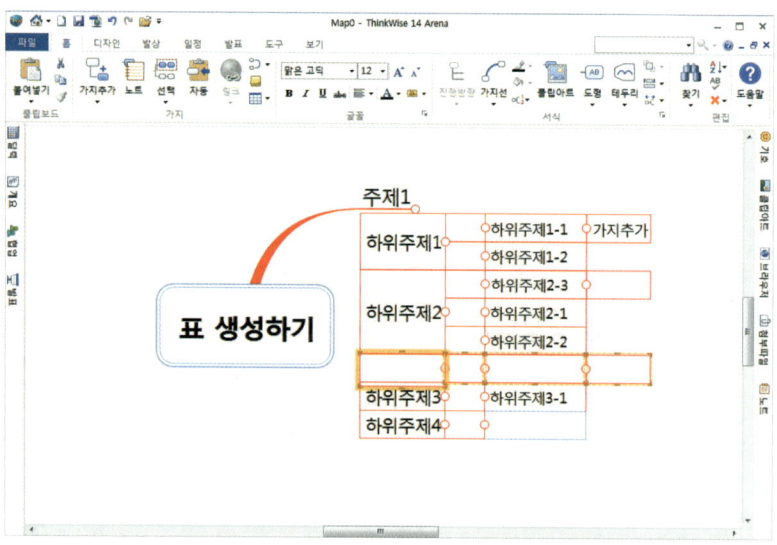

2-5. [표 스타일] 사용하기

맵 문서를 표로 전환할 때 [표 스타일]을 이용하여 다양하게 표현할 수 있습니다. 또한 기존에 전환된 표에도 [표 스타일]을 적용할 수 있습니다.

01 [표 스타일]을 적용할 맵 문서의 가지 '주제1'을 선택합니다.

02 [홈] 탭의 [가지] 그룹에서 표의 아래쪽 화살표를 눌러 **'스타일'** 메뉴를 실행합니다.

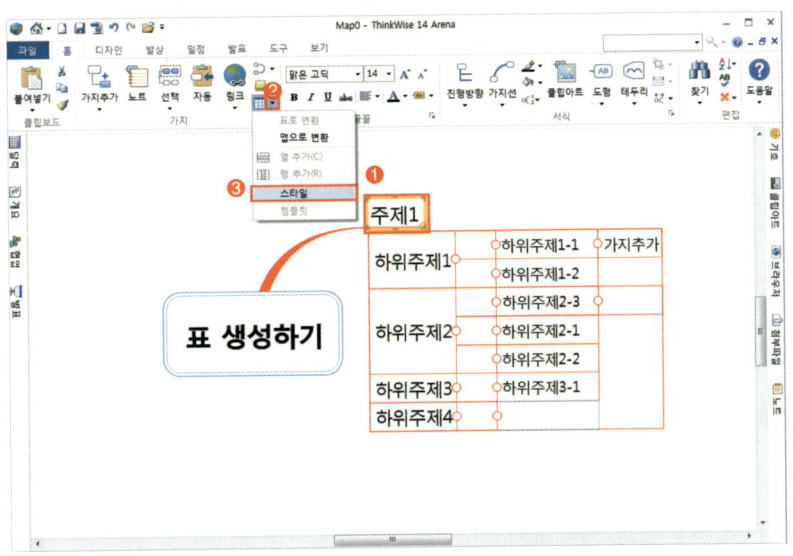

03 [표 스타일] 창이 실행되면 표 전환시 적용할 스타일을 선택하고 [확인]을 누릅니다.

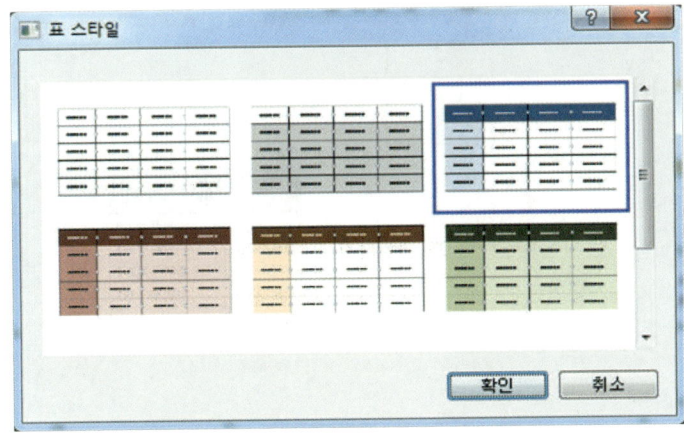

04 선택한 스타일과 동일한 스타일이 표에 적용된 것을 확인할 수 있습니다.

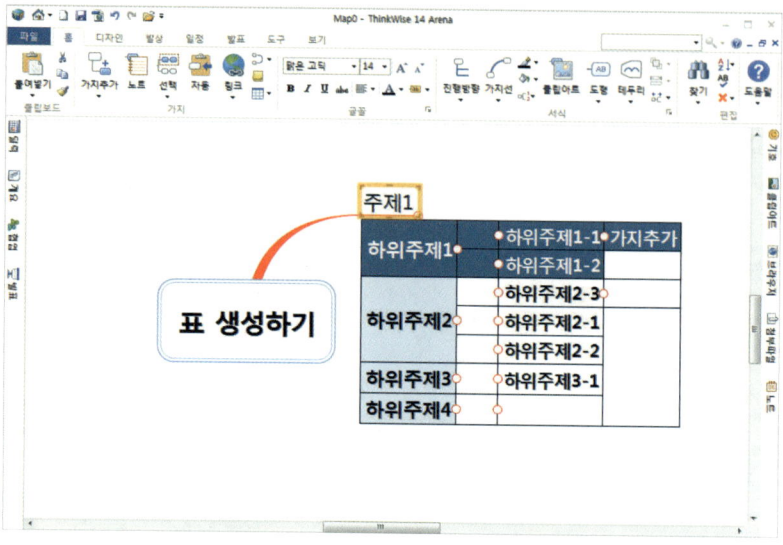

2-6 표 템플릿 사용하기

ThinkWise에서는 맵 문서와 표 기능을 효과적으로 사용할 수 있도록 다양한 템플릿 문서를 지원합니다.

01 템플릿을 삽입할 가지 '주제2'를 선택합니다.
02 [홈] 탭의 [가지] 그룹에서 표의 아래쪽 화살표를 눌러 **'템플릿'** 메뉴를 실행합니다.

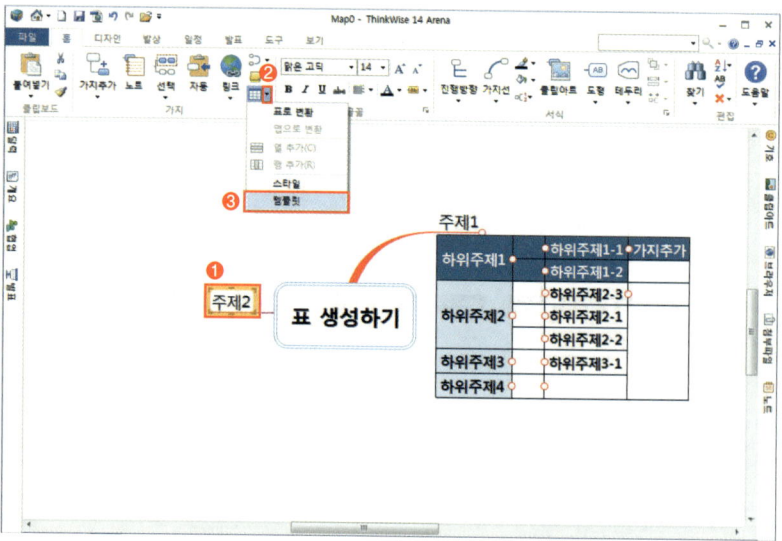

03 [템플릿] 창이 실행되면 사용하고자 하는 템플릿 파일을 선택하고 [확인]을 누릅니다.

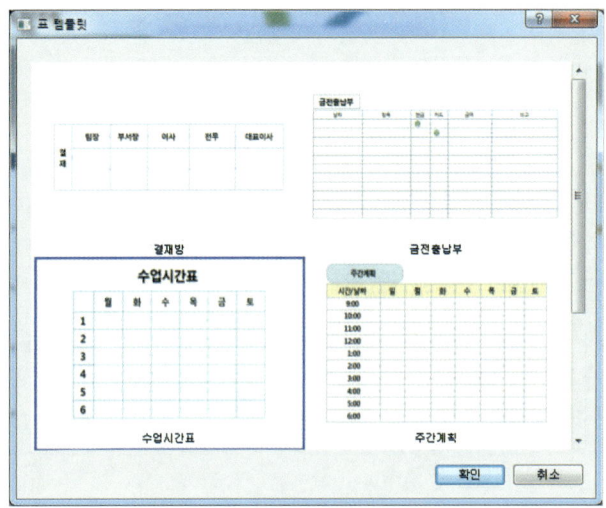

04 선택한 템플릿이 가지에 추가되면 사용자의 용도에 맞게 변경하여 사용합니다.

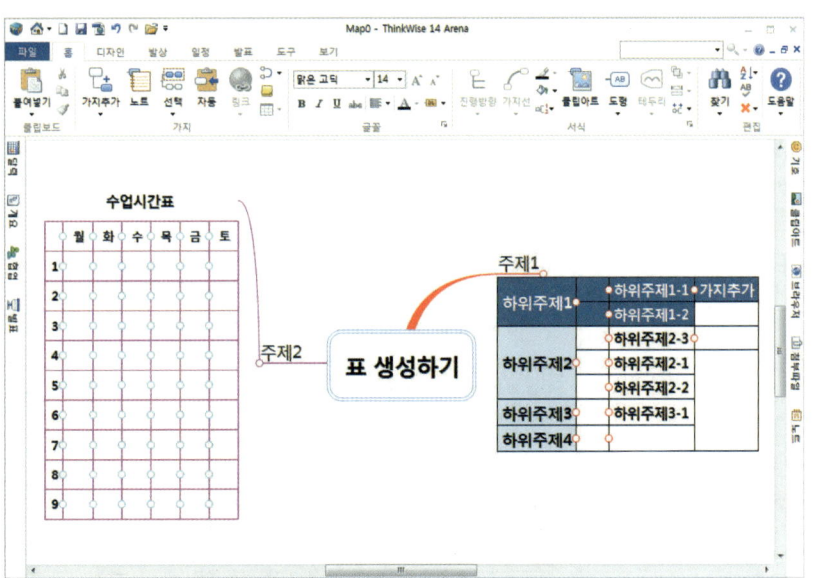

■ 여러 줄 입력

한 개의 가지에 주제를 여러 줄로 입력할 수 있습니다.

1. 줄바꾸기

`01` 가지에 주제를 입력하다 아래로 줄을 바꾸고자 할 때 Ctrl + Enter 를 누릅니다.
`02` 커서가 아래로 이동하면 주제 입력을 계속합니다.
`03` 입력이 완료되면 Enter 를 눌러 주제 입력을 완료합니다.

> **TIP** • 이미 입력한 주제를 여러 줄로 구분하려면 마우스로 가지를 더블클릭한 후, 방향키를 이용해 줄바꿈을 실행할 위치로 이동한 후 Ctrl + Enter 를 누릅니다.

2. 워드랩 기능

ThinkWise는 가지의 너비를 지정하여 지정된 너비를 초과할 경우 자동으로 줄바꿈이 실행되는 워드랩핑 기능을 지원합니다. 워드랩핑은 자동으로 설정하거나 수동으로 지정할 수 있습니다.

2-1. 워드랩 폭 자동 지정

`01` [**파일**] 탭을 눌러 [**옵션**]을 실행합니다.
`02` [**옵션**] 대화상자가 실행되면 [**기타**] 탭에서 [**기타**] 항목 중 '자동 줄바꿈 길이'를 지정하고 [**확인**]을 누릅니다.

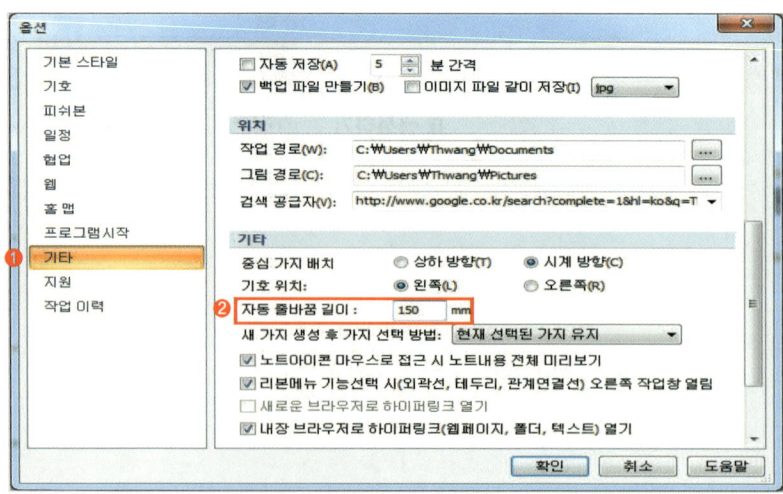

`03` 맵 문서에 추가될 가지의 길이가 지정된 길이를 초과하면 자동으로 줄바꿈이 실행됩니다.

2-2. 워드랩 폭 수동 지정

`01` 맵 문서의 가지를 마우스로 선택합니다.
`02` 가지의 글상자 핸들을 마우스로 클릭하고 좌/우/상/하로 움직여 가지의 크기를 조절합니다.
`03` 가지의 크기에 따라 글자가 한 줄 또는 여러 줄로 자동으로 위치가 지정됩니다.

2-3. 워드랩 해제

키보드의 [Shift] 또는 [Ctrl] 을 누른 상태에서 글상자 모서리 핸들을 마우스로 더블클릭하면 워드랩이 해제됩니다.

`01` 워드랩이 설정된 가지를 선택합니다.
`02` 키보드의 [Shift] 또는 [Ctrl] 을 누른 상태에서 글상자 모서리 핸들을 마우스로 더블클릭하면 워드랩이 취소됩니다. 여러 가지를 선택하여 동시에 워드랩을 취소할 수도 있습니다. 외곽선이 있는 경우는 기본 크기가 유지됩니다.

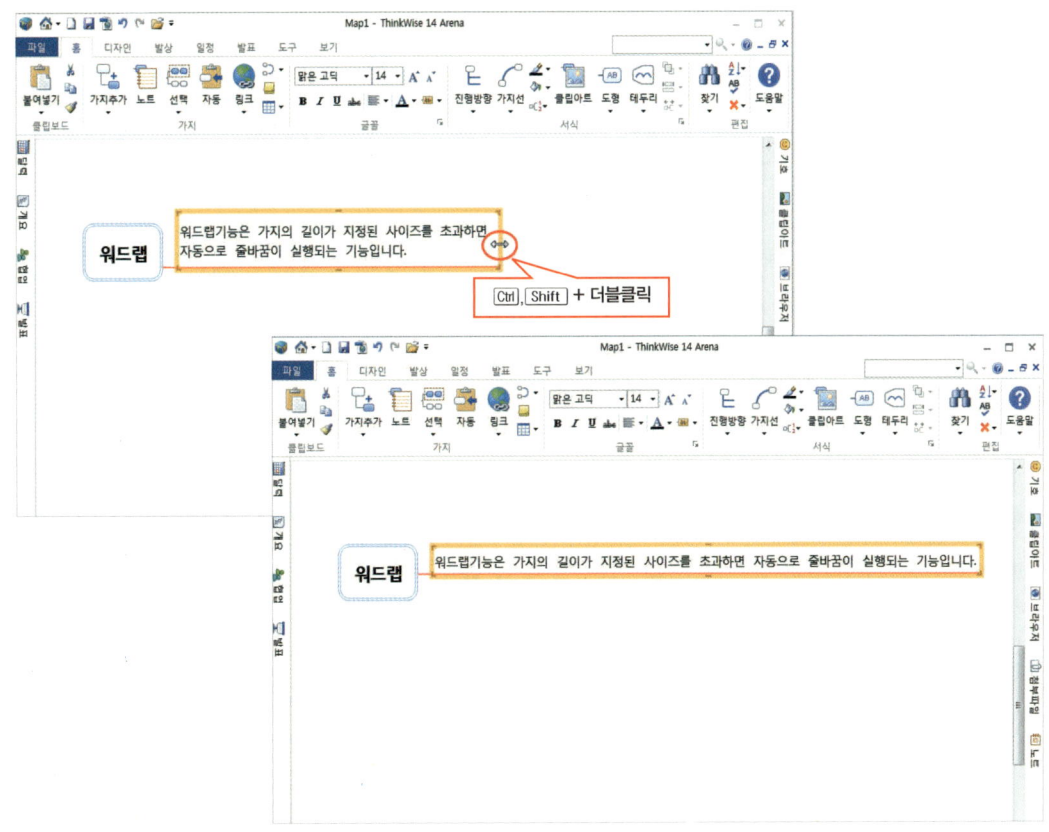

- 가지에 입력된 주제의 줄바꿈이 완료된 후에도 현재의 글자 배치는 유지됩니다. 가지의 크기를 변경하고자 할 때에는 Ctrl 을 누른 상태로 가지의 글상자 핸들을 마우스로 드래그하여 크기를 조절할 수 있습니다.

■ 가지 이동

맵 문서의 가지를 다른 위치나 다른 레벨로 이동합니다. 사용자는 원하는 가지를 최상위 레벨, 하위레벨, 그리고 현재와 같은 레벨 등으로 마음대로 이동할 수 있습니다.

1. 개념

마인드맵을 작성해서 얻을 수 있는 가장 큰 장점 중의 하나는 사용자의 생각을 마구 쏟아낼 수 있고, 이것을 어떤 순위에 따라서 재정렬할 수 있다는 것입니다. 일반적으로 마인드맵은 다음 중의 하나의 형태를 가집니다.

• 계층

다른 주제를 포함하는 어떤 주제는 그것보다 더 세밀한 주제로 나누어질 수 있습니다. 이것을 '계층'이라고 합니다.

마인드맵에서는 이러한 개념을 '레벨'이라고 합니다. 가장 상위 단계는 중심주제(맵의 주제나 목적)입니다. 다음은 1레벨 가지(중심주제의 중심사항)이며, 각각의 1레벨은 다시 그것보다 하위주제인 2레벨로 나누어질 수 있습니다. 그리고 이와 같은 개념으로 계속 나누어질 수 있습니다.

• 진행 방향

진행 방향은 생각이 가지는 논리적인 방향입니다. 어떤 마인드맵은 사방으로 뻗어나갈 수 있으며, 어떤 것은 직선적(시작과 끝이 정해져 있는)일 수 있습니다. 프로젝트의 경우 진행 방향을 철저하게 관리해야 합니다. 왜냐하면 프로젝트는 시작과 끝이 정해져 있으며, 진행에 필요한 논리적인 순서를 가지고 있기 때문입니다.

2. 가지 이동 방법

01 이동하기를 원하는 가지 '주제2'를 선택합니다.

02 가지를 마우스로 클릭한 상태에서 맵 문서 내에서 이동하고자 하는 새로운 위치로 드래그합니다. 이때 이동할 위치를 결정하기 위해서는 그 주위의 다른 가지와 가깝게 한 후 방향 지시 화살표가 나왔을 때, 마우스 버튼을 놓으면 그 위치로 가지가 이동됩니다. 이동할 위치의 결정은 이동할 가지를 끌어서 주변 가지와 겹칠 때 나타나는 위, 아래, 옆의 화살표에 따라 선택합니다.

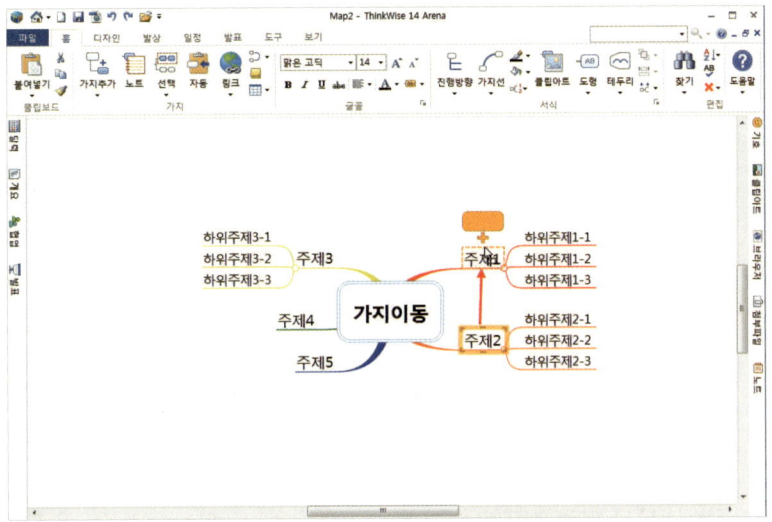

03 이동하기 원하는 위치로 화살표가 표시될 때 마우스 버튼을 놓으면 그 위치로 가지가 이동합니다.

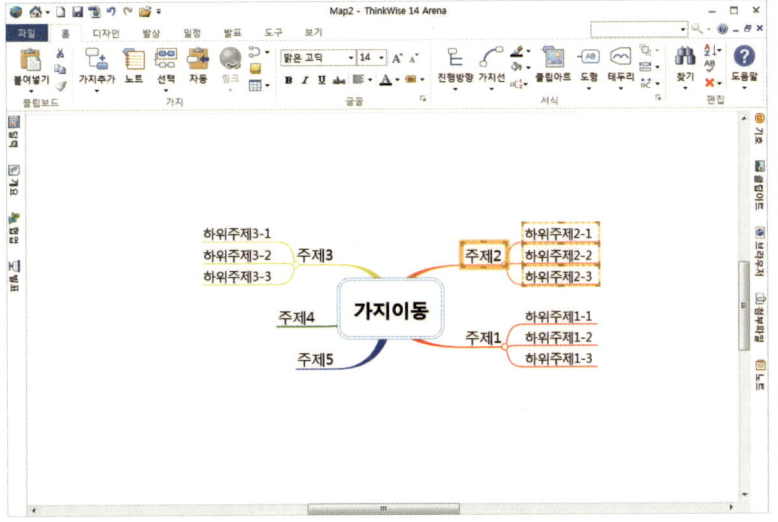

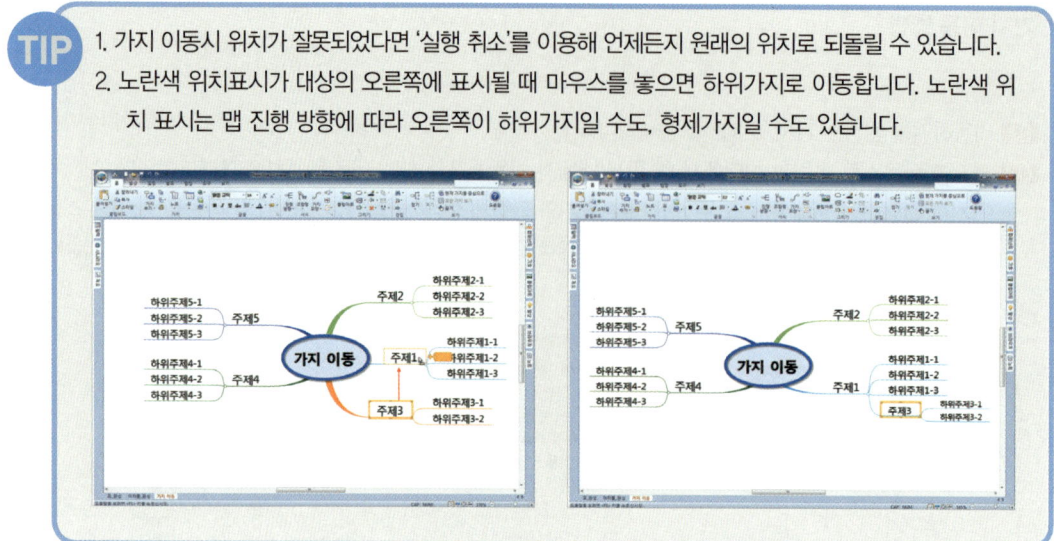

TIP
1. 가지 이동시 위치가 잘못되었다면 '실행 취소'를 이용해 언제든지 원래의 위치로 되돌릴 수 있습니다.
2. 노란색 위치표시가 대상의 오른쪽에 표시될 때 마우스를 놓으면 하위가지로 이동합니다. 노란색 위치 표시는 맵 진행 방향에 따라 오른쪽이 하위가지일 수도, 형제가지일 수도 있습니다.

3. 가지 복사

가지를 이동할 때 키보드의 Ctrl 키를 누른 상태에서 마우스로 가지 이동을 실행할 경우에는 자동으로 선택한 가지가 복사되어 추가됩니다.

01 복사하기를 원하는 가지 '주제3'을 선택합니다.
02 키보드의 Ctrl 키를 누른 상태에서 가지를 마우스로 클릭하여 '주제5'의 하위가지 위치로 드래그합니다.

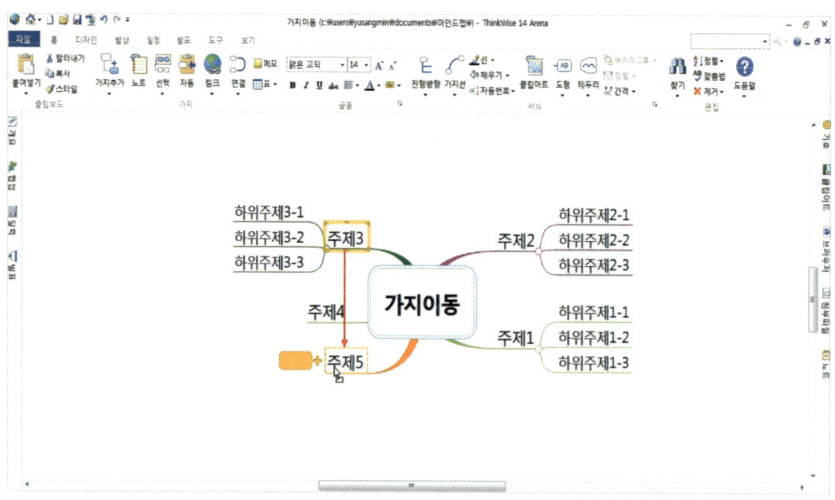

03 선택한 가지는 그대로 있고 마우스를 내려놓은 위치에 같은 가지가 추가된 것을 볼 수 있습니다.

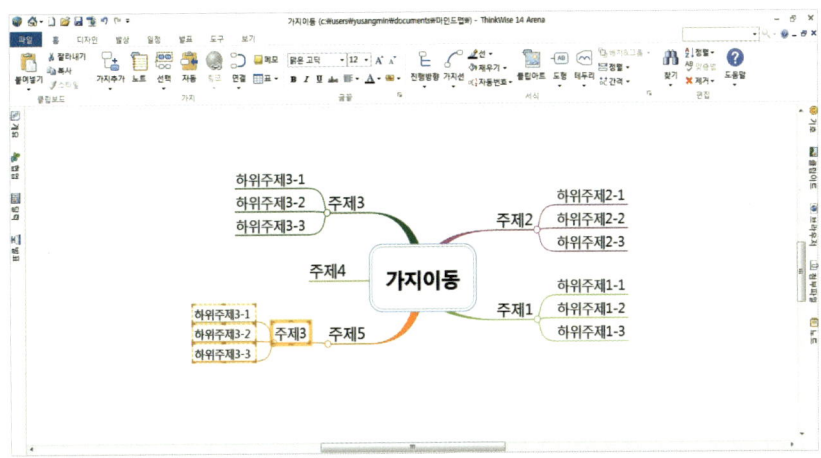

■ 다양한 화면보기 옵션

ThinkWise 프로그램 화면 하단의 상태표시줄에는 맵 문서의 다양한 화면보기를 도와주는 메뉴들이 있습니다.

❶ **선택가지 중심보기** : 선택한 가지를 중심으로 화면보기 상태를 되돌립니다.
❷ **전체 화면** : 프로그램의 모든 도구 모음이 사라지고 ThinkWise 창 전체에 맵 문서가 표시됩니다. Esc 를 누르면 기본 화면으로 되돌아갑니다.
❸ **전체 보기** : 작성된 맵 문서가 현재 화면에 모두 표시되어 맵 전체를 한눈에 볼 수 있습니다.
❹ **100% 보기** : 작성된 맵 문서의 화면 배율을 100%로 보여줍니다.
❺ **확대 축소 설정** : ThinkWise 화면 오른쪽 하단에 있는 확대/축소 레버를 왼쪽으로 이동하면 화면 축소가, 오른쪽으로 이동하면 화면 확대가 가능합니다. 또는 보기 탭의 확대/축소 메뉴에서 지정하거나 키보드의 Ctrl 을 누른 상태로 마우스 휠을 굴려 확대/축소할 수 있습니다.

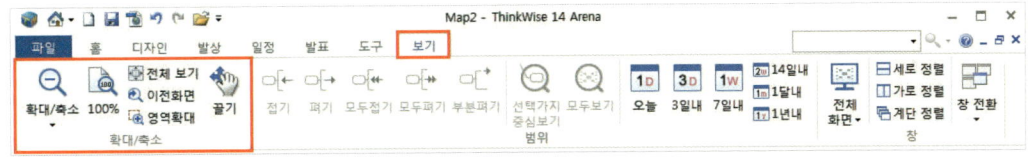

'새 파일'을 열어 다음의 내용으로 맵을 작성한 후 중심제목으로 저장하고 다음을 처리하시오.

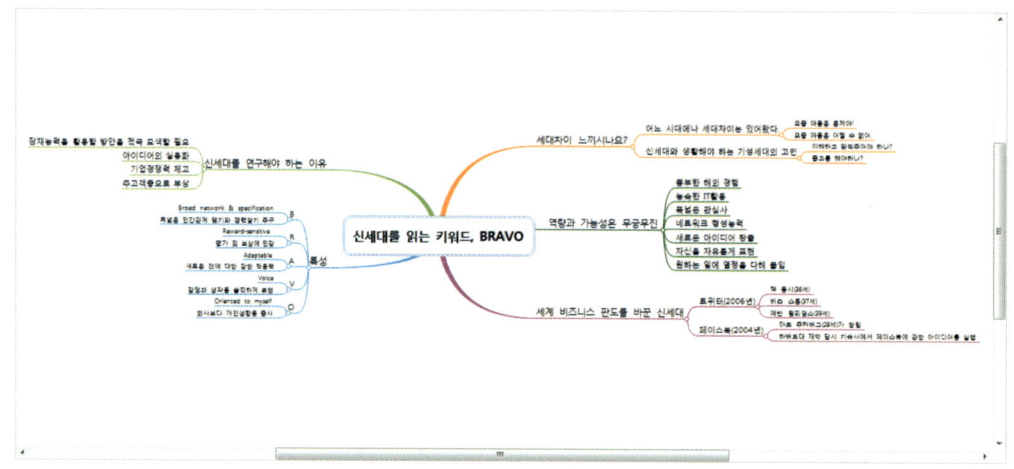

[내용] 중심제목 : 신세대를 읽는 키워드, BRAVO

세대차이 느끼시나요? ∨어느 시대에나 세대차이는 있어왔다. ∨∨요즘 애들은 문제야! ∨∨요즘 애들은 어쩔 수 없어. ∨신세대와 생활해야 하는 기성세대의 고민 ∨∨이해하고 맞춰줘야 하나? ∨∨충고를 해야 하나? 역량과 가능성은 무궁무진 ∨풍부한 해외 경험 ∨능숙한 IT활용 ∨폭넓은 관심사 ∨네트워크 형성능력 ∨새로운 아이디어 창출 ∨자신을 자유롭게 표현 ∨원하는 일에 열정을 다해 몰입 세계 비즈니스 판도를 바꾼 신세대 ∨트위터(2006년) ∨∨잭 돌시(36세) ∨∨비즈 스톤(37세) ∨∨에반 윌리엄스(39세) ∨페이스북(2004년) ∨∨마크 주커버그(28세)가 창립 ∨∨하버드대 재학 당시 기숙사에서 페이스북에 관한 아이디어를 실행 신세대를 연구해야 하는 이유 ∨잠재능력을 활용할 방안을 적극 모색할 필요 ∨아이디어의 실용화 ∨기업경쟁력 제고 ∨주고객층으로 부상	특성 ∨B ∨∨Broad network & specification ∨∨폭넓은 인간관계 맺기와 경력쌓기 추구 ∨R ∨∨Reward-sensitive ∨∨평가 및 보상에 민감 ∨A ∨∨Adaptable ∨∨새로운 것에 대한 빠른 적응력 ∨V ∨∨Voice ∨∨감정과 생각을 솔직하게 표현 ∨O ∨∨Oriented to myself ∨∨회사보다 개인생활을 중시

1. 맵 문서의 바탕에 '포커스 그룹 인터뷰', '설문조사', '신세대 직장인의 범위'의 세 개의 메모를 추가하고 '신세대 직장인 연구'란 그룹으로 묶으시오.
2. '트위터(2003)' 가지에 '노트' 속성을 추가하시오(노트내용 : '문자 메시지로 자신의 소식을 인터넷에 올리는 웹서비스를 만들자'는 간단한 아이디어를 실행).
3. '특성' 가지를 표로 전환하고 '표 스타일'을 사용하여 네 번째 스타일을 적용하시오.
4. '세계 비즈니스를 바꾼 신세대' 가지를 '세대차이 느끼시나요?' 가지 아래로 이동하시오.
5. 맵을 저장하시오.

▶결과

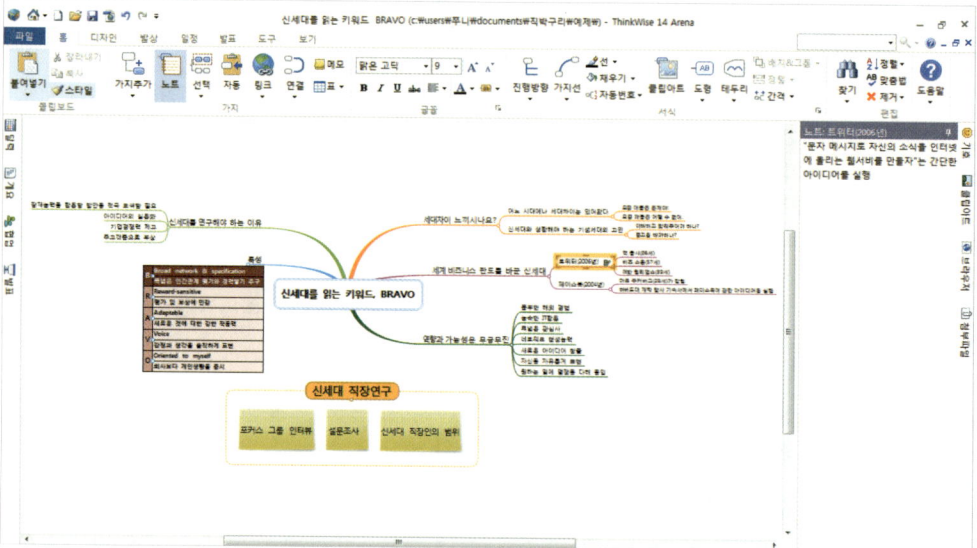

PART2

손쉬운 문서 다루기

Chapter ❶

맵 문서 디자인

■ 진행 방향

맵 문서의 진행 방향을 설정합니다. 작성하는 문서의 내용에 따라 맵 모양을 설정할 수 있기 때문에 다양한 종류의 맵 문서 작성이 가능합니다.

1. 진행 방향 변경하기

01 중심제목 또는 진행 방향을 지정할 기준가지를 선택합니다(중심제목 '진행 방향'을 선택).

02 [**홈**] 탭의 [**서식**] 그룹에서 [**진행 방향**] 메뉴 아래 화살표를 누르고 원하는 진행 방향을 선택합니다('**오른쪽-오른쪽으로**' 선택).

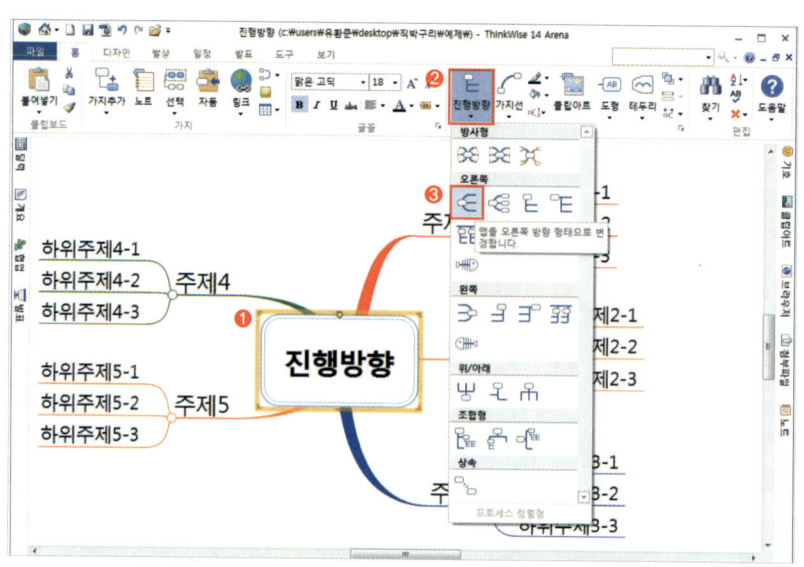

03 선택한 맵의 진행 방향이 바뀝니다.

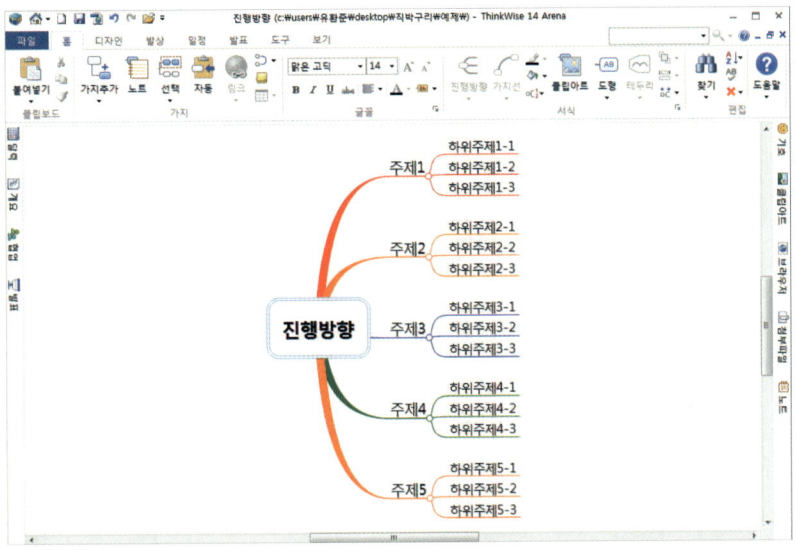

2. 진행 방향 모음

- 방사형

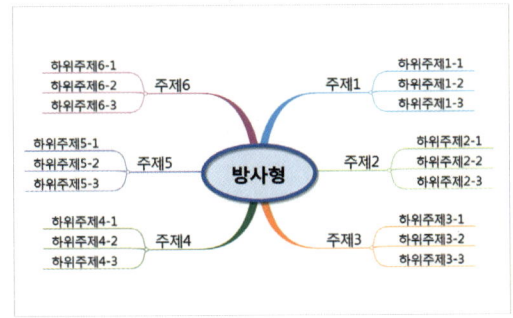

- 방사형 – 정렬형

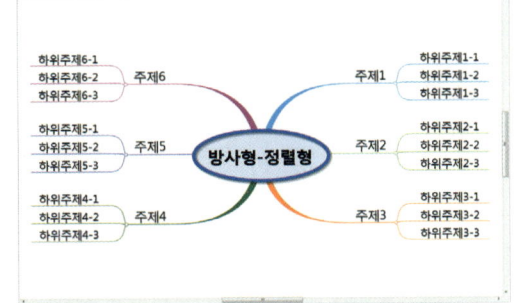

- 방사형 – 수기형

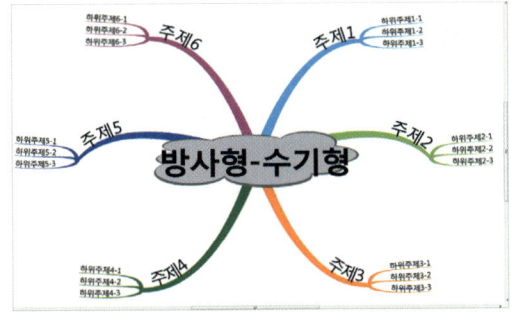

- 오른쪽으로

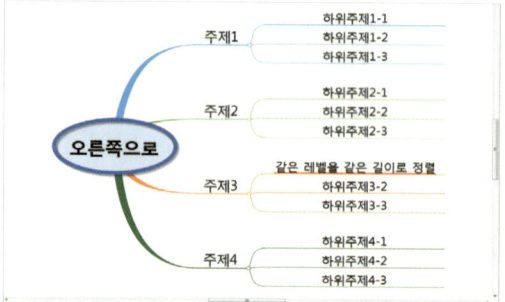

- 오른쪽 정렬

- 오른쪽 트리

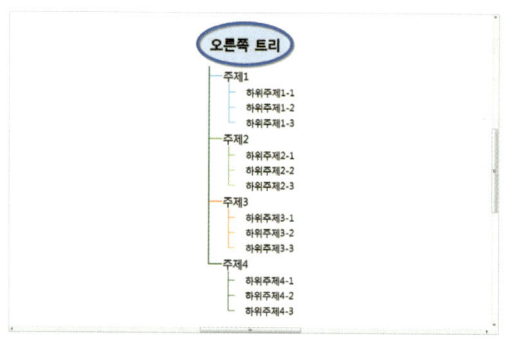

- 오른쪽 계층

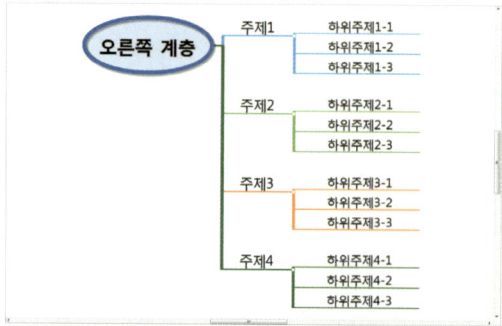

- 오른쪽 진행트리 A

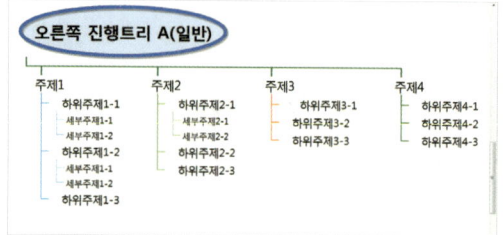

- 오른쪽 진행트리 B

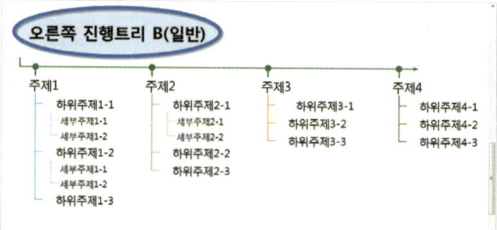

- 오른쪽 진행트리 C

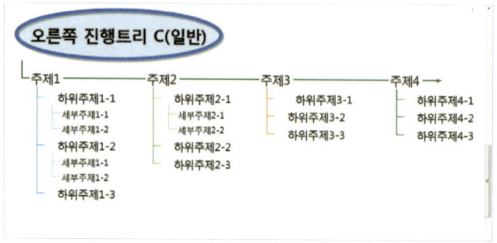

- 오른쪽 진행트리 D

• 오른쪽 피쉬본

• 왼쪽 피쉬본

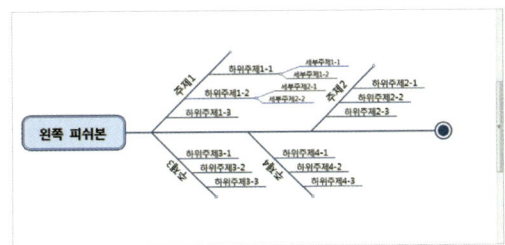

• 왼쪽으로

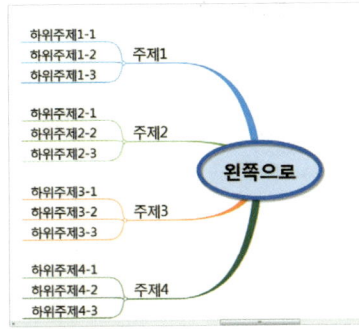

• 왼쪽 트리

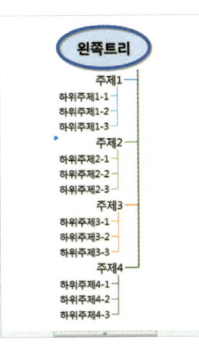

• 왼쪽 계층

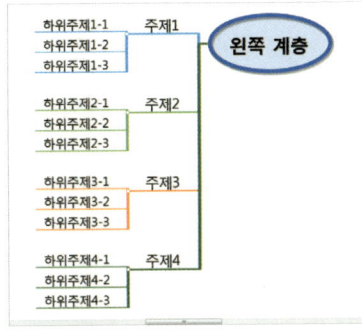

• 위쪽으로

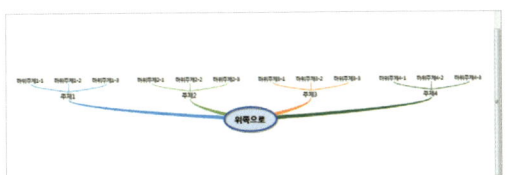

• 아래쪽으로

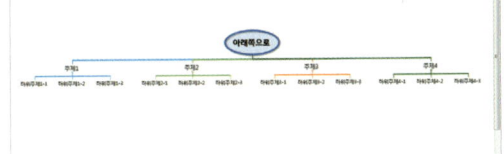

• 아래쪽 뿌리

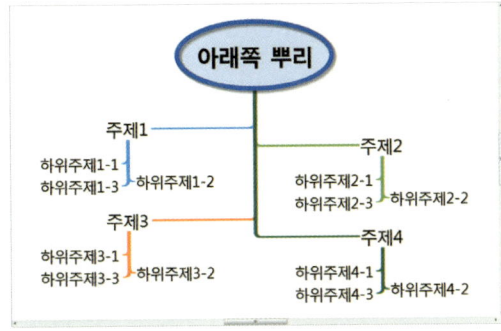

• 상속

상위가지에 설정된 맵 진행 방향을 그대로 따를 때 지정합니다.

 • 오른쪽 정렬 메뉴는 모든 레벨의 너비가 동일하게 정렬되는 진행 방향입니다.

• 조합형1

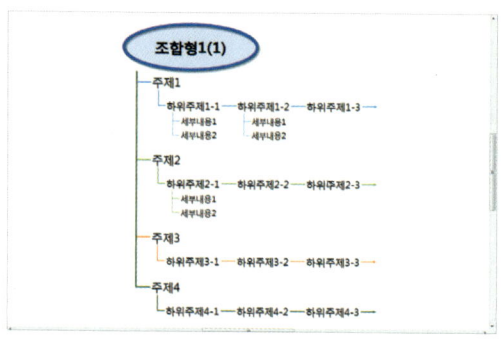

• 조합형2

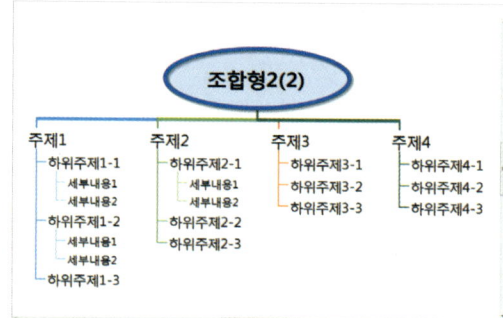

• 조합형3

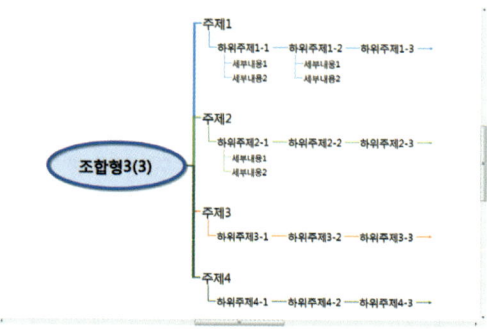

■ 가지 모양

맵 문서의 가지 모양을 다양하게 설정할 수 있으며, 맵의 성격에 따라 가지 모양을 선택하여 사용할 수 있습니다.

1. 가지 모양 변경하기

   `01` 중심제목 또는 가지 모양을 지정할 기준가지를 선택합니다.
   `02` [홈] 탭의 [서식] 그룹에서 [가지선] 메뉴를 누르고 원하는 가지 모양을 선택합니다.
   `03` 맵 문서의 가지 모양이 바뀝니다.

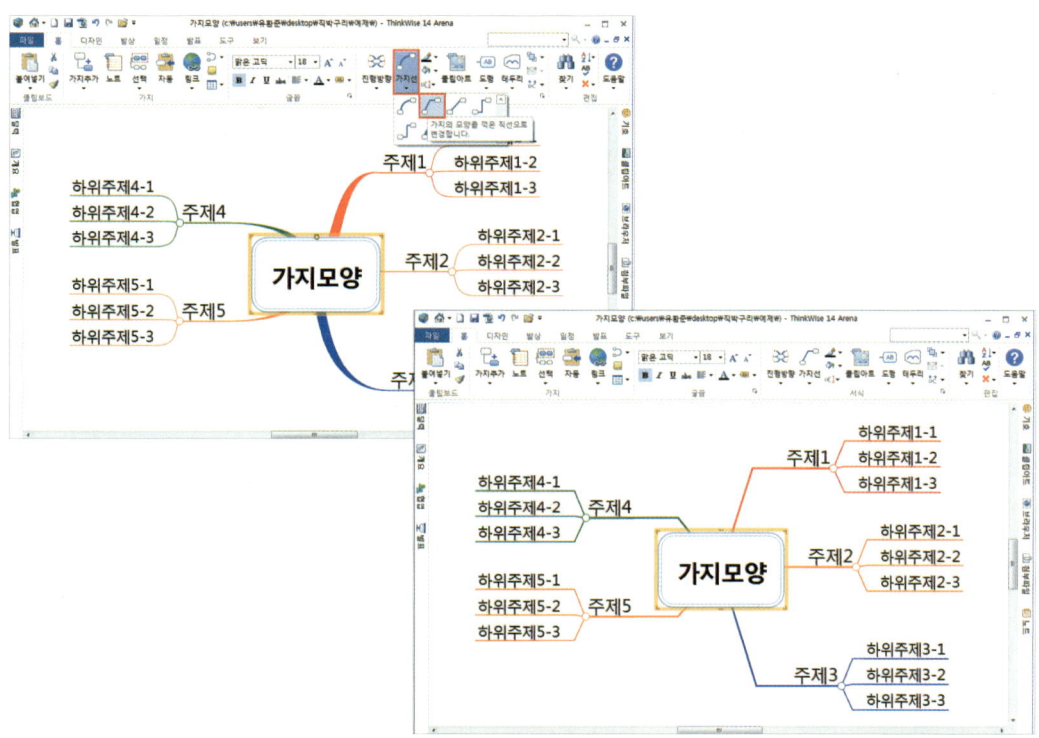

2. 가지 모양 모음

• 곡선

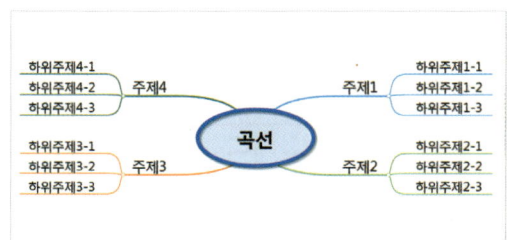

• 꺾은 직선

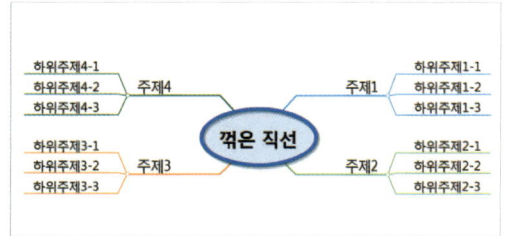

- 직선

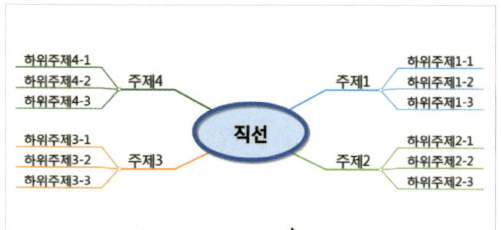

- 직각

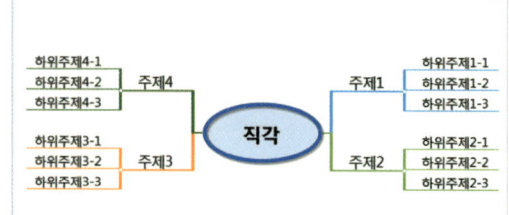

- 각진 모서리

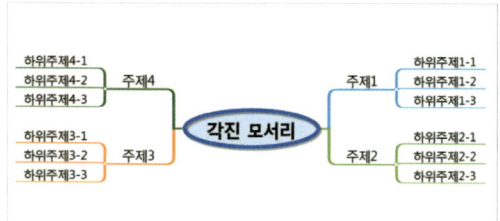

- 나팔형

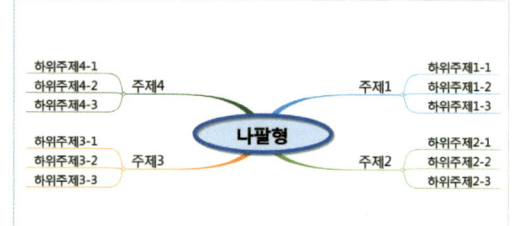

- 수렴

- 뾰족한 선

■ 맵 디자인

새롭게 추가된 디자인 탭의 다양한 맵 테마를 이용하여 손쉽게 맵의 디자인을 바꿀 수 있습니다. **[디자인]** 탭의 **[테마]** 그룹에서 14개의 테마 중 원하는 테마를 선택하면 맵에 적용되는 것을 볼 수 있습니다.

1. 맵 디자인 바꾸기

01 디자인 테마를 적용하고자 하는 맵을 엽니다.
02 **[디자인]** 탭에서 '**세 번째 디자인**'을 클릭합니다.
03 맵에 디자인이 적용된 것을 볼 수 있습니다.

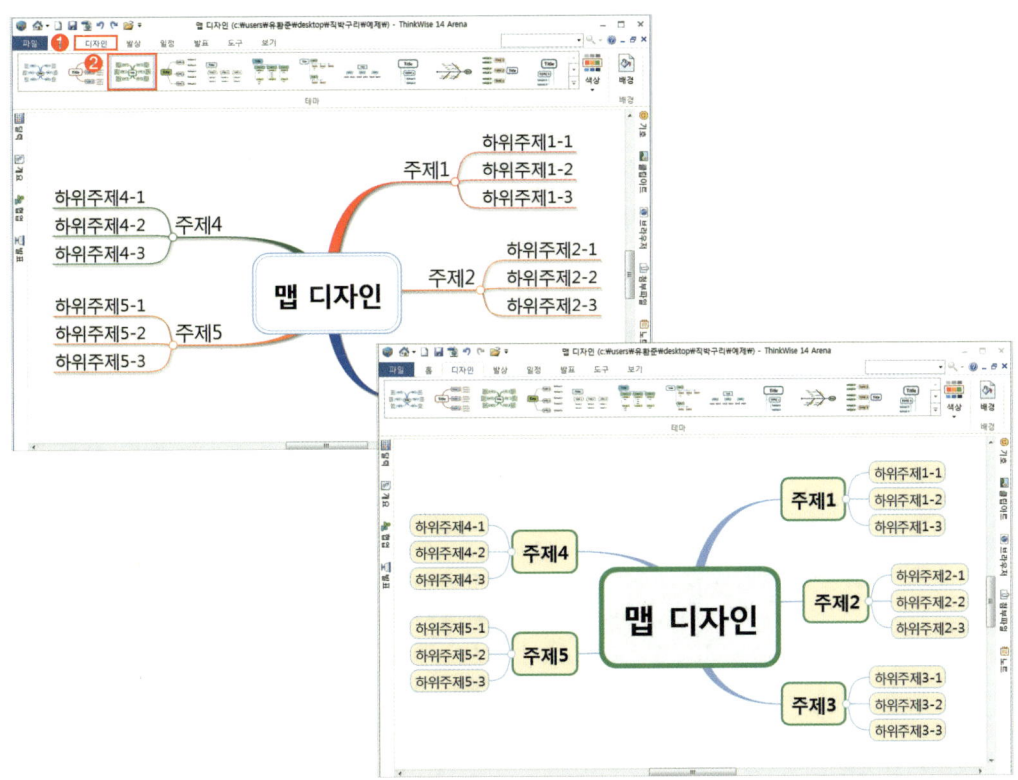

2. 색상 바꾸기

디자인 탭의 색상 메뉴를 누르고 원하는 테마 색상을 선택하면 맵 문서의 색상을 변경할 수 있습니다.

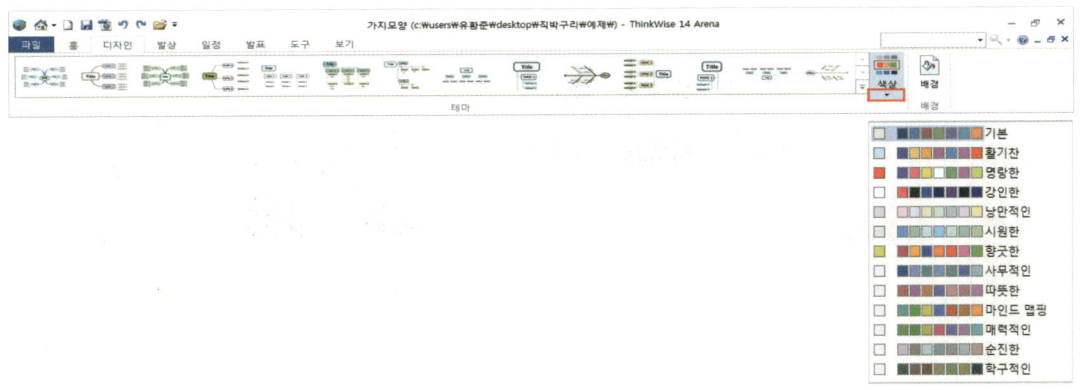

3. 배경 바꾸기

맵 문서의 바탕화면은 옅은 회색을 기본으로 합니다. 사용자는 맵 문서의 바탕화면에 색상을 지정하거나 그림을 추가할 수 있습니다.

3-1. 배경에 그림 삽입

01 [**디자인**] 탭의 [**배경**] 메뉴를 클릭하면 배경 설정 대화상자가 열립니다.

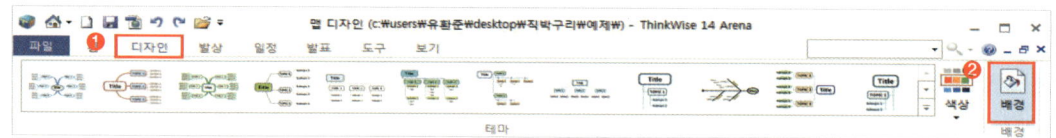

02 [**배경**] 대화상자가 실행되면 그림의 [**선택**] 버튼을 누릅니다.

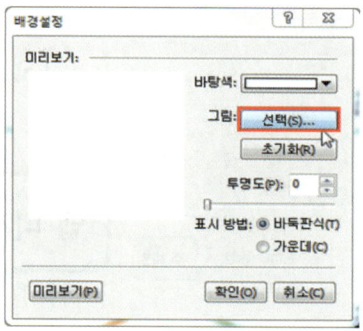

03 배경으로 지정할 그림파일을 선택하고 [**열기**]를 누르면 미리보기 창에 선택한 그림이 표시됩니다.

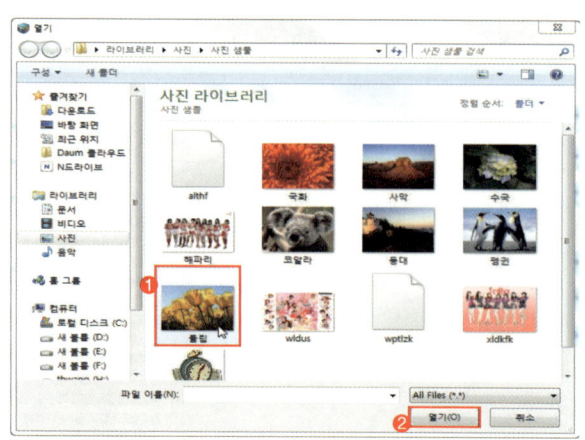
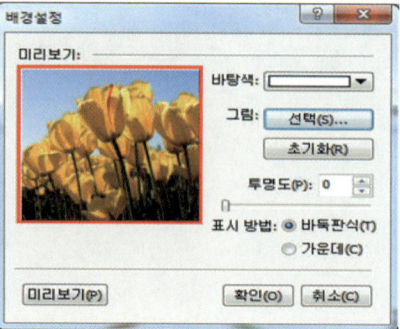

04 투명도를 조절합니다. 투명도는 배경 이미지를 본래의 색상 그대로 넣을 것인지, 흐리게 넣을 것인지를 결정하는 메뉴입니다. 투명도를 조절할 때는 투명도의 숫자를 1~100 사이의 숫자로 입력하거나 투명도 아래의 가로 조절 막대의 위치를 좌, 우로 이동하여 설정할 수 있습니다. 투명도는 숫자가 높아질수록, 조절 막대의 위치가 오른쪽으로 갈수록 투명해집니다.

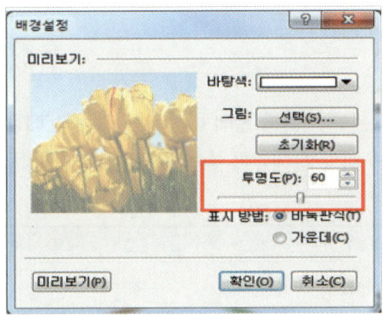

05 선택한 그림의 표시 방법을 선택합니다. 바둑판식은 그림이 바둑판 모양으로 반복되어 여러 개가 삽입되고, 가운데는 하나의 그림이 중앙에 삽입됩니다. [미리보기] 버튼을 눌러 맵 화면에 배경 그림이 들어간 상태를 확인할 수 있습니다.

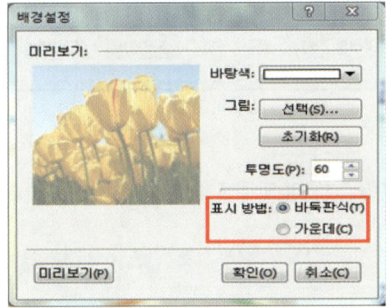

06 [확인]을 누르면 맵 문서에 배경이 지정됩니다.

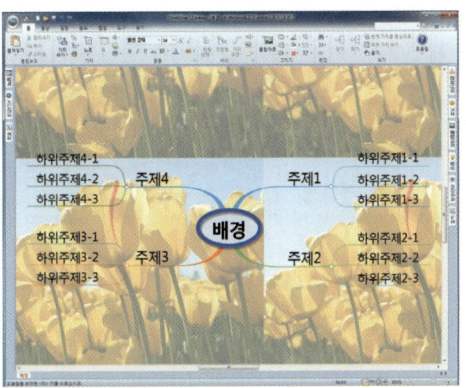

141

• 배경 이미지 추가시 맵 문서의 식별력을 떨어뜨리지 않으려면 투명도는 80 이상으로 하는 것이 좋습니다.

3-2. 배경색 삽입

01 맵 문서 바탕화면에서 마우스 오른쪽 버튼을 눌러 나타나는 메뉴의 '**배경**'을 선택합니다.

02 '**배경 설정**' 대화상자가 실행되면 바탕색 메뉴를 눌러 원하는 배경 색상을 지정합니다.

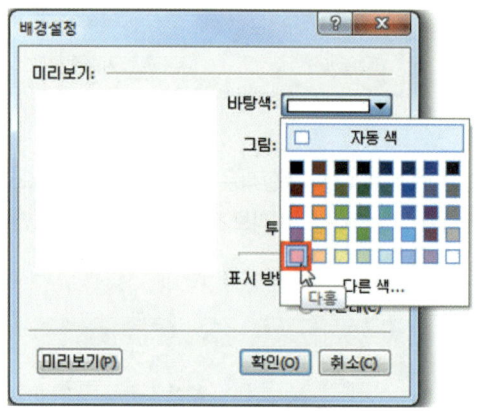

03 바탕색과 그림을 모두 지정할 수도 있으며 모두 지정 후 [**확인**]을 누릅니다.

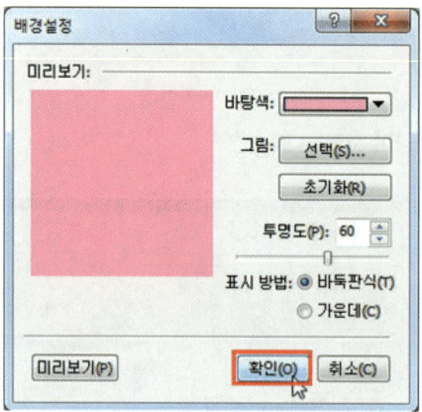

04 문서 바탕화면에 배경색이 지정된 것을 볼 수 있습니다.

4. 맵 스타일

[맵 스타일] 메뉴를 이용하면 현재 실행중인 문서의 스타일을 한꺼번에 수정할 수 있습니다. 이 기능은 ThinkWise 옵션의 기본 스타일과 그 사용법은 동일하나 옵션의 기본 스타일은 새로 실행되는 새 파일 문서에 적용되는 반면 맵 스타일 메뉴는 현재 실행중인 문서에 적용된다는 차이가 있습니다.

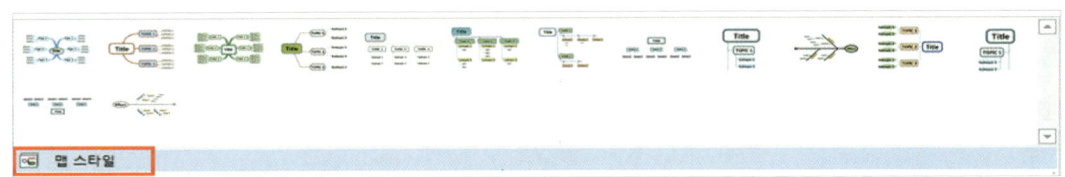

[맵 스타일] 메뉴에서는 단계별 스타일, 노트 스타일, 가지색 그리고 바탕색을 지정할 수 있으며 스타일 불러오기와 스타일 전체 초기화를 선택할 수 있습니다.

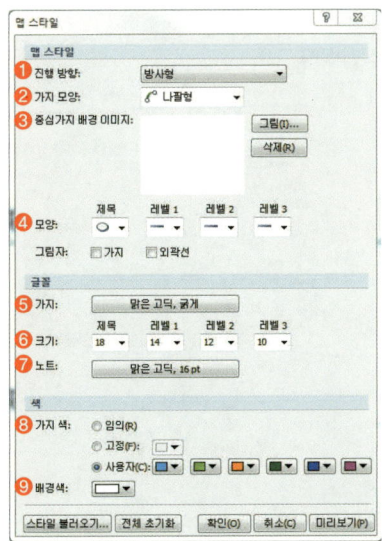

- **단계별 스타일**

현재 열린 맵 문서의 스타일 중 변경하고자 하는 단계별 맵 스타일을 지정할 수 있습니다.

❶ **진행 방향** : 위에서 선택한 단계에 적용할 맵 진행 방향을 지정합니다.
❷ **가지 모양** : 위에서 선택한 단계에 적용할 가지 스타일을 지정합니다.
❸ **중심가지 배경 이미지** : 맵 문서의 중심제목에 들어갈 이미지를 지정합니다. 그림 버튼을 누른 후 원하는 이미지를 지정합니다.
❹ **모양** : 맵 문서의 선 모양을 지정합니다. 제목과 1레벨, 2레벨, 3레벨까지의 선 모양을 지정할 수 있으며 4레벨부터는 3레벨의 선 모양이 동일하게 적용됩니다.

- **글꼴**

현재 열린 맵 문서의 스타일 중 변경하고자 하는 단계별 글꼴을 지정할 수 있습니다.

❺ **가지** : 맵 문서의 기본 글꼴을 지정합니다.
❻ **크기** : 제목과 1레벨, 2레벨, 3레벨의 글자 크기를 각각 지정할 수 있으며, 4레벨부터는 3레벨의 글자 크기가 동일하게 적용됩니다.
❼ **노트** : 노트에 입력될 글자의 글꼴과 크기를 지정합니다.

- **색**

현재 열린 맵 문서의 스타일 중 변경하고자 하는 맵 문서의 가지색과 배경색을 지정할 수 있습니다.

❽ **가지색**
　임의 : 새로 생성될 가지의 색상을 시스템에서 임의로 결정하여 적용합니다.
　고정 : 새로 추가될 가지의 색상을 한 가지로 고정하고 색상을 사용자가 선택합니다.
　사용자 정의 : 새로 추가될 여섯 가지의 색상을 지정하고 각각의 색상이 적용될 가지를 사용자가 지정하면 지정된 순서대로 가지의 색상이 바뀝니다.
❾ **배경색** : 맵 문서의 배경색을 지정합니다.

■ 서식 지정

1. 글자 서식

맵 문서에 있는 가지나 글자의 외형 변경에 관해 설명합니다. ThinkWise는 가지 전체 또는 일부분에 글자 서식을 지정할 수 있으며, 글자에 적용할 수 있는 서식은 다음과 같습니다.

• [홈] 탭의 [글꼴] 그룹

❶ **글꼴** : 선택한 글자 모양을 변경합니다.
❷ **글꼴 크기** : 선택한 글자 크기를 설정합니다.
❸ **글꼴 크기 크게(Ctrl+=)** : 선택한 글자를 한 단계씩 크게 합니다.
❹ **글꼴 크기 작게(Ctrl+-)** : 선택한 글자를 한 단계씩 작게 합니다.
❺ **굵게(Ctrl+B)** : 선택한 글자를 굵게 표시합니다.
❻ **기울임(Ctrl+I)** : 선택한 글자를 오른쪽으로 기울입니다.
❼ **밑줄(Ctrl+U)** : 선택한 글자에 밑줄을 긋습니다.
❽ **취소선(Ctrl+K)** : 선택한 글자에 취소선을 긋습니다.
❾ **줄맞춤** : 선택한 가지의 글자들(문단)을 정렬합니다.
❿ **글꼴색** : 선택한 글자색을 변경합니다.
⓫ **마이 펜** : 배경색이 있는 가지를 만듭니다.

1-1. 가지 전체의 글자 서식 변경하기

`01` 서식을 바꾸려는 가지를 선택합니다.
`02` [홈] 탭의 [글꼴] 그룹에서 변경할 서식을 선택합니다. 또는 가지를 마우스 오른쪽 버튼으로 클릭하고 나오는 화면에서 '**서식**' 메뉴를 선택하고 '**글꼴**' 탭에서 변경할 서식을 지정합니다.

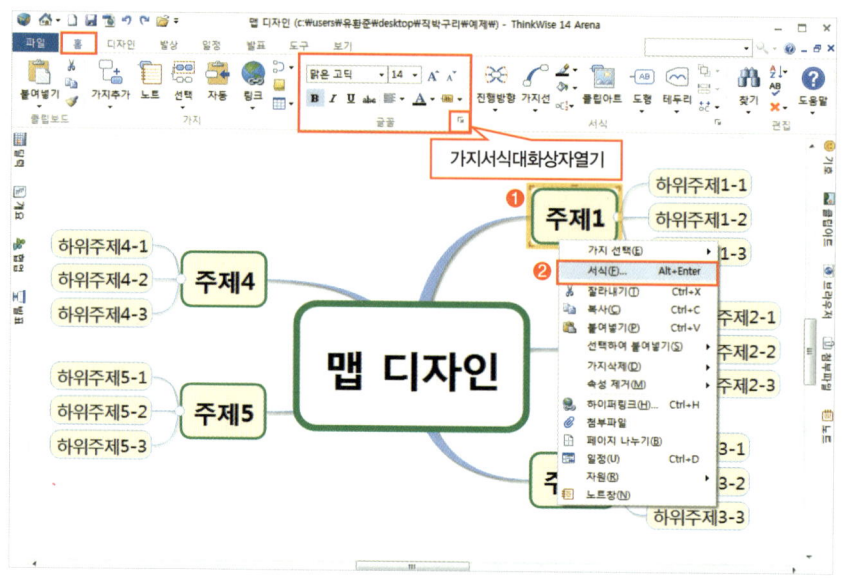

• 글꼴 서식의 종류

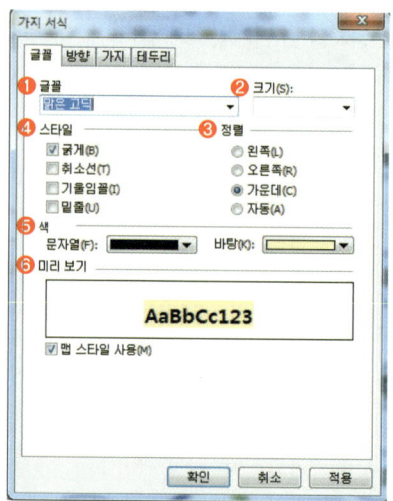

❶ **글꼴** : 다양한 글꼴(굴림, 굴림체, 궁서체 등)이 있습니다. 원하는 글꼴을 선택하십시오.
❷ **크기** : 글자의 크기를 포인트 단위로 설정합니다. 숫자가 크면 글자는 커지게 됩니다.
❸ **정렬** : 글상자 안에 위치하는 글자들을 정렬(왼쪽, 오른쪽, 가운데, 자동)할 수 있습니다.
❹ **스타일** : 여러 가지(굵게, 기울임꼴, 밑줄) 스타일을 선택할 수 있으며, 중복해서 사용할 수 있습니다.
❺ **색** : 글자색을 지정합니다.
❻ **미리보기** : 적용된 서식을 미리보기로 확인할 수 있습니다.

1-2. 가지 일부분의 글자 서식 변경하기

01 서식을 바꾸려는 글자 '**주제4**'를 마우스로 드래그하여 선택합니다.

02 [홈] 탭의 [글꼴] 그룹에서 글자 크기를 '20'으로, 색상을 표준 색상의 'Red'로 지정합니다.

03 지정된 서식으로 가지가 변경되었습니다. 이와 같이 모든 가지와 글자에 글꼴, 서식, 크기 등을 다양하게 지정할 수 있습니다.

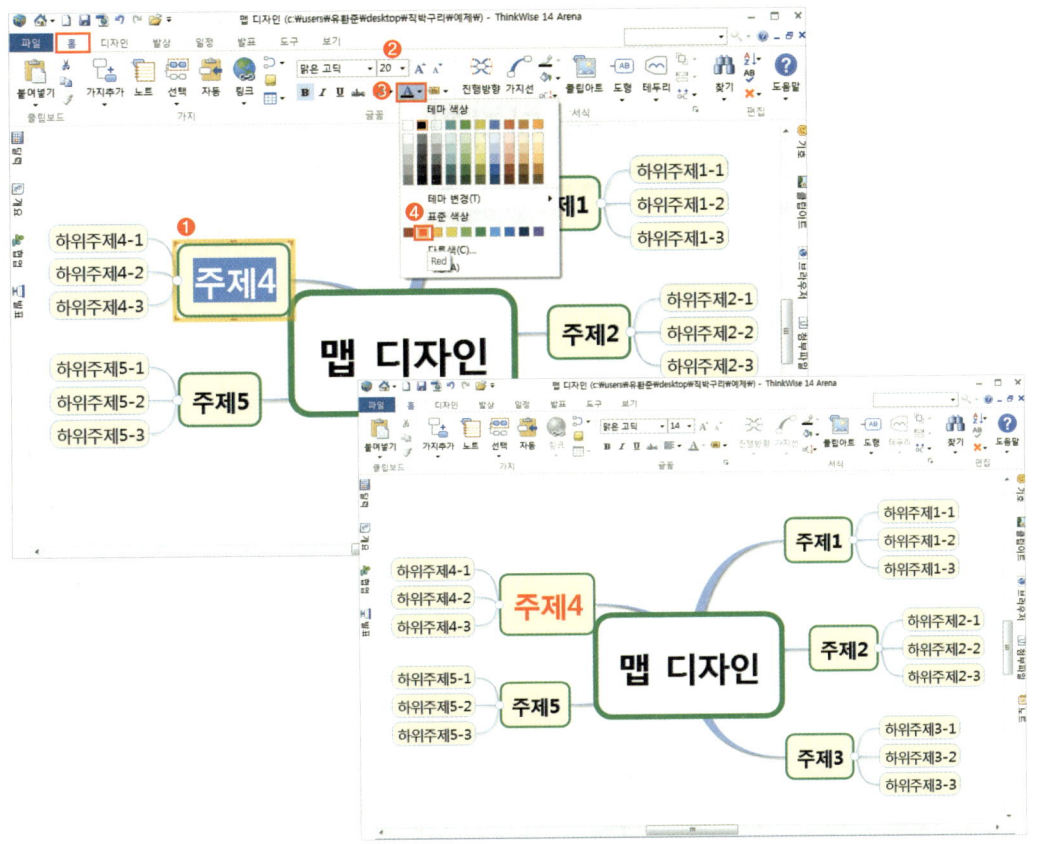

2. 선

맵 문서를 작성하다 보면 각 가지별로 선의 색을 다르게 할 필요가 있는데, 이때 선의 색상과 라인 속성을 지정할 수 있습니다.

01 서식을 바꾸려는 가지를 선택합니다.

02 [홈] 탭의 [서식] 그룹에서 '**선 색**' 메뉴의 아래쪽 화살표를 누릅니다.

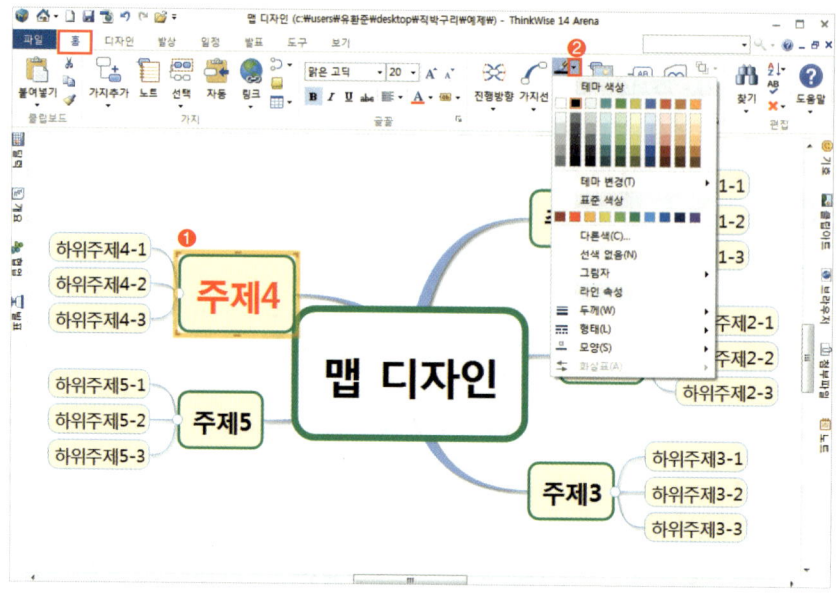

또는 가지를 마우스 오른쪽 버튼으로 클릭하고 나오는 화면에서 **[서식]** 메뉴의 '가지' 탭으로 이동한 후 색상 또는 변경할 서식을 지정합니다.

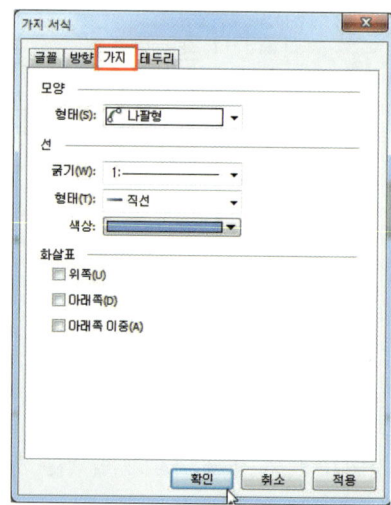

• 선 서식의 종류

❶ **테마 색상** : ThinkWise에서 기본으로 제공하는 색상표가 표시되며 테마를 변경할 수 있습니다.
❷ **테마 변경** : 기본 색상표의 테마를 사용자가 다양하게 지정할 수 있습니다.
❸ **표준 색상** : Windows에서 제공하는 표준 색상표를 표시해줍니다.
❹ **다른 색** : 제공되는 색상표를 사용하지 않고 사용자가 직접 색상을 생성할 수 있습니다.
❺ **선 색 없음** : 선택한 가지의 선 색상을 없앨 수 있습니다.
❻ **그림자** : 가지선에 그림자를 설정하여 가지선을 또렷하게 표현할 수 있습니다.
❼ **굵기** : 가지선의 굵기를 지정합니다.
❽ **형태** : 가지선의 형태를 지정합니다(점선, 실선, 파선 등).
❾ **모양** : 가지선의 모양을 지정합니다(산, 파도, 톱니 등).
❿ **화살표** : 가지선의 양쪽 끝에 화살표를 넣을 수 있습니다. 화살표를 표시할 위치를 선택합니다(단, 화살표는 가지 형태가 직선계열-꺾은 직선, 직선, 직각, 각진 모서리-인 경우에만 사용할 수 있습니다).

3. 채우기 색

선택한 가지의 채우기 색과 속성을 지정합니다.

01 채우기 색을 바꾸려는 가지를 선택합니다.
02 [홈] 탭의 [서식] 그룹에서 **'채우기'** 메뉴의 아래쪽 화살표를 누릅니다.

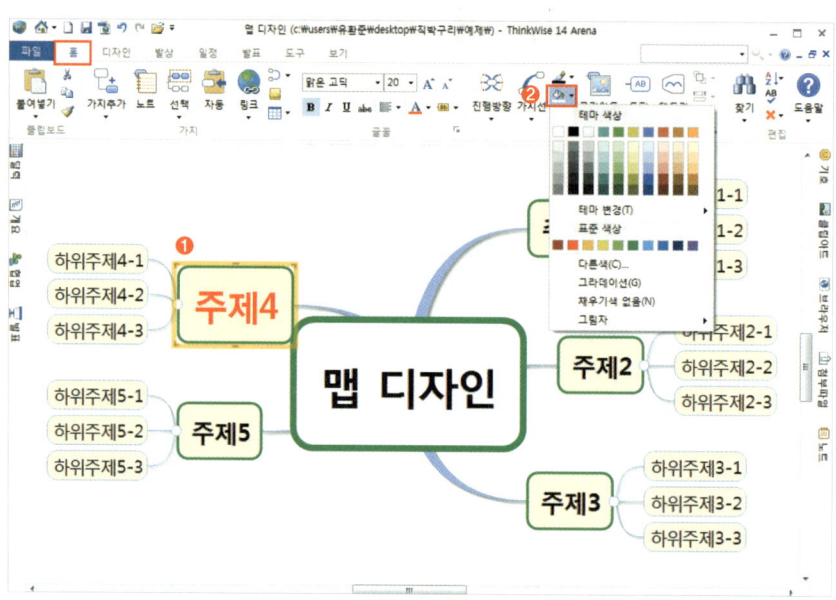

• 채우기 색 서식

❶ **테마 색상** : ThinkWise에서 기본으로 제공하는 색상표가 표시되며 테마를 변경할 수 있습니다.
❷ **테마 변경** : 기본 색상표의 테마를 사용자가 다양하게 지정할 수 있습니다.
❸ **표준 색상** : Windows에서 제공하는 표준 색상표를 표시해줍니다.
❹ **다른 색** : 제공되는 색상표를 사용하지 않고 사용자가 직접 색상을 생성할 수 있습니다.
❺ **그라데이션** : 채우기 색 지정 후 그라데이션을 실행하면 두 가지 색이 배합되어 다양한 표현이 가능합니다.
❻ **채우기 색 없음** : 선택한 가지에 설정된 채우기 색을 없앨 수 있습니다.
❼ **그림자** : 채우기 색 지정 후 그림자를 지정할 수 있습니다.

> **TIP**
> • 채우기 색은 그 대상에 따라 적용되는 범위가 다릅니다.
> 1. 가지선택 : 가지의 글자 높이에 맞게 채우기 색이 적용됩니다.
> 2. 가지의 일부 글자만 선택 : 선택한 글자 영역만 채우기 색이 적용됩니다.
> 3. 외곽선이 그려진 가지선택 : 외곽선 전체에 채우기 색이 적용됩니다.
> 4. 아무것도 선택하지 않음 : 문서 전체의 배경색이 적용됩니다.

■ **마이 펜**

마이 펜 기능은 마치 형광펜으로 마킹한 것과 같은 효과를 내도록 글자를 입력하는 기능입니다. 마이 펜을 실행하면 지정된 색상으로 채우기 색이 설정되어 가지가 추가됩니다.

1. 마이 펜 켜기/끄기

 [홈] 탭의 [글꼴] 그룹에서 '**마이 펜**'의 아래쪽 화살표를 누른 다음 '**마이 펜 켜기/끄기**' 메뉴를 실행합니다.

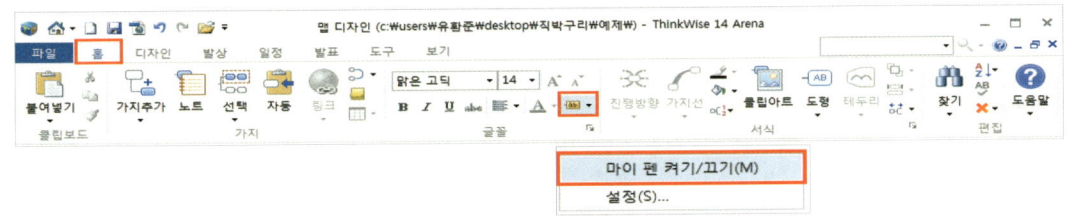

02 가지를 추가하거나 문자열을 입력하면 글자에 배경색이 함께 입력됩니다.

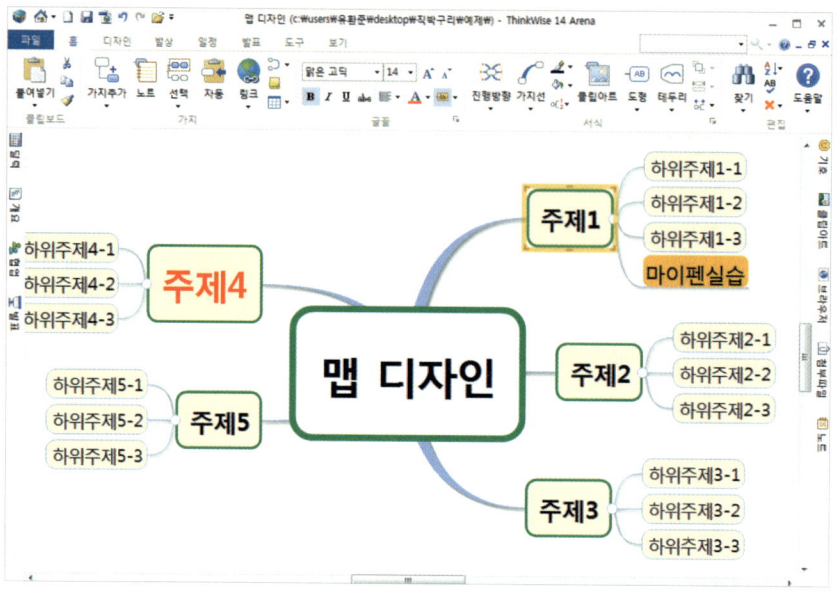

03 마이 펜을 끄려면 다시 한 번 '**마이 펜 켜기/끄기**' 버튼을 누릅니다.
04 배경색이 사라지고 보통의 글자가 입력됩니다.

2. 마이 펜 설정

01 [**홈**] 탭의 [**글꼴**] 그룹에서 '**마이 펜**'의 아래쪽 화살표를 눌러 '**설정**' 메뉴를 실행합니다.

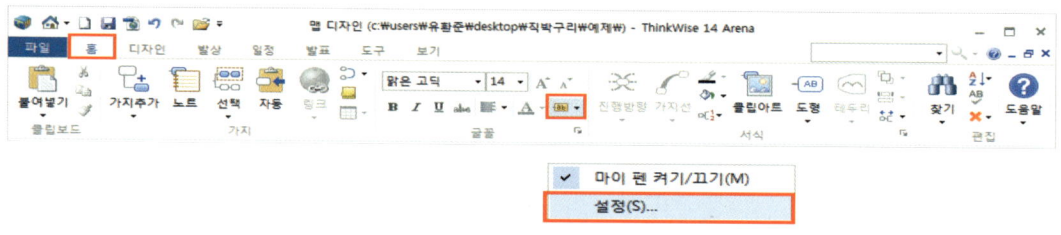

02 ThinkWise [**옵션**] 대화상자가 실행되고 '**기타**' 탭의 '**마이 펜**' 메뉴에서 마이 펜 기능 동작시 적용할 '**텍스트 색**' 과 '**배경색**'을 지정합니다.

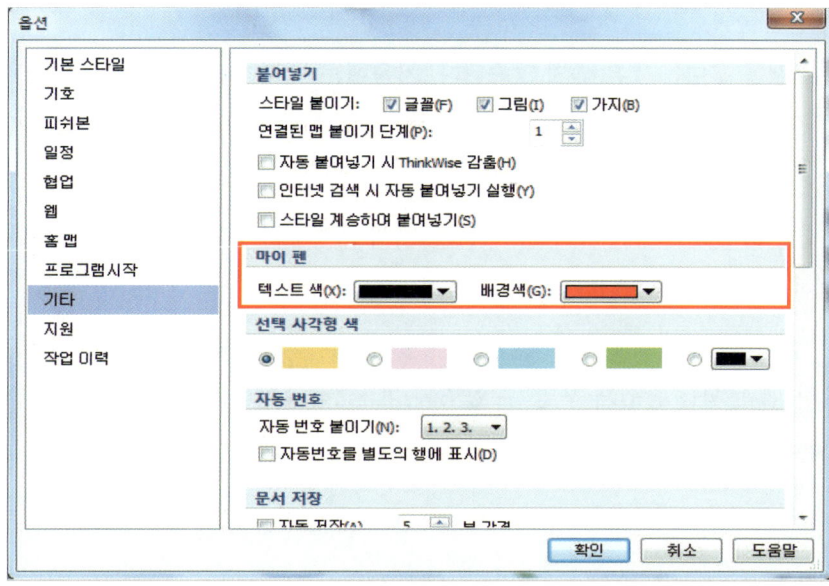

03 [확인] 버튼을 누르면 마이 펜 기능을 사용할 때 지정한 색상으로 가지가 추가됩니다.

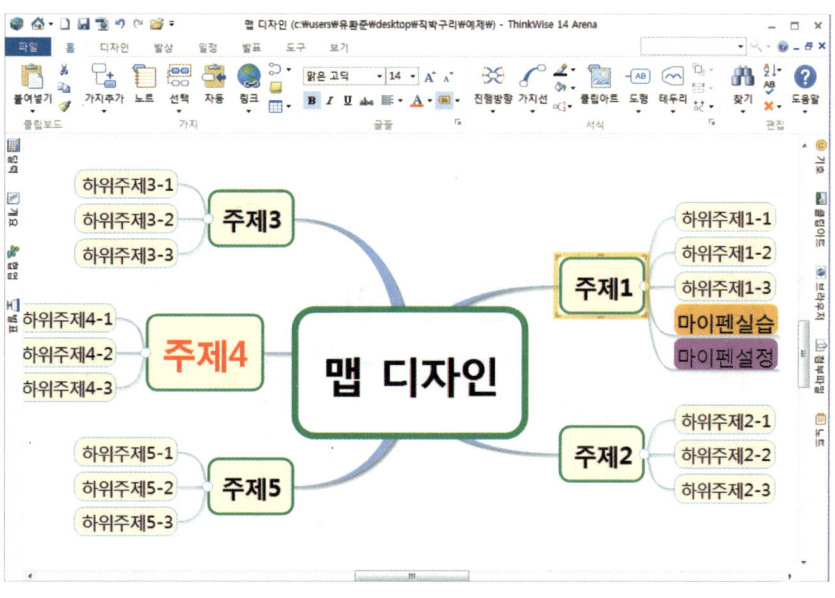

■ **스타일 복사 및 붙여넣기**

처음부터 맵 문서를 꾸미는 것은 좋지 않습니다. 처음에는 생각하고 있는 사항이나 아이디어들을 정리하는 데 집중해야 합니다. 그리고 다음 단계에서 논리적인 형태나 계층의 정의를 명확히 하거나 주제의 흐름을 표시하기 위해 맵을 꾸미는 것이 필요합니다. 주제의 의미를 정확하고 간결하게 전달하고자 하는 경우나 공적인 자리에서 사람들에게 보여주어야 할 경우 맵 문서를 꾸미는 기능은 정말 중요한 역할을 하게 됩니다.

이렇게 중요한 맵 문서를 손쉽게 꾸밀 수 있도록, ThinkWise는 서식이 적용된 가지의 스타일을 복사하여 다른 가지에 붙여넣기함으로써 서식을 빠르고 간편하게 변경할 수 있는 기능을 지원합니다.

01 맵 문서의 가지 중 서식이 설정되어 있는 가지를 선택합니다.
02 [홈] 탭의 [클립보드] 그룹에서 '**스타일**' 메뉴를 실행합니다.

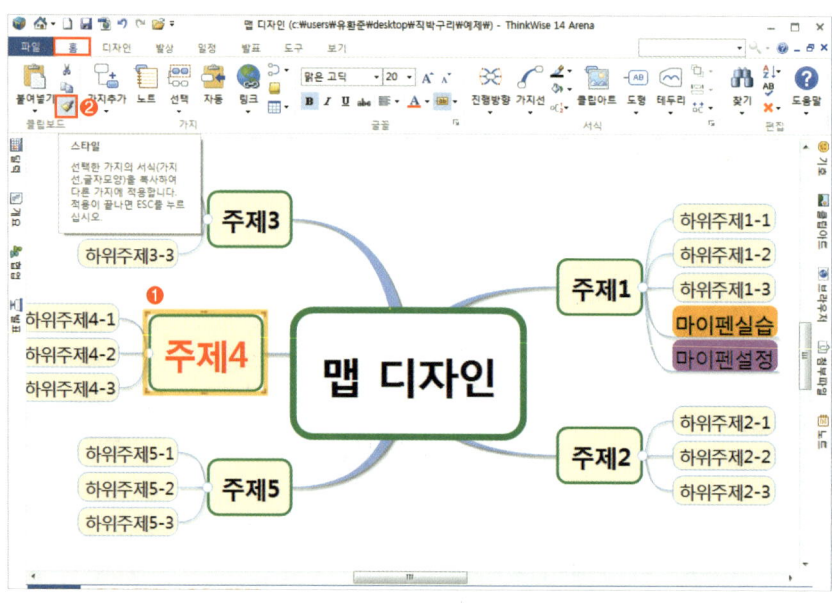

03 마우스 포인터가 모양으로 바뀌면 스타일을 붙여넣기할 다른 가지를 마우스로 클릭합니다.

04 복사한 가지와 동일한 스타일이 적용된 것을 확인할 수 있습니다. 스타일 붙여넣기는 몇 번이고 반복할 수 있으며, 더 이상 붙여넣기를 사용하지 않을 경우 키보드의 Esc 를 누르면 스타일 붙여넣기가 중지됩니다.

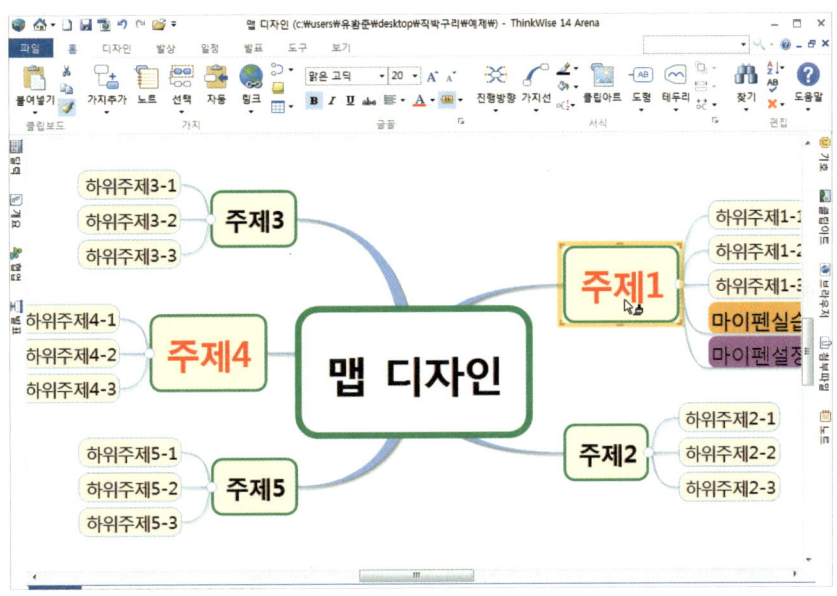

TIP
- 스타일 붙여넣기 작업을 수행하면서 사용자가 글꼴, 그림, 가지 모양 중 붙여넣기할 때 포함할 서식의 항목을 선택할 수 있습니다. 스타일 붙이기 설정은 **[옵션]**의 **[기타]** 탭에서 지정할 수 있습니다.

■ 그림 사용하기

맵 문서에 이미지를 적절히 활용하면 요점을 강조하거나 맵 문서를 돋보이게 할 수 있습니다. 또한 이미지를 통해 다양한 정보를 표현할 수 있으며 맵 문서의 시각적인 효과를 높일 수 있습니다. ThinkWise에서 그림을 사용하는 방법은 프로그램에서 제공하는 클립아트를 사용하거나, 내 컴퓨터에 저장된 이미지 파일을 사용하는 것입니다. 또한 맵 문서에 입력된 그림을 다시 그림파일로 저장해 보관할 수도 있습니다. 그림을 사용하기 위해서는 우선 클립아트 창을 실행해야 합니다.

1. 클립아트 사용

클립아트 창에 있는 그림을 가지에 추가하는 방법에 대해 설명합니다.

`01` 클립아트를 추가할 가지를 마우스로 선택합니다.
`02` [홈] 탭의 [서식] 그룹에서 '**클립아트**' 메뉴를 실행합니다.
`03` 자동으로 화면 오른쪽의 [**클립아트**] 창이 실행됩니다.

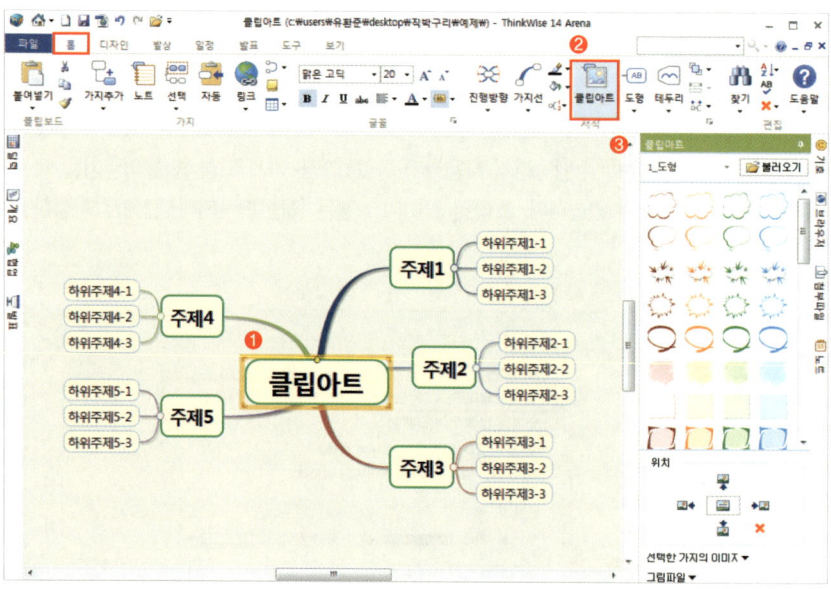

`04` 그림 모음창이 열리면 맵에 추가할 그림을 선택합니다.
`05` 선택한 가지에 그림이 추가된 것을 확인할 수 있습니다.

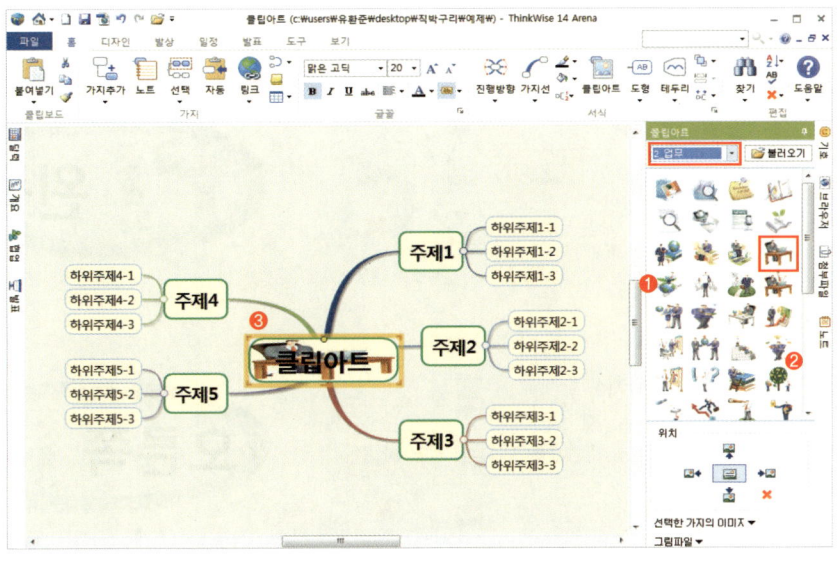

2. 글자와 그림 위치 변경

가지에 추가된 그림을 글자의 왼쪽, 오른쪽, 위쪽, 아래쪽, 배경으로 지정할 수 있습니다.

01 그림이 추가된 가지를 선택합니다.
02 [홈] 탭의 [서식] 그룹에서 '**클립아트**' 메뉴를 실행하면 클립아트 창이 실행됩니다.
03 [**클립아트**] 창의 '**위치**'에서 클립아트를 배치시킬 위치(상, 하, 좌, 우)를 선택합니다.
04 지정한 위치에 따라 글자와 그림의 위치가 변경되는 것을 볼 수 있습니다.

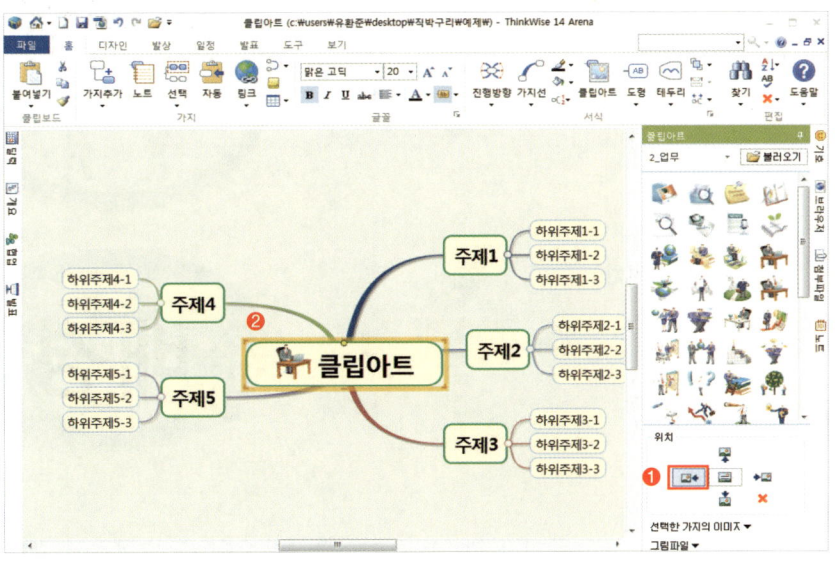

• 위치에 따른 글자와 그림의 배치

　□ 그림 위치 – 왼쪽

　□ 그림 위치 – 오른쪽

　□ 그림 위치 – 위쪽

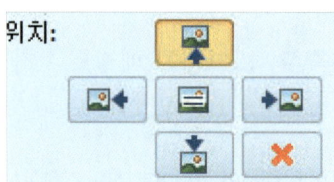 

　□ 그림 위치 – 아래쪽

　□ 그림 위치 – 배경

3. 그림 삭제

가지에 추가한 그림은 언제든지 삭제할 수 있습니다.

01 그림이 추가된 가지를 선택합니다.
02 [홈] 탭의 [편집] 그룹에서 '**속성 제거**' 메뉴를 실행합니다.
03 여러 가지 속성 중 삭제할 항목(그림)을 선택하면 가지에 추가된 그림이 삭제됩니다.

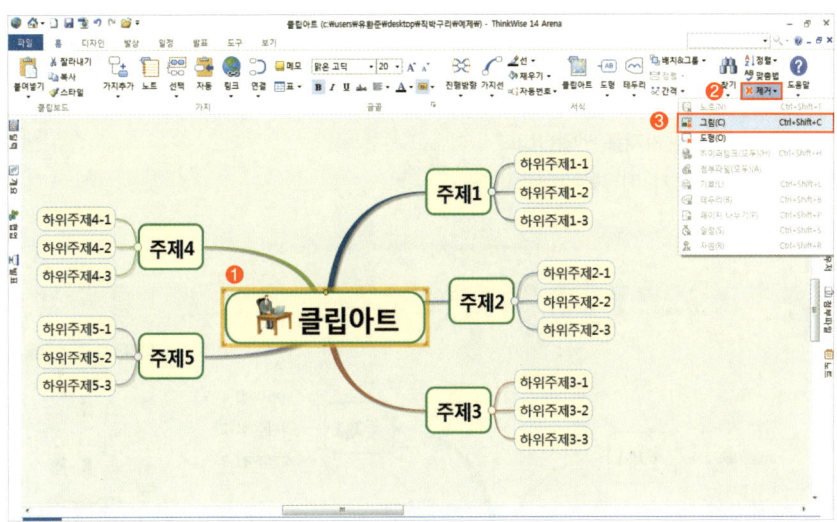

또는 그림이 추가된 가지를 마우스 오른쪽 버튼으로 누른 후 '**속성 제거**' 메뉴에서 '**그림**'을 선택하면 가지에 추가된 그림이 삭제됩니다. 또는 클립아트 창의 부가기능 영역에서 그림 삭제 버튼을 누르면 그림이 삭제됩니다.

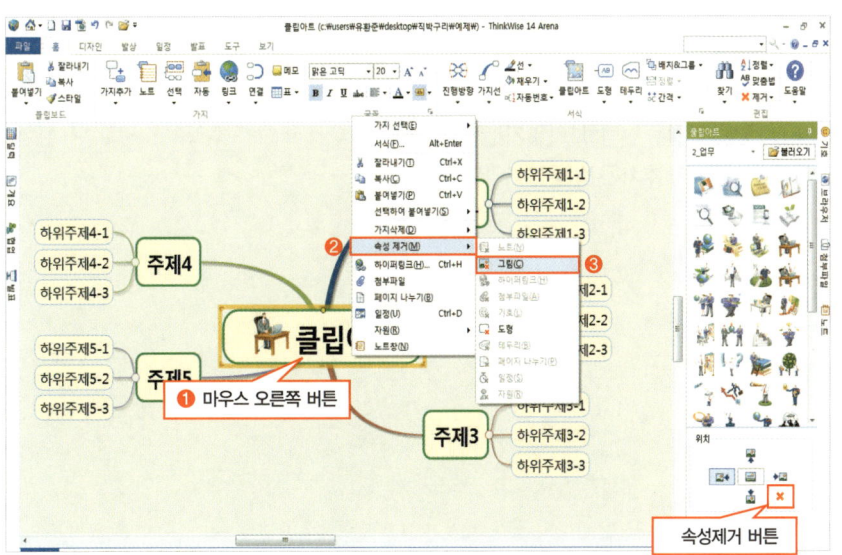

■ 외부 그림파일 활용하기

ThinkWise 프로그램에서 제공하는 클립아트 이외에도 내 컴퓨터에 있는 그림파일이나 외부 클립아트 모음을 사용하면 더욱 다양한 이미지를 만들 수 있습니다.

1. 불러오기

클립아트 창에서 불러오기 메뉴를 실행하면 내 컴퓨터에 저장된 이미지 파일을 가지 위로 바로 불러올 수 있습니다.

01 그림을 추가하고자 하는 가지를 선택합니다.
02 **[클립아트]** 창의 '**불러오기**' 메뉴를 실행합니다.

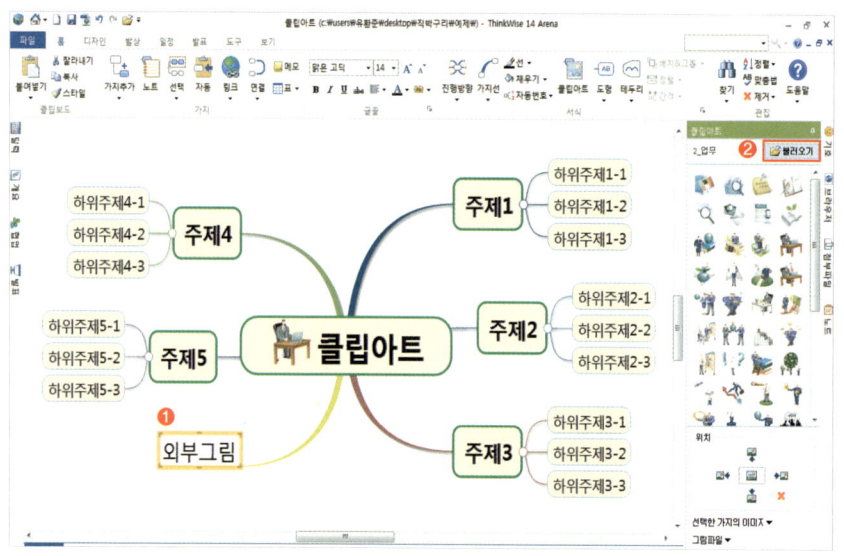

03 **[내 컴퓨터]**에 있는 파일을 선택하고 **[열기]**를 누릅니다.
04 선택한 가지에 이미지가 추가된 것을 볼 수 있습니다.

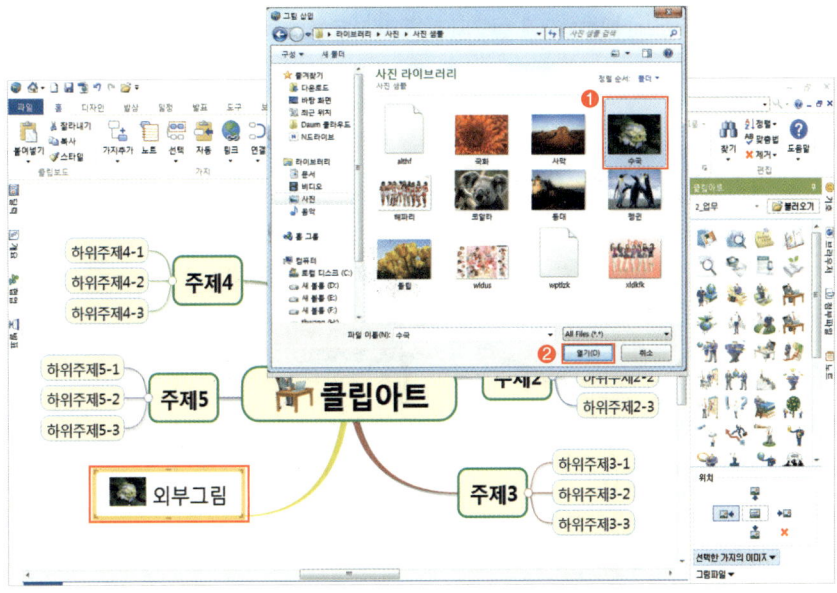

2. 외부 클립아트 모음 열기

ThinkWise는 그림 모음창의 이미지와 더불어 Microsoft에서 제공하는 클립아트 사이트를 이용하여 많은 양의 이미지를 활용할 수 있도록 지원합니다. 단, 이 기능은 컴퓨터에 MS Office 프로그램이 설치되어 있어야만 가능합니다.

01 [**클립아트**] 창의 부가기능 영역에서 [**그림파일**]-[**외부 클립아트 모음 열기**] 메뉴를 실행합니다.

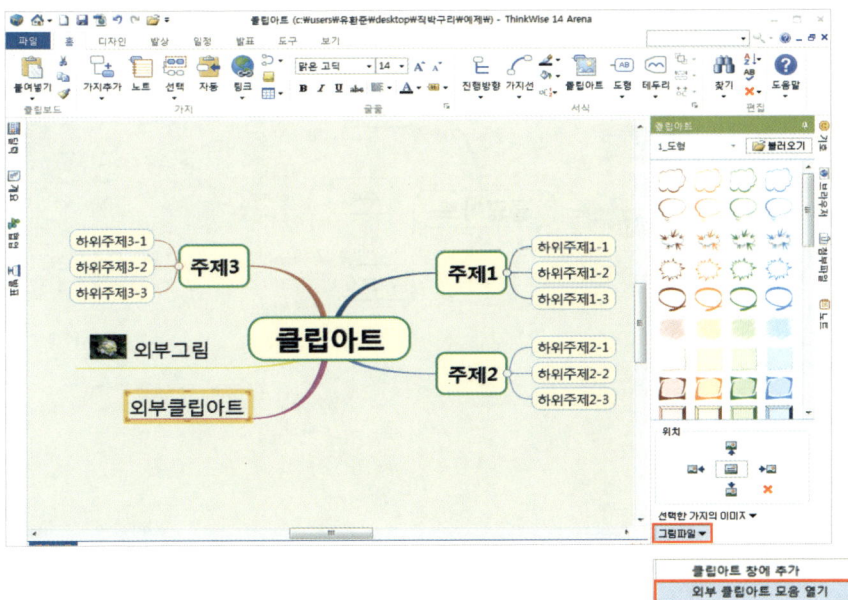

02 [Microsoft Clip Organizer] 대화상자가 실행되면 '**오피스 모음**'에서 맵에 삽입하고 싶은 클립(이미지)을 선택하고 복사를 누릅니다.

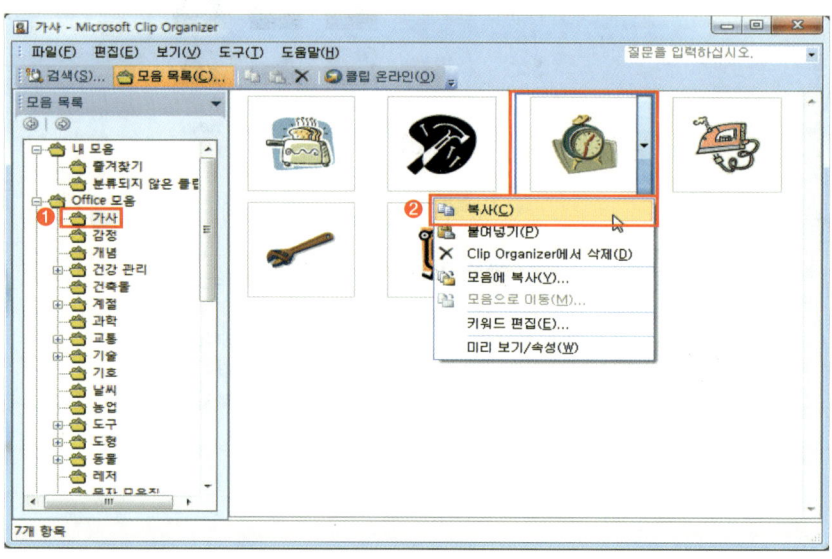

03 복사한 이미지를 붙여넣을 가지를 선택하고 '**붙여넣기**'를 실행하면 그림이 추가됩니다.

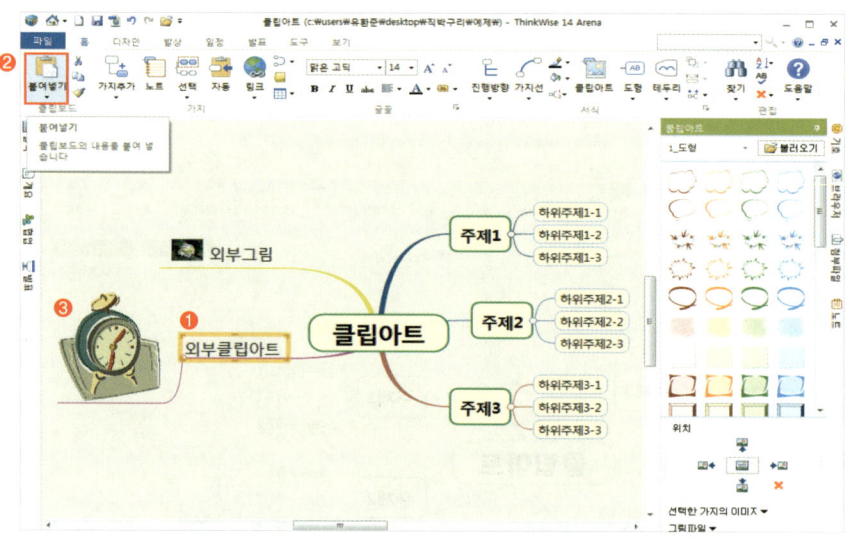

04 그림을 선택한 가지에 직접 추가하려면 '**선택하여 붙여넣기**' – '**그림**'을 실행합니다.

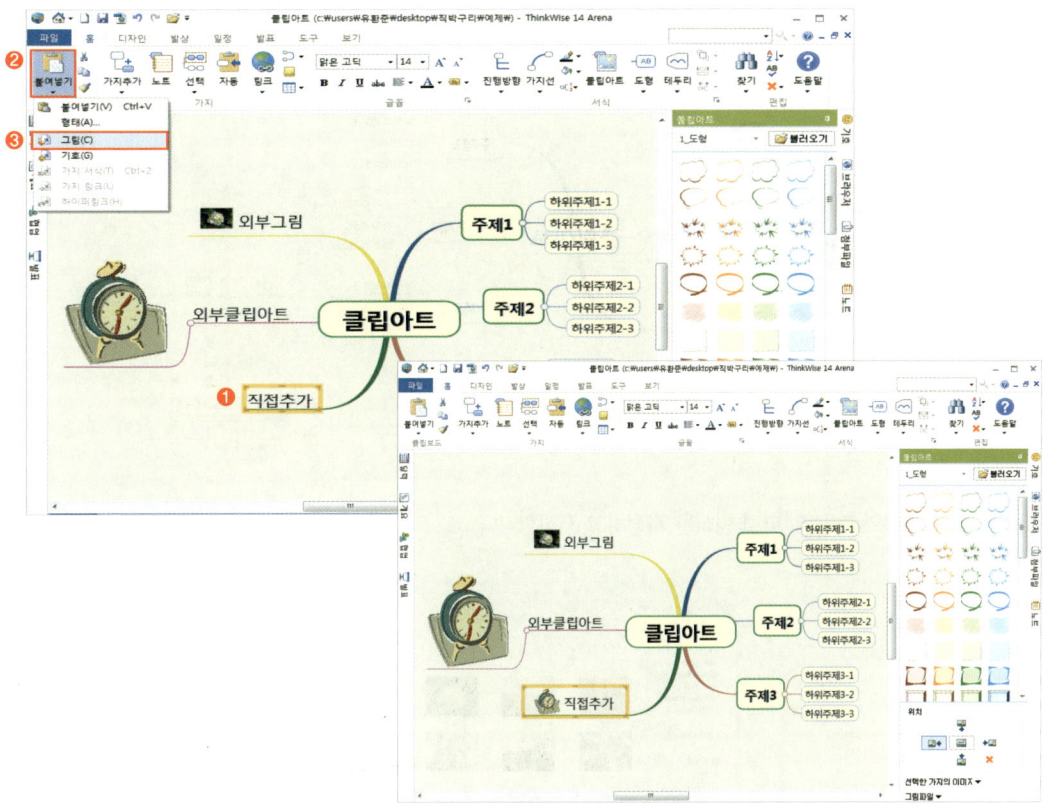

■ 맵 문서에 삽입된 그림 저장하기

맵 문서에 삽입되어 있는 그림을 내 컴퓨터에 저장하거나 [**클립아트**] 창에 저장할 수 있으며 클립아트 중 즐겨찾기 목록에 추가하여 사용할 수도 있습니다.

1. 선택한 가지의 이미지를 파일로 저장하기

맵 문서에 삽입된 이미지를 그림파일로 저장할 수 있습니다. 저장 가능한 파일 형식은 emf, bmp, jpeg, jpg, gif, png, tif입니다.

01 그림 또는 개체가 추가되어 있는 가지를 마우스로 선택합니다.
02 [**클립아트**] 창의 부가기능 영역에서 '**파일로 저장**' 메뉴를 실행합니다.

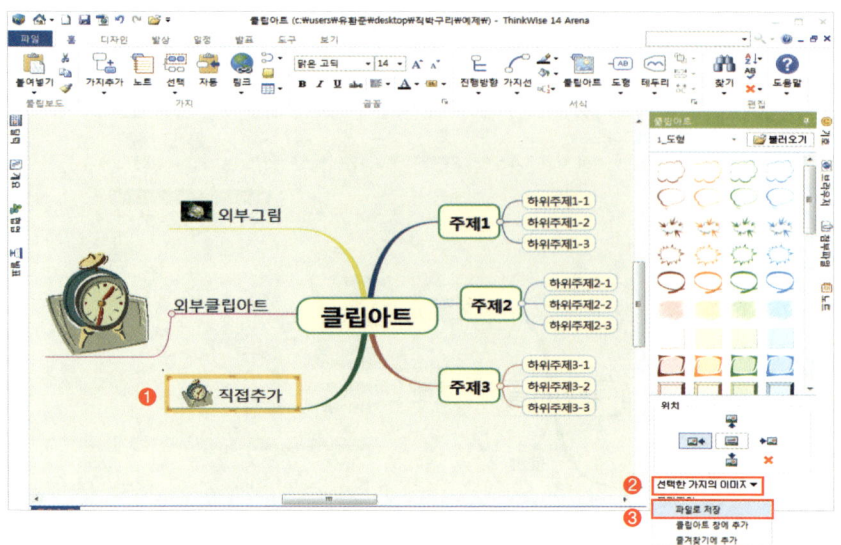

03 저장할 폴더와 파일명, 파일 형식을 지정하고 저장합니다.

04 그림파일이 **[내 컴퓨터]** 안의 그림파일로 저장됩니다.

2. 선택한 가지의 이미지를 클립아트 창에 추가

맵 문서에 추가된 이미지를 클립아트 창에 저장하여 보관할 수 있습니다.

01 그림이 추가되어 있는 가지를 선택합니다.
02 **[클립아트]** 창의 부가기능 영역에서 '**선택한 가지의 이미지**' – '**클립아트 창에 추가**' 메뉴를 실행합니다.

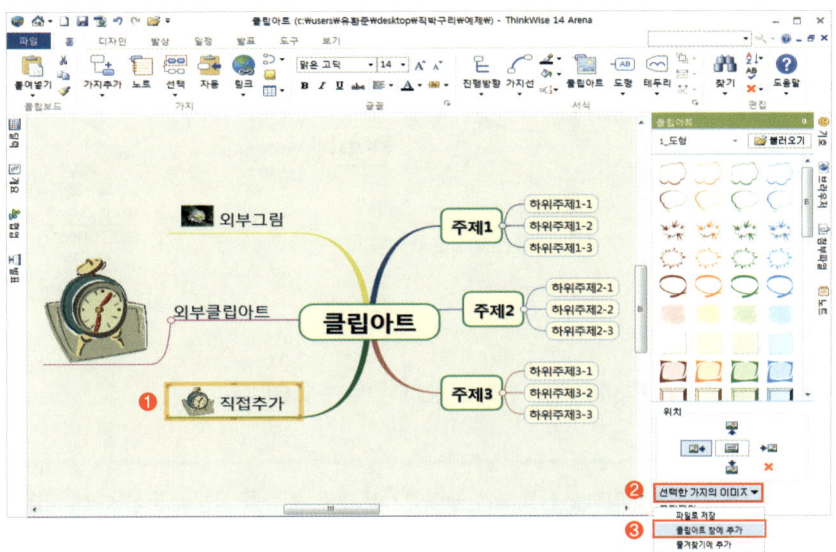

03 맵 문서에 있던 이미지가 클립아트 창에 추가된 것을 확인할 수 있습니다.

3. 선택한 가지의 이미지를 즐겨찾기에 추가

맵 문서에 추가된 이미지를 클립아트 즐겨찾기 목록에 추가할 수 있습니다. 자주 사용하는 이미지를 즐겨찾기에 추가해놓으면 빠르고 편리하게 이미지를 사용할 수 있습니다.

01 그림이 추가되어 있는 가지를 선택합니다.
02 **[클립아트]** 창의 부가기능 영역에서 '**즐겨찾기에 추가**' 메뉴를 실행합니다.

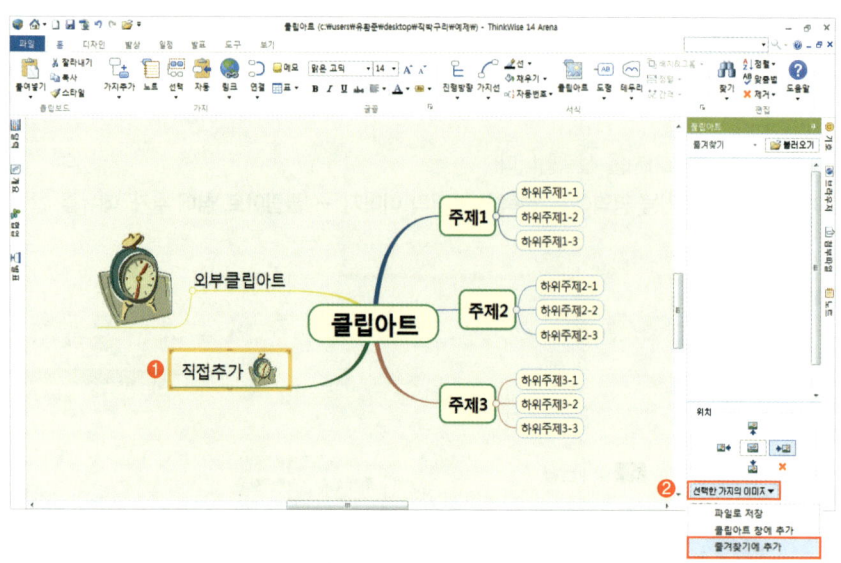

03 맵 문서에 있던 이미지가 클립아트 창에 추가된 것을 확인할 수 있습니다.

> **TIP** • 클립아트 창에 있는 이미지를 선택하고 '즐겨찾기에 추가' 메뉴를 실행하면 선택한 이미지가 즐겨찾기 목록에 추가됩니다. 즐겨찾기 목록을 선택하면 추가된 그림들을 볼 수 있습니다.

■ 테두리

맵을 작성하다 보면 특정 영역을 다른 부분보다 도드라지게 표현하고 싶을 때가 있습니다. 이때, 가지를 중심으로 특정 영역에 테두리를 넣을 수 있는데, 이 테두리는 다양한 모양의 선과 형태로 설정할 수 있어 맵을 더욱 돋보이게 해줍니다. 테두리 기능은 [홈] 탭의 [서식] 그룹에서 실행할 수 있습니다.

1. 테두리 설정

01 테두리를 설정할 가지 **'주제1'**을 선택합니다(하위가지를 가지고 있는 경우 하위가지까지 테두리 영역에 포함됩니다).
02 [홈] 탭의 [서식] 그룹에서 **'테두리'** 메뉴를 실행합니다.
03 테두리 모양을 나팔형, 다각형, 사각형 중에서 선택한 후 선 모양을 직선, 톱니, 산, 물결, 둥근모서리 중에서 선택합니다(예: 다각형, 톱니).

04 선택한 가지와 그 하위가지에 테두리가 생성된 것을 볼 수 있습니다.

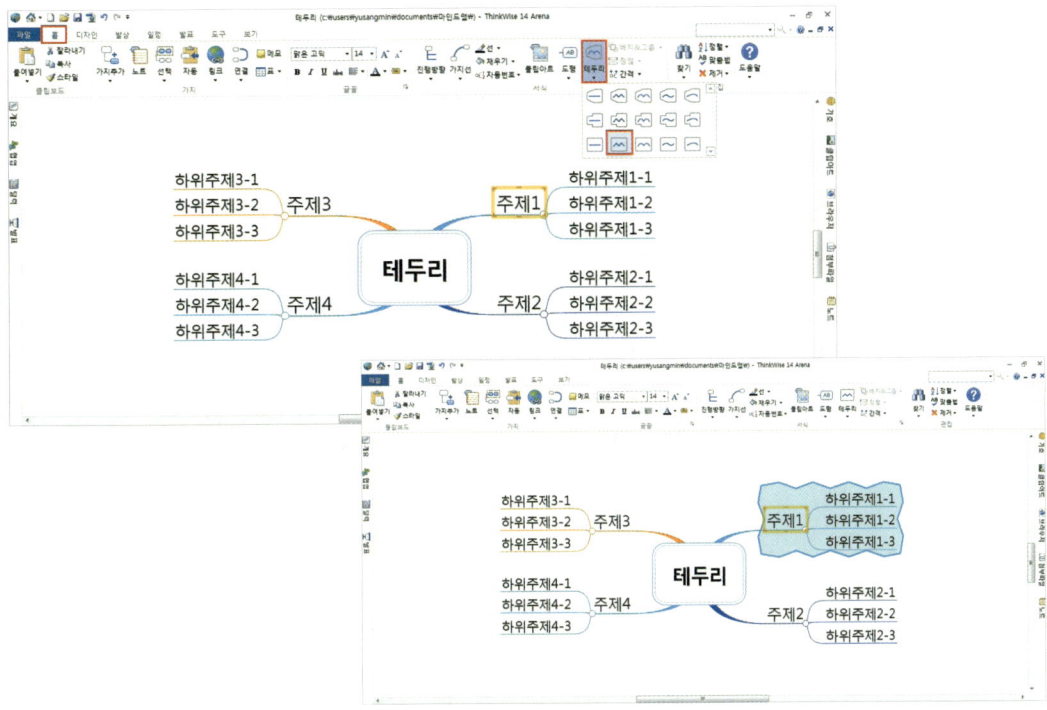

2. 테두리 수정

01 테두리 영역 또는 테두리 선을 마우스로 선택합니다.

02 화면 상단에 **[서식]** 탭이 열리며 테두리와 관련된 서식을 지정할 수 있습니다.

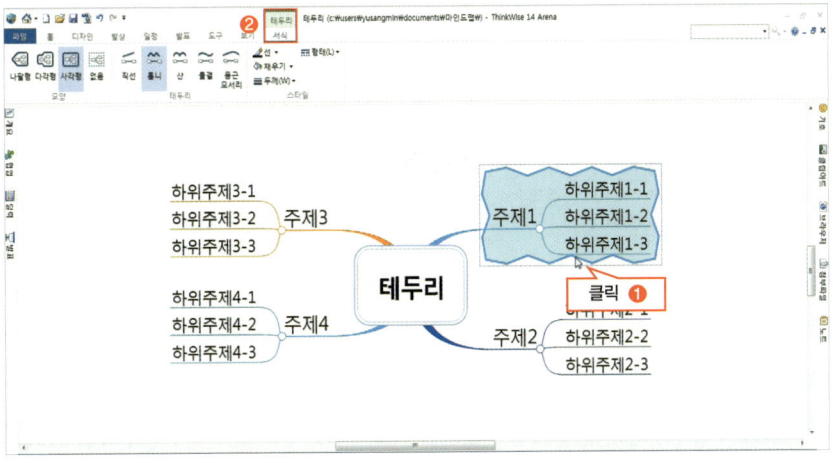

또는 테두리 선을 마우스 오른쪽 버튼으로 누르고 나타나는 메뉴에서 서식을 누릅니다. [가지 서식] 대화상자가 실행되면 [테두리] 탭을 누릅니다.

3. 테두리 삭제

01 테두리 영역 또는 테두리 선을 마우스로 선택합니다.
02 상단에 [서식] 탭이 열리며 [모양] 그룹에서 '없음'을 선택합니다.

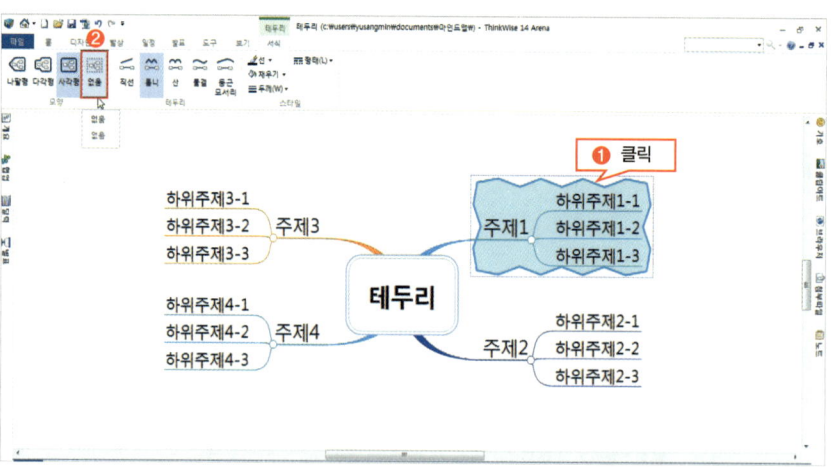

또는 테두리가 설정된 가지에서 마우스 오른쪽 버튼을 누르고, **'속성 제거'** 메뉴에서 **'테두리'**를 선택합니다.

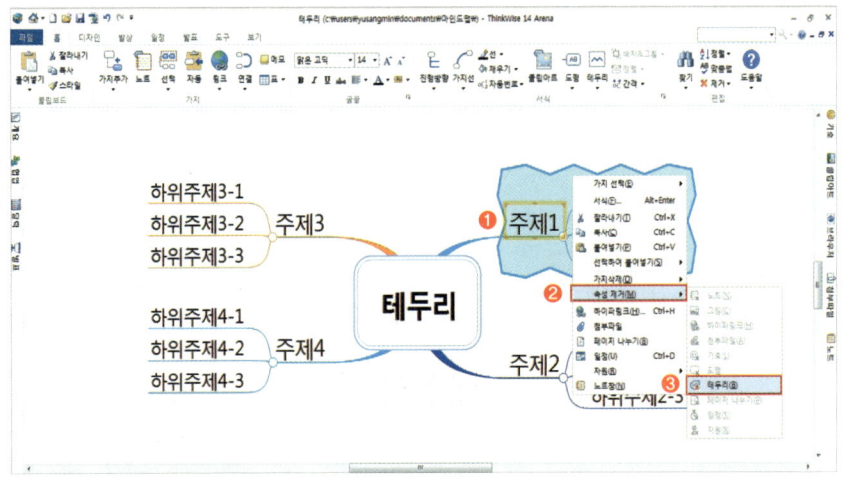

■ 외곽선 추가

맵 문서의 모든 가지에는 외곽선을 설정할 수 있습니다. 가지에 외곽선을 넣음으로써 그림을 사용하지 않고도 맵의 모양을 다양하게 표현할 수 있습니다.

1. 외곽선 설정

01 외곽선을 설정할 가지 '**주제3**'을 선택합니다.
02 [**홈**] 탭의 [**서식**] 그룹에서 '**도형**' 아래쪽 화살표를 눌러 '**외곽선**' 모양을 선택합니다.

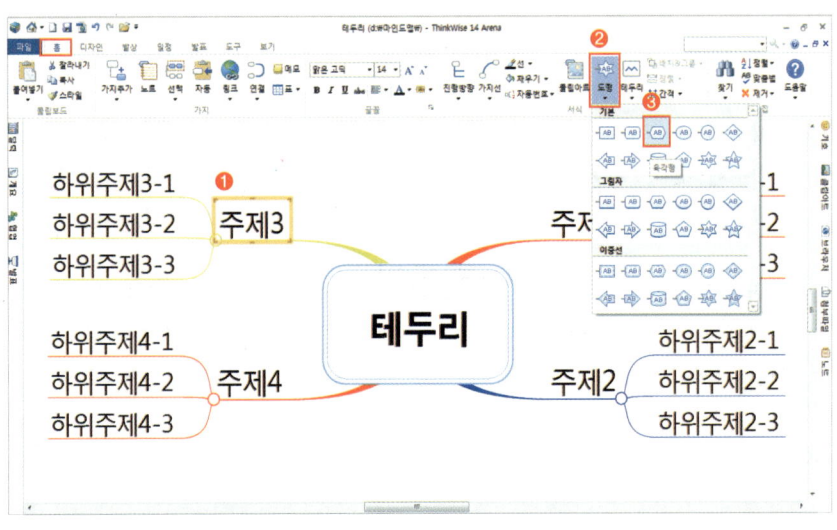

`03` 선택한 가지에 외곽선이 추가된 것을 볼 수 있습니다.

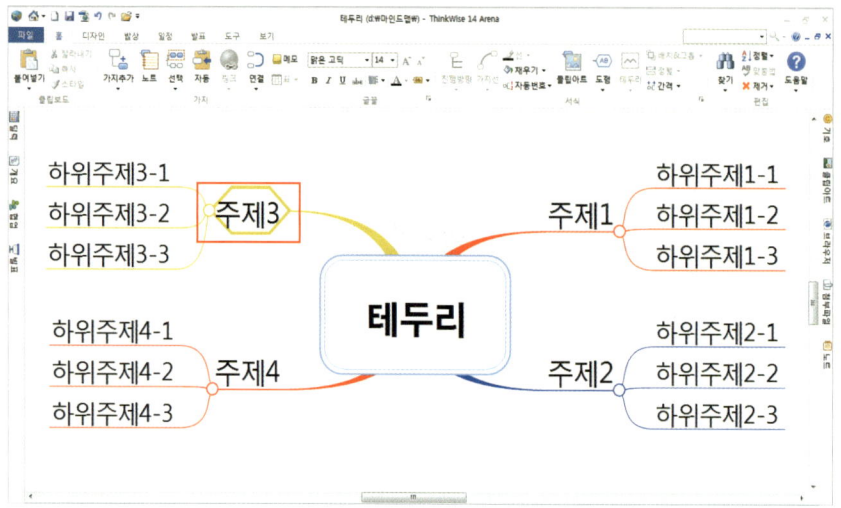

`04` 여러 개의 가지를 선택하여 한꺼번에 외곽선을 생성할 수도 있습니다.

2. 외곽선에 서식 지정

`01` 외곽선이 추가된 가지를 선택합니다.
`02` [홈] 탭의 [서식] 그룹에서 '**선 색**', '**채우기 색**'을 지정할 수 있습니다.

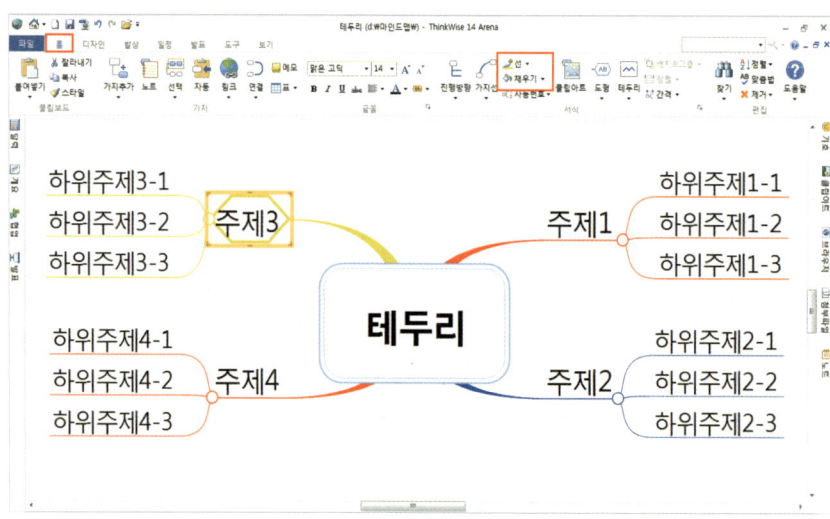

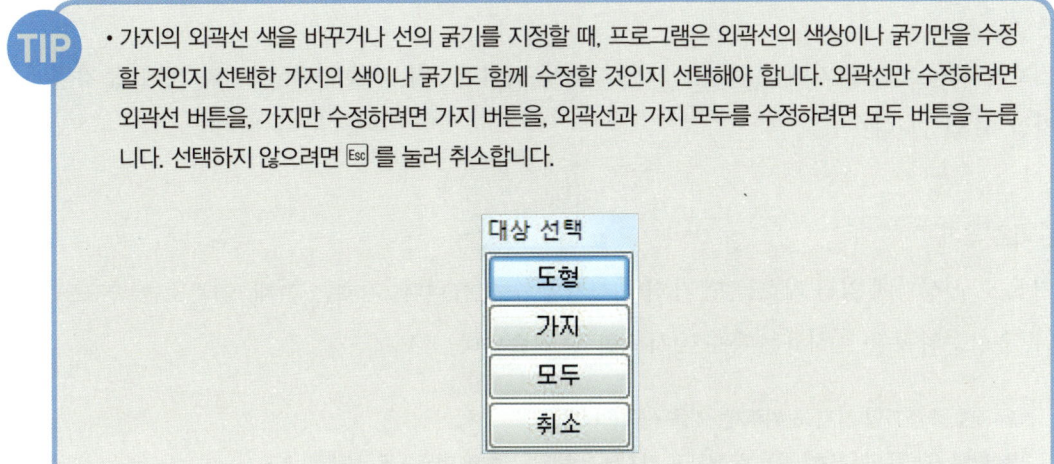

TIP
- 가지의 외곽선 색을 바꾸거나 선의 굵기를 지정할 때, 프로그램은 외곽선의 색상이나 굵기만을 수정할 것인지 선택한 가지의 색이나 굵기도 함께 수정할 것인지 선택해야 합니다. 외곽선만 수정하려면 외곽선 버튼을, 가지만 수정하려면 가지 버튼을, 외곽선과 가지 모두를 수정하려면 모두 버튼을 누릅니다. 선택하지 않으려면 Esc 를 눌러 취소합니다.

3. 외곽선 삭제

01 외곽선을 삭제하려면 외곽선이 설정된 가지를 선택한 후 [홈] 탭의 [편집] 그룹에서 [제거]-[도형]을 실행합니다. 또는 외곽선이 설정된 가지에서 마우스 오른쪽 버튼을 누르고 '**속성 제거**' 메뉴에서 '**도형**'을 실행합니다.

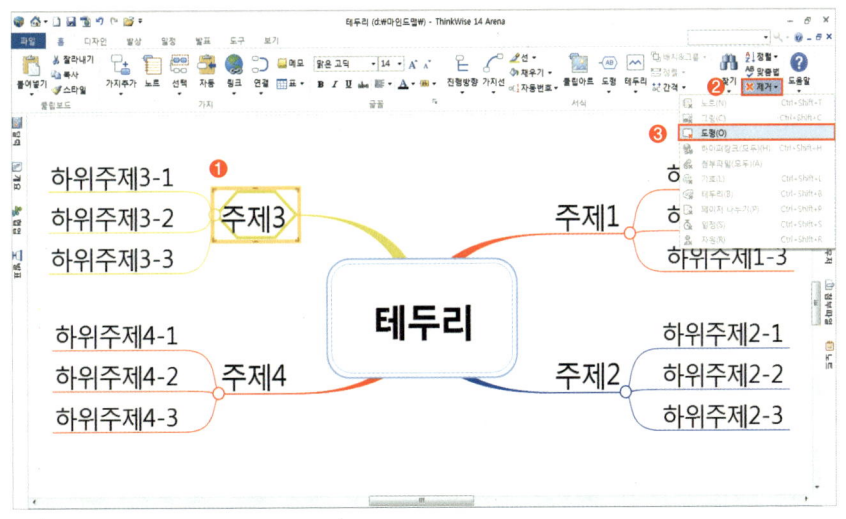

■ **기호**

기호는 제목 또는 가지에 추가하는 작은 그림을 의미합니다. 기호는 각 가지와 개체, 문자열에 추가할 수 있습니다.

1. 기호 추가

기호 도구 상자에 있는 기호를 맵 가지에 추가할 수 있습니다. 기호는 현재 상태 또는 중요도, 담당자, 우선순위 등을 표시하는 용도로 사용할 수 있습니다.

01 기호를 추가할 가지 '**하위주제1-1**'을 선택합니다.
02 화면 오른쪽의 [**기호**] 창을 실행하고 가지에 입력할 기호를 마우스로 선택합니다.

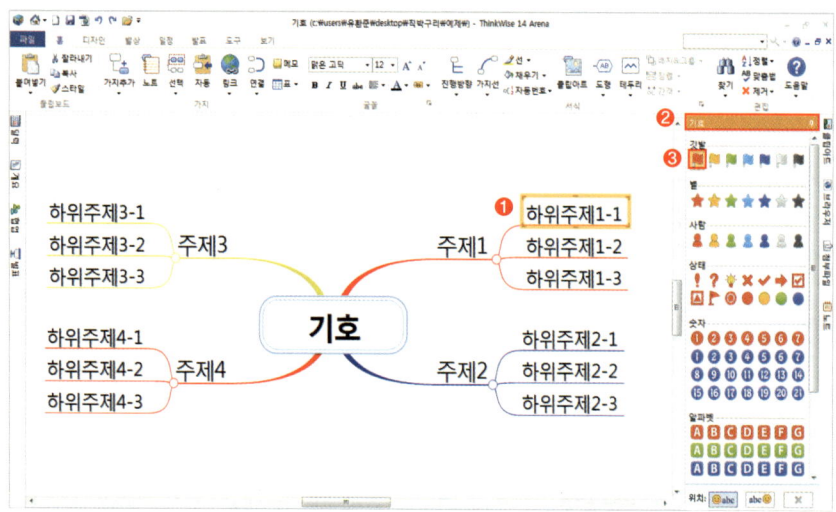

03 선택한 가지에 기호가 추가됩니다.

• 기호는 하나의 가지에 2개 이상 복수로 지정할 수 있습니다. 각각의 기호는 순서가 있어 2개 이상 지정할 경우 프로그램에서 지정한 순서에 따라 추가됩니다.

2. 기호 제거

01 기호가 입력된 가지를 선택하고 **[홈]** 탭의 **[편집]** 그룹에서 '**제거**' 아래쪽 화살표를 눌러 '**기호**'를 실행합니다. 또는 기호가 추가된 가지를 선택하고 마우스 오른쪽 버튼을 눌러 '**속성 제거**'에서 '**기호**'를 실행하거나, 기호가 입력된 가지를 선택하고 **[기호]** 창에서 해당 기호를 한 번 더 클릭하면 기호가 삭제됩니다.

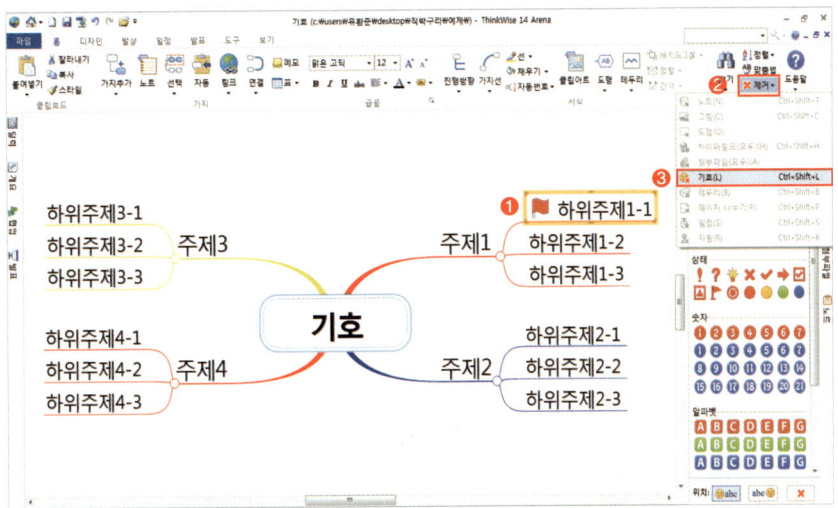

TIP • 여러 개의 기호를 한꺼번에 삭제할 때에는 '속성 제거' 메뉴를 사용하는 것이 효과적입니다.

■ 관계연결선 실행하기

맵 안에서 2개의 가지 사이에 관계연결선을 삽입하여 여러 가지의 상관관계를 표시할 수 있습니다.

1. 관계연결선 사용

    01 [홈] 탭의 [가지] 그룹에서 '연결' 메뉴를 누릅니다.
    02 관계연결선의 모양을 선택합니다.

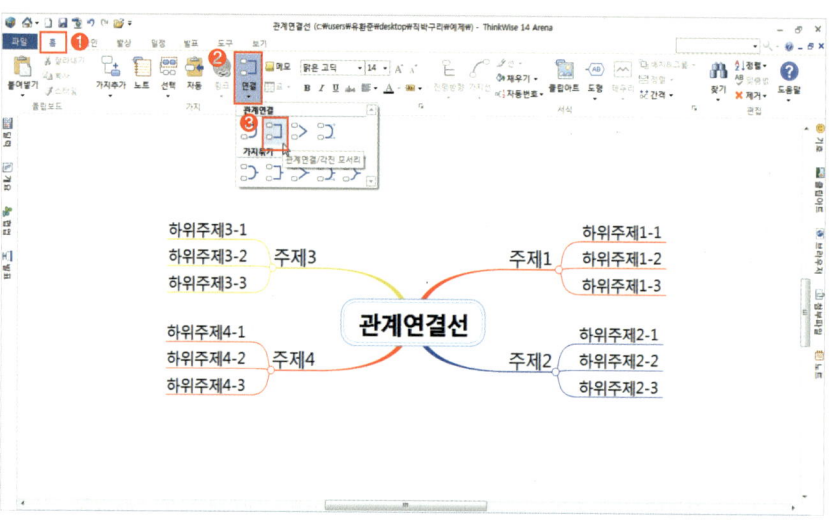

    03 모양을 선택하면 마우스 포인터가 모양으로 바뀝니다.
    04 연결하고자 하는 두 개의 가지 또는 개체를 순차적으로 선택합니다.

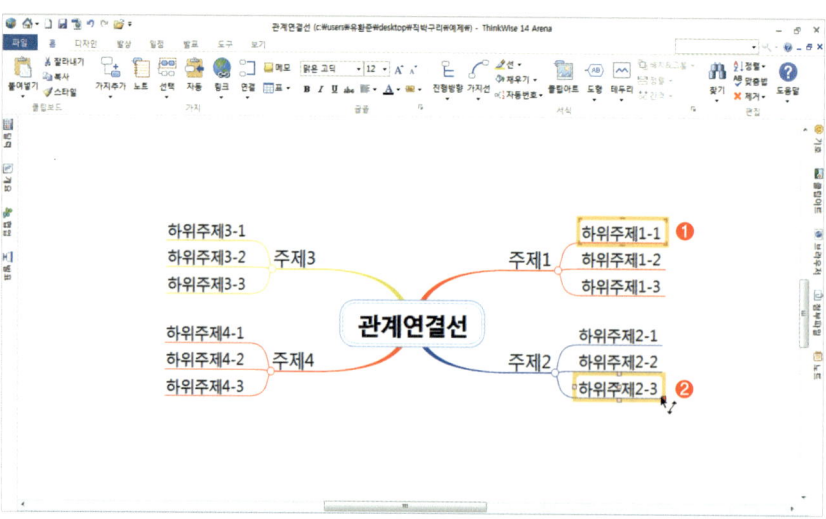

05 관계연결선이 연결되면 선 위에 커서가 생겨 글자를 입력할 수도 있고, 마우스로 빈 곳을 클릭하면 글자 입력 없이 선의 생성이 완료됩니다.

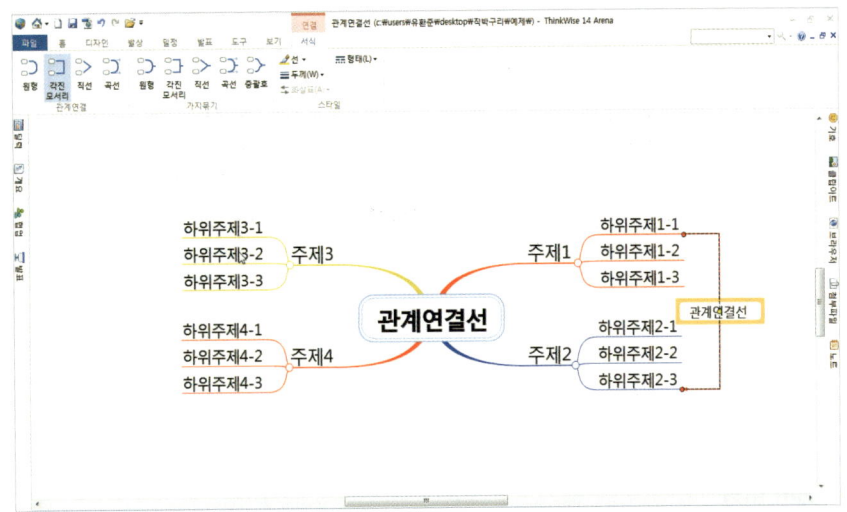

> **TIP**
> 1. 관계연결선 타입을 선택하고 가지 또는 개체에 마우스를 가져가면 5개의 위치 점이 나타납니다. 점으로 표시된 위치 중 관계연결선이 시작되거나 끝날 지점을 선택합니다.
>
> 2. 관계연결선에 글자를 입력하거나 수정하려면 관계연결선을 마우스로 더블클릭합니다.

2. 관계연결선 수정

삽입된 관계연결선의 선 모양, 글자 등을 수정할 수 있습니다.

01 삽입된 관계연결선을 마우스로 선택합니다.
02 관계연결선이 선택되면 가지 또는 개체와 연결된 빨간색 점을 마우스로 드래그하여 개체의 시작점을 바꾸거나, 다른 개체로 선의 위치를 바꿀 수 있으며 선의 모양은 프로그램이 자동으로 수정합니다.
03 관계연결선 위에 있는 노란색 점을 클릭한 후 드래그하면 선의 위치를 조절할 수 있습니다.

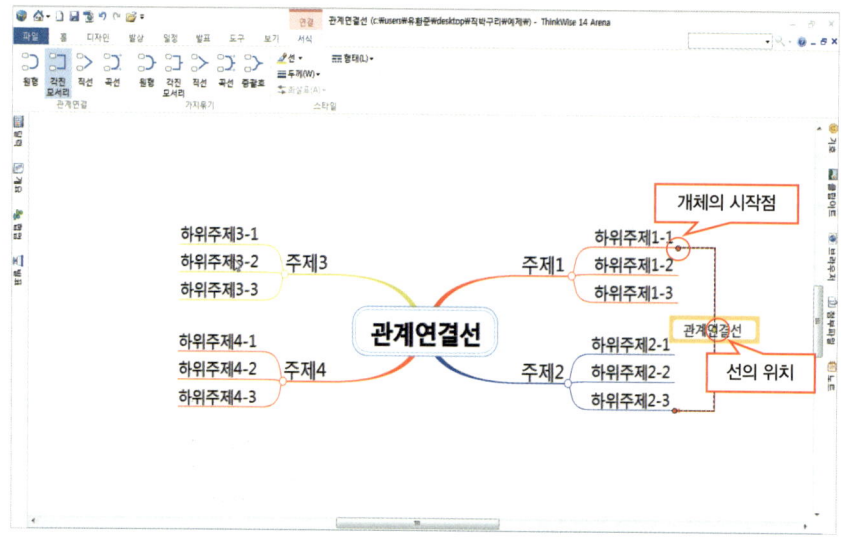

3. 관계연결선 모양 변경

01 삽입된 관계연결선을 마우스로 클릭합니다.
02 [연결], [서식] 탭의 [관계연결] 그룹에서 바꾸고자 하는 타입을 선택합니다.
03 맵 문서에 입력된 관계연결선이 새로운 타입으로 변경된 것을 확인할 수 있습니다. 관계연결선 모양은 4가지이며 원형, 각진 모서리, 직선, 곡선 모양을 갖습니다.

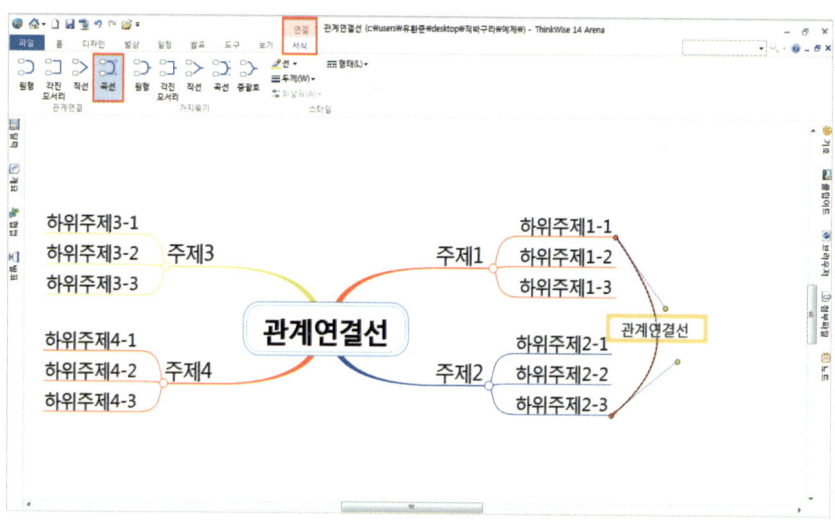

4. 관계연결선 서식 변경

01 삽입된 관계연결선을 마우스로 클릭합니다.
02 [서식] 탭의 [스타일] 그룹에서 선 색, 굵기, 형태, 화살표 등을 지정할 수 있습니다.

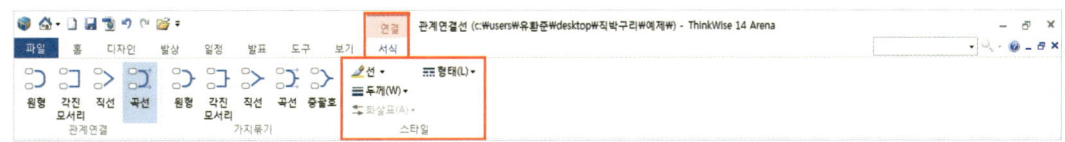

5. 관계연결선 삭제

맵 문서에 설정된 관계연결선을 마우스로 선택한 후 Delete 를 누릅니다.

■ 묶기 실행하기

맵 안에서 묶기를 이용해 2개의 개체가 하나로 묶이는 수렴의 개념을 표시할 수 있습니다.

1. 묶기 사용

01 [홈] 탭의 [연결] 그룹에서 '가지묶기' 메뉴를 누릅니다.
02 묶기의 모양을 선택합니다.

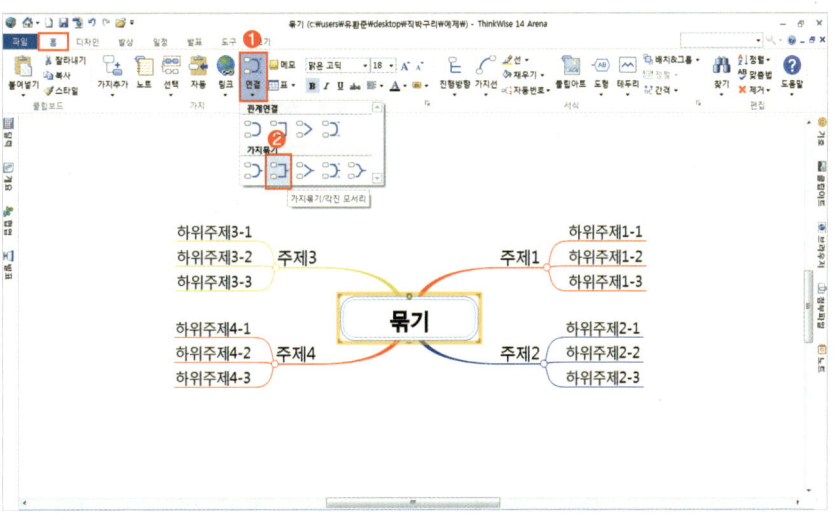

03 모양을 선택하면 마우스 포인터가 모양으로 바뀝니다.
04 연결하고자 하는 2개의 가지 또는 개체를 순차적으로 선택합니다.

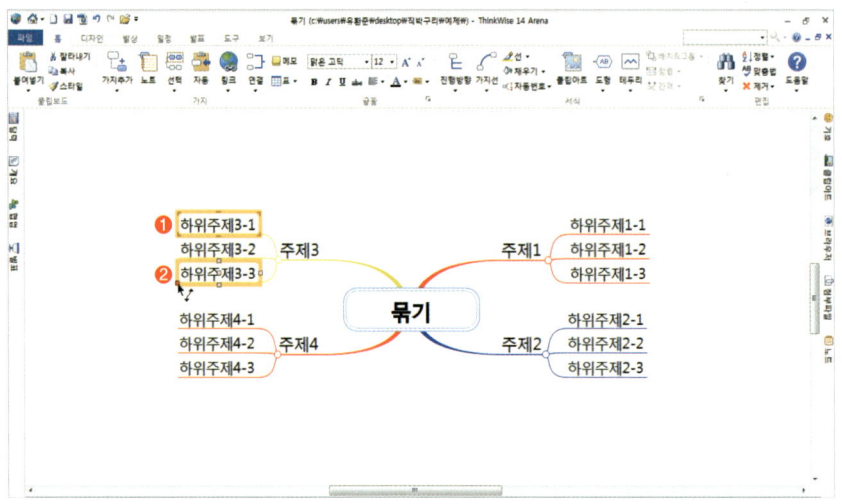

05 묶기가 연결되면 묶기선 끝에 커서가 생겨 글자를 입력할 수도 있고, 마우스로 빈 곳을 클릭하면 글자입력 없이 선의 생성이 완료됩니다.

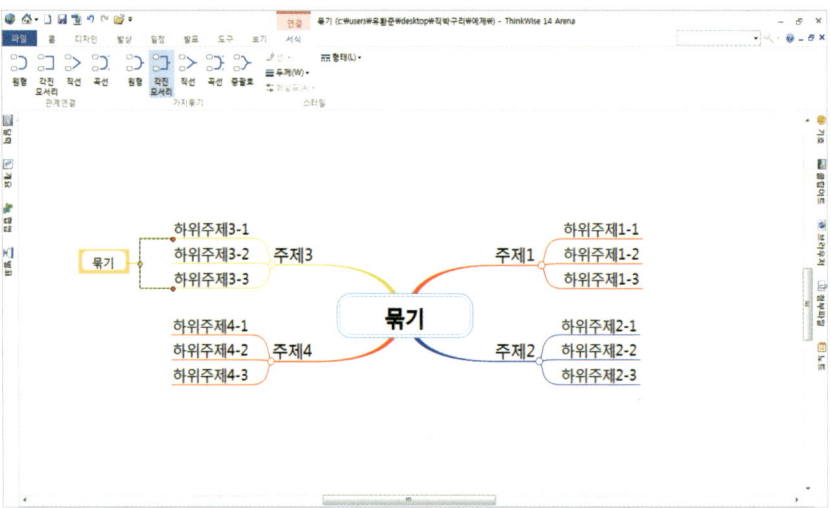

2. 묶기 수정
삽입된 묶기선의 선 모양, 글자 등을 수정할 수 있습니다.

01 삽입된 묶기선을 마우스로 선택합니다.
02 묶기선이 선택되면 가지 또는 개체와 연결된 빨간색 점을 마우스로 드래그하여 개체의 시작점을 바꾸거나 다른 개체로 선의 위치를 바꿀 수 있으며, 선의 모양은 프로그램이 자동으로 수정합니다.
03 묶기선 위에 있는 노란색 점을 클릭 후 드래그하면 선의 위치를 조절할 수 있습니다.

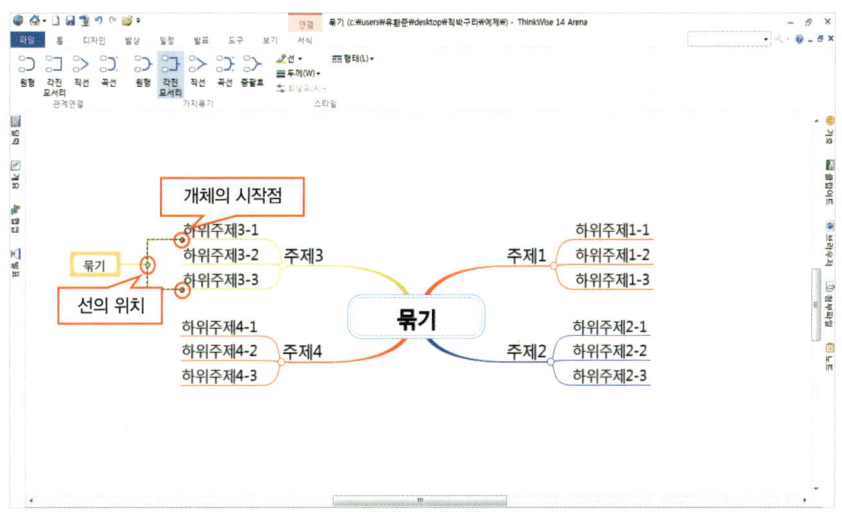

3. 묶기 모양 변경

01 삽입된 묶기선을 마우스로 클릭합니다.
02 [연결], [서식] 탭의 [가지묶기] 그룹에서 바꾸고자 하는 타입을 선택합니다. 묶기 모양은 5가지이며 원형, 각진 모서리, 직선, 곡선, 중괄호 모양을 갖습니다.
03 맵 문서에 입력된 묶기선이 새로운 타입으로 변경된 것을 확인할 수 있습니다.

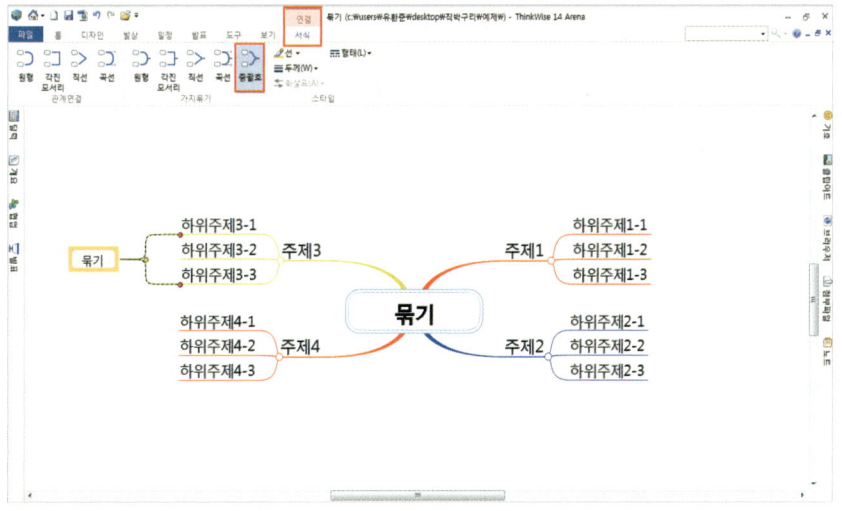

4. 묶기선 서식 변경

01 삽입된 묶기선을 마우스로 클릭합니다.
02 [**서식**] 탭의 [**스타일**] 그룹에서 색상, 굵기, 형태, 화살표 등을 변경할 수 있습니다.

5. 묶기선 삭제

맵 문서에 설정된 묶기선을 마우스로 선택한 후 Delete 를 누릅니다.

■ 특수기호 입력

ThinkWise는 맵 문서에 특수기호를 입력할 수 있도록 문자표를 지원합니다.

1. 특수기호 입력하기

01 특수문자가 입력될 가지를 선택하고 특수문자를 입력할 위치에 커서를 놓습니다.
02 [**도구**] 탭의 [**기타**] 그룹에서 '**문자표**'를 실행합니다.

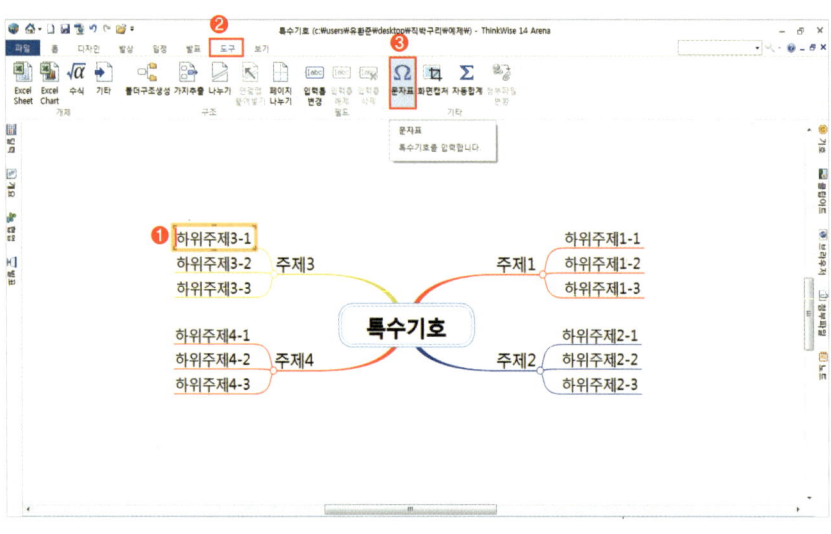

03 '**문자표**'가 실행되면 문서에 삽입할 문자를 선택하고 [**삽입**] 버튼을 누릅니다.

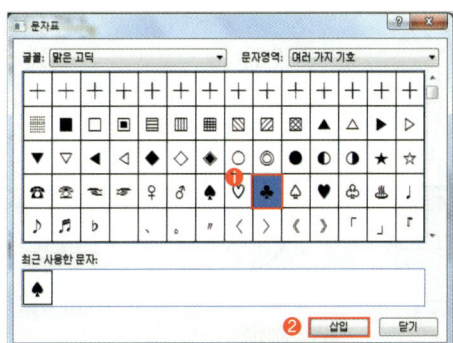

04 마우스가 위치한 곳에 선택한 특수문자가 삽입된 것을 볼 수 있습니다.

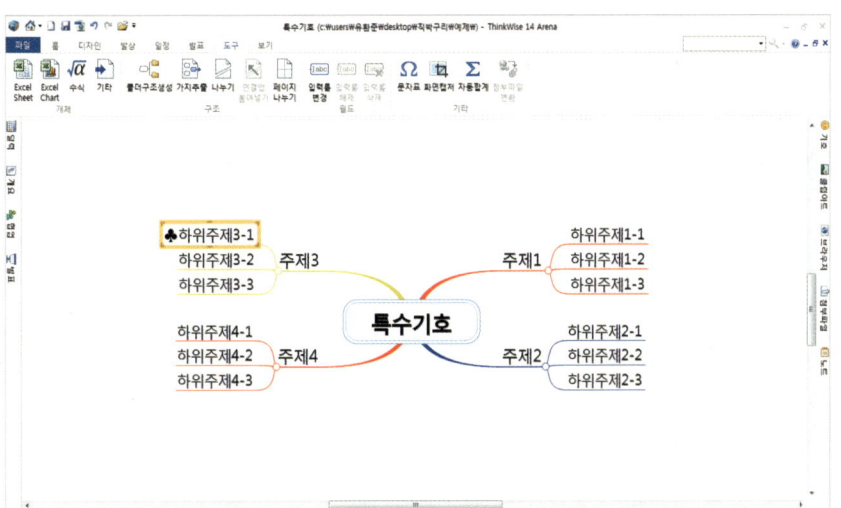

TIP
1. 문자표에서 문자를 선택할 때 왼쪽 상단의 글꼴에 따라 문자표의 모양이나 구성이 다르므로, 필요시 글꼴을 변경해가며 원하는 문자를 찾을 수 있습니다.
2. 복사한 문자는 기존에 입력된 글자 사이에 추가할 수 있으며, 현재 입력된 가지를 선택한 후 붙여넣기를 할 때 새로운 하위가지로 추가할 수도 있습니다.

연습 '신세대를 읽는 키워드, BRAVO' 맵을 불러와서 다음을 처리하시오.

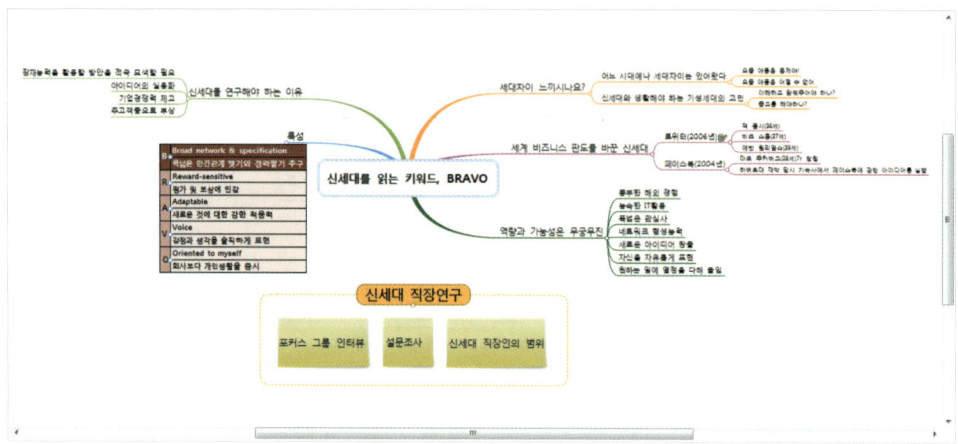

1. '세대 차이 느끼시나요?' 가지의 진행 방향을 '오른쪽 트리'로 바꾸시오.
2. '역량과 가능성은 무궁무진' 가지의 모양을 '뾰족한 선'으로 바꾸시오.
3. 맵 문서의 바탕화면을 '연한 녹색'으로 바꾸시오.
4. '세대 차이 느끼시나요?' 가지의 서식을 글꼴은 '궁서체', 크기는 '16', '굵게', 채우기 색을 '표준색상의 Yellow'로 지정하시오.
5. '신세대를 연구해야 하는 이유' 가지의 선 색을 '표준색상의 purple'로, 모양을 '위로톱니'로 바꾸시오.
6. '스타일 복사'를 사용하여 '세대 차이 느끼시나요?'의 스타일을 모든 1레벨의 가지에 복사하시오.
7. 중심제목 아래쪽에 업무 그룹에 있는 클립아트를 삽입하시오.
8. '신세대를 연구해야 하는 이유' 가지에 테두리를 설정하시오(테두리 : 나팔형, 산).
9. '세대 차이 느끼시나요?' 가지에 외각선을 설정하시오(외각선 : 육각형-그림자).
10. '역량과 가능성은 무궁무진' 가지의 모든 하위가지의 왼쪽에 '상태 그룹의 확인' 기호를 삽입하시오.
11. 다음과 같이 관계 연결선을 삽입하시오.

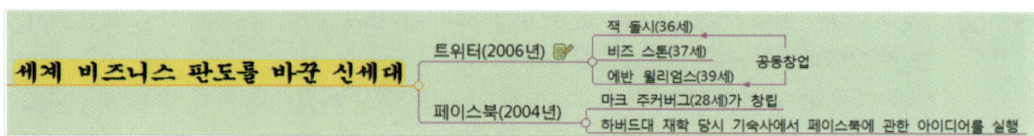

12. '특성' 가지 앞에 '♠' 문자를 삽입하시오.

▶결과

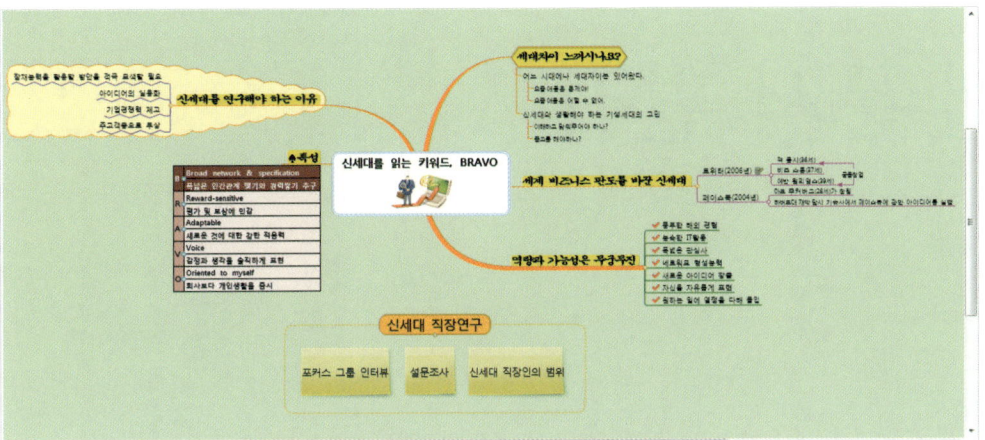

Chapter ❷

맵 문서 편집

■ 가지 수정

가지에 입력된 주제를 수정하려면 수정하고자 하는 가지를 마우스로 더블클릭한 후 삭제하거나 수정할 수 있습니다. 다만 가지의 내용이 많아 화면에 모두 표시되지 않는 경우에는 문자열 수정 대화상자를 이용하여 많은 내용의 주제를 편집할 수 있습니다.

• 주제 편집 방법

01 주제를 편집하려는 가지를 더블클릭합니다. 또는 편집하고자 하는 가지를 마우스로 선택한 후 Enter↵ 를 누릅니다.

02 글자를 수정한 후 Enter↵ 를 누릅니다.

1. 문자열의 내용이 많은 경우 문자열 수정 대화상자가 나타나면 입력된 내용을 수정합니다.
2. 대화상자가 나타나지 않을 경우 주제를 선택한 상태에서 Shift + Enter↵ 를 누릅니다.
3. 주제를 편집한 후에 대화상자에서 확인버튼을 누르면 편집이 완료됩니다.

■ 방사형 맵의 1레벨 가지 순서 지정

방사형 맵 문서를 작성할 때 1레벨 가지의 순서를 선택하여 지정할 수 있습니다.

1레벨 가지 순서는 ThinkWise '옵션' 메뉴 중 기타 탭의 '중심가지 배치' 메뉴에서 지정할 수 있습니다.

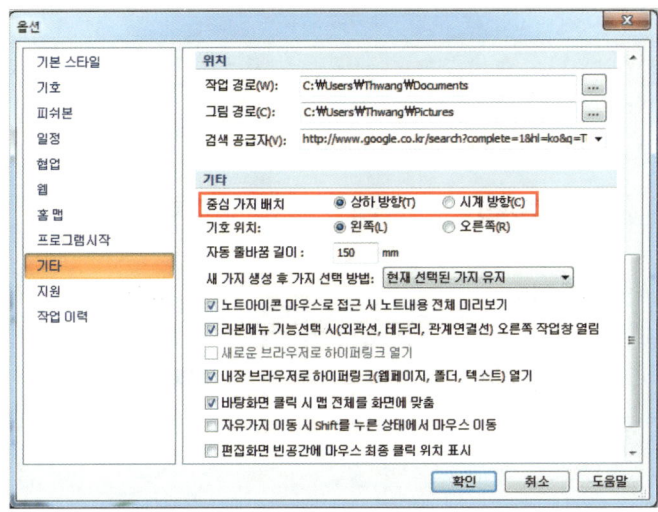

1. 상하 방향

1레벨 가지 순서를 상하 방향으로 지정할 때, 가지는 오른쪽 위, 오른쪽 아래, 왼쪽 위, 왼쪽 아래의 순서로 설정됩니다.

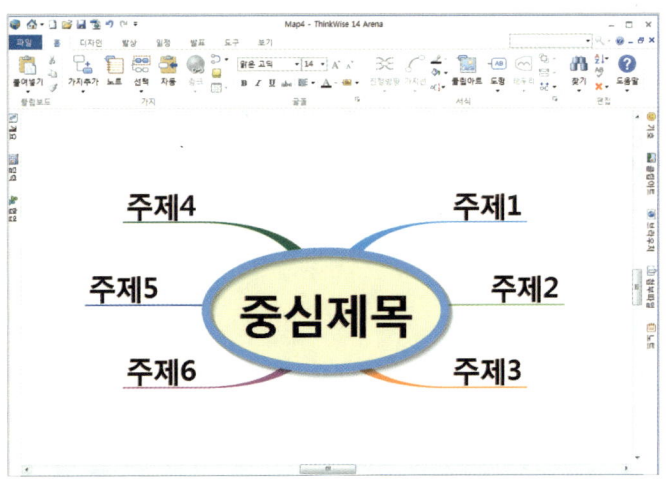

2. 시계 방향

1레벨 가지 순서를 시계 방향으로 지정할 때, 가지는 오른쪽 위, 오른쪽 아래, 왼쪽 아래, 왼쪽 위의 순서로 설정됩니다.

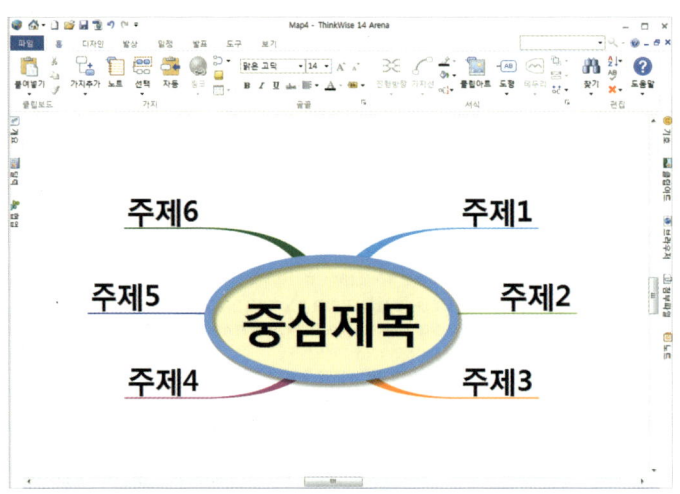

■ 줄맞춤

이 기능은 가지에 입력한 텍스트를 왼쪽, 가운데, 오른쪽 중 원하는 위치로 정렬하는 기능입니다.

01 주제가 입력된 '주제4'의 하위가지를 선택합니다.
02 [홈] 탭의 [글꼴] 그룹에서 **'줄맞춤'** 메뉴를 클릭합니다.

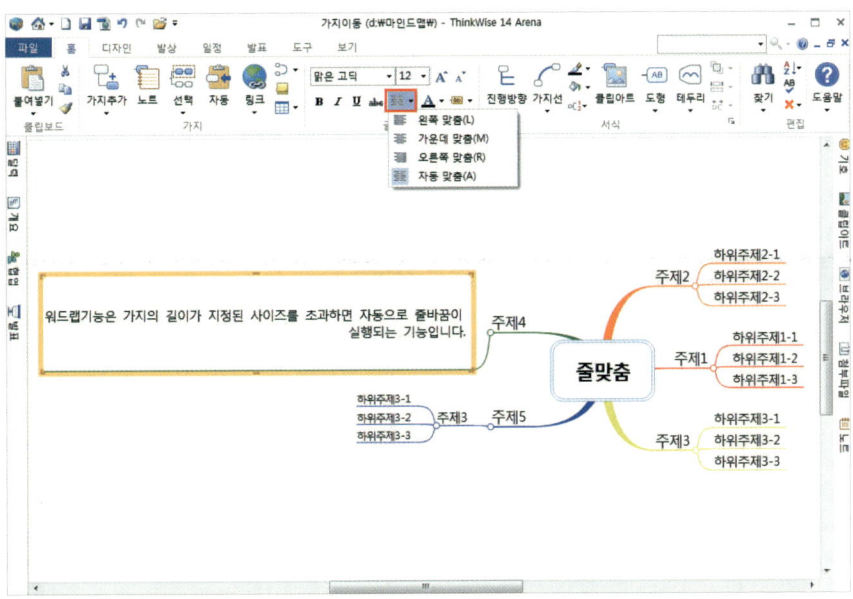

03 왼쪽 맞춤, 가운데 맞춤, 오른쪽 맞춤, 자동 맞춤 중 원하는 위치를 선택합니다.

04 가지 내에서 주제의 위치가 지정됩니다.

■ 잘라내기, 복사 그리고 붙여넣기

이 기능은 맵 문서에 있는 가지, 이미지, 개체 등을 복사하거나 잘라낸 뒤, 맵 문서에 붙여넣기를 하는 기능입니다. ThinkWise 문서뿐 아니라 워드, 한글, 파워포인트, 이미지 등에서 복사한 항목을 ThinkWise에 붙여넣을 수도 있습니다.

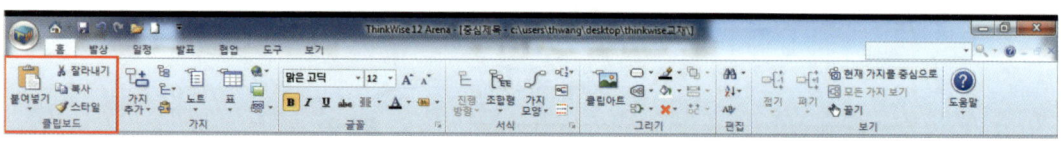

TIP
• 복사하거나 잘라내고자 하는 가지가 여러 개일 경우 키보드의 [Shift]를 누른 상태에서 마우스로 순차적으로 클릭하거나 드래그하여 여러 개를 모두 선택할 수 있습니다.

1. 복사하기와 붙여넣기

01 복사하고자 하는 가지 '**주제2**'를 선택합니다.

02 [**홈**] 탭의 [**클립보드**] 그룹에서 '**복사**'를 누르거나 키보드의 [Ctrl]+[C]를 누릅니다. 또는 가지나 개체를 마우스 오른쪽 버튼으로 누른 후 복사를 누릅니다.

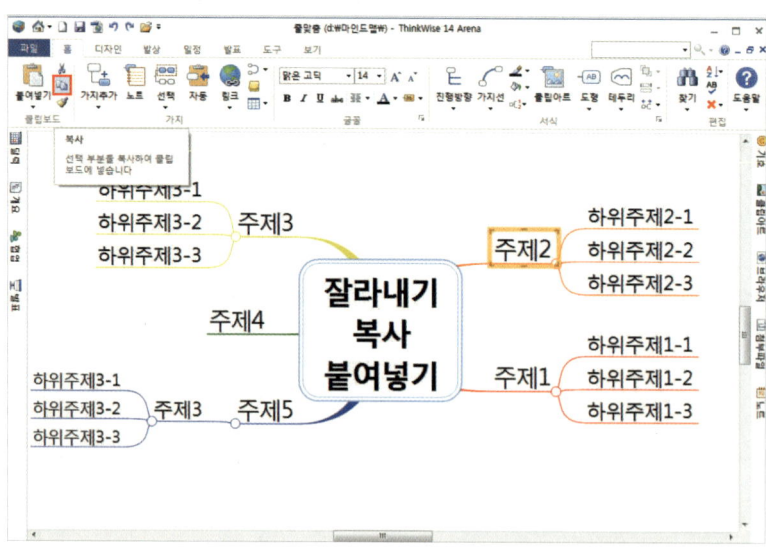

03 선택한 개체가 클립보드로 복사되면 붙여넣을 다른 맵 또는 위치로 이동합니다.

04 [홈] 탭의 [클립보드] 그룹에서 '**붙여넣기**'를 누르거나 키보드의 Ctrl+V 를 누릅니다. 또는 가지나 개체를 마우스 오른쪽 버튼으로 누른 후 붙여넣기를 누릅니다.

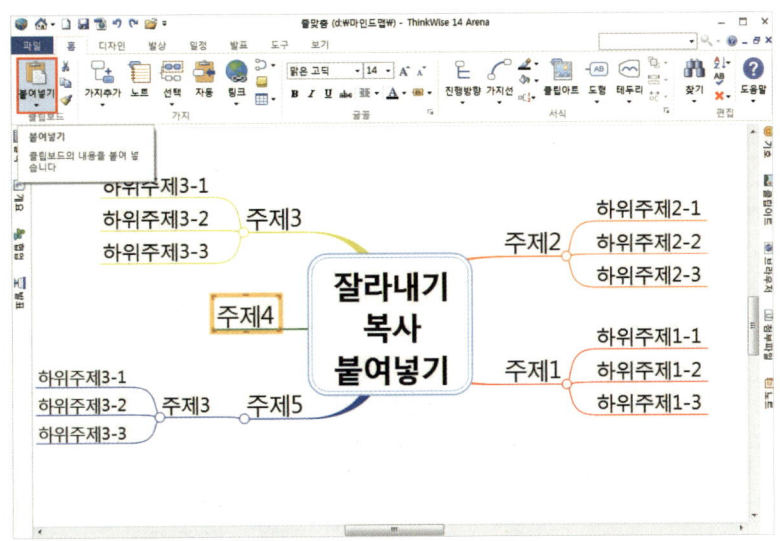

05 복사한 가지 또는 개체에 똑같이 붙여지는 것을 볼 수 있습니다.

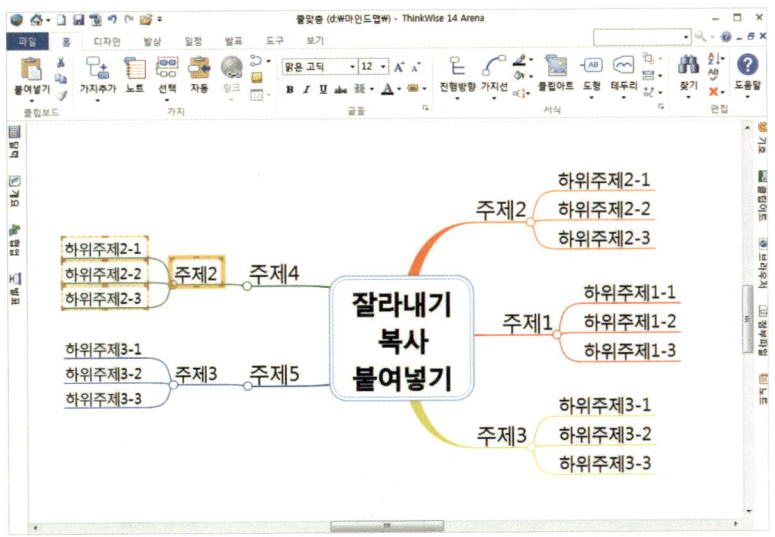

2. 잘라내기와 붙여넣기

01 잘라내고자 하는 가지 '주제2'를 선택합니다.
02 [홈] 탭의 [클립보드] 그룹에서 **'잘라내기'**를 누르거나 키보드의 Ctrl+X 를 누릅니다. 또는 가지 또는 개체를 마우스 오른쪽 버튼으로 누른 후 잘라내기를 누릅니다.

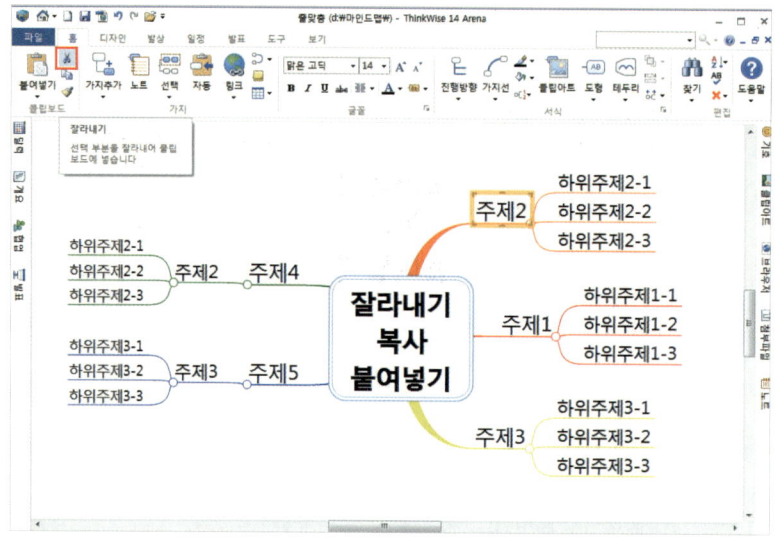

03 선택한 개체가 클립보드로 이동하면 붙여넣을 다른 맵 또는 위치로 이동합니다.
04 [홈] 탭의 [클립보드] 그룹에서 **'붙여넣기'**를 누르거나 키보드의 Ctrl+V 를 누릅니다. 또는 가지나 개체를 마우스 오른쪽 버튼으로 클릭한 후 붙여넣기를 누릅니다.

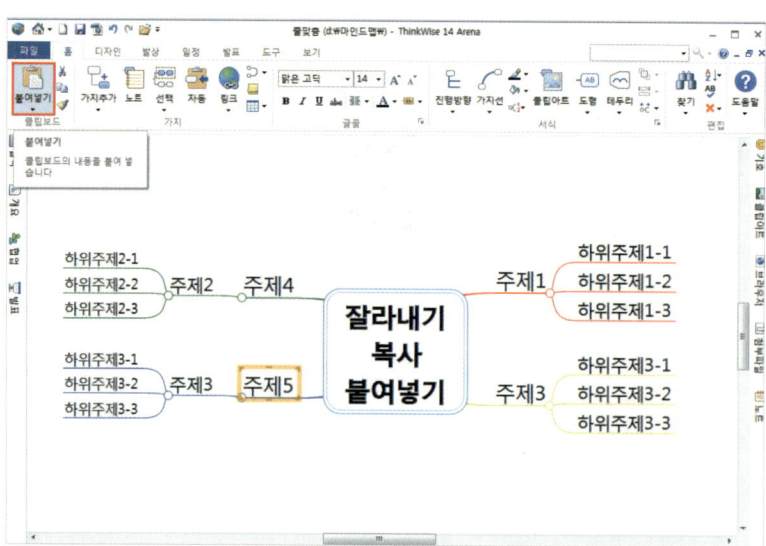

05 잘라낸 가지 또는 개체가 지정된 위치로 이동하여 붙여집니다.

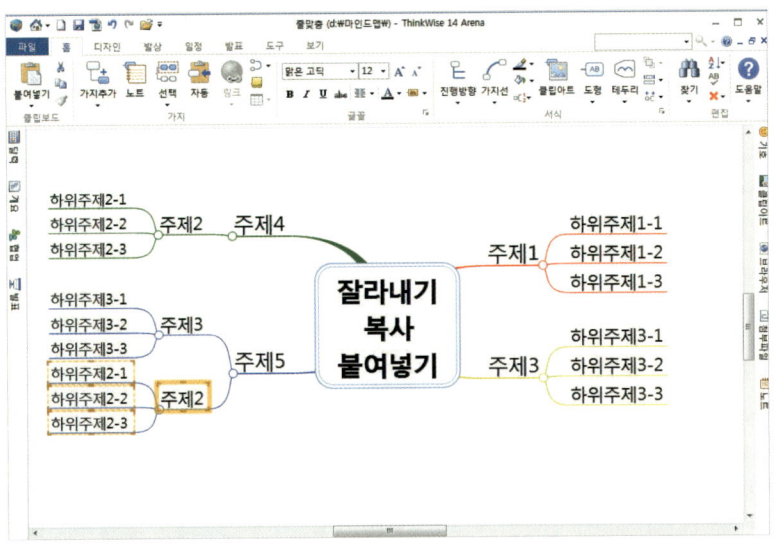

■ 선택하여 붙여넣기

1. 형태 - 개체 붙여넣기

선택하여 붙여넣기의 형태 메뉴를 사용하면 두 프로그램 사이에 링크로 연결관계가 형성됩니다. 원본 프로그램에서 개체를 생성하고 복사한 뒤, 대상 프로그램에 붙여넣기를 합니다. 원본 프로그램에서 변경된 내용이 있을 경우에는 그것이 자동적으로 대상 프로그램에 붙여진 개체에도 똑같이 적용됩니다. 원본에서 수정하면 붙여넣기를 한 대상 프로그램에도 수정사항이 반영됩니다. 이때 사용하는 기능이 '**붙여넣기**'의 형태입니다.

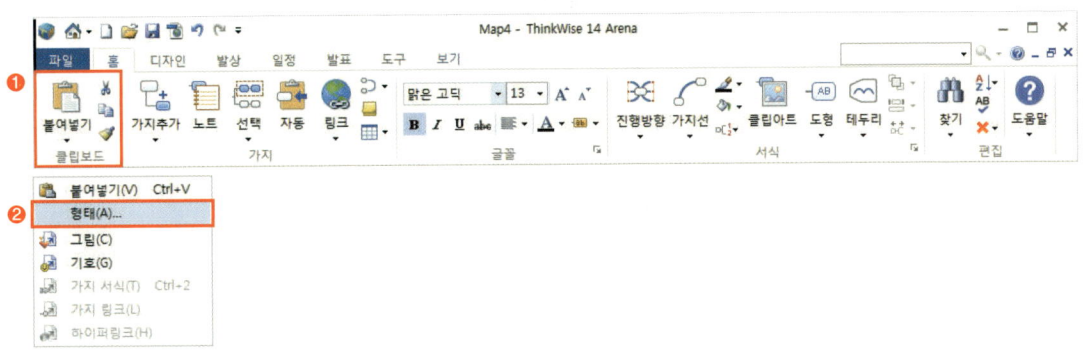

01 붙여넣기를 수행할 개체가 만들어져 있는 원본 프로그램을 실행합니다.

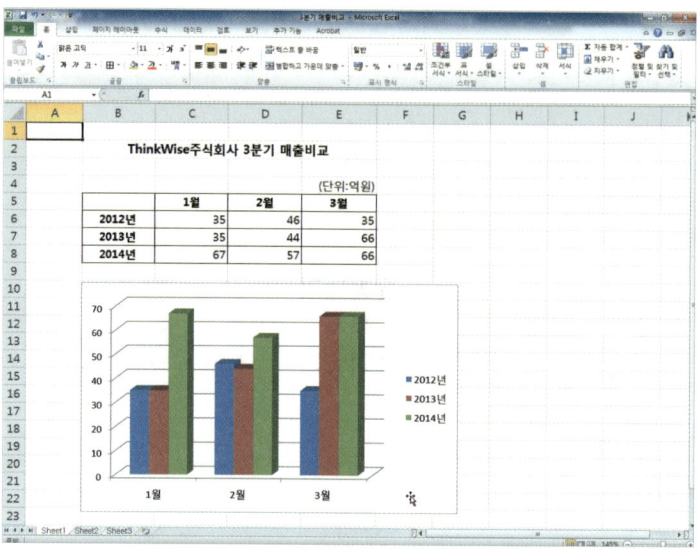

02 개체를 연결시킬 대상 프로그램을 실행합니다.

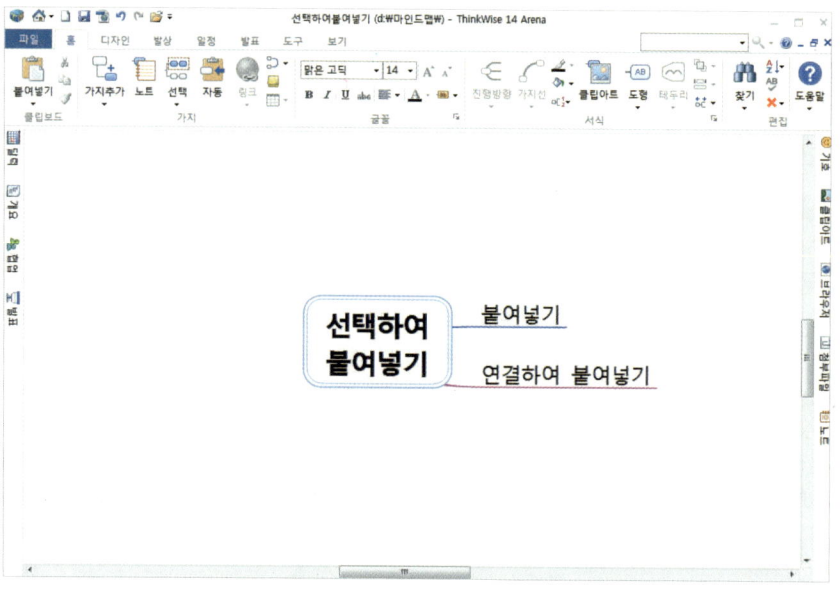

03 원본 프로그램에서 개체의 해당 부분을 선택하여 복사합니다.

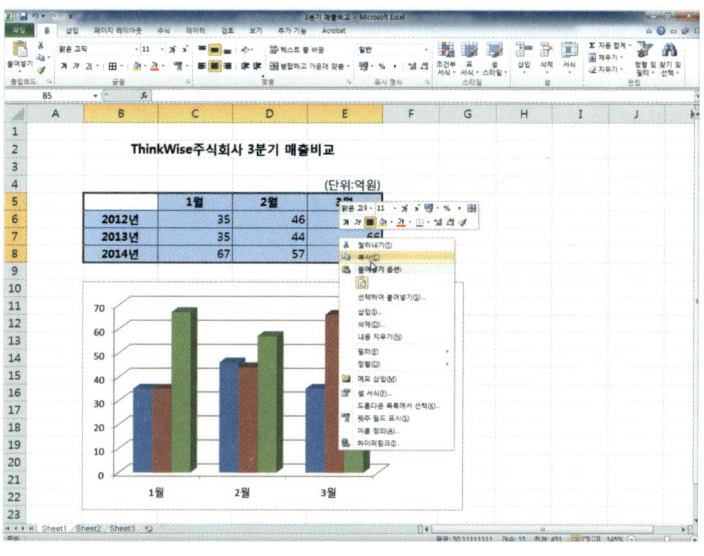

04 ThinkWise를 실행하고 복사한 엑셀 개체의 붙여넣을 가지를 선택합니다.

05 [홈] 탭의 [클립보드] 그룹에서 '**붙여넣기**' 메뉴 아래쪽 화살표를 클릭하고 '**형태**' 메뉴를 실행합니다. 또는 가지를 마우스 오른쪽 버튼으로 눌러 선택하여 '**붙여넣기**'의 '**형태**' 메뉴를 실행합니다.

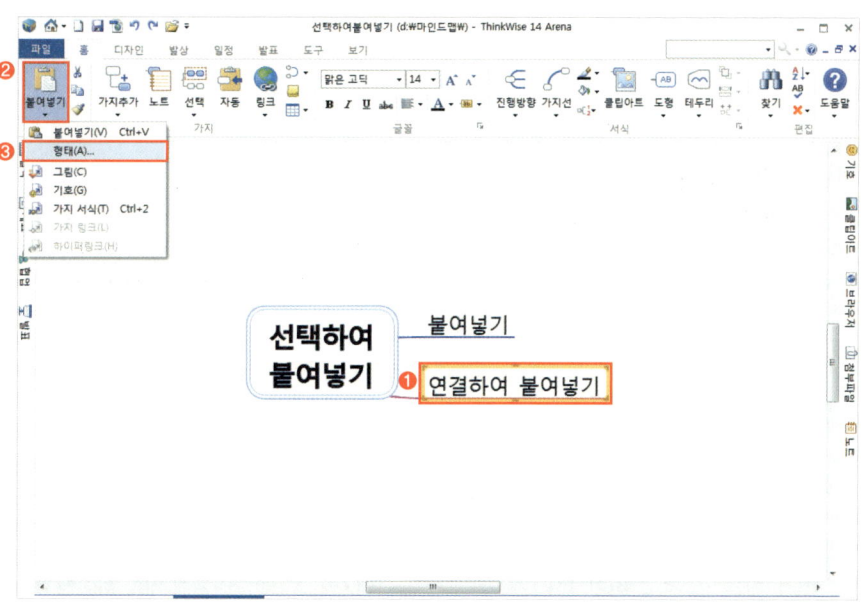

06 [**선택하여 붙여넣기**] 창이 실행되면 '**연결하여 붙여넣기**'를 체크한 후 [**확인**] 버튼을 누릅니다.

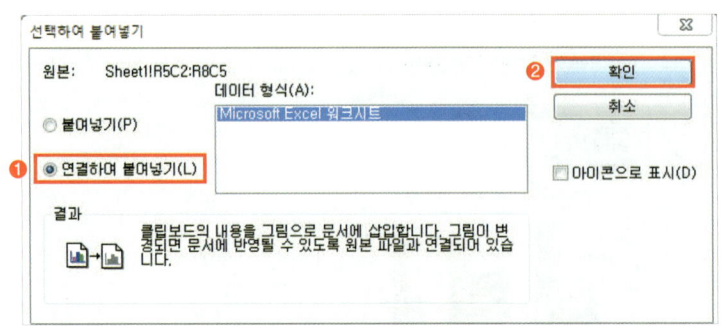

07 확인을 선택하는 순간 복사한 개체는 원본 프로그램과 연결된 상태로 붙여넣어집니다.

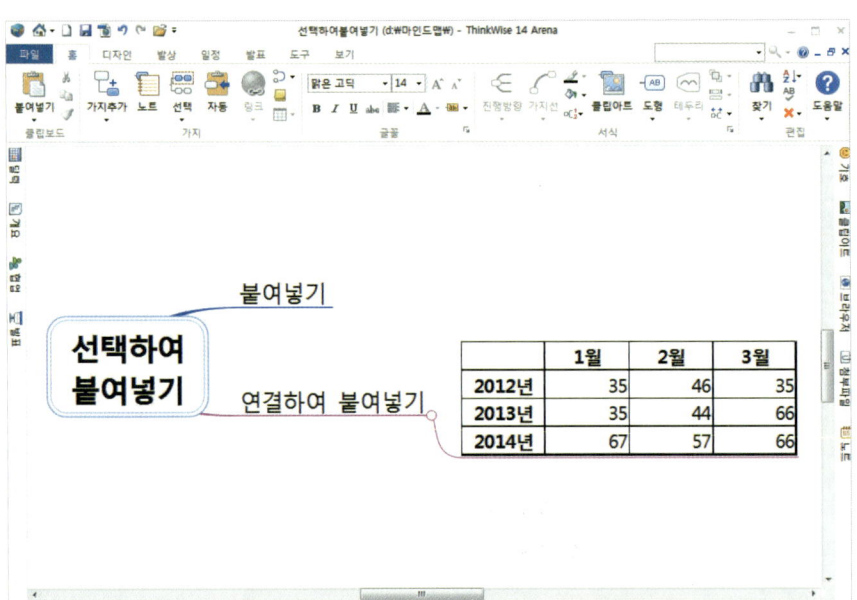

08 원본 데이터(엑셀)를 수정할 경우 ThinkWise에 삽입된 엑셀 개체도 변경됩니다. '3분기 매출비교.xls' 파일에서 2013년 3월의 값을 '100'으로 변경하면 ThinkWise에 삽입된 엑셀 개체도 변경된 것을 확인할 수 있습니다.

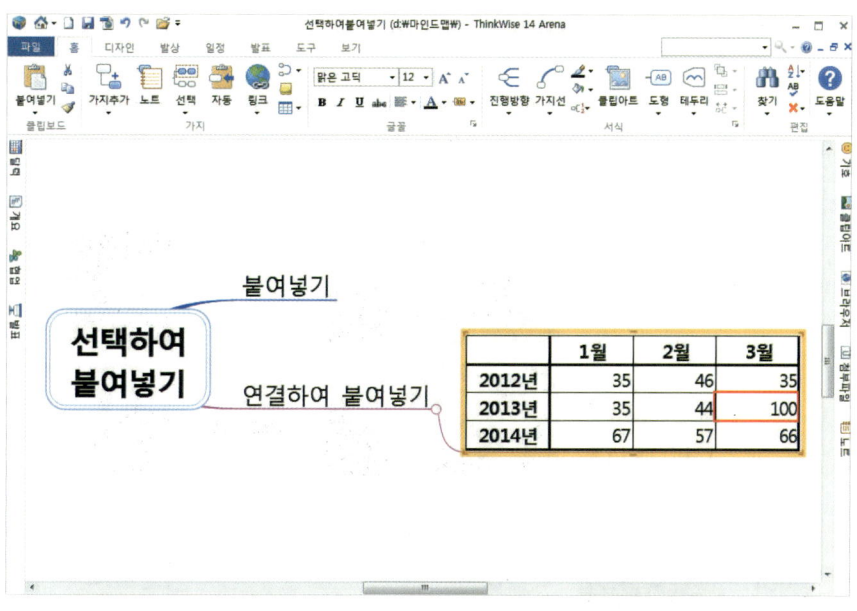

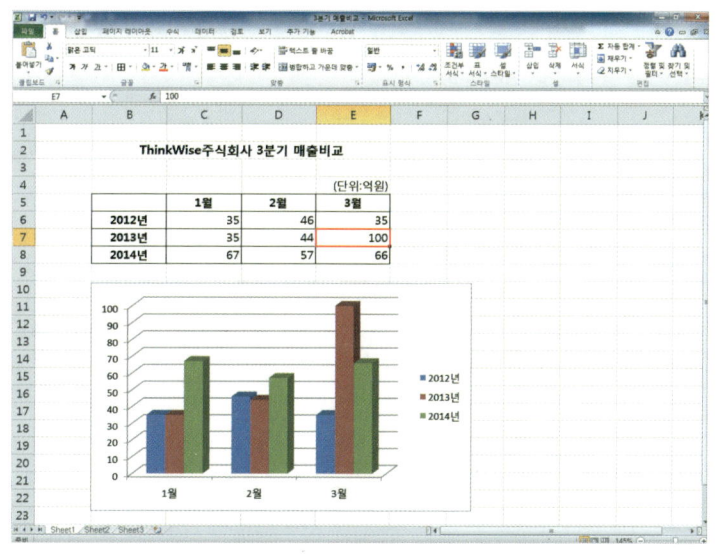

2. 그림 붙여넣기

복사한 이미지를 가지에 삽입하거나 하위가지로 추가할 수 있으며 맵 문서의 바탕화면에 추가할 수 있습니다. 다음은 웹 브라우저에서 복사한 이미지를 3가지 다른 방법으로 맵 문서에서 추가하는 방법을 설명합니다.

01 이미지 파일(내 컴퓨터 또는 인터넷 이미지도 가능)을 마우스 오른쪽 버튼으로 클릭하여 복사를 선택합니다.

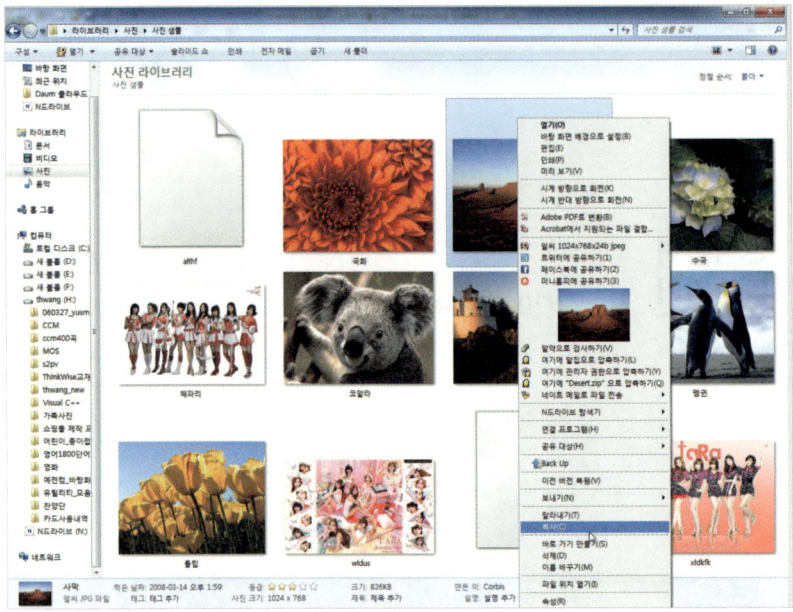

02 ThinkWise에서 이미지를 붙여넣을 **'그림'**을 선택한 후 **[홈]** 탭의 **[클립보드]** 그룹에서 **'붙여넣기'** 메뉴 아래쪽 화살표를 누르고 **'그림'** 메뉴를 실행합니다.

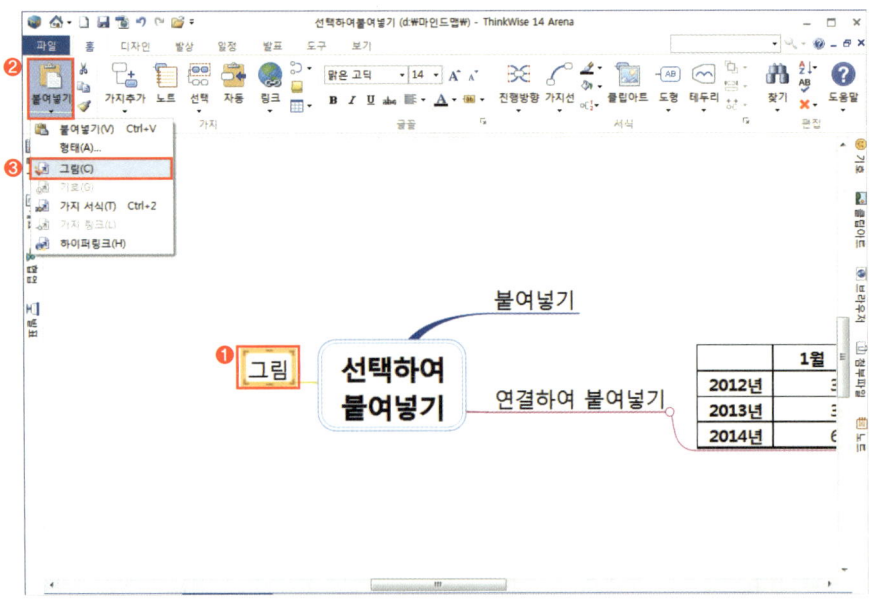

`03` 복사한 이미지 파일이 선택한 가지에 추가된 것을 볼 수 있습니다.

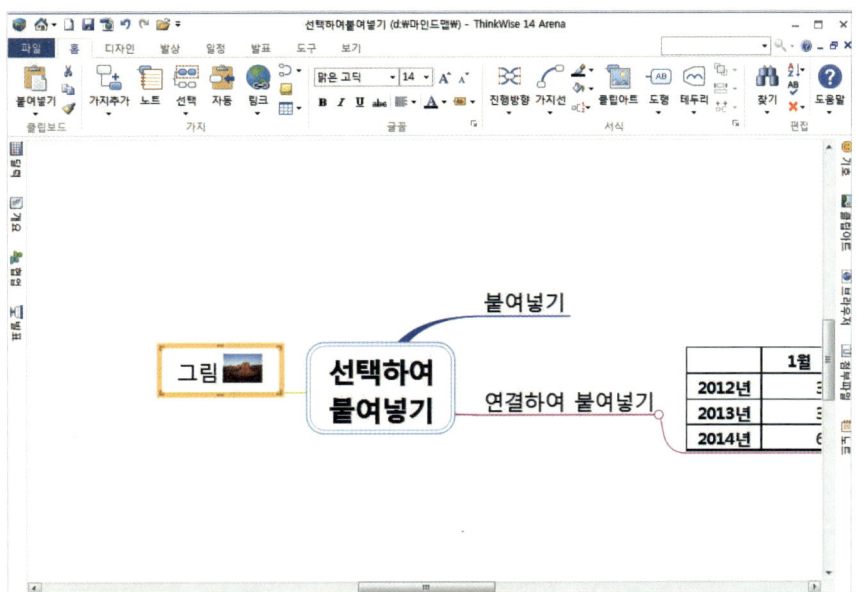

> **TIP**
> • 붙여넣기시 맵 문서의 가지를 선택하고 바로 붙여넣기를 실행하면 이미지는 맵 문서의 바탕화면에 추가됩니다.

3. 기호 붙여넣기

기호를 복사하여 다른 가지에 동일하게 붙여넣을 때 사용할 수 있습니다. 같은 기호라면 일일이 기호창에서 찾을 필요 없이 바로 기호 붙여넣기를 합니다.

01 기호가 추가된 가지의 '**기호**'를 마우스 오른쪽 버튼으로 클릭하여 복사를 선택합니다.

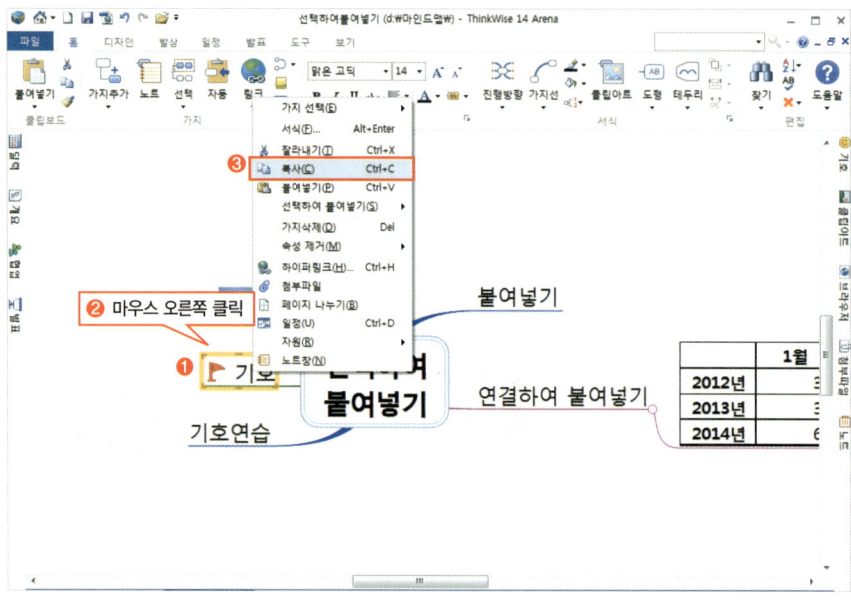

02 ThinkWise에서 기호를 붙여넣을 가지 '**기호연습**'을 선택한 후 [홈] 탭의 [**클립보드**] 그룹에서 '**붙여넣기**' 메뉴 아래쪽 화살표를 누르고 '**기호**' 메뉴를 실행합니다. 또는 가지를 마우스 오른쪽 버튼으로 눌러 '**선택하여 붙여 넣기**'의 '**기호**' 메뉴를 실행합니다.

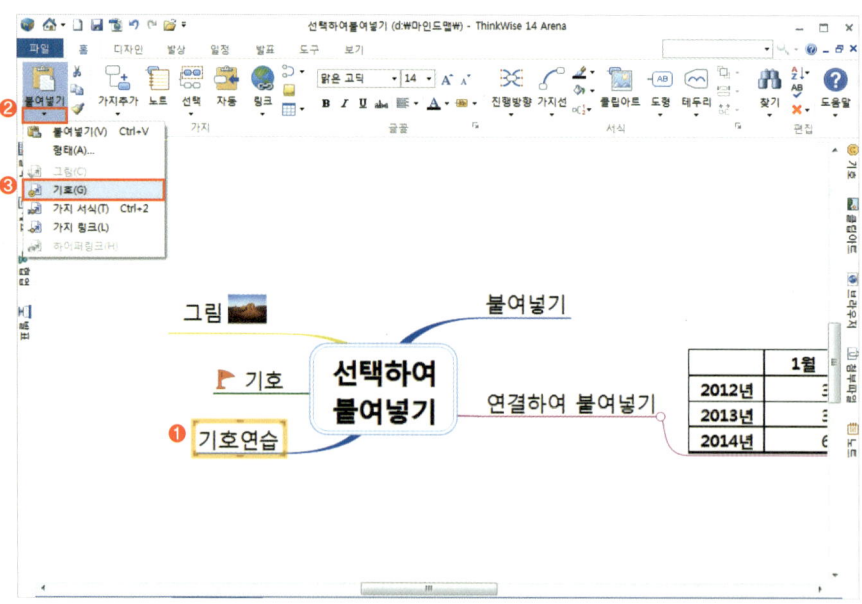

03 복사한 기호가 선택한 가지에 추가된 것을 볼 수 있습니다.

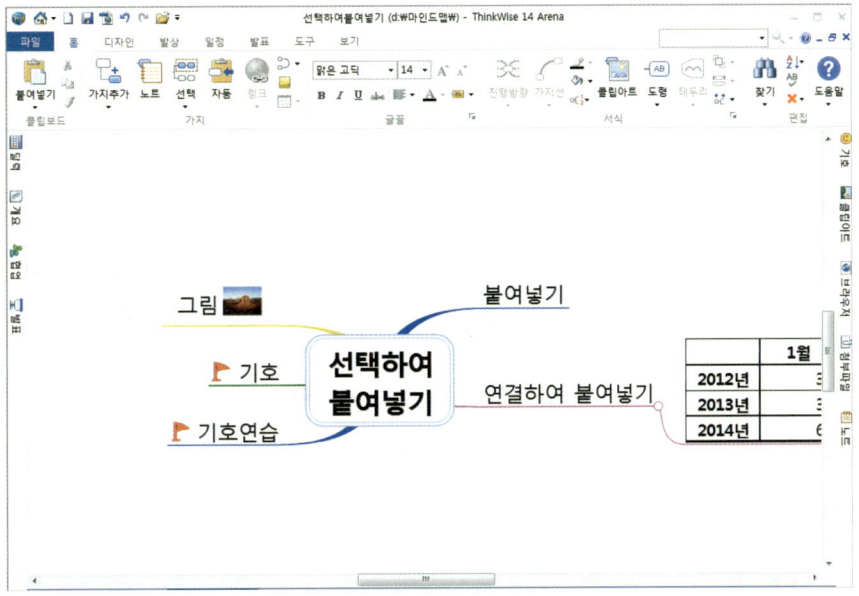

4. 가지 서식 붙여넣기

맵 문서 내 특정 가지의 서식만을 그대로 가져와 동일하게 적용할 수 있습니다.

01 맵 문서의 가지 중 서식이 설정되어 있는 가지 '**가지 서식**'(서식: 궁서체, 16pt, Light Blue)을 마우스 오른쪽 버튼으로 클릭하여 '**복사**'를 선택합니다.

02 가지 서식을 적용하고자 하는 가지를 선택한 후 [**홈**] 탭의 [**클립보드**] 그룹에서 '**붙여넣기**' 메뉴 아래쪽 화살표를 클릭하고 '**가지 서식**' 메뉴를 실행합니다. 또는 가지를 마우스 오른쪽 버튼으로 눌러 '**선택하여 붙여넣기**'의 '**가지 서식**' 메뉴를 실행합니다.

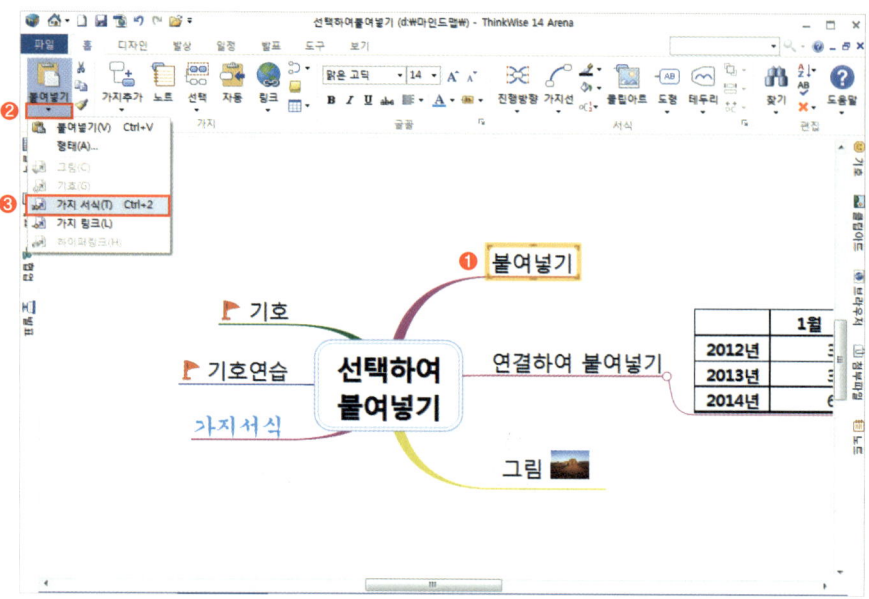

03 내용은 바뀌지 않으면서 가지 서식만 복사한 가지와 동일하게 변경된 것을 볼 수 있습니다.

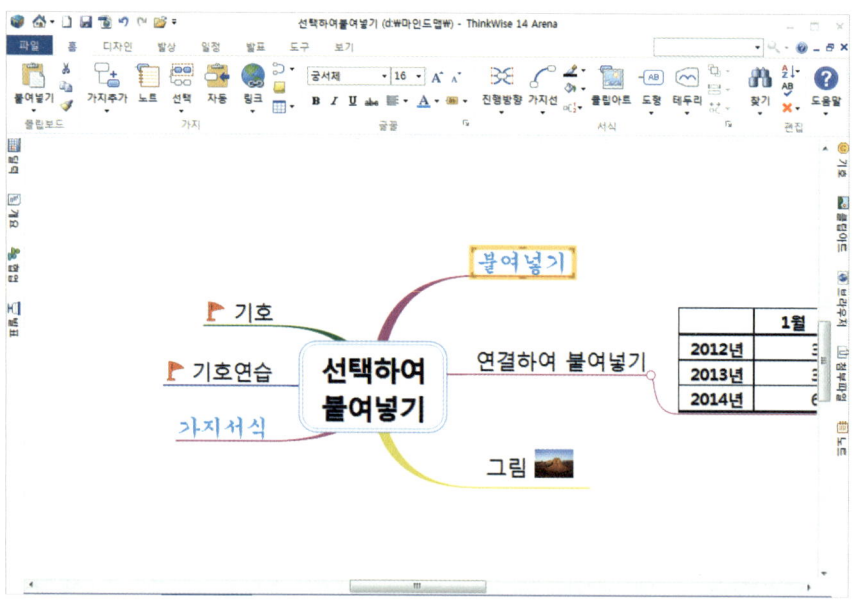

> **TIP**
> • 가지 서식을 복사하여 붙여넣을 때 글꼴, 그림, 가지 모양 중 붙여넣기시 포함할 서식의 항목을 선택할 수 있습니다. 이 설정은 [ThinkWise 옵션]의 [기타] 탭의 '**붙여넣기**' 메뉴 중 '**스타일 붙이기**'에서 설정할 수 있습니다.

5. 가지와 가지 링크하기

맵 문서의 가지와 가지를 하이퍼링크로 연결할 수 있습니다. 맵 문서의 가지를 동일 맵 문서 또는 다른 맵 문서의 특정 가지에 하이퍼링크를 합니다.

01 맵 문서의 '**붙여넣기**'에 있는 특정 가지 '**가지 링크**'를 마우스 오른쪽 버튼으로 클릭하여 '**복사**'를 선택합니다(단, 문서가 저장되어 있는 경우에만 '가지 링크'가 가능하므로, 복사하려는 가지가 있는 문서를 먼저 저장합니다).

02 맵 문서 중 '가지 링크'를 설정할 가지를 선택한 후 [**홈**] 탭의 [**클립보드**] 그룹에서 '**붙여넣기**' 메뉴 아래쪽 화살표를 클릭하고 '**가지 링크**' 메뉴를 실행합니다. 또는 가지를 마우스 오른쪽 버튼으로 눌러 '**선택하여 붙여넣기**'의 '**가지 링크**' 메뉴를 실행합니다.

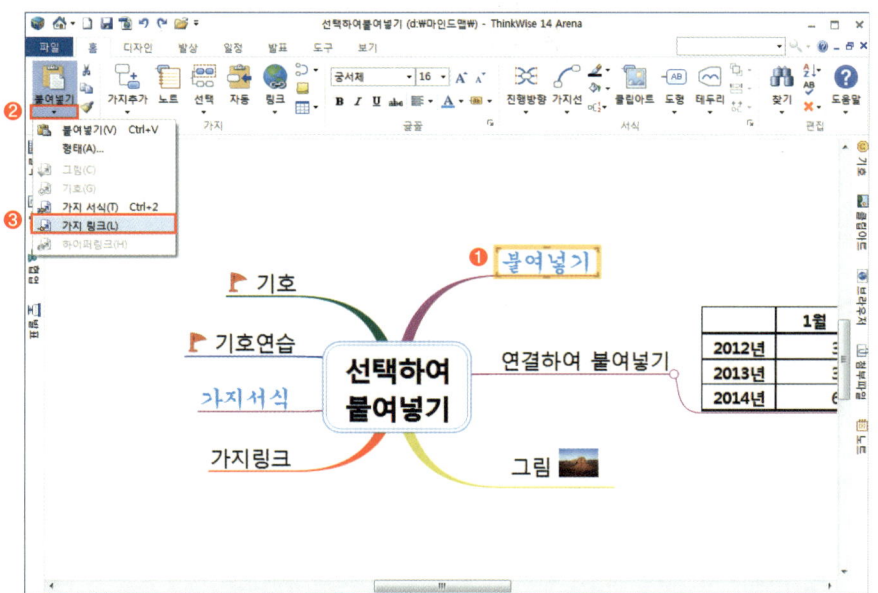

03 가지에 하이퍼링크 아이콘이 생성되고, 복사한 가지가 하이퍼링크로 연결된 것을 확인할 수 있습니다.

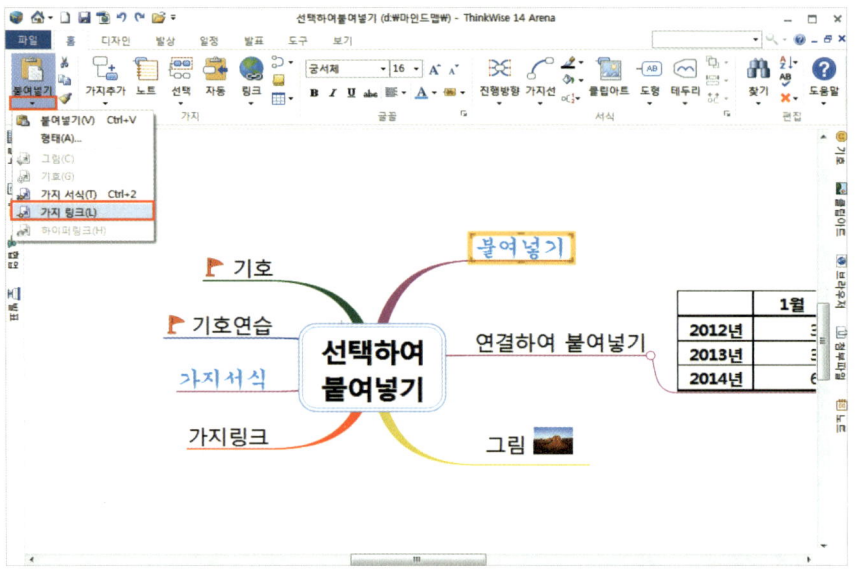

6. 하이퍼링크 붙여넣기

특정 가지에 설정된 하이퍼링크를 복사하여 다른 가지에 동일하게 하이퍼링크를 붙여넣는 방법입니다.

01 하이퍼링크가 설정된 가지를 마우스 오른쪽 버튼으로 클릭하여 '**복사**'를 선택합니다.
02 맵 문서 중 하이퍼링크를 동일하게 적용할 가지를 선택한 후 [**홈**] 탭의 [**클립보드**] 그룹에서 '**붙여넣기**' 메뉴 아래쪽 화살표를 클릭하고 '**하이퍼링크**' 메뉴를 실행합니다. 또는 가지를 마우스 오른쪽 버튼으로 눌러 '**선택하여 붙여넣기**'의 '**하이퍼링크**' 메뉴를 실행합니다.

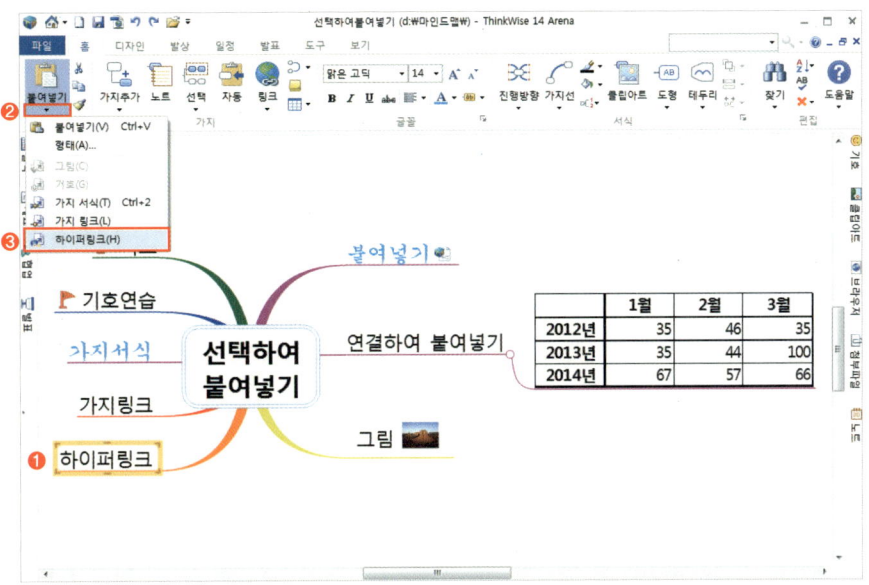

03 가지에 하이퍼링크가 생성되고, 복사한 가지와 같은 파일이 하이퍼링크된 것을 확인할 수 있습니다.

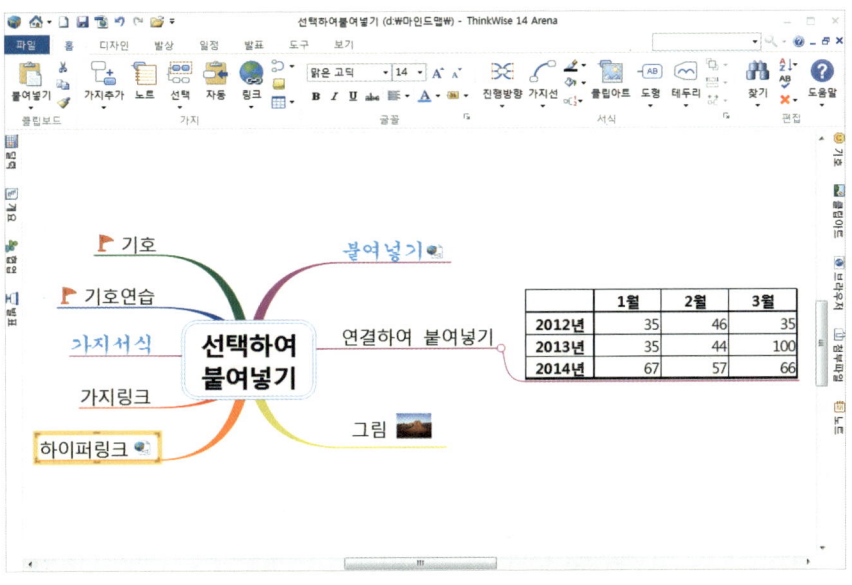

■ 자유로운 가지 배치

ThinkWise는 맵 문서의 모든 가지를 원하는 위치에 배치할 수 있는 '가지 수동 배치' 기능을 지원합니다. '가지 수동 배치' 기능을 이용하여 자신만의 맵 모양을 만들 수 있습니다.

1. 가지 수동 배치

수동으로 배치할 가지를 선택한 후 마우스로 원하는 위치까지 끌어다 놓습니다. 맵 문서의 모든 가지를 수동으로 배치할 수 있으며 부모가지를 이동할 경우 그 하위가지들은 자동으로 함께 이동합니다.

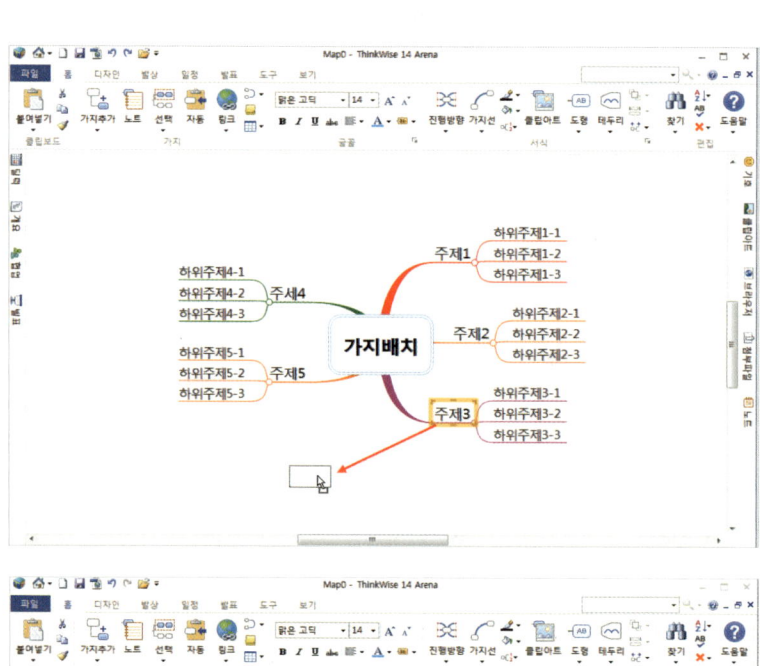

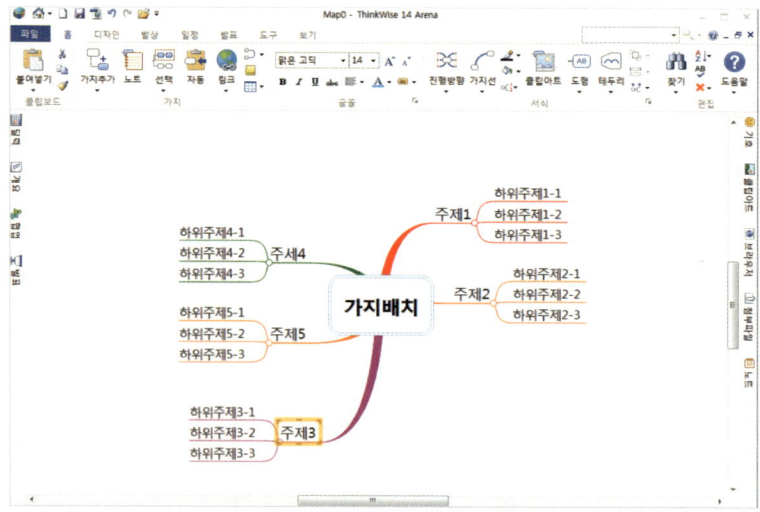

TIP
- 만약 가지 수동 배치 기능이 문서 작성에 방해가 된다면 키보드의 Shift 키를 누른 상태에서만 수동 배치 기능이 동작하도록 설정할 수 있습니다. 수동 배치 기능을 설정하려면 **[ThinkWise 옵션]**의 **[기타]** 탭에서 **'자유가지 이동시 Shift 키를 누른 상태에서 마우스 이동'** 메뉴를 선택하여 설정할 수 있습니다.

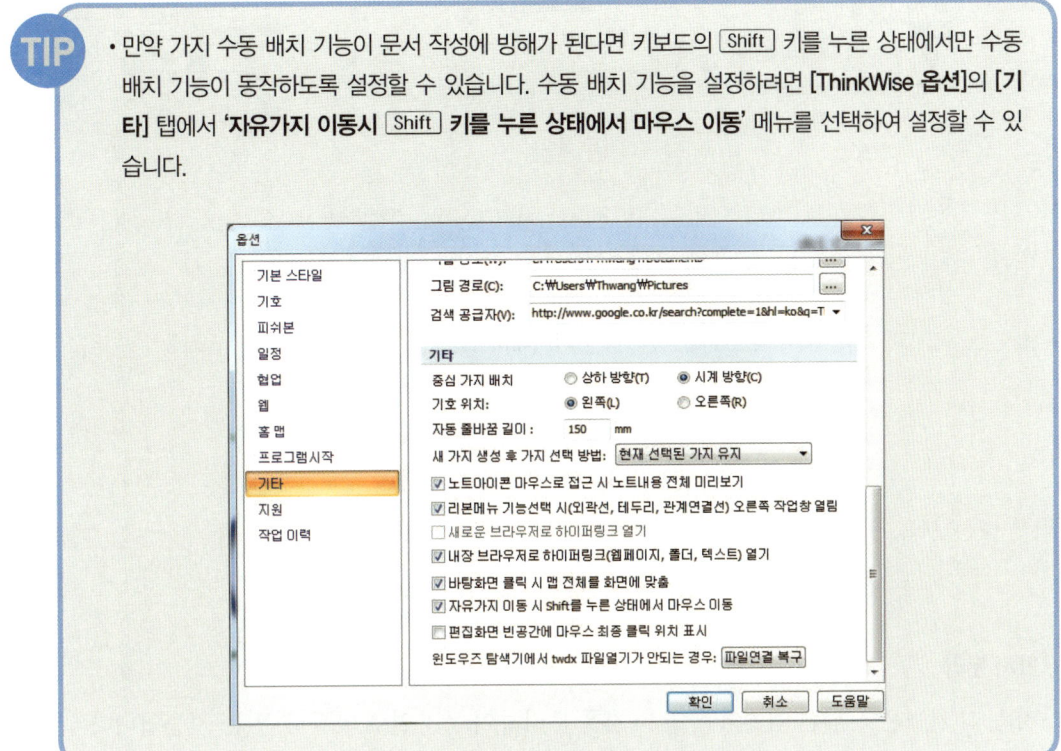

2. 가지선의 패턴 변경

가지의 수동 배치 기능을 사용할 경우 가지선의 모양을 자연스럽게 하기 위해 선의 패턴을 사용자가 직접 조정할 수 있습니다.

01 패턴을 변경할 가지 **'주제1'**의 가지선을 마우스로 선택합니다.
02 가지선의 양쪽 끝에 있는 노란색 점을 원하는 방향으로 마우스로 끌어당겨 선의 모양을 조정한 후 클릭합니다. 가지선의 모양이 변경된 것을 확인할 수 있습니다.

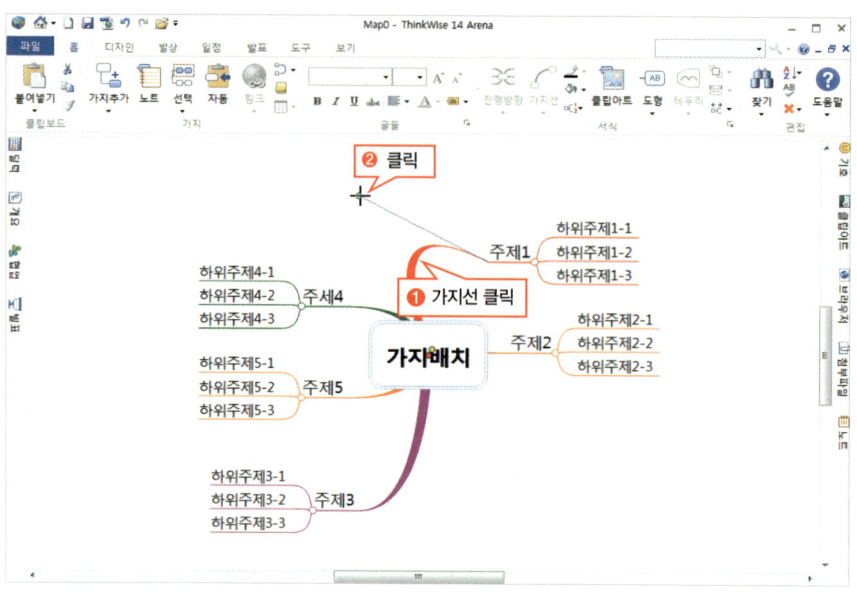

3. 가지 분리

가지 분리 기능은 작성된 맵에서 특정 가지를 분리하여 문자열로 만들 수 있는 기능입니다.

01 분리할 가지 '**주제3**'을 마우스로 클릭합니다.
02 키보드의 Alt 를 누른 상태로 가지를 원하는 위치로 끌어당긴 후 마우스를 놓는다.

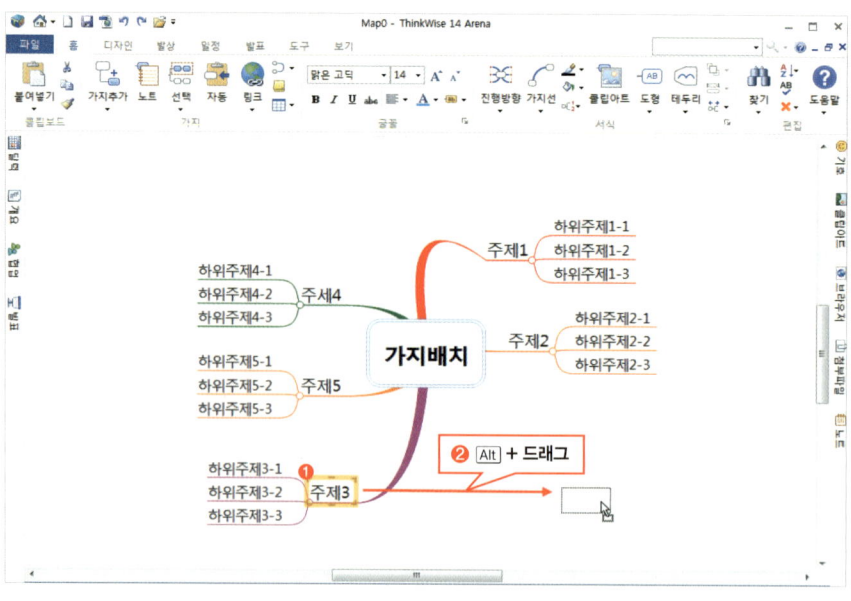

03 문자열로 분리된 것을 볼 수 있습니다.

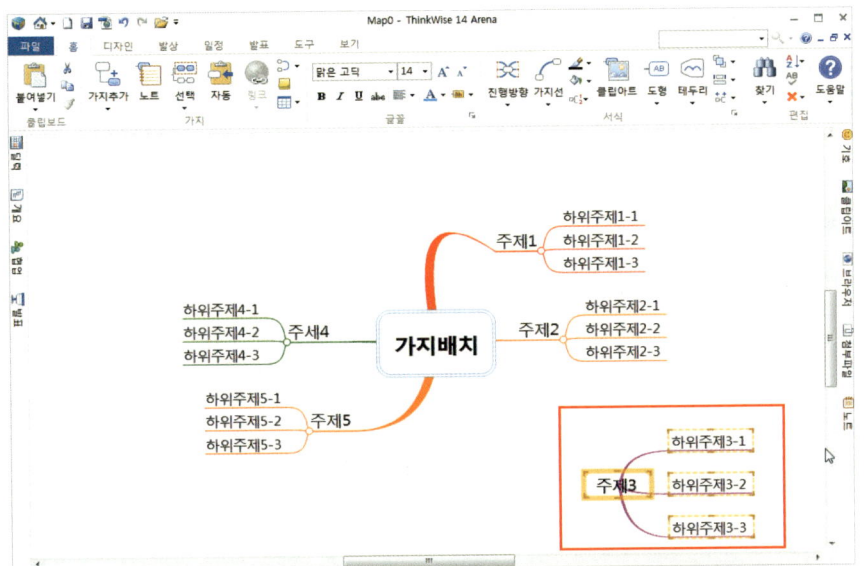

> **TIP** • 문자열에 입력된 내용은 가지 이동을 통해 맵 문서의 가지로 다시 붙여넣을 수 있습니다.

4. 가지 삭제하기

맵 문서의 내용 중 불필요하다고 생각되는 가지를 쉽게 삭제할 수 있습니다. 가지 삭제 기능은 하위가지가 없는 끝 레벨의 가지를 지울 때, 하위가지가 있는 중간 레벨의 가지를 지울 때 각각 다른 방법을 사용합니다.

4-1. 끝 레벨의 가지 삭제

01 삭제하고자 하는 끝 레벨의 가지를 선택합니다.
02 마우스 오른쪽 버튼을 눌러 **'가지 삭제'**를 선택하거나 키보드의 Delete 를 누릅니다.

4-2. 중간 레벨의 가지 삭제

중간 레벨의 가지는 별도의 옵션을 사용하여 하위가지를 함께 삭제할 것인지의 여부를 결정합니다.

`01` 삭제하고자 하는 중간 레벨의 가지 **'주제4'**를 선택합니다.
`02` 마우스 오른쪽 버튼을 눌러 가지 삭제를 선택합니다.

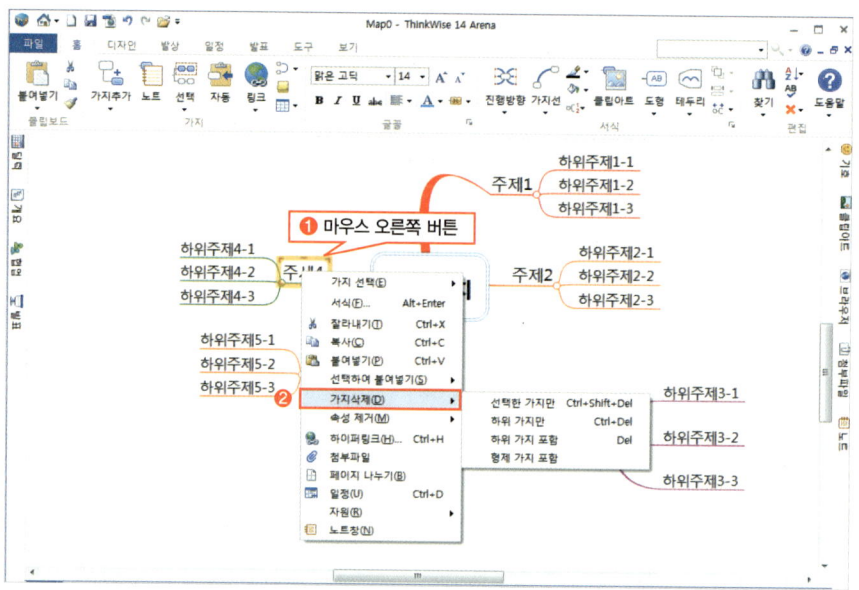

`03` 가지 삭제 옵션 중 하나를 선택합니다.

- 가지 삭제 옵션
  선택한 가지만 : 하위가지는 그대로 두고 선택한 가지만을 삭제합니다.
  하위가지만 : 현재 선택한 가지는 그대로 두고 하위가지들만 삭제합니다.
  하위가지 포함 : 현재 선택한 가지와 그 하위가지를 함께 삭제합니다.
  형제가지 포함 : 현재 선택한 가지와 그 형제가지를 함께 삭제합니다.

> **TIP** • 가지 삭제 옵션 중 하위가지 포함은 키보드의 Delete 를 눌렀을 때와 동일하게 동작합니다.

■ 찾기와 바꾸기

1. 찾기

사용자의 맵 문서에서 원하는 글자나 단어를 찾는 기능입니다. 가지의 주제나 바탕에 있는 글자, 노트에 있는 내용을 찾아볼 수 있습니다.

01 현재 맵 안에서 찾고자 하는 글자가 있는 곳으로 이동합니다.
02 [홈] 탭의 [편집] 그룹에서 [검색] 메뉴의 **'찾기'**를 실행합니다. 또는 Ctrl+F 를 누릅니다.
03 찾을 내용에 찾을 글자를 입력합니다.
04 옵션과 대상, 범위를 지정 후 [다음 찾기] 버튼을 눌러 찾기를 실행합니다.

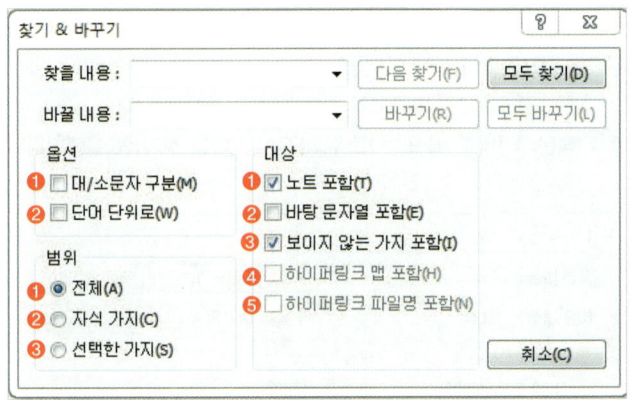

• 옵션
❶ **대/소문자 구분** : 사용자가 입력한 문자에 대한 대/소문자를 구별해서 찾기를 수행합니다.
❷ **단어 단위로** : 사용자가 입력한 단어가 독립된 형태가 되도록 찾기의 조건을 제한합니다. 입력한 단어의 일부가 포함된 것은 찾기에 포함시키지 않습니다(예, '고양이'라고 입력했을 경우, '이'나 '고양'과 같은 단어는 찾기에서 제외됩니다).

• 대상
  ❶ **노트 포함** : 가지에 노트를 입력한 경우 노트에 있는 내용도 함께 검색합니다.
  ❷ **바탕 문자열 포함** : 맵 이외에 문자열로 입력한 정보도 검색 범위에 포함합니다.
  ❸ **보이지 않는 가지 포함** : 가지 접기 등으로 현재 보이지 않는 가지까지 검색 범위에 포함합니다.
  ❹ **하이퍼링크 맵 포함** : 가지에 하이퍼링크로 연결된 맵 문서를 검색 범위에 포함합니다. 사용자는 연결된 맵 문서들의 검색 범위를 몇 단계까지로 할지 설정할 수 있습니다.
  ❺ **하이퍼링크 파일명 포함** : 하이퍼링크로 연결된 파일명을 검색 범위에 포함합니다.

• 범위
  ❶ **전체** : 찾기를 실행할 대상을 문서 전체로 합니다.
  ❷ **자식가지** : 찾기를 실행할 대상을 선택한 가지와 그 하위가지로 지정할 수 있습니다.
  ❸ **선택한 가지** : 바꾸기를 실행할 대상을 선택한 가지들로 지정합니다.

2. 바꾸기

사용자의 맵 문서에서 원하는 글자나 단어를 찾아 다른 단어 또는 문장으로 바꾸는 기능입니다. 가지의 주제나 바탕에 있는 글자, 노트에 있는 내용을 찾아 바꿀 수 있습니다.

`01` [홈] 탭의 [편집] 그룹에서 '**찾기 & 바꾸기**' 메뉴를 실행하고 [**바꾸기**] 탭을 선택합니다. 또는 Ctrl+T를 누릅니다.
`02` '**찾을 내용**'에 사용자가 찾기를 원하는 단어 '**주제**'를 입력합니다. 이 글상자에 있는 목록은 프로그램이 실행된 이후에 찾기를 실행했던 글자들의 기록을 보여줍니다.
`03` '**바꿀 내용**'에 위에서 찾은 내용에 대해 바꾸고자 하는 '**내용**'을 입력합니다.
`04` 옵션과 대상, 범위를 지정한 후 [**바꾸기**] 또는 [**모두 바꾸기**], [**다음 찾기**]를 실행합니다.

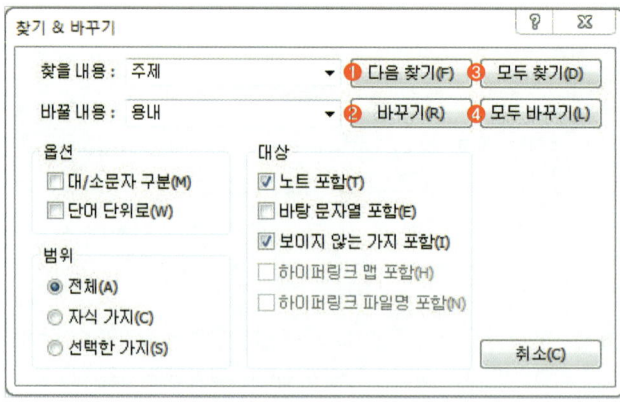

❶ **다음 찾기** : 찾을 내용에 입력된 값을 바꿀 내용에 입력한 값으로 바꾸기를 반복하여 실행합니다.
❷ **바꾸기** : 찾을 내용에 입력된 값을 바꿀 내용에 입력한 값으로 바꾸기를 실행합니다.

❸ **모두 찾기** : 찾을 내용이 입력된 가지를 모두 찾아줍니다.
❹ **모두 바꾸기** : 찾을 내용에 입력된 값을 바꿀 내용에 입력한 값으로 문서 전체에서 바꾸기를 실행합니다.

3. 맵 검색

작성된 여러 개의 맵 문서를 대상으로 특정 단어를 검색해야 하는 경우가 발생합니다. ThinkWise 는 맵 검색 기능을 통해 지정된 폴더 또는 맵 파일 내에서 원하는 항목을 검색하고 검색 결과를 맵 으로 작성해주는 기능을 지원합니다.

`01` [홈] 탭의 [편집] 그룹에서 [찾기]–[맵 검색] 메뉴를 실행합니다.

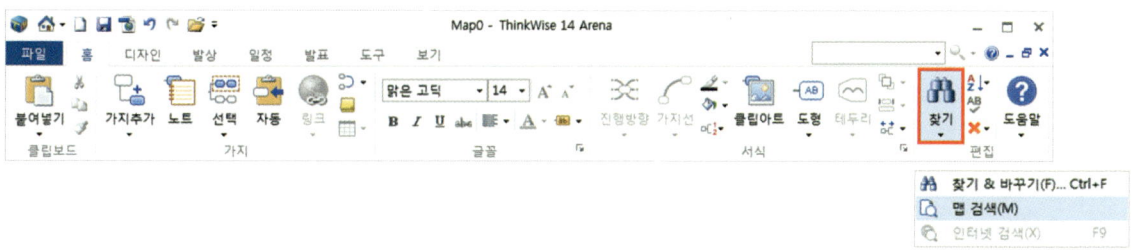

`02` [맵 검색] 창이 뜨면 검색 조건의 '**찾을 내용**'을 입력하고 검색할 폴더 및 파일을 추가한 후 옵션을 지정합니다.

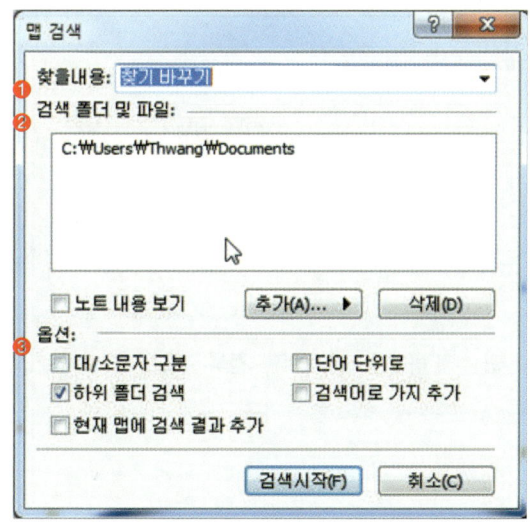

❶ **찾을 내용** : 찾고자 하는 내용을 입력합니다.
❷ **검색 폴더 및 파일** : 현재 실행되어 있는 맵 문서 목록이 기본적으로 나타나며 [**추가**] 버튼을 눌러 파일 또는 폴

더를 추가할 수 있습니다. 여러 개의 파일 또는 폴더를 대상으로 한꺼번에 맵 검색이 가능합니다.
❸ **옵션** : 세부조건을 지정할 수 있습니다.
　대/소문자 구분 : 대/소문자를 구분하여 검색합니다.
　단어 단위로 : 단어 단위로 검색합니다.
　하위 폴더 검색 : 선택한 폴더의 하위폴더까지 검색합니다.
　검색어로 가지 추가 : 검색어로 맵에 가지를 추가합니다.
　현재 맵에 검색 결과 추가 : 현재 맵에 검색 결과를 추가합니다.

03 [**확인**] 버튼을 누르면 검색이 진행됩니다.

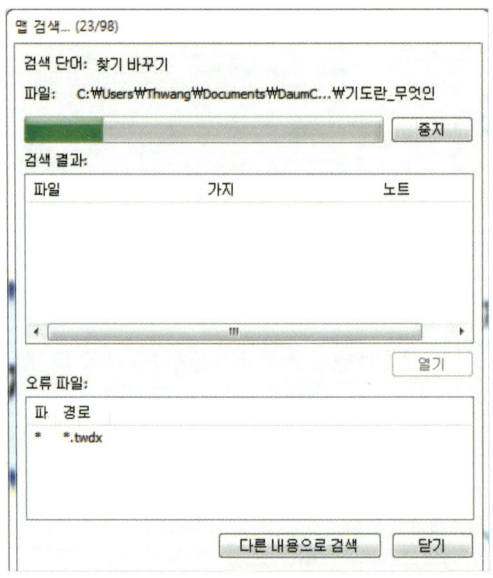

04 검색 결과가 모두 선택되어 있으며 화면 하단에 검색된 항목이 포함된 파일 정보가 표시됩니다.

> **TIP**
> • 현재 맵에 검색 결과 추가 옵션을 지정했다면, 검색 결과가 가지로 추가되어 표시됩니다.

4. 인터넷 검색

ThinkWise는 현재 선택한 가지의 내용을 검색어로 하여 즉시 인터넷 검색을 실행할 수 있습니다.

01 맵 문서의 특정 가지 '**주제2**'를 선택하고 [**홈**] 탭의 [**편집**] 그룹에서 [**찾기**]-[**인터넷 검색**] 메뉴를 실행합니다.

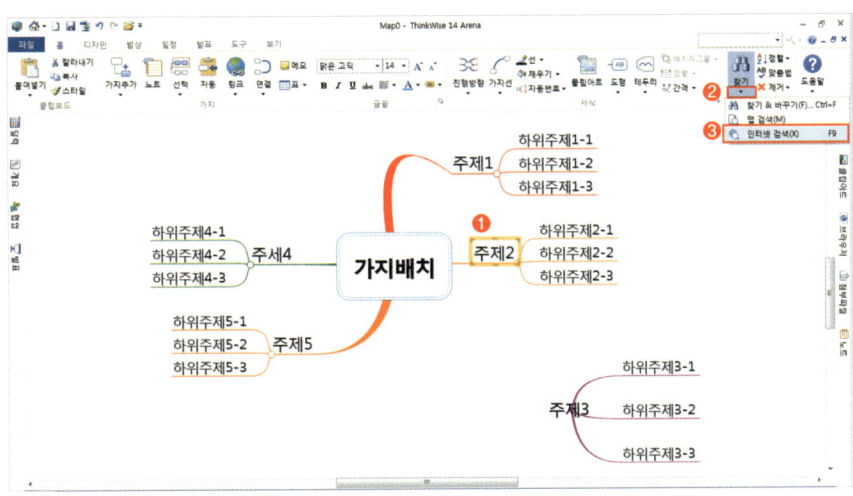

02 자동으로 인터넷 익스플로러가 실행되고 사용자가 지정한 검색사이트(예, Google)를 이용해 가지의 내용으로 검색 결과가 바로 실행된 것을 볼 수 있습니다.

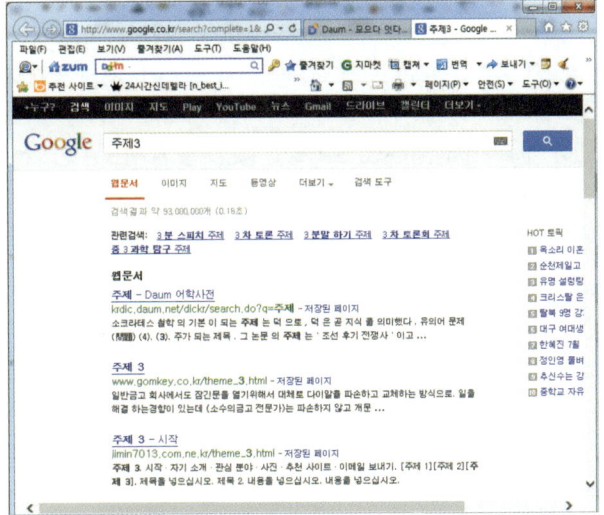

03 인터넷 검색을 통해 자료를 수집하여 맵을 완성합니다.

> **TIP**
> • ThinkWise 옵션 중 기타 탭의 '붙여넣기' 메뉴에서 '인터넷 검색시 자동 붙여넣기 실행'을 체크해놓으면 인터넷 검색 기능 실행시 자동 붙여넣기 기능이 실행되어 검색 결과를 빠르게 맵 문서로 생성할 수 있습니다.

■ 가지선택

1. 여러 개의 가지선택

ThinkWise는 동시에 2개 이상의 가지를 선택할 수 있습니다. 이 기능을 통해 동시에 여러 개의 가지를 대상으로 하는 효율적이고 빠른 작업이 가능합니다. 또한 특정 가지를 여러 개 선택할 수 있으며, 맵 문서에 있는 모든 가지를 선택할 수도 있습니다. 선택한 가지의 하위가지 또는 선택한 가지와 같은 레벨의 형제가지에 대한 선택도 가능합니다.

01 흩어져 있는 연속되지 않은 가지를 선택할 때는 키보드의 Shift 키를 누른 상태에서 선택할 다른 가지를 마우스로 순차적으로 클릭합니다.
02 특정 영역에 있는 가지들은 마우스로 드래그하여 한꺼번에 선택할 수 있습니다.

> **TIP**
> 1. 방향을 오른쪽에서 왼쪽으로 드래그할 때, 글자 또는 가지선이 영역 내에 조금이라도 포함되면 해당 주제가 선택됩니다.
> 2. 방향을 왼쪽 위에서 오른쪽 아래로 드래그할 때, 글자 또는 가지선이 영역 내에 모두 포함되어야만 해당 주제가 선택됩니다.
> 3. 방향과 관계없이 아래쪽에서 위쪽으로 드래그할 경우에는 글자 또는 가지선이 드래그한 영역 내에 조금이라도 포함되면 해당 주제가 선택됩니다.

2. 하위가지 선택

특정 가지를 선택한 상태에서 그 하위가지를 한꺼번에 선택할 수 있습니다.

01 하위가지가 있는 가지 '**주제4**'를 선택합니다.

02 [**홈**] 탭의 [**가지**] 그룹에서 [**선택**]-[**모든 자식**] 메뉴를 실행합니다. 또는 가지를 마우스 오른쪽 버튼으로 클릭하여 나오는 화면에서 가지선택의 '**모든 자식**' 메뉴를 실행합니다.

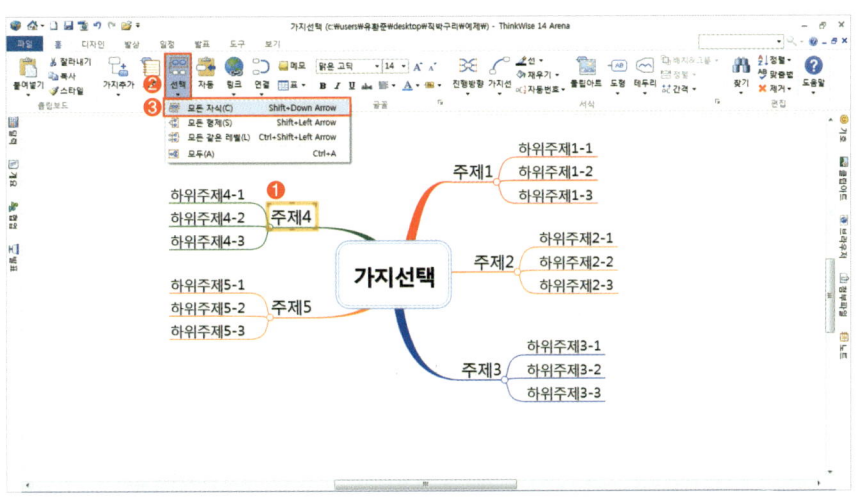

03 선택한 가지의 하위가지가 모두 선택된 것을 볼 수 있습니다.

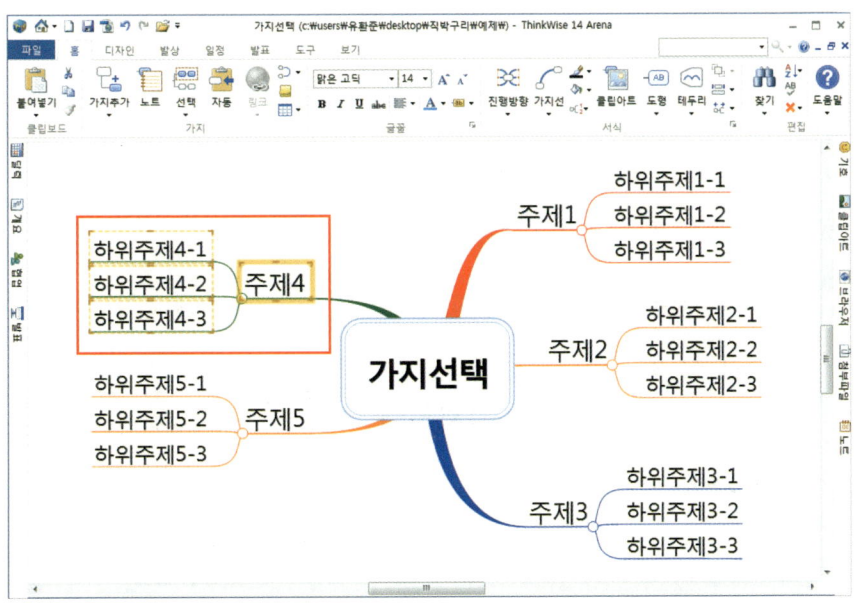

3. 형제가지 선택

앞의 하위가지 선택방법을 참조하여 형제가지를 선택합니다. 특정 가지를 선택한 상태에서 그 가지와 같은 레벨의 형제가지를 한꺼번에 선택할 수 있습니다.

01 특정 가지 '**주제1**'을 선택합니다.

02 [**홈**] 탭의 [**가지**] 그룹에서 [**선택**]-[**모든 형제**] 메뉴를 실행합니다. 또는 키보드의 [Shift] + [←]/[→] 키를 누릅니다. 또는 가지를 마우스 오른쪽 버튼으로 클릭하여 '**가지선택**'의 '**모든 형제**' 메뉴를 실행합니다.

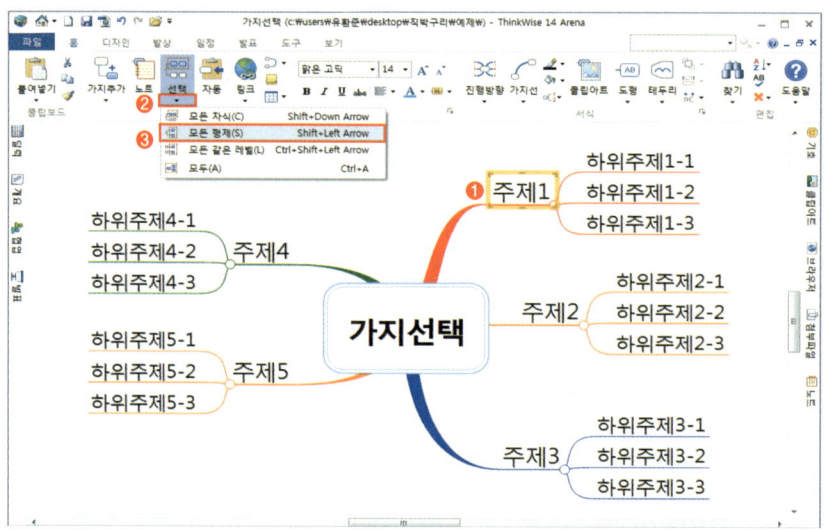

03 선택한 가지의 형제가지가 모두 선택된 것을 볼 수 있습니다.

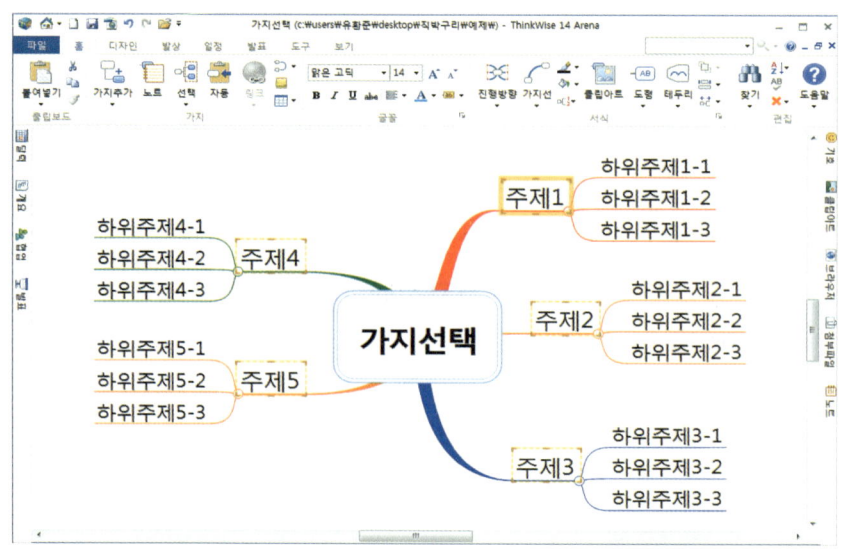

4. 모든 같은 레벨 선택

앞의 하위가지 선택방법을 참조하여 형제가지를 선택합니다. 특정 가지를 선택한 상태에서 그 가지와 레벨이 같은 모든 가지를 한꺼번에 선택할 수 있습니다.

01 특정 가지 '**하위주제3-2**'를 선택합니다.

02 [**홈**] 탭의 [**가지**] 그룹에서 [**선택**]-[**모두 같은 레벨**] 메뉴를 실행합니다. 또는 가지를 마우스 오른쪽 버튼으로 클릭하여 '**가지선택**'의 '**모든 같은 레벨**' 메뉴를 실행합니다.

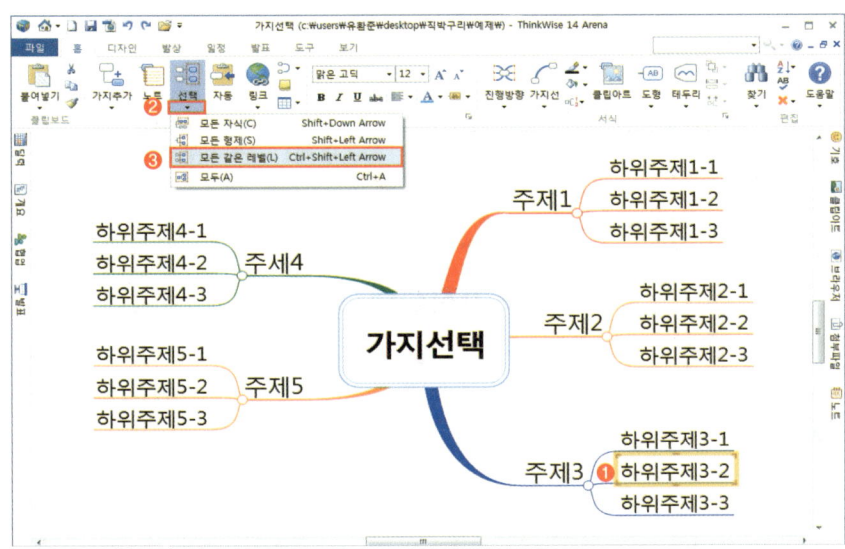

03 선택한 가지와 같은 레벨의 모든 가지가 선택된 것을 볼 수 있습니다.

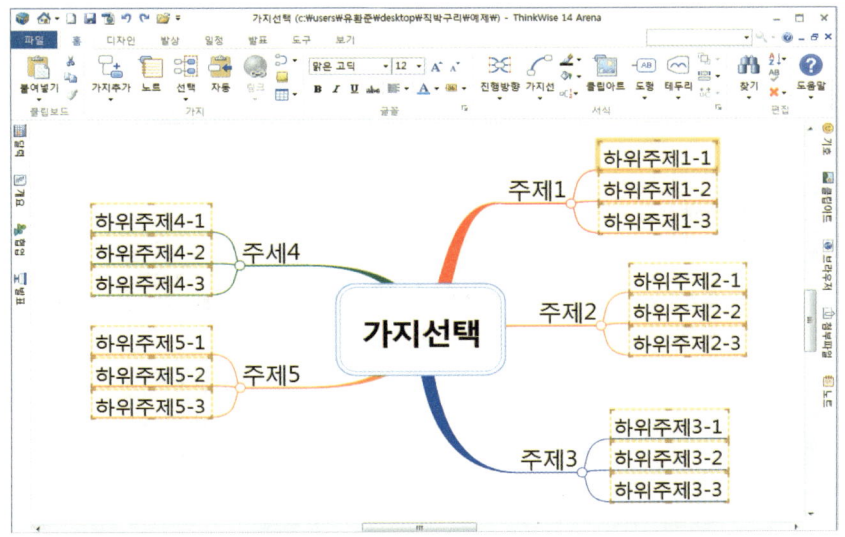

5. 전체 선택

현재 열린 맵 문서의 모든 가지를 한꺼번에 선택할 수 있습니다.

01 특정 가지 '**주제5**'를 선택합니다.

02 [**홈**] 탭의 [**가지**] 그룹에서 [**선택**]-[**모두**] 메뉴를 실행하거나 키보드의 Ctrl + A 를 누릅니다. 또는 가지를 마우스 오른쪽 버튼으로 클릭하여 '**가지선택**'의 '**전체**' 메뉴를 실행합니다.

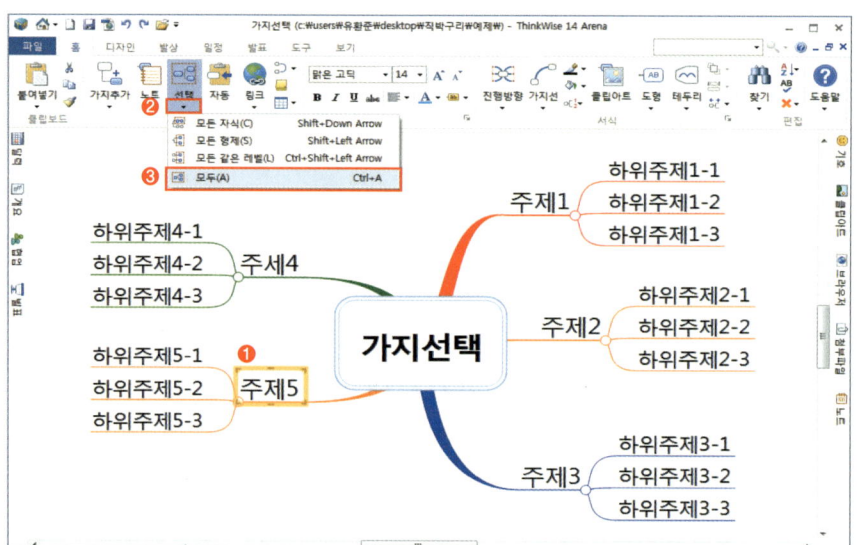

03 맵 문서의 모든 가지가 선택된 것을 볼 수 있습니다.

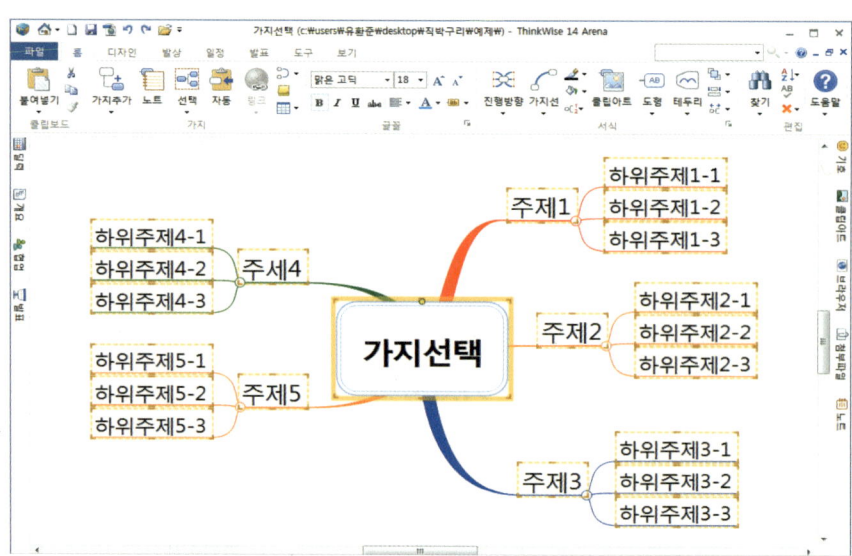

■ **영역 선택**

맵 문서를 활용하다 보면 특정 영역만을 활용하고자 하는 경우가 있습니다. ThinkWise는 맵 문서의 특정 부분을 선택하여 복사, 확대, 부분 인쇄, 이미지 저장 등의 기능을 지원합니다.

01 맵 문서 바탕화면을 마우스 오른쪽 버튼으로 클릭하여 '**영역 선택**' 메뉴를 실행합니다.

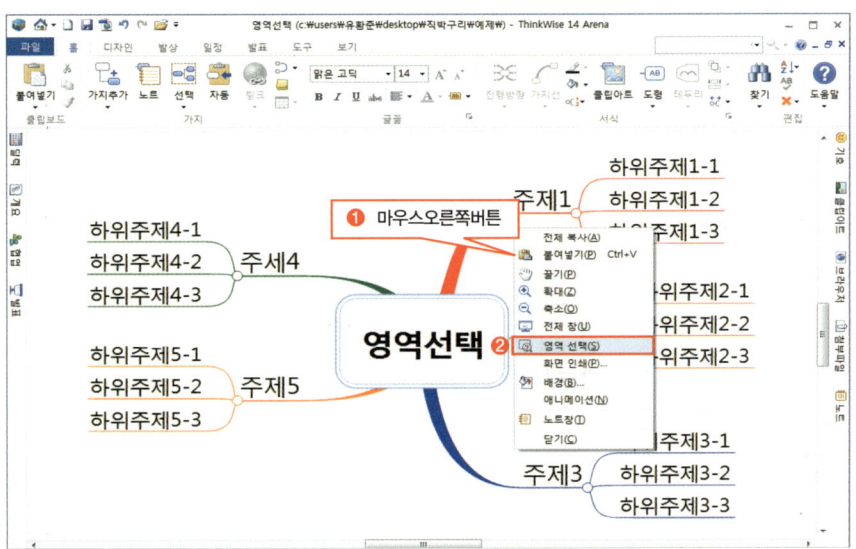

02 마우스의 커서가 십자 모양으로 바뀐 후, 맵 문서의 특정 부분을 마우스로 드래그하여 영역을 선택하면 메뉴가 활성됩니다.

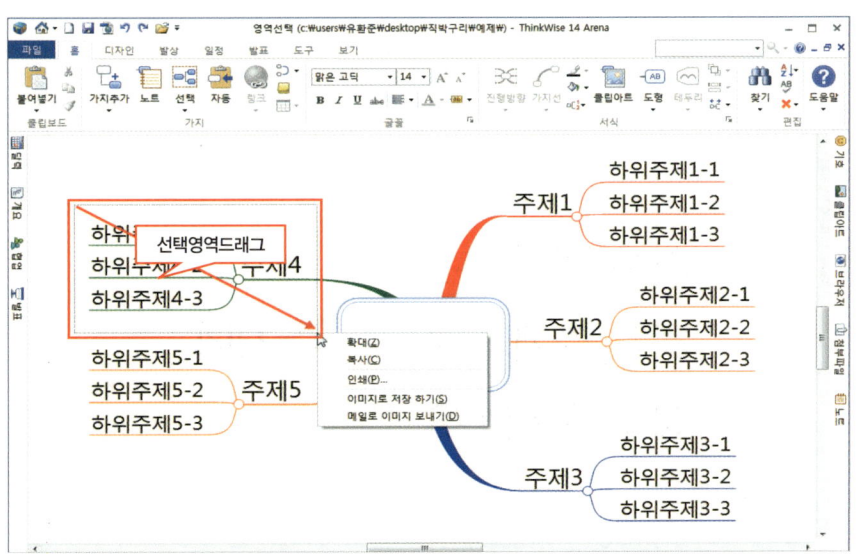

1. 복사

01 '**복사**' 메뉴를 실행합니다.
02 '**주제5**' 가지를 선택한 후 '**붙여넣기**'하면 선택한 영역이 이미지로 복사되어 선택한 가지에 하위가지로 추가됩니다. 즉, 선택한 영역을 이미지로 복사하여 맵 문서 또는 다른 프로그램에 붙여넣기를 할 수 있습니다.

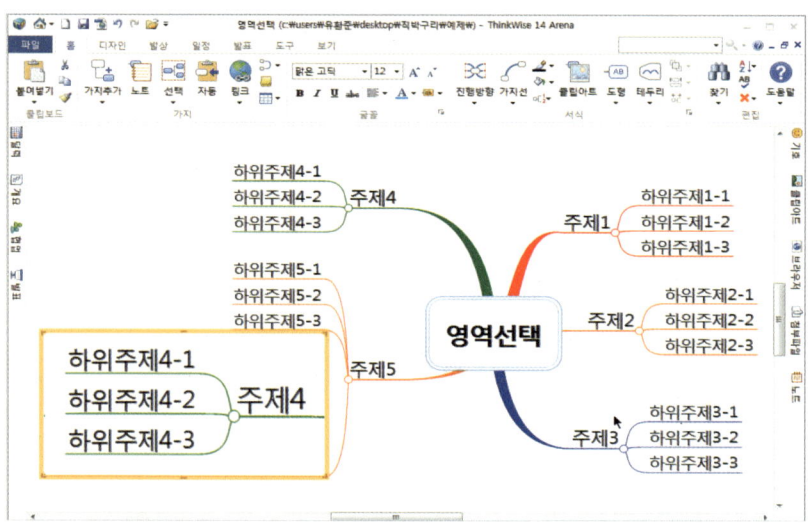

2. 확대

01 '**확대**' 메뉴를 실행합니다.
02 선택한 영역이 확대되어 표시됩니다.

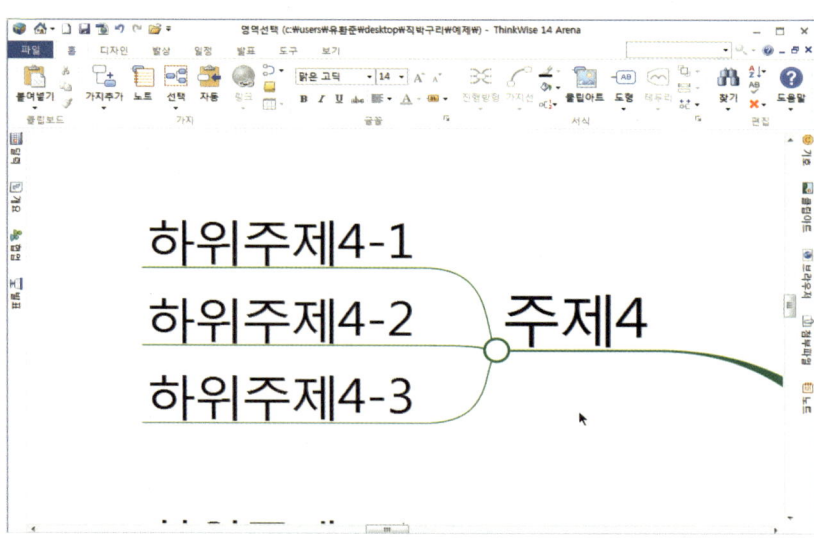

3. 부분 인쇄

01 **'부분 인쇄'** 메뉴를 실행합니다.
02 선택한 영역만 인쇄됩니다.

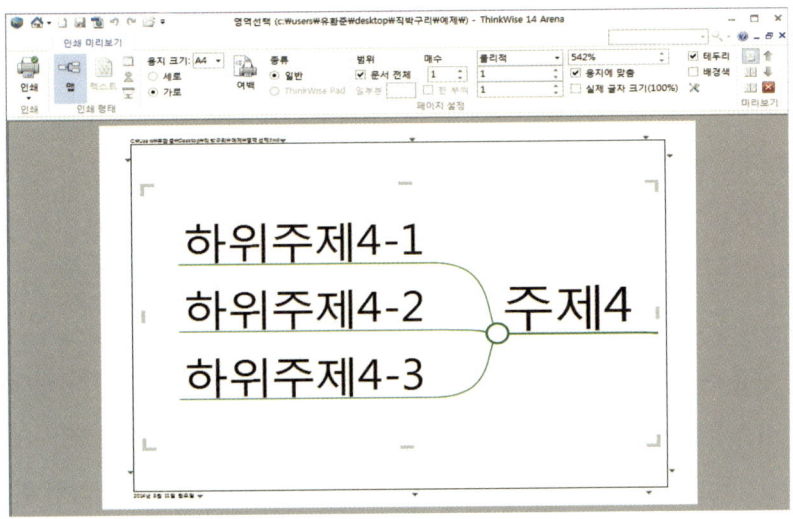

4. 이미지로 저장하기

01 **'이미지로 저장하기'** 메뉴를 실행합니다.
02 **[다른 이름으로 저장]** 창이 실행되며 이미지 파일로 저장할 수 있습니다. 이때 저장 가능한 이미지 파일 형식은 jpg, bmp, gif, png입니다.

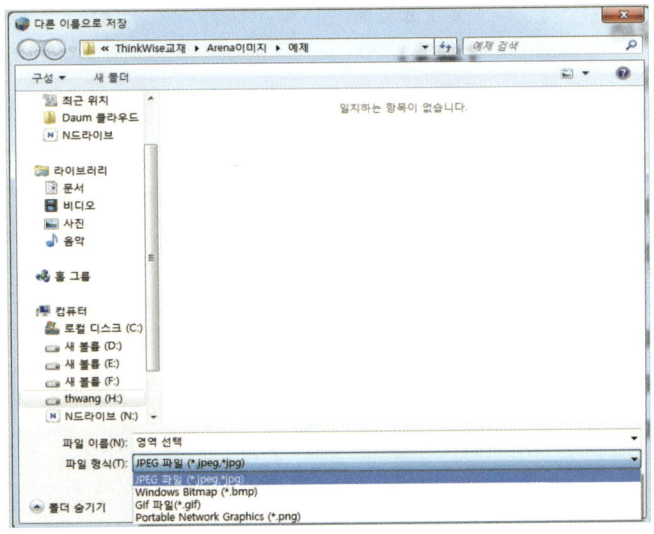

5. 메일로 이미지 보내기

01 '**메일로 이미지 보내기**' 메뉴를 실행합니다.
02 선택한 영역이 이미지 파일(*.png)로 생성되며, 생성된 이미지가 첨부된 상태로 Outlook 또는 Outlook Express 프로그램의 메일 작성하기가 실행됩니다. 이메일 내용을 작성하여 메일 발송이 가능합니다.

■ 실행 취소와 다시 실행

사람이 어떤 작업을 하다 보면 실수할 수가 있습니다. '**실행 취소**'는 바로 이런 이유 때문에 만들어졌습니다. 작업 중 어떤 문제가 발생하면 그 문제가 생기기 전 작업 단계로 회복할 수 있습니다. 뿐만 아니라 여러 번 취소를 반복하여 수행할 수 있습니다.

'**다시 실행**'은 '**실행 취소**'와 반대의 개념입니다. '**다시 실행**'은 '**실행 취소**'한 사항에 대한 실행 취소입니다. '**실행 취소**'를 한 후에 다시 실행 취소 전의 상태로 되돌리고 싶을 때, 다시 실행을 수행하면 원래의 상태로 되돌아갈 수 있습니다. ThinkWise는 논리적으로 무한대의 '**실행 취소**'와 '**다시 실행**'을 할 수 있습니다.

01 **실행 취소** : '**빠른 실행 도구 모음**'의 '**실행 취소**'를 누릅니다.

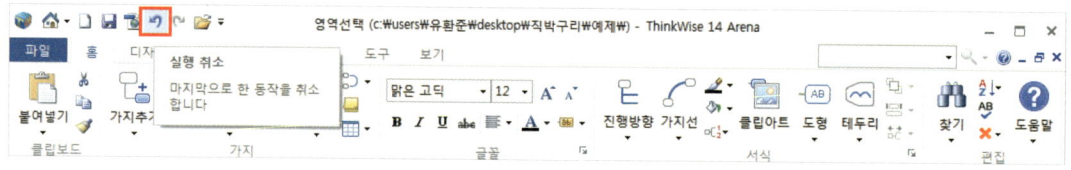

02 **다시 실행** : '**빠른 실행 도구 모음**'의 '**다시 실행**'을 누릅니다.

■ 가지 추출

맵 문서를 작성하여 여러 개의 문서를 관리하다 보면, 특정 조건에 맞는 항목만을 추출하여 사용하고자 하는 경우가 많이 발생합니다. ThinkWise는 가지 추출 기능을 통해 지정된 폴더 또는 맵 파일 내에서 원하는 항목을 추출하여 별도의 맵을 만들 수 있습니다.

01 [도구] 탭의 [구조] 그룹에서 [가지 추출] 메뉴를 실행합니다.

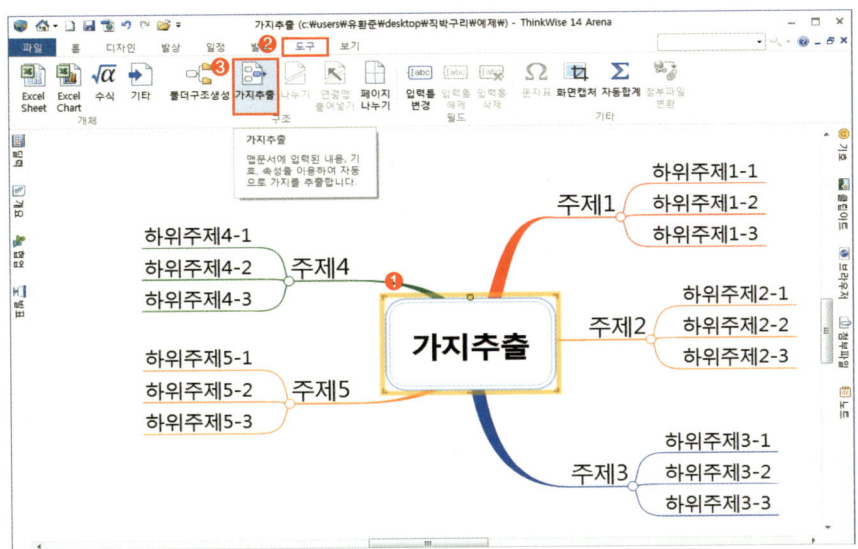

02 [가지 추출] 창이 실행되면 '검색조건'에 찾을 내용 '주제5'를 입력합니다. 만약 다른 조건을 설정하려면 '자세히' 메뉴 앞의 ⊞ 을 눌러 필요한 검색 조건을 선택 또는 지정합니다.

'찾는 폴더/파일' 창에는 기본적으로 현재 실행되어 있는 맵 문서 목록이 나타나며 [추가] 버튼을 눌러 가지 추출을 실행할 대상 파일 또는 폴더를 추가하여 여러 개의 파일 또는 폴더에서 한꺼번에 가지 추출이 가능합니다.

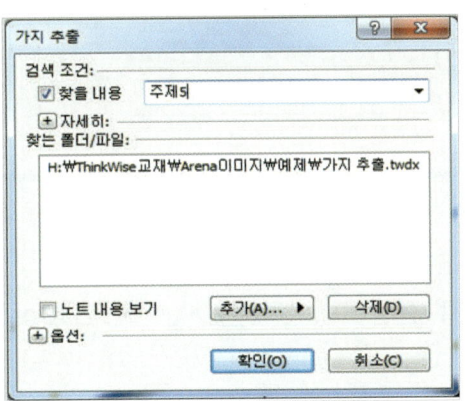

03 '**옵션**' 메뉴 앞의 ⊞ 버튼을 눌러 세부 검색 조건을 설정합니다.

04 [**확인**]을 누르면 현재 맵 문서에 가지가 추가되면서 추출된 결과가 맵으로 생성됩니다.

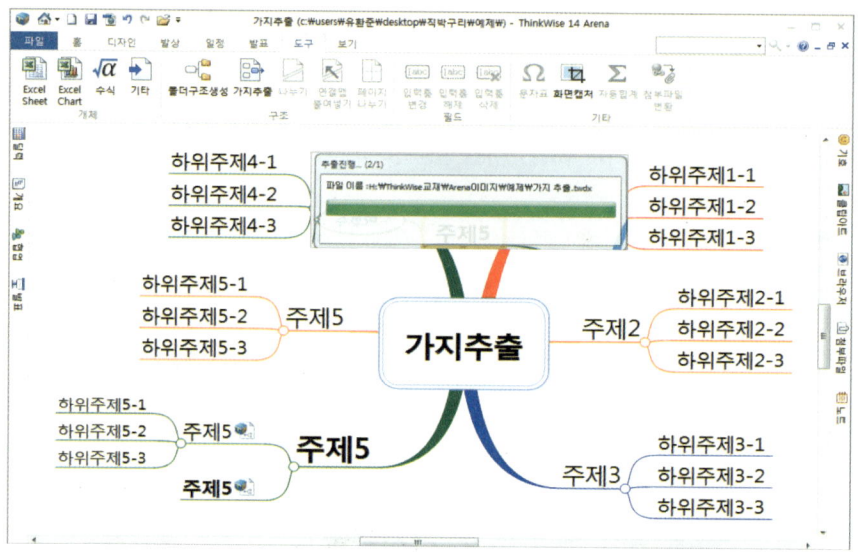

연습　'신세대를 읽는 키워드, BRAVO' 맵을 불러와서 다음을 처리하시오.

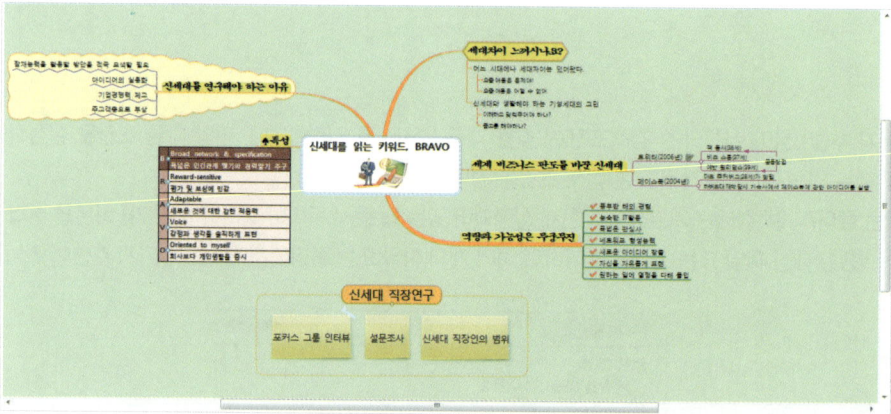

1. '특성' 가지를 맵에서 분리시키시오.
2. '세대 차이 느끼시나요?'의 가지서식만 '트위터(2006년)' 가지와 '페이스북(2004년)' 가지에 붙여넣으시오.
3. 맵을 저장하시오.

▶결과

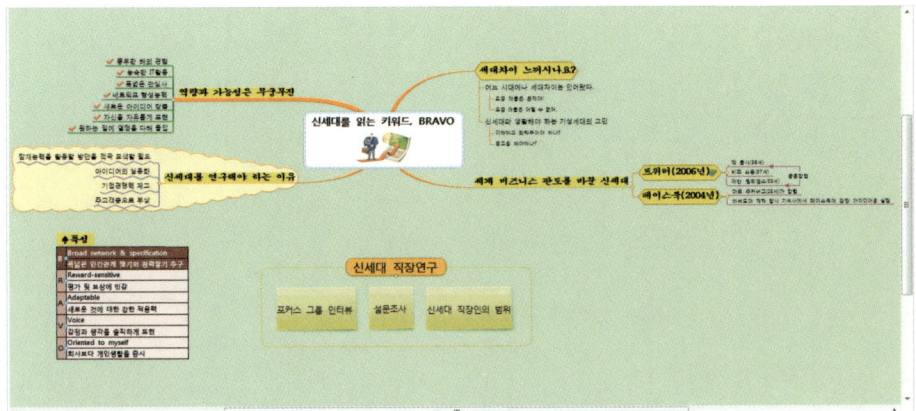

Chapter ❸

맵 문서 보기

■ 화면보기

ThinkWise는 작성한 맵 문서를 화면에 표시하는 다양한 방법을 지원합니다.

1. 확대/축소

맵 문서를 화면에서 더 크게 또는 더 작게 보여줍니다. [보기] 탭의 [확대/축소] 그룹에서 아래쪽 화살표를 눌러 확대 또는 축소를 실행합니다.

❶ '확대' 또는 '축소' 메뉴를 선택한 후 맵 문서화면을 한 번 클릭할 때마다 한 단계씩 확대 또는 축소됩니다.
❷ 축소 메뉴 아래의 숫자는 현재 맵 문서를 지정된 숫자만큼의 배율로 화면에 표시해줍니다.

❸ **'배율 지정'** 버튼을 눌러 메뉴에 표시된 33%~400% 외의 다른 배율로 맵 문서의 크기를 지정할 수 있습니다.

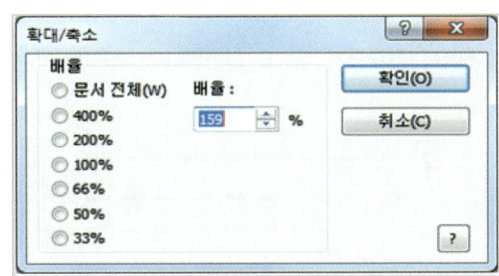

❹ 문서 전체 메뉴를 실행하면 작성된 맵 문서가 현재 화면에 모두 표시됩니다. 문서 전체 기능은 바탕화면을 더블클릭하는 것과 같은 효과가 있으며, 이 기능을 자주 사용하는 사용자라면 바탕화면 더블클릭으로 기능을 실행하는 것이 효과적입니다.

>
> • 확대/축소 기능은 마우스 단축키로도 실행이 가능합니다. 키보드의 Ctrl 을 누른 상태로 마우스 휠을 상하로 굴리면 화면 확대/축소가 실행됩니다.

2. 100%로 보기

작성한 맵 문서의 화면 배율을 실제 크기인 100%로 표시해주는 기능입니다. **[보기]** 탭의 **[확대/축소 그룹]**에서 '100%'를 실행하면 현재 작성한 문서가 100%의 실제 크기로 지정됩니다.

3. 전체보기

ThinkWise는 사용자가 맵 문서를 작성하다가도 언제든지 맵 문서 전체를 화면에서 볼 수 있도록 전체보기 기능을 지원합니다. 전체보기 기능을 사용할 경우 맵 문서의 실제 크기와 관계없이 모든 내용이 현재 모니터에 맞추어 표시됩니다.

전체보기 기능은 확대/축소 버튼의 **'문서 전체'** 기능을 실행하는 것과 동일하게 동작합니다. 현재 작성된 맵 문서 전체를 화면에 표시해주므로 전체를 한눈에 볼 수 있습니다. 맵 문서의 바탕화면을 더블클릭하는 것과 동일하게 동작합니다.

01 [보기] 탭의 [확대/축소] 그룹에서 '**전체보기**' 메뉴를 실행합니다. 또는 맵 문서 바탕화면을 마우스로 더블클릭합니다.

또는 상태표시줄 오른쪽 끝에 있는 전체보기 메뉴를 마우스로 클릭합니다.

4. 이전화면

[**이전화면**]은 화면 배율을 조정한 후 이전의 화면 배율 상태로 되돌리고자 할 때 사용하는 기능입니다.

01 [보기] 탭의 [확대/축소] 그룹에서 '**이전화면**' 메뉴를 누릅니다.

02 이전의 화면 배율 상태로 되돌아갑니다.

> **TIP** • '**이전화면**' 메뉴는 바로 직전의 화면배율 상태로 되돌리는 기능으로 '**실행 취소**'와는 구분되는 기능입니다.

5. 영역 확대

맵 문서 작성 중 특정 영역을 확대하고자 할 때 사용할 수 있는 기능입니다.

01 [보기] 탭의 [확대/축소] 그룹의 '**영역 확대**' 메뉴를 실행합니다.

02 마우스 포인터 모양이 (+)와 같이 바뀌면 맵 문서 중 확대하고자 하는 영역을 드래그하여 선택합니다.

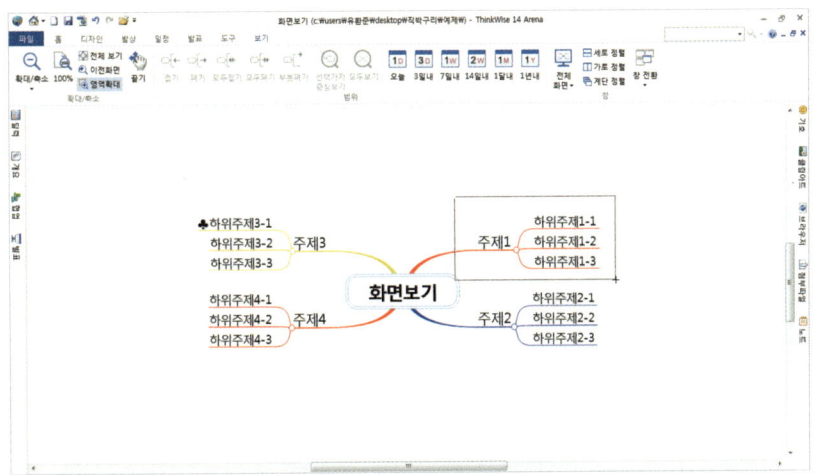

03 마우스로 드래그한 영역이 화면에 확대되어 실행된 것을 확인할 수 있습니다.

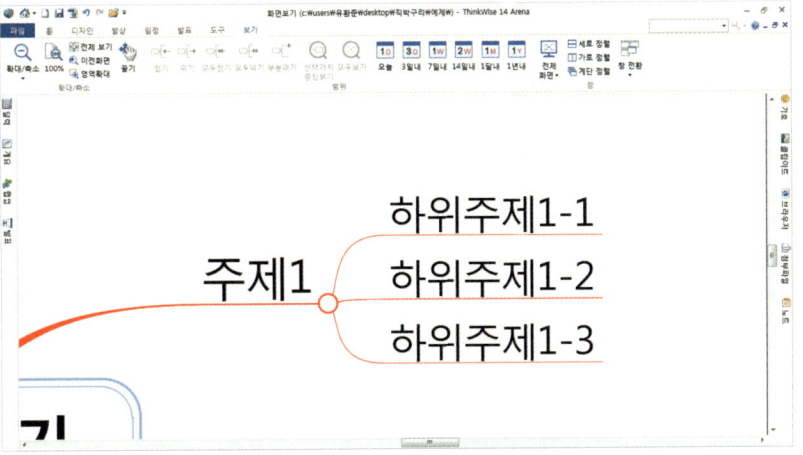

■ 끌기

입력된 내용이 많은 맵 문서의 경우 전체 맵 문서를 한 화면에 보기가 어렵습니다. 이런 경우에는 원하는 위치로 빠르게 이동할 수 있는 기능이 필요한데, 끌기 기능을 이용하면 맵을 손으로 밀듯이 화면을 끌어서 다른 부분을 빨리 볼 수 있도록 합니다.

01 **[보기]** 탭의 **[확대/축소]** 그룹에서 '**끌기**'를 선택합니다.

02 마우스 커서의 모양이 🖐 으로 바뀌면 마우스 왼쪽 버튼으로 맵 문서 화면을 끌어당깁니다. 맵 문서의 위치를 쉽게 옮길 수 있습니다.
03 마우스 오른쪽 버튼을 한 번 누르면 끌기가 해제됩니다.

> **TIP** • 끌기 기능은 별도로 메뉴를 실행하지 않고도 바로 사용할 수 있습니다. 마우스 오른쪽 버튼으로 맵 문서 화면을 클릭함과 동시에 이동하고자 하는 방향으로 드래그합니다. 책상 위의 노트를 손으로 민다는 생각으로 작동하면 매우 편리합니다.

■ 가지 접기/펴기

작성한 맵 문서가 여러 단계의 가지를 가지고 있고, 가지의 수가 많아지면 전체 내용을 한눈에 보는 것이 쉽지 않습니다. 이럴 때 하위가지를 접어 화면에 보이지 않도록 설정할 수 있으며, 다시 화면에 표시하려면 '**펴기**'로 원래의 상태로 펼쳐놓을 수 있습니다.

1. 접기

01 맵 문서의 중심제목 또는 특정 가지를 선택합니다.
02 **[보기]** 탭의 **[범위]** 그룹에서 '**접기**' 메뉴를 실행합니다.

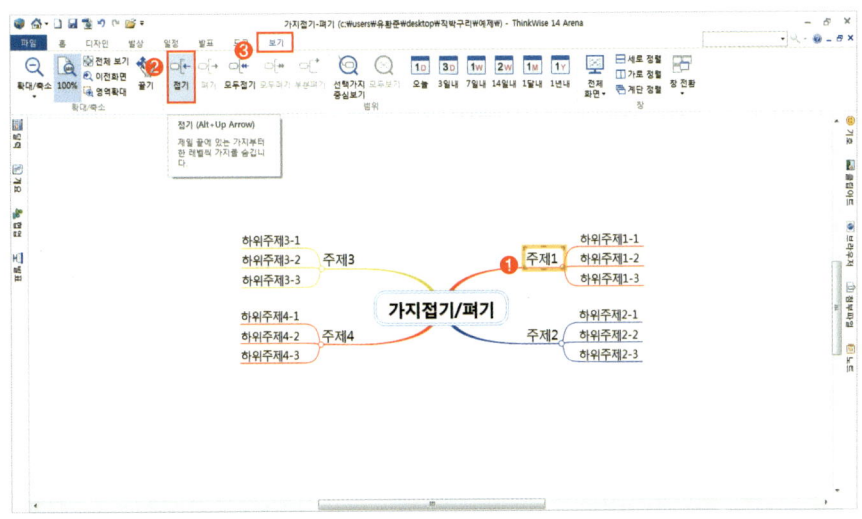

03 '**접기**'를 한 번 누를 때마다 선택한 가지를 기준으로 최하위의 가지부터 한 레벨씩 화면에서 숨겨집니다. 이때 '**접기**'가 실행된 가지 끝에는 동그란 점이 생성되어 현재 숨겨진 하위가지가 있음을 보여줍니다.

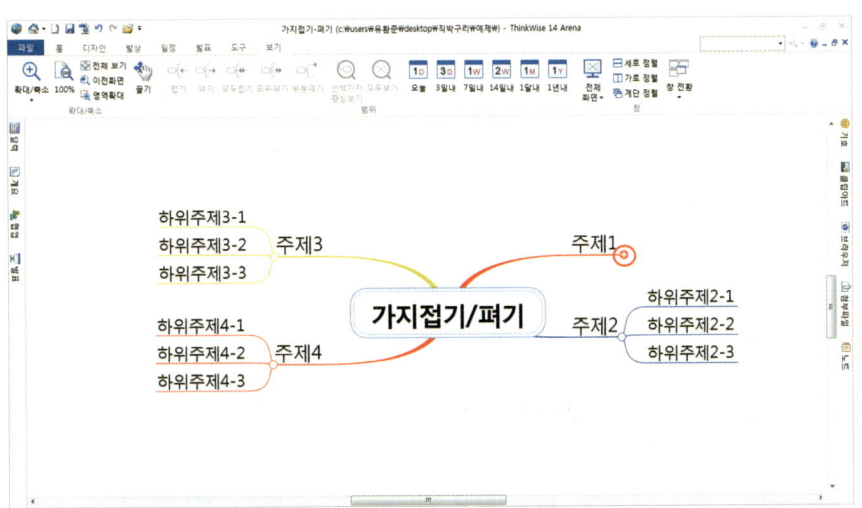

> **TIP**
> 1. 맵 문서의 모든 가지는 상위가지와 하위가지 사이에 동그란 연결점이 있습니다. 이 동그란 연결점은 평소에는 빈 동그라미로 표시되지만 가지 접기를 실행한 후에는 색이 채워진 동그라미로 바뀌어 현재 하위가지가 숨겨져 있음을 알 수 있습니다.

2. 이 연결점에 마우스를 가져가면 마우스 포인터 모양이 전환됩니다. 이때 마우스를 클릭하면 자동으로 접기 기능이 실행되어 하위가지가 화면에서 숨겨지며 다시 한번 마우스로 클릭하면 이 연결점은 평소에는 빈 동그라미로 표시되지만 하위가지를 접으면 색이 채워진 동그라미로 전환됩니다.

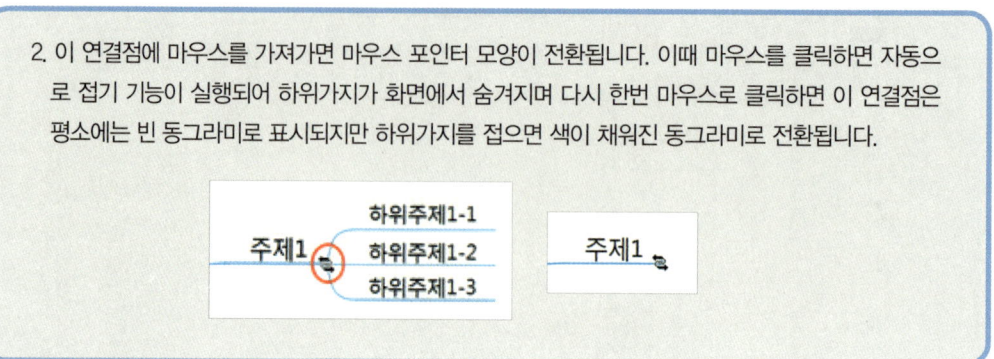

2. 모두 접기

위에서 설명한 접기 기능이 한 레벨씩 접는 것이라면, 모두 접기는 하위가지 모두를 한꺼번에 접는 것입니다.

01 중심제목 또는 특정 가지를 선택합니다.
02 [보기] 탭의 [범위] 그룹에서 '모두 접기'를 실행합니다.
03 중심제목 또는 선택한 가지를 기준으로 모든 하위가지가 한꺼번에 숨겨집니다.

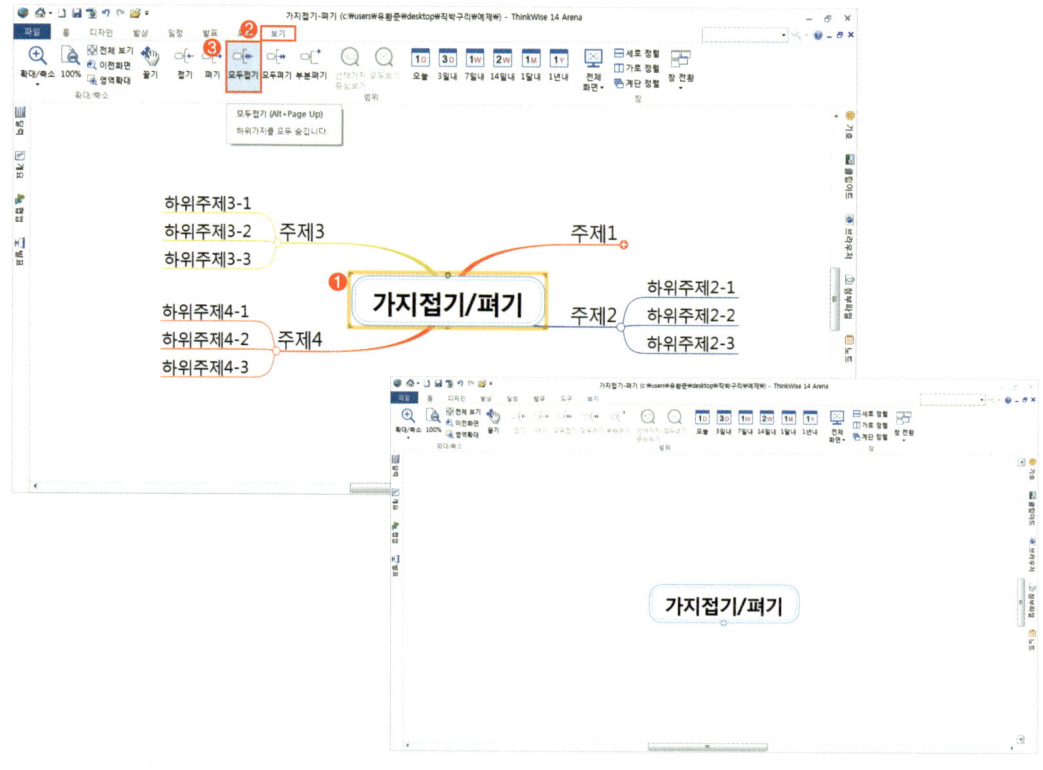

3. 펴기

01 가지가 접혀 있는 가지를 선택합니다.
02 [보기] 탭의 [범위] 그룹에서 '펴기' 메뉴를 실행합니다.
03 펴기를 한 번 누를 때마다 선택한 가지를 기준으로 숨겨졌던 가지가 한 레벨씩 펴집니다.

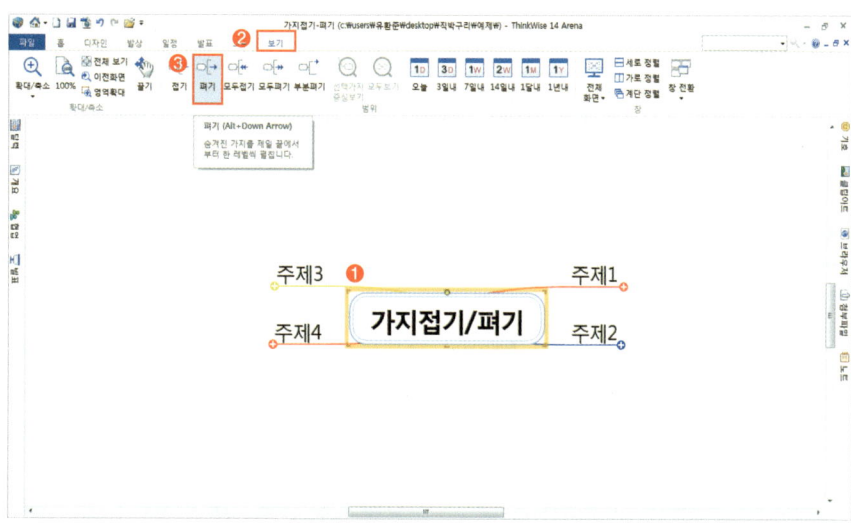

4. 모두 펴기

위에서 설명한 펴기 기능이 한 레벨씩 펴는 것이라면, 모두 펴기는 하위가지 모두를 한꺼번에 펴는 것입니다.

01 하위가지가 접혀있는 특정 가지를 선택합니다.
02 [보기] 탭의 [범위] 그룹에서 '모두 펴기' 메뉴를 실행합니다.
03 '모두 펴기'를 실행하면 선택한 가지를 기준으로 그 하위가지가 전부 한꺼번에 펼쳐집니다.

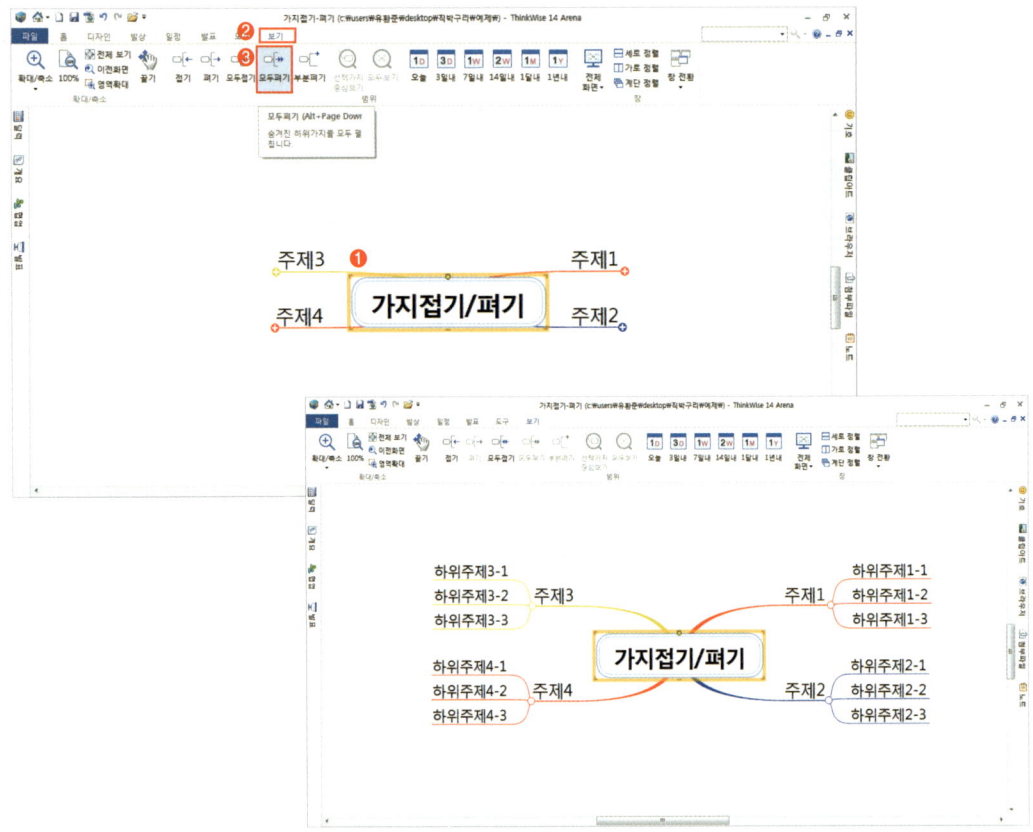

5. 부분 펴기

부분 펴기는 모두 펴기와 동일하게 동작하지만, 마우스를 이용하여 접어놓은 가지는 부분 펴기시 펴지지 않도록 함으로써 사용자가 선택적으로 화면보기를 조절할 수 있도록 지원하는 기능입니다. 사용자가 마우스를 이용하여 접어놓은 가지는 모두 펴기를 이용하는 경우에만 펴지므로, 부분 펴기를 적절히 활용하면 원하는 부분만 펴지도록 할 수 있습니다.

01 가지가 접혀 있는 가지를 선택합니다.
02 **[보기]** 탭의 **[범위]** 그룹에서 '**부분 펴기**' 메뉴를 실행합니다.
03 부분 펴기를 실행하면 선택한 가지를 기준으로 그 하위가지가 한꺼번에 펼쳐집니다. 단, 사용자가 마우스로 임의로 접기를 설정한 가지는 '**모두 펴기**' 시에만 펼쳐집니다.

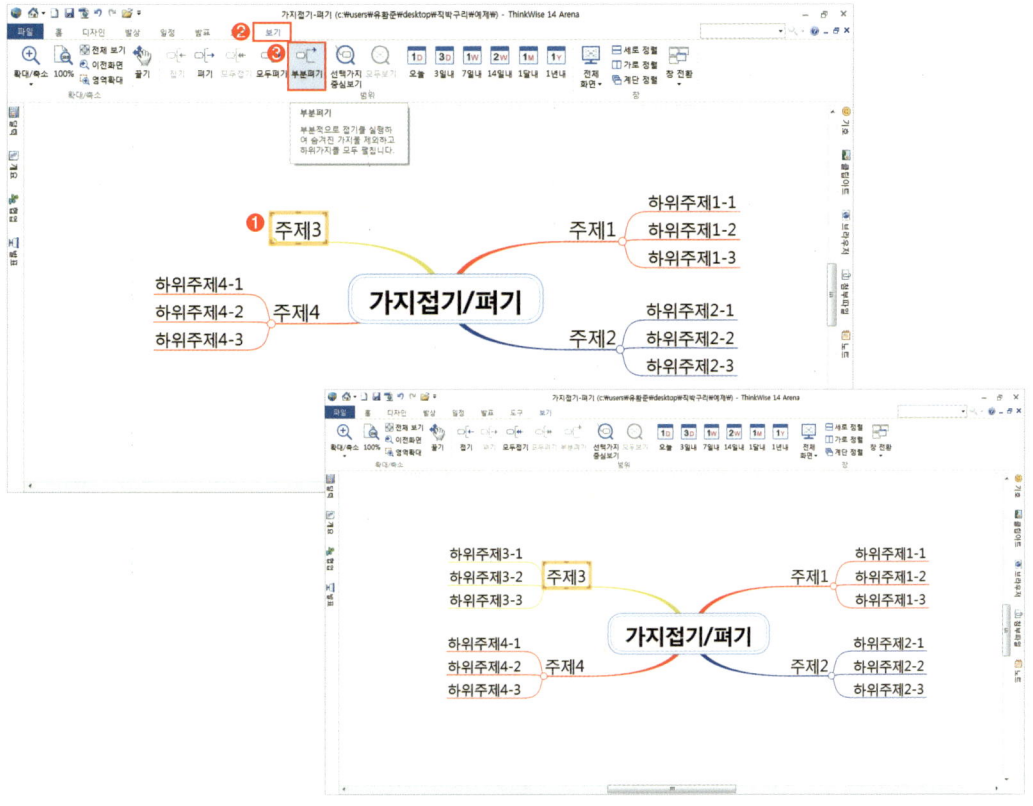

6. 마우스를 이용한 접기와 펴기

01 상위가지와 하위가지의 연결점을 마우스로 클릭하면 하위 레벨의 가지들이 한 번에 감아올려지게 됩니다.

02 한 번에 접기를 수행한 위치에서 다시 한 번 마우스를 클릭하면 모든 하위가지들이 한 번에 펴집니다.

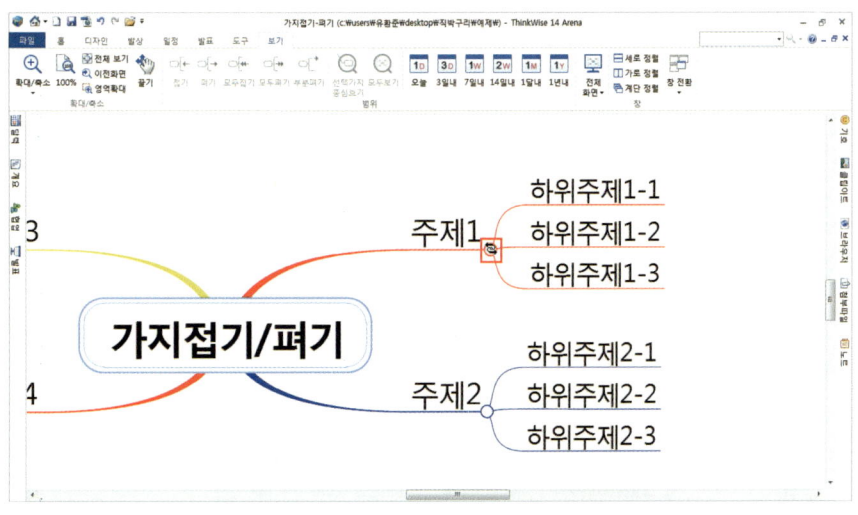

- 마우스로 접어놓은 가지는 부분 펴기 메뉴로 펼쳐지지 않습니다. 따라서 마우스로 접은 가지를 한꺼번에 펴려면 '모두 펴기' 메뉴를 사용해야 합니다.

7. 선택가지 중심보기

앞부분에서 설명한 접기와 펴기가 맵 문서를 레벨 단위로 구분하여 화면에 표시해주는 기능이라면 **'선택가지 중심보기'** 기능은 레벨과 관계없이 특정 부분만을 화면에 표시할 수 있는 기능입니다.

01 화면에 표시하고자 하는 영역 중 최상위가지를 마우스로 선택합니다.
02 [보기] 탭의 [범위] 그룹에서 **'선택가지 중심 보기'**를 실행합니다.
03 선택한 가지와 그 하위가지들만 화면에 표시되고 나머지 가지와 주제들은 모두 화면에서 숨겨집니다.

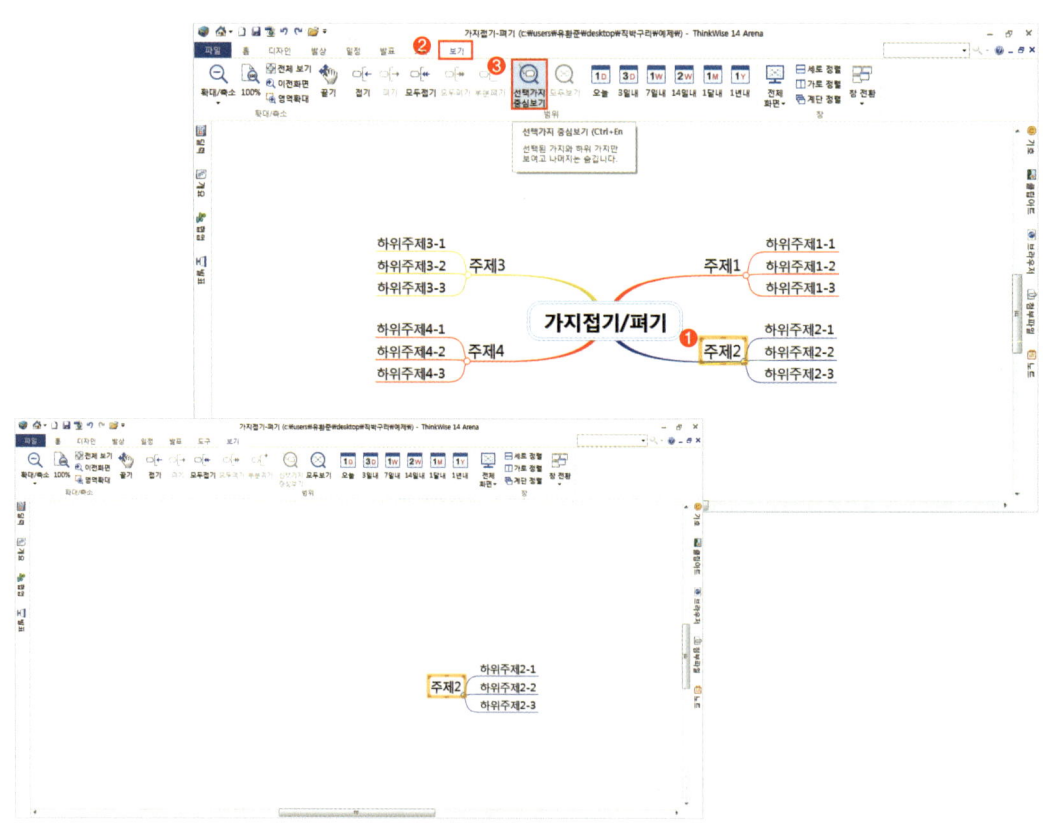

> **TIP**
> 1. '선택가지 중심보기' 메뉴를 실행했을 때 보이지 않는 가지들은 삭제된 것이 아니라 단지 화면에서 숨겨진 것입니다. '모든 가지 보기'를 실행하면 원래의 전체 맵이 화면에 표시됩니다.
> 2. '선택가지 중심보기' 메뉴를 실행한 상태에서 문서를 인쇄하면 화면에 표시된 그대로가 인쇄됩니다. 따라서 특정 부분만을 출력하고자 할 때 유용하게 사용할 수 있습니다.

8. 모든 가지 보기

'선택가지 중심보기' 또는 중심 바꾸기가 실행된 상태에서 다시 원래의 전체 맵으로 되돌리는 방법입니다.

`01` [보기] 탭의 [범위] 그룹에서 **'모두 보기'**를 실행합니다.
`02` 숨겨졌던 모든 가지가 화면에 표시됩니다.

9. 특정 가지를 중앙으로 옮기기

맵 문서의 특정 가지를 화면의 중앙으로 옮기는 기능입니다.

`01` 원하는 가지를 선택한 후 키보드의 F5 를 누릅니다.
`02` 선택한 가지가 화면 중앙으로 이동하여 보여집니다.

10. 작성 기간별 보기

ThinkWise는 문서 내 각 가지들을 작성된 기간별로 구분하여 볼 수 있습니다. 맵 문서를 실행하고 [보기] 탭의 [범위] 그룹에서 **'작성 기간'**을 선택합니다.

❶ **오늘** : 오늘 작성된 가지가 모두 선택됩니다.
❷ **3일 내** : 3일 전부터 현재까지 작성된 모든 가지가 선택됩니다.
❸ **7일 내** : 7일 전부터 현재까지 작성된 모든 가지가 선택됩니다.
❹ **14일 내** : 14일 전부터 현재까지 작성된 모든 가지가 선택됩니다.
❺ **1달 내** : 30일 전부터 현재까지 작성된 모든 가지가 선택됩니다.
❻ **1년 내** : 365일 전부터 현재까지 작성된 모든 가지가 선택됩니다.

■ **입력틀**

입력틀 기능은 가지에 입력된 설명을 보고 사용자가 설명에 따라 내용을 입력할 수 있도록 안내하는 기능을 말합니다. 각각의 가지에 설명을 입력한 후 해당 가지를 입력틀로 전환하면 입력틀 선택 시 바로 글자를 입력할 수 있습니다. 입력틀 기능을 사용하면 기존에 입력된 설명을 지울 필요 없이 바로 내용을 입력할 수 있고, 인쇄시에도 다른 가지와 구분되어 흐리게 인쇄됩니다.

1. 입력틀로 변경하기

`01` 입력틀로 전환할 맵 문서의 가지를 선택합니다.
`02` **[도구]** 탭의 **[필드]** 그룹에서 '**입력틀 변경**' 메뉴를 실행합니다.

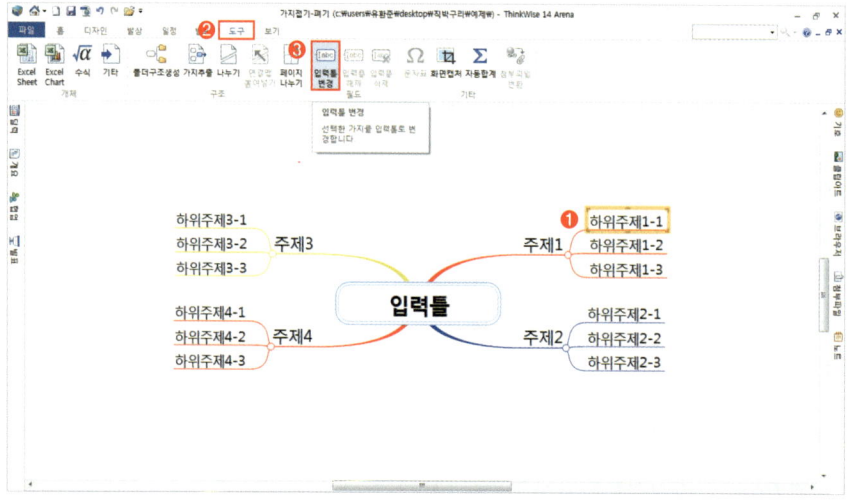

`03` 선택한 가지의 색상과 모양이 바뀌는 것을 볼 수 있습니다.

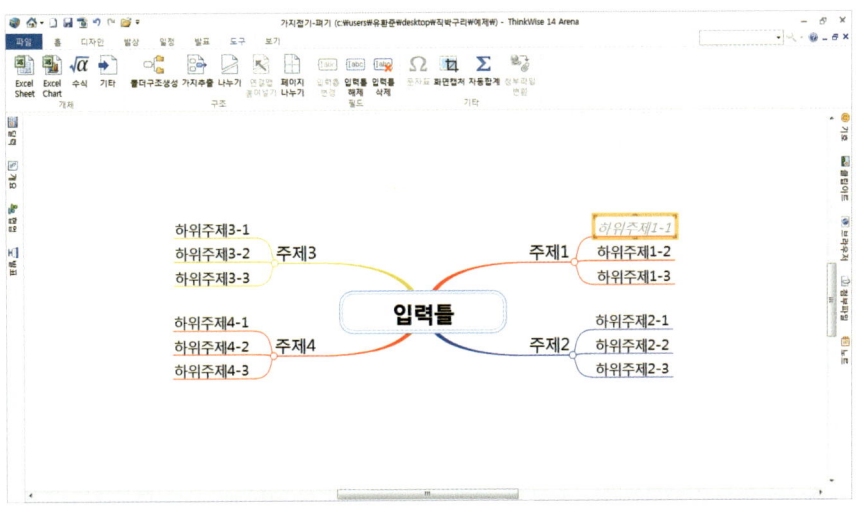

04 입력틀로 전환한 가지를 클릭하면 기존에 입력되었던 안내문이 사라지고, 즉시 새로운 내용으로 입력이 가능합니다.

2. 입력틀 해제하기

입력틀로 변경한 가지를 입력틀로 변경하기 이전의 상태로 되돌립니다.

01 입력틀로 변경된 가지를 선택합니다.
02 [도구] 탭의 [필드] 그룹에서 '**입력틀 해제**' 메뉴를 실행합니다.

03 기존에 입력틀로 전환되었던 가지가 원래의 일반 입력 상태로 되돌아옵니다.

3. 입력틀 삭제하기

입력틀로 변경한 가지를 삭제합니다. 다만 하위가지가 있는 상위가지는 삭제할 수 없으며, 입력틀 삭제메뉴 실행시 선택한 가지의 하위에 있는 모든 입력틀 가지가 삭제됩니다.

01 입력틀로 변경된 가지를 선택합니다.
02 [**도구**] 탭의 [**필드**] 그룹에서 '**입력틀 삭제**' 메뉴를 실행합니다.

03 입력틀 삭제 실행시 선택한 가지의 하위레벨에 있는 입력틀 가지가 모두 삭제됩니다. 만약 하위가지를 삭제하지 않기를 원한다면 삭제할 가지를 마우스 오른쪽 버튼으로 선택하여 '**가지 삭제**' 메뉴 중 '**선택한 가지만**'을 지정하여 삭제합니다.

■ 창 메뉴 사용

ThinkWise는 현재 파일을 비롯해 실행중인 여러 파일을 화면에 표시하는 다양한 방법을 제공합니다.

1. 전체 화면

ThinkWise로 발표를 하거나 문서 작성에 집중하고자 할 때, 맵 문서를 모니터 화면 전체에 표시할 수 있습니다.

01 [**보기**] 탭의 [**창**] 그룹에서 '**전체화면**' 메뉴를 누른 후 '**전체화면**' 메뉴를 실행합니다. 또는 F11 을 누르거나 화면 하단의 상태표시줄의 '**전체화면보기**' 메뉴를 실행합니다.

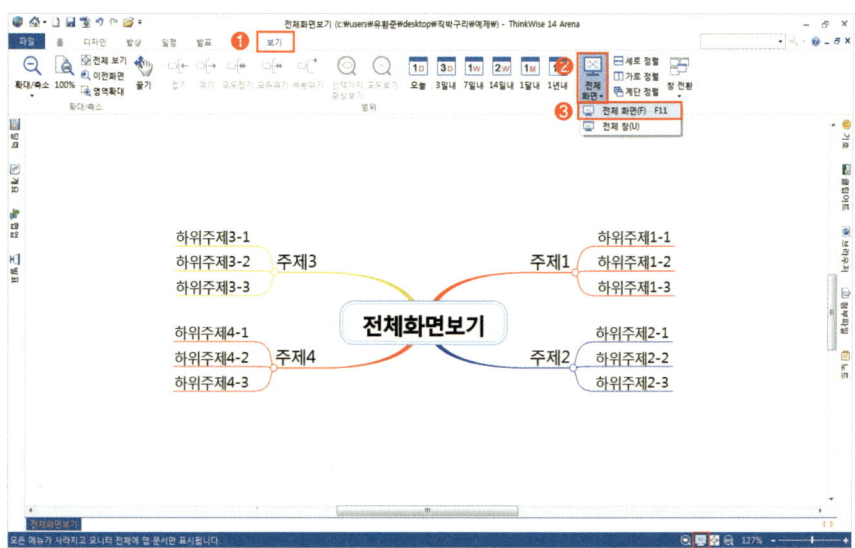

02 ThinkWise 화면이 모두 사라지고 맵 문서가 모니터 전체에 표시됩니다.

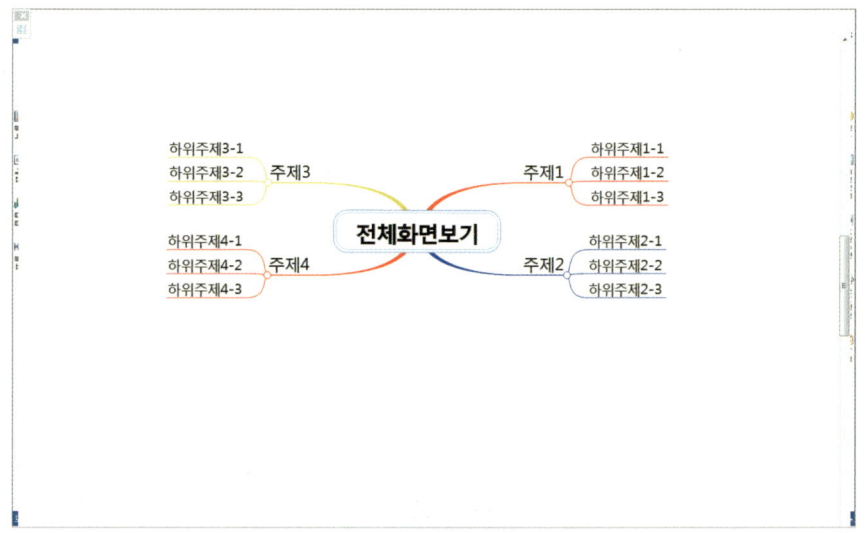

03 전체화면 모드를 종료하려면 왼쪽 상단의 창 닫기 버튼을 누르거나 키보드의 Esc 를 누릅니다.

2. 전체 창

ThinkWise 프로그램의 모든 메뉴를 닫고 문서 창에 맵 문서만을 표시합니다. 메뉴가 차지하는 영역 없이 전체 공간을 문서 작성용으로 활용할 수 있습니다.

`01` **[보기]** 탭의 **[창]** 그룹에서 **'전체화면'** 메뉴를 누른 후 **'전체 창'** 메뉴를 실행합니다. 또는 맵 문서 화면에서 마우스 오른쪽 버튼을 누른 후 **'전체 창'** 메뉴를 실행합니다.

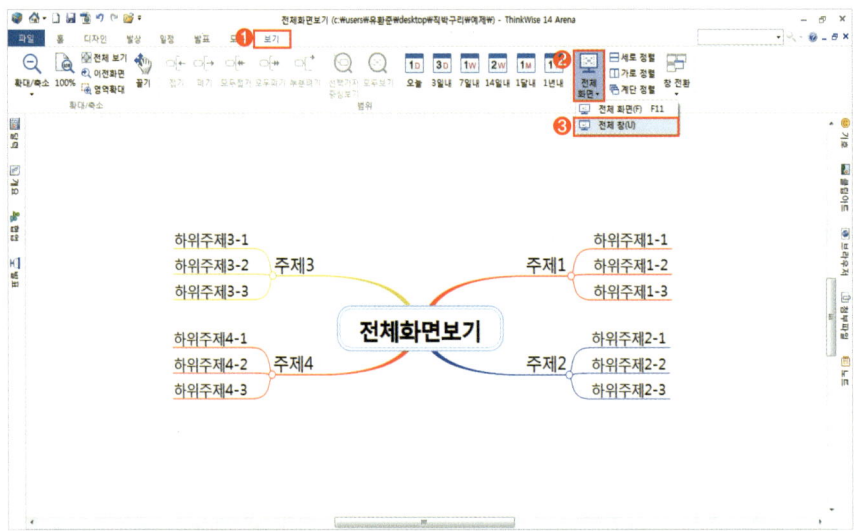

`02` ThinkWise 메뉴가 모두 사라지고 ThinkWise 창에는 맵 문서만 표시됩니다.

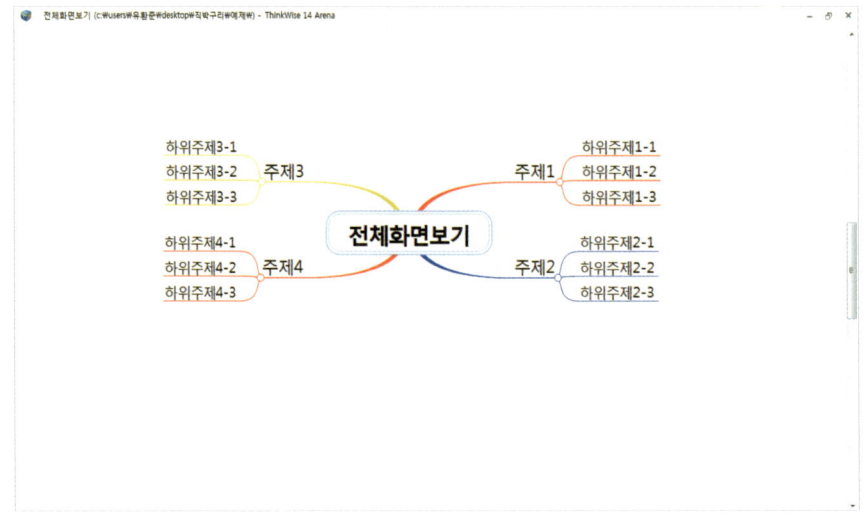

03 키보드의 `Esc`를 누르거나 마우스 오른쪽 버튼을 누른 후 '**전체 창**'을 다시 선택하면 다시 기본 화면으로 되돌아갑니다.

3. 정렬

ThinkWise 문서가 여러 개 실행되어 있을 때, 실행된 여러 문서를 화면에 정렬하는 방법입니다.

- **세로 정렬**
  01 [**보기**] 탭의 [**창**] 그룹에서 '**세로 정렬**' 메뉴를 실행합니다.
  02 열린 모든 맵 문서가 세로로 정렬됩니다.

- **가로 정렬**
  01 [**보기**] 탭의 [**창**] 그룹에서 '**가로 정렬**' 메뉴를 실행합니다.
  02 열린 모든 맵 문서가 가로로 정렬됩니다.

- **계단식 창**
  01 [**보기**] 탭의 [**창**] 그룹에서 '**계단식 정렬**' 메뉴를 실행합니다.
  02 열린 모든 맵 문서가 계단식으로 정렬됩니다.

 • 계단식 창은 각 맵 문서의 제목 줄이 보이도록 층층이 포개어 정렬하는 방식입니다. 맵 문서가 겹쳐 있으며 제일 위에 있는 맵 문서가 화면에 크게 보입니다.

4. 창 전환

여러 개의 맵 문서가 실행된 상태에서 열려있는 다른 문서로 이동할 때 사용하는 기능입니다.

01 [**보기**] 탭의 [**창**] 그룹에서 '**창 전환**' 메뉴를 실행합니다.

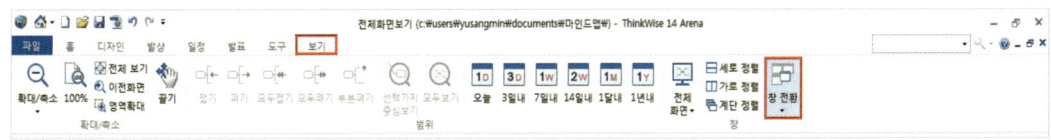

`02` 현재 실행 중인 모든 맵 문서 목록이 나타나면 이동하고자 하는 문서를 선택합니다.
`03` 선택한 문서가 화면에 표시됩니다.

■ 맵 문서가 저장된 폴더 열기

현재 작업 중인 맵 문서가 어느 위치에 저장되어 있는지 폴더를 바로 열어서 볼 수 있습니다. 윈도우 탐색기가 자동으로 실행되어 현재 문서가 저장된 폴더 위치를 보여줍니다.

`01` 맵 문서의 파일명이 표시된 문서 탭을 마우스 오른쪽 버튼으로 누릅니다.
`02` 메뉴에서 **'폴더 열기'**를 선택합니다.

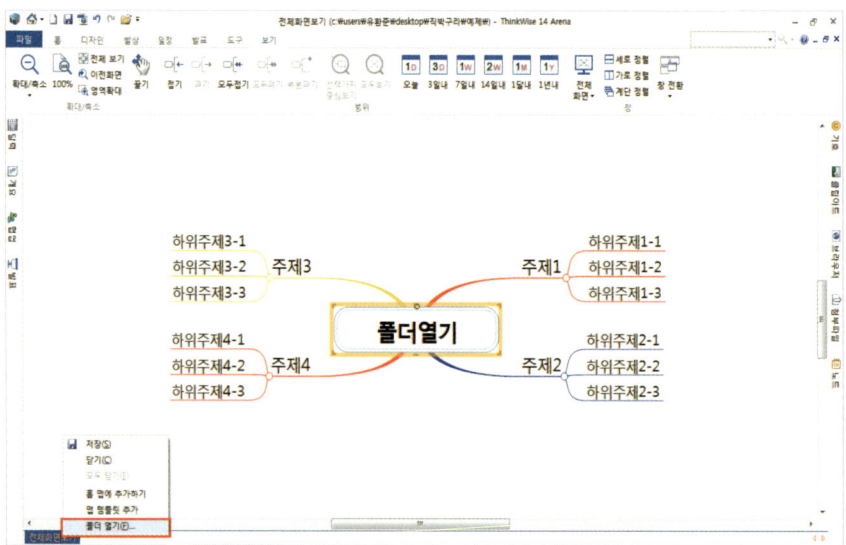

`03` 윈도우 탐색기가 실행되어 선택한 파일이 저장된 폴더가 화면에 표시됩니다.

- 맵 문서의 파일명이 기록된 문서 탭을 마우스 오른쪽 버튼으로 누르면 몇 가지 메뉴가 실행됩니다. 이 메뉴를 통해 문서저장, 닫기, 모두 닫기(열려있는 모든 맵 문서)가 가능하고, 기본 맵으로 정하기를 선택하면 현재 문서가 ThinkWise 기본 맵으로 지정되어 ThinkWise 프로그램 실행시 항상 기본으로 실행됩니다. '맵 템플릿 추가'를 누를 경우 새로 만들기의 맵 템플릿에 추가됩니다.

■ 정렬

ThinkWise에서의 정렬 기능은 맵 문서 내에서 가지 간의 간격을 맞추거나, 가지의 위치를 맞출 때 사용합니다. 또한 바탕화면에 입력된 개체들 간의 간격이나 위치를 맞추는 정렬 기능도 수행할 수 있습니다.

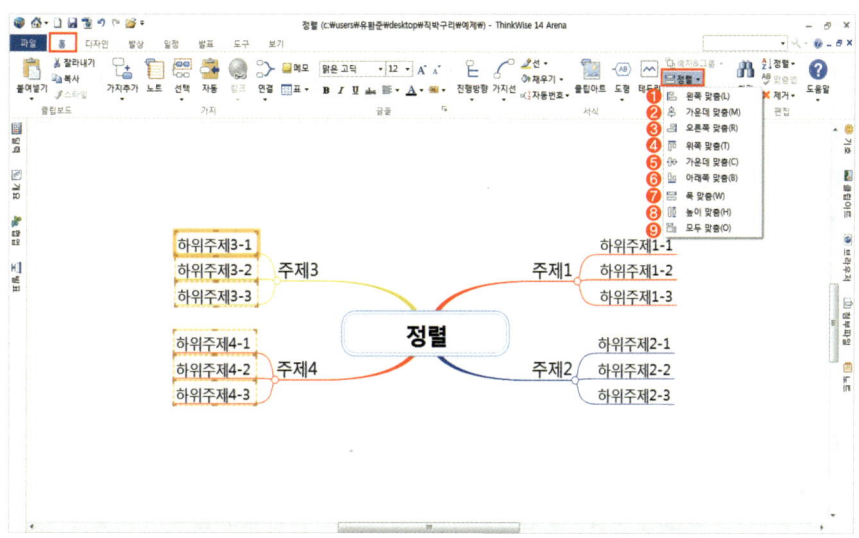

• 좌/우 위치 정렬
  ❶ **왼쪽 맞춤** : 두 개 이상의 가지 또는 개체 선택 후 왼쪽 맞춤을 실행하면 선택한 가지 또는 개체가 왼쪽으로 정렬됩니다.
  ❷ **가운데 맞춤** : 두 개 이상의 가지 또는 개체 선택 후 가운데 맞춤을 실행하면 선택한 가지 또는 개체가 총 가로 폭의 가운데로 정렬됩니다.
  ❸ **오른쪽 맞춤** : 두 개 이상의 가지 또는 개체 선택 후 오른쪽 맞춤 실행하면 선택한 가지 또는 개체가 오른쪽으로 정렬됩니다.

• 상/하 위치 정렬
  ❹ **위쪽 맞춤** : 두 개 이상의 가지 또는 개체 선택 후 위쪽 맞춤을 실행하면 선택한 가지 또는 개체가 위쪽으로 정렬됩니다.
  ❺ **가운데 맞춤** : 두 개 이상의 가지 또는 개체 선택 후 가운데 맞춤을 실행하면 선택한 가지 또는 개체가 총 세로 폭의 가운데로 정렬됩니다.
  ❻ **아래쪽 맞춤** : 두 개 이상의 가지 또는 개체 선택 후 아래쪽 맞춤을 실행하면 선택한 가지 또는 개체가 아래쪽으로 정렬됩니다.

• 크기 정렬
  ❼ **폭맞춤** : 두 개 이상의 가지 또는 개체 선택 후 폭맞춤을 실행하면 선택한 가지 또는 개체 중 가장 폭이 큰 가지 또는 개체와 동일한 크기로 폭이 정렬됩니다. 이때 가로 폭만 정렬되고 세로 높이에는 적용되지 않습니다.
  ❽ **높이 맞춤** : 두 개 이상의 가지 또는 개체 선택 후 높이 맞춤을 실행하면 선택한 가지 또는 개체 중 가장 높이가 큰 가지 또는 개체와 동일한 크기로 높이가 정렬됩니다. 이때 세로 높이만 정렬되고 가로 폭은 적용되지 않습니다.
  ❾ **모두 맞춤** : 두 개 이상의 가지 또는 개체 선택 후 모두 맞춤을 실행하면 선택한 가지 또는 개체 중 가장 큰 가지 개체와 동일한 크기로 가로 폭과 세로 높이가 정렬됩니다. 이때 가로, 세로 모든 크기가 동일하게 정렬됩니다.

■ **배치 & 그룹**

맵 문서에 여러 개의 개체(이미지, 문자열)들이 있는 경우, 개체들의 배치 순서를 정하거나 그룹으로 지정할 수 있습니다. '배치 & 그룹' 기능은 맵 문서에는 적용되지 않으며 삽입된 맵 문서 바탕에 추가된 개체에 대해서만 적용됩니다.

1. 배치 기능 사용하기

01 배치할 문자열 또는 그림을 선택합니다. [홈] 탭의 [서식] 그룹에서 **'배치&그룹'** 메뉴를 실행하고 **'맨 뒤로 보내기'**를 선택합니다.

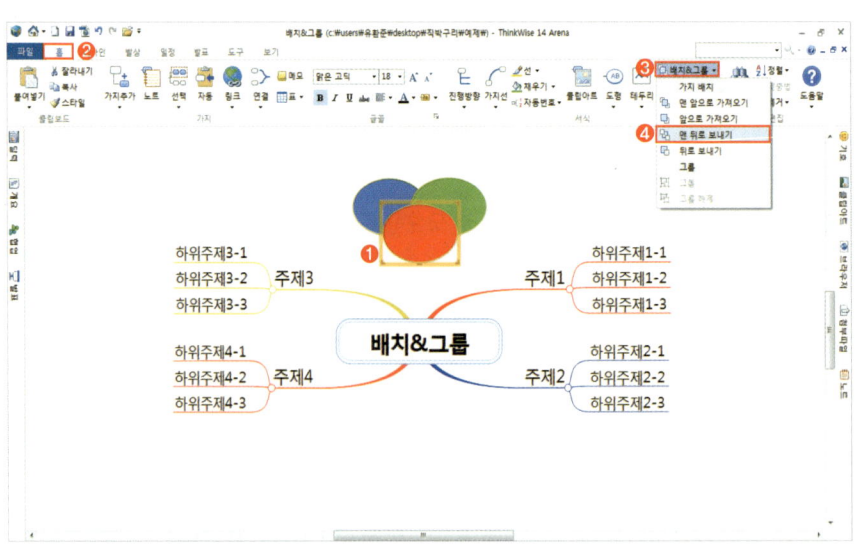

02 빨간색 원이 맨 뒤로 이동된 것을 볼 수 있습니다.

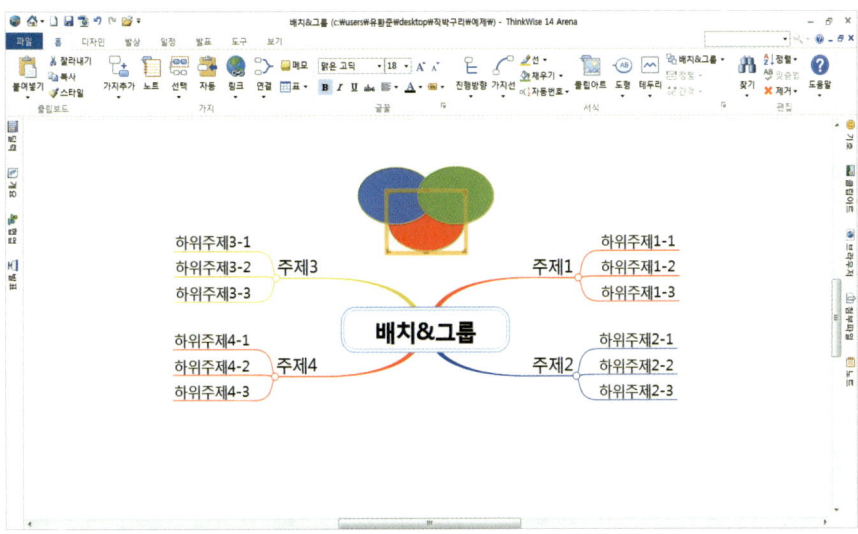

• 가지 배치 옵션

❶ **맨 앞으로 가져오기** : 선택한 개체가 다른 개체보다 가장 앞으로 이동합니다.
❷ **앞으로 가져오기** : 선택한 개체가 한 단계 앞으로 이동합니다.
❸ **맨 뒤로 보내기** : 선택한 개체가 맵 문서에서 가장 뒤로 이동합니다.
❹ **뒤로 보내기** : 선택한 개체가 현재 위치에서 한 단계 뒤로 이동합니다.

2. 그룹

그림이나 문자열을 포함한 여러 가지 개체들을 하나로 그룹화할 수 있습니다. 그룹화를 하면 맵 문서 내 개체 이동시 한꺼번에 쉽게 이동할 수 있습니다. 또한 여러 개의 개체들의 크기를 변경할 때도 그룹 설정시에는 한꺼번에 변경이 가능합니다. 예를 들어, 기호를 이용해 업무분장시 문자열 기능을 이용하여 범례 표시를 하고, 그 범례를 그룹으로 지정하면 편리하게 사용할 수 있습니다.

2-1. 그룹 사용하기

01 그룹으로 지정할 개체를 모두 선택합니다.
02 [홈] 탭의 [서식] 그룹에서 '**배치&그룹**' 메뉴의 '**그룹**'을 실행합니다.

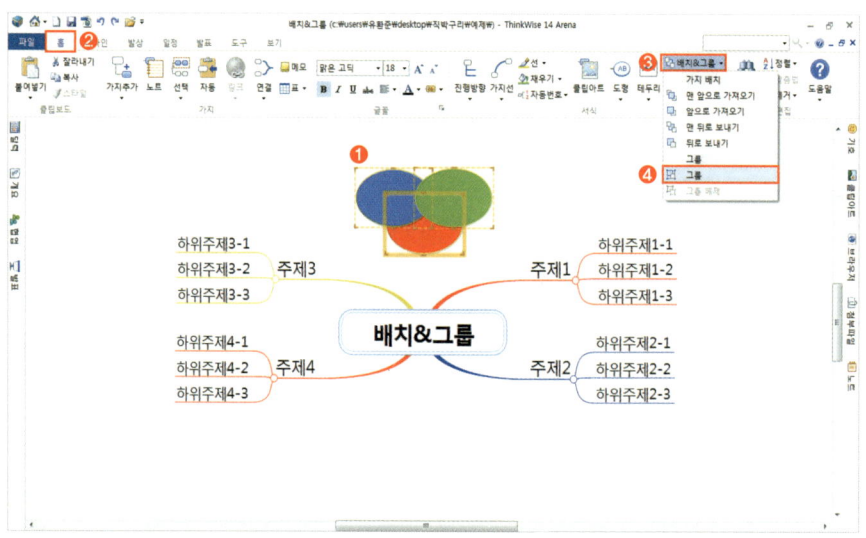

03 선택한 개체들이 하나의 그룹으로 묶이는 것을 볼 수 있습니다.

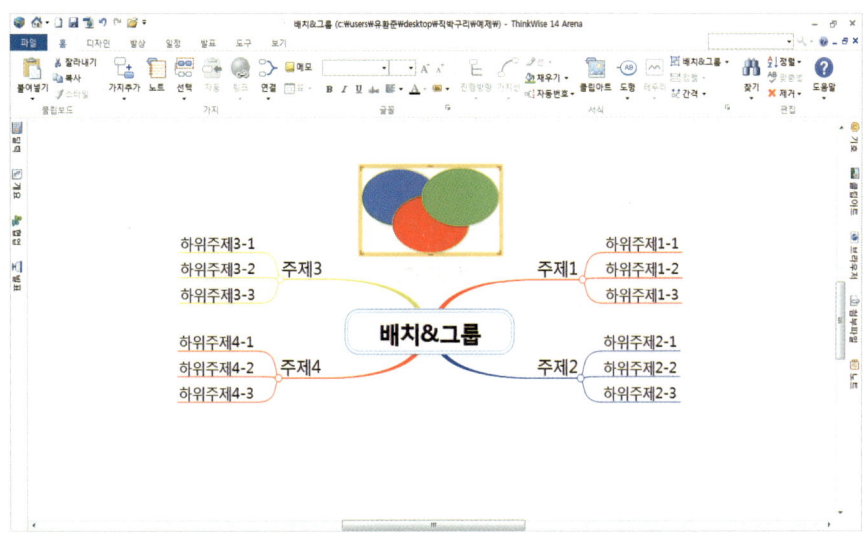

2-2. 그룹 해제하기

그룹으로 묶인 개체를 선택하고 [홈] 탭의 [서식] 그룹에서 '**배치&그룹**' 메뉴의 '**그룹해제**'를 실행하면 각각의 개체로 해제됩니다.

■ 가지 간격

상위가지와 하위가지의 간격 혹은 상위 레벨과 하위 레벨의 간격을 좁게 또는 넓게 조절하는 기능입니다. 이 기능은 맵 문서 전체 또는 부분에 선택적으로 적용할 수 있습니다.

01 간격을 조절하고자 하는 영역 중 최상위가지 '**주제1**'을 선택합니다.
02 [홈] 탭의 [서식] 그룹에서 '**간격**' 메뉴의 아래쪽 화살표를 누르고 세부 간격 메뉴에서 '**자식 가지의 상하 간격 늘림**'을 선택합니다.

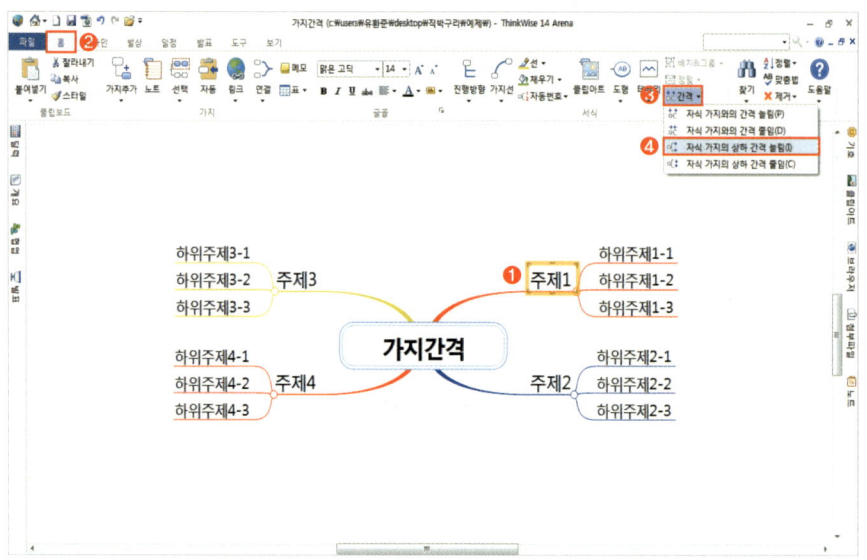

03 직전에 실행한 간격 조절을 반복하고자 할 때는 세부 간격 메뉴를 실행할 필요 없이 바로 간격 메뉴 아이콘을 누르면 됩니다. 즉, 한 번 세부 간격 메뉴를 선택하면 아이콘이 직전 선택 메뉴로 변경되므로 동작을 반복할 때에는 세부 메뉴를 열 필요 없이 이 버튼을 반복 클릭하면 됩니다.

04 선택한 가지의 하위가지의 간격이 조절된 것을 확인할 수 있습니다.

• 세부 간격 메뉴

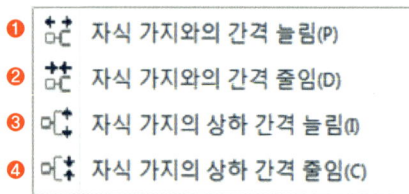

❶ **자식 가지와의 간격 늘림** : 선택한 가지와 그 자식(하위)가지 사이의 간격을 늘려주며 이 버튼을 반복해서 누르면 간격이 점점 더 늘어납니다.

❷ **자식 가지와의 간격 줄임** : 선택한 가지와 그 자식(하위)가지 사이의 간격을 줄여주며 이 버튼을 반복해서 누르면 간격이 점점 더 좁아집니다.

❸ **자식 가지의 상하 간격 늘림** : 선택한 가지를 기준으로 그 자식(하위)가지들 간의 간격을 늘려주며 이 버튼을 반복해서 누르면 간격이 점점 더 늘어납니다.

❹ **자식 가지의 상하 간격 줄임** : 선택한 가지를 기준으로 그 자식(하위)가지들 간의 간격을 줄여주며 이 버튼을 반복해서 누르면 간격이 점점 더 좁아집니다.

• 간격 조절 메뉴는 선택한 가지와 그 하위가지에만 적용됩니다. 맵 단계가 많거나 다양한 레벨의 가지에 간격을 조절하려면 대상 가지를 모두 선택 후 간격을 조절해야 합니다.

■ 자동번호 붙이기

ThinkWise는 계층과 구조를 가집니다. 또한, 맵 문서 주제 간의 논리적 순서를 명확히 하기 위한 번호 체계를 가지고 있습니다. 번호는 주제 간의 위치 관계와 단계를 상세히 설명하며, 자동번호 붙이기는 맵 문서에 자동으로 번호를 부여해줍니다.

1. 자동번호 붙이기

01 [홈] 탭의 [서식] 그룹에서 '**자동번호**' 메뉴를 선택합니다.
02 설정할 자동번호의 형식을 선택합니다.
03 맵 문서 전체에 자동번호가 생성된 것을 볼 수 있습니다.

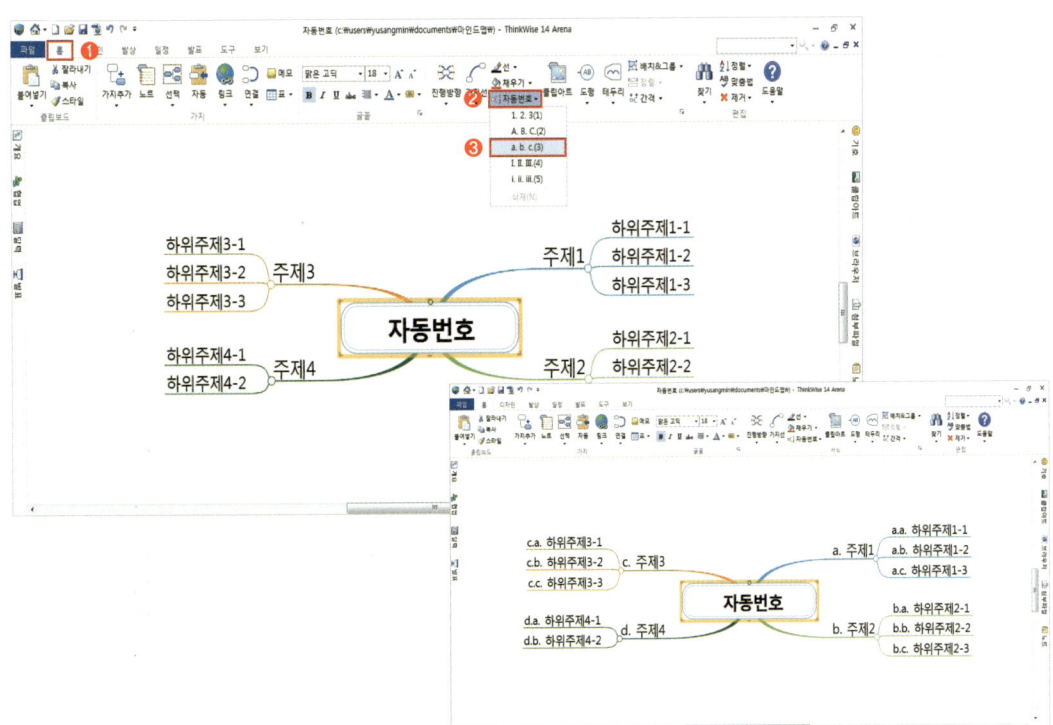

2. 자동번호 삭제

[홈] 탭에서 [서식] 그룹의 [자동번호]-[삭제]를 실행합니다.

■ 가지 순서 정렬

맵 문서를 작성한 후 가지의 순서를 정렬하고자 할 때가 있습니다. ThinkWise는 글자 순서, 기호 순서, 색상, 일정 등의 다양한 조건으로 가지 정렬이 가능하도록 지원합니다.

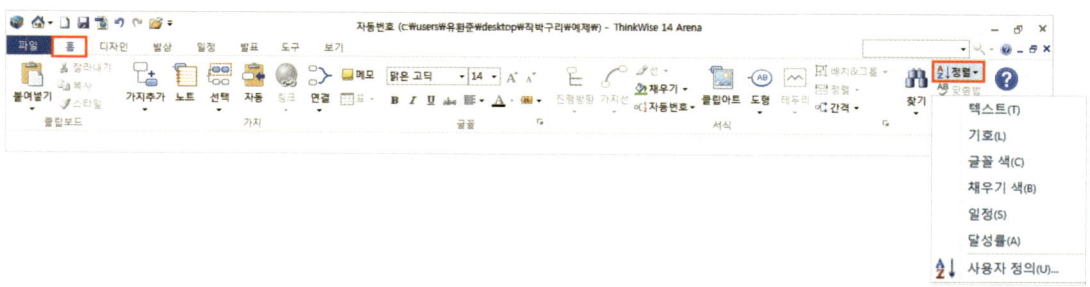

01 정렬하고자 하는 가지의 상위가지를 선택합니다. 문서 전체를 정렬하고자 한다면 맵 문서의 중심제목을 선택합니다.
02 [홈] 탭의 [편집] 그룹에서 [정렬]의 아래쪽 화살표를 누릅니다.
03 정렬 조건을 선택합니다(텍스트, 기호, 글꼴 색, 채우기 색, 일정, 달성률).
04 선택한 정렬 기준에 따라 맵 문서가 정렬됩니다.

• 가지 정렬 조건

❶ **텍스트** : 한글의 경우 자음(ㄱ~ㅎ)의 순서로, 영문의 경우 알파벳(A~Z), 숫자의 경우 순번(1, 2, 3~)으로 정렬되며 한글, 영어, 숫자가 함께 표기된 경우에는 숫자, 영어, 한글의 순서로 정렬됩니다. 단, 정렬 방식은 사용자 정의 메뉴에서 오름차순, 내림차순 중 선택할 수 있습니다.

❷ **기호** : 가지에 기호가 삽입된 경우 기호의 순서에 따라 가지를 정렬합니다. 기호의 순서는 기호창에 있는 기호의 순서와 동일합니다.
❸ **글꼴 색** : 글꼴 색에 따라 가지를 정렬합니다.
❹ **채우기 색** : 가지에 설정된 채우기 색에 따라 가지를 정렬합니다.
❺ **일정** : 일정이 입력된 항목에 대해 입력된 일정의 시작일이 제일 빠른 순서로 정렬합니다.
❻ **달성률** : 일정에 입력된 달성률의 비율이 가장 높은 순서로 정렬합니다.
❼ **사용자 정의** : 가지 정렬 기능 사용시 정렬하고자 하는 가지의 범위를 결정하거나 정렬 조건을 오름차순, 내림차순으로 지정할 수 있습니다.

 '신세대를 읽는 키워드, BRAVO' 맵을 불러와서 다음을 처리하시오.

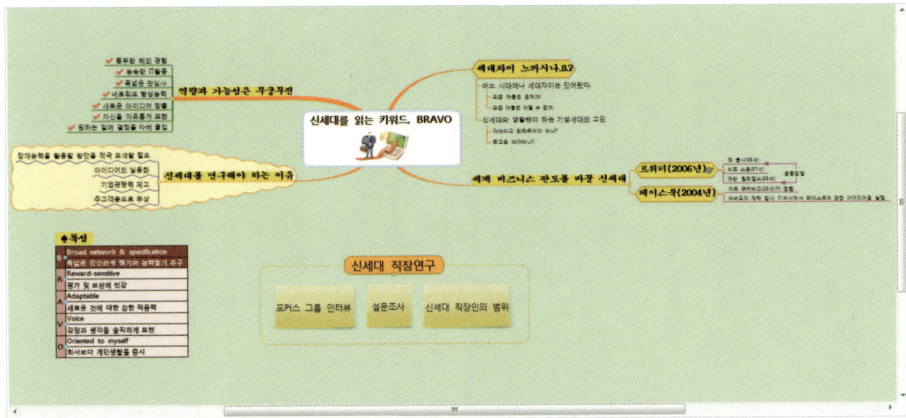

1. '세계 비즈니스 판도를 바꾼 신세대'의 하위가지를 접으시오.
2. '역량과 가능성은 무궁무진' 가지를 '입력틀'로 변경하시오.
3. '역량과 가능성은 무궁무진' 가지의 하위가지를 동일한 크기로 '폭맞춤'하시오.
4. 열려있는 맵 문서에 대하여 맞춤법 검사를 하시오.
5. 특성 가지를 중심제목에 붙이시오.
6. 맵을 저장하시오.

▶결과

신세대를 읽는 키워드, BRAVO

신세대를 연구해야 하는 이유
- 잠재능력을 활용할 방안을 적극 모색할 필요
- 아이디어의 실용화
- 기업경쟁력 제고
- 주고객층으로 부상

세대차이 느끼시나요?
- 어느 시대에나 세대차이는 있어왔다.
  - 요즘 아들은 문제다!
  - 요즘 아들은 어쩔 수 없어.
- 신세대와 생활해야 하는 기성세대의 고민
  - 이해하고 동화되어야 하나?
  - 충고를 해야하나?

주특성
B	Broad network & specification
	폭넓은 인간관계 맺기와 경력쌓기 추구
R	Reward-sensitive
	평가 및 보상에 민감
A	Adaptable
	새로운 것에 대한 강한 적응력
V	Voice
	감정과 생각을 솔직하게 표현
O	Oriented to myself
	회사보다 개인생활을 중시

세계 비즈니스 판도를 바꿀 신세대 — 역량과 가능성은 무궁무진
- 풍부한 해외 경험
- 능숙한 IT활용
- 폭넓은 관심사
- 네트워크 형성능력
- 새로운 아이디어 창출
- 자신을 자유롭게 표현
- 원하는 일에 열정을 다해 몰입

신세대 직장연구
- 포커스 그룹 인터뷰
- 설문조사
- 신세대 직장인의 범위

Chapter ❹

맵 문서 완성

■ 맞춤법 검사

작성된 맵 문서에 입력된 단어 또는 용어의 맞춤법을 검사하여 올바른 표기로 바꿀 수 있도록 도와줍니다.

• 맞춤법 검사 방법

01 맞춤법 검사를 실행할 맵 문서를 실행합니다.

02 제목을 마우스로 한 번 클릭해 선택합니다.

03 ThinkWise는 기능을 실행할 때 선택한 가지와 그 하위가지 범위 내에서 명령을 적용하는 속성이 있습니다. 따라서 어느 부분을 기준으로 기능을 실행할 것인지 선택해야 합니다. 문서 전체에 명령을 적용하려면 중심제목을 선택합니다.

04 [홈] 탭의 [편집] 그룹에서 '**맞춤법**' 메뉴를 실행합니다.

05 맞춤법 검사창이 뜨고 사전에 없는 단어 항목에 맵 문서에서 사용된 단어 중 일반적으로 사전에 들어 있지 않은 단어 및 용어가 표시됩니다.

06 위에서 찾은 단어에 대해 단어를 수정할 수 있는 추천 단어가 하단에 표시됩니다.

07 추천 단어로 바꾸려면 '**바꾸기**' 버튼을 누르고, 바꾸지 않으려면 '**건너뛰기**' 버튼을 누릅니다.

08 맵 문서 내에 있는 모든 단어를 검색하여 일반적으로 사용하지 않는 용어나 단어를 순차적으로 검색하여 표기해주며, 각각에 대하여 '**건너뛰기**' 또는 '**바꾸기**'를 선택하면 됩니다.

09 문서 전체에 대한 맞춤법 검사가 끝나면 '**맞춤법 검사가 끝났습니다**'라는 창이 뜹니다.
10 [**확인**]을 누릅니다.

■ 인쇄

인쇄 기능은 ThinkWise에서 작성한 맵, 일정, 자원, 시나리오 등을 출력할 수 있는 기능입니다. ThinkWise는 일반용지 인쇄와 ThinkWise 메모 패드용 인쇄를 지원합니다. [**파일**] 탭에서 [**인쇄**] 메뉴를 실행합니다.

❶ **인쇄** : 인쇄 대화상자가 바로 실행됩니다.
❷ **빠른인쇄** : 인쇄 대화상자 없이 컴퓨터에 설치된 기본 프린터로 즉시 인쇄를 실행합니다.
❸ **인쇄 미리보기** : 인쇄하기 전 인쇄할 모양을 미리 확인합니다.
❹ **ThinkWise Pad 인쇄 미리보기** : ThinkWise Pad 형식으로 인쇄 미리보기를 하며, 미리보기 화면에서 모든 인쇄 관련 설정이 가능합니다.
❺ **선택영역 부분인쇄** : 선택영역만 부분 적으로 인쇄합니다.

 • ThinkWise는 미리보기 화면에서 모든 인쇄 설정(분할 인쇄, 인쇄 크기, 인쇄 위치)이 가능하여 인쇄를 하기 위해 화면전환을 여러 번 할 필요가 없이 빠르고 편리한 인쇄를 지원합니다.

1. 인쇄

인쇄 대화상자를 통해 프린터, 인쇄 형태, 분할 인쇄, 인쇄 매수, 미리보기, 페이지 설정, 인쇄 범위 등 인쇄와 관련된 모든 설정이 가능합니다.

• 인쇄 대화상자

[인쇄] 버튼을 실행하면 인쇄 대화상자가 실행됩니다. 인쇄할 용지가 충분한지 확인하고, 프린터가 제대로 연결되어 있는지 확인하십시오.

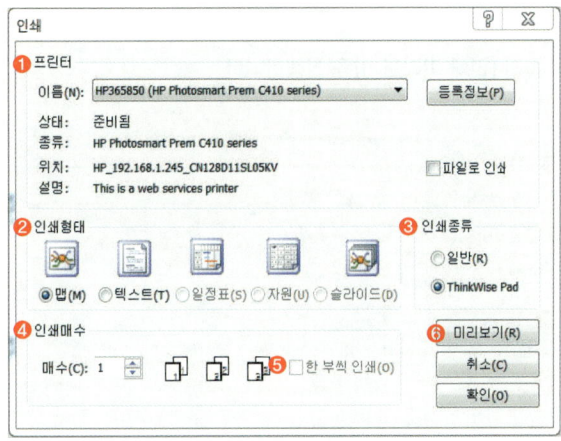

❶ **프린터** : 인쇄를 실행할 프린터를 선택합니다. **[등록정보]**를 눌러 프린터 설정을 할 수 있습니다.
❷ **인쇄 형태** : 맵, 텍스트, 일정표, 자원, 슬라이드 등 맵 문서 또는 문서에 설정된 정보를 선택적으로 인쇄할 수 있습니다.
❸ **인쇄 종류** : '일반'은 A4, A3 등 일반적인 크기의 용지에 출력하는 옵션이고, **'ThinkWise Pad'**는 작성한 문서가 ThinkWise 메모패드 사이즈로 인쇄할 수 있는 옵션입니다. 모든 문서 인쇄시에는 반드시 미리보기를 통해 출력 전 확인하는 것이 좋습니다.
❹ **인쇄 매수** : 프린터로 인쇄할 매수를 지정합니다.
❺ **한 부씩 인쇄** : 2장 이상의 매수를 인쇄할 때 한 부씩 인쇄할지, 한 장씩 인쇄할지를 선택합니다.
❻ **미리보기** : 출력 전 인쇄 모양을 미리 확인할 수 있으며, 인쇄 관련할 모든 설정을 미리보기 화면에서 지정할 수 있습니다. 페이지 설정 선택시에도 동일하게 동작합니다.

2. 빠른 인쇄

문서 인쇄시 기존에 설정된 조건으로 즉시 인쇄하는 기능입니다.

01 [파일] 탭을 눌러 [인쇄] 메뉴의 '**빠른 인쇄**'를 실행합니다.
02 연결된 기본 프린터로 즉시 인쇄가 실행됩니다.

3. 인쇄 미리보기

인쇄 미리보기는 실제로 출력하기 전에 어떤 형태로 인쇄가 되는지를 확인하는 기능입니다. 인쇄 미리보기는 인쇄 형태를 확인할 수 있을 뿐 아니라 다양한 인쇄 설정을 직접 수정할 수도 있습니다.

01 [파일] 탭에서 [인쇄]를 눌러 [인쇄 미리보기]를 실행합니다.

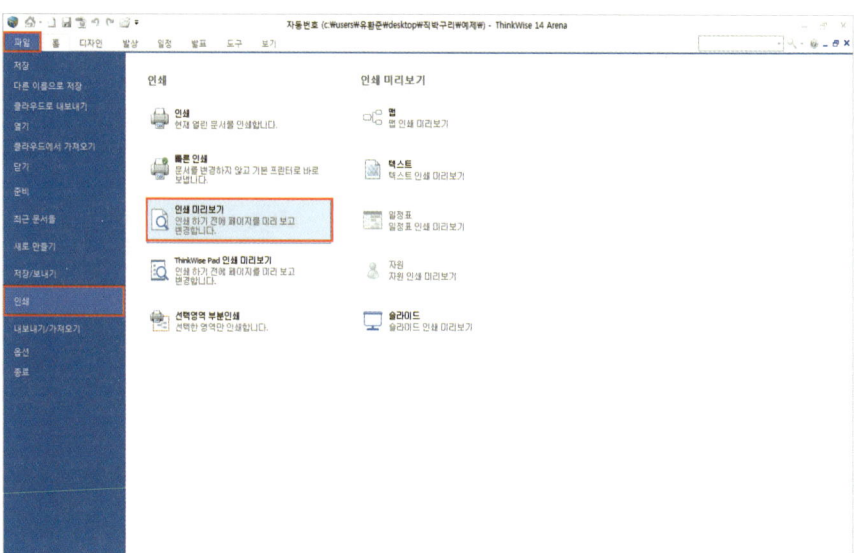

02 인쇄 미리보기 할 형태를 [**맵, 텍스트, 일정표, 자원, 슬라이드**] 중 선택합니다.
03 선택한 형식의 인쇄 미리보기가 실행됩니다.

• **미리보기 화면 설명**

ThinkWise는 미리보기 화면에서 마우스 조작만으로 간단히 인쇄 설정을 지정할 수 있습니다. 아래 이미지는 미리보기 화면에서 마우스로 직접 조작하는 방법을 설명하는 것입니다. 기능에 따라서는 직접 조작하거나 상단 인쇄 미리보기 메뉴에서 지정할 수 있습니다.

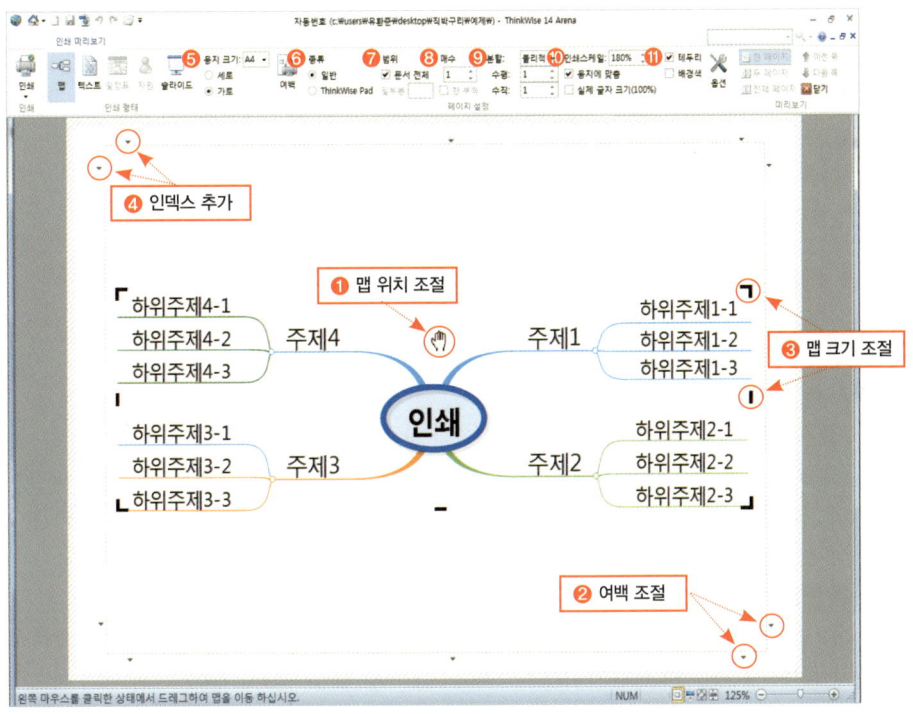

❶ **맵 위치 조절** : 미리보기 화면에서 맵을 마우스 왼쪽 버튼으로 클릭하여 드래그하면 맵의 위치를 사용자가 지정할 수 있습니다.
❷ **여백 조절** : 맵 테두리를 마우스로 클릭하여 용지 여백을 바로 조절할 수 있습니다.
❸ **맵 크기 조절** : 맵 문서 주변에 표기된 검은색 테두리를 마우스로 클릭하여 맵 크기를 조절할 수 있습니다. 맵 크기 조절은 미리보기 상단의 인쇄 스케일 설정과 동일한 기능입니다.
❹ **인덱스 추가** : 테두리 바깥쪽 표시 부분에 인덱스를 추가할 수 있습니다. 미리보기 화면 가장자리의 (▼)표시를 마우스로 클릭한 후 인덱스 목록에서 추가하고자 하는 항목을 선택합니다.

❺ **용지 크기 설정**

용지 크기는 기본적으로 A4 크기로 설정되어 있으나 사용자가 원할 경우 다른 크기의 용지로 지정할 수 있습니다. 용지 크기는 연결된 프린터가 지원하는 크기 범위 내에서 선택할 수 있습니다. 용지 방향은 가로, 세로 중 선택이 가능하며, 방향 선택 시 미리보기 화면이 바로 바뀌므로 인쇄할 때 용지를 쉽게 변경하거나 결정할 수 있습니다.

❻ **인쇄 종류 설정 방법**

작성한 문서를 일반적인 형태의 인쇄와 ThinkWise Pad용 크기에 맞게 인쇄할 수 있습니다. ThinkWise Pad를 선택할 경우 문서가 ThinkWise Pad 크기로 축소되고 파일명과 날짜가 용지 위쪽과 아래쪽에 자동으로 표시됩니다. 인쇄 후 절취선에 따라 자르면 ThinkWise Pad에 끼워 사용 가능합니다.

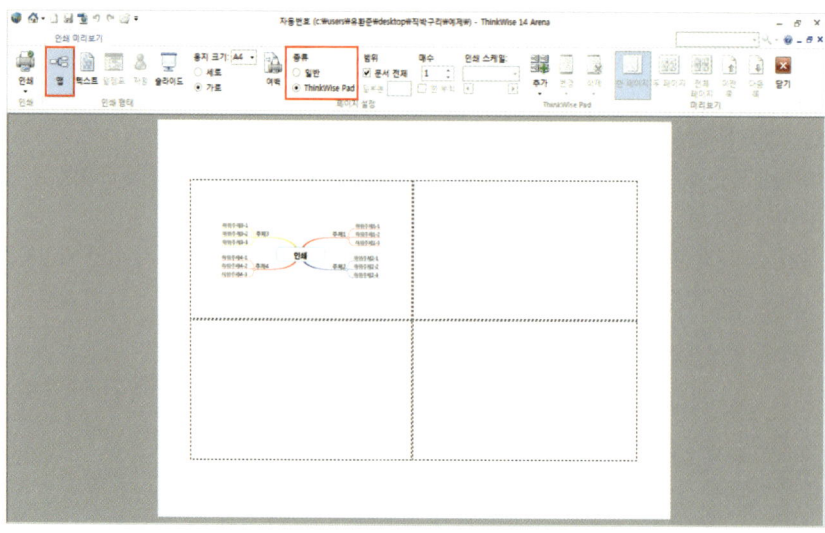

❼ **인쇄 범위 설정**
맵 문서를 여러 장으로 분할 인쇄할 때 분할된 맵 문서 전체를 인쇄하거나 일부분만 인쇄할 수 있습니다. 일부분만 인쇄할 경우 인쇄할 페이지 번호를 콤마(,)로 구분하여 입력하거나 시작 페이지와 마지막 페이지를 (-)로 연결하여 입력할 수 있습니다(예, 1, 2, 3 또는 2-3).

❽ **인쇄 매수 설정**
미리보기 화면에 표시된 문서를 여러 장 인쇄할 수 있습니다.

❾ **분할 인쇄 설정**
맵 문서의 크기가 커서 한 장의 용지에 출력하기 어려울 때나 맵을 크게 출력하고자 하는데 큰 용지 출력용 프린터가 없을 때 맵 문서를 분할 인쇄할 수 있습니다.
물리적 분할 : 수평과 수직 매수를 입력하면 그 곱의 숫자만큼 분할 인쇄가 가능합니다. 마우스로 분할할 숫자를 입력하면 화면에 자동으로 분할된 모양을 볼 수 있으며 출력 후 절취선에 따라 연결 면을 잘라붙이면 커다란 하나의 맵 인쇄물이 됩니다.

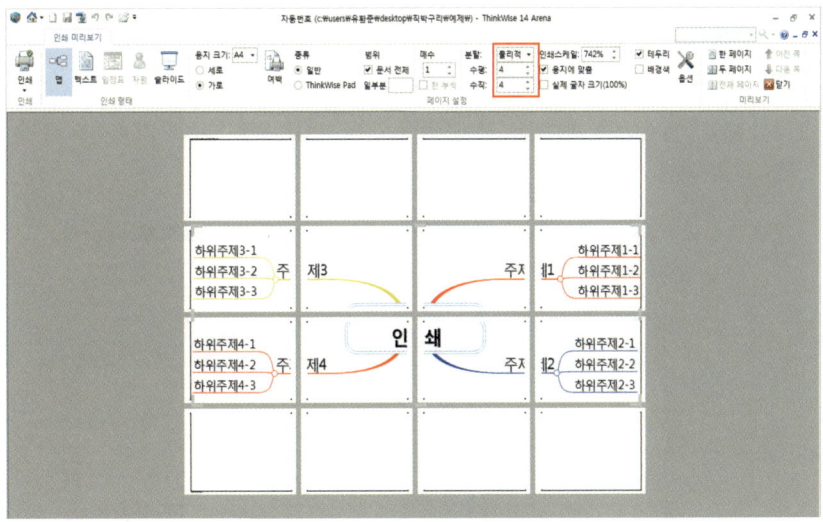

TIP
1. 물리적 분할은 최대 [10X10]으로 지정할 수 있습니다.
2. 인쇄 스케일을 100% 이상으로 지정하거나 실제 글자 크기로 지정할 경우 지정한 용지보다 맵이 커질 수 있습니다. 맵이 용지 밖으로 벗어나는 경우 벗어난 방향으로 생성된 화살표를 마우스로 클릭하면 자동으로 분할 인쇄가 지정되며 용지가 추가됩니다.

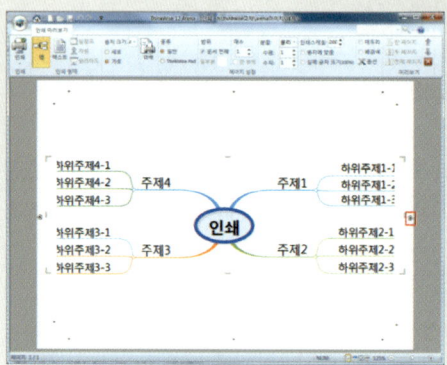 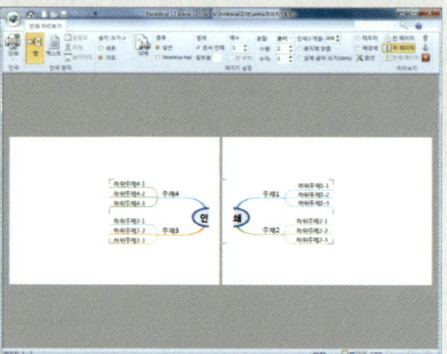

3. 논리적 분할 : 맵 문서를 계층으로 분할하는 논리적 분할은 중심제목과 1레벨 가지를 첫 페이지에 인쇄하고 각 1레벨 가지를 중심으로 각각 인쇄합니다.

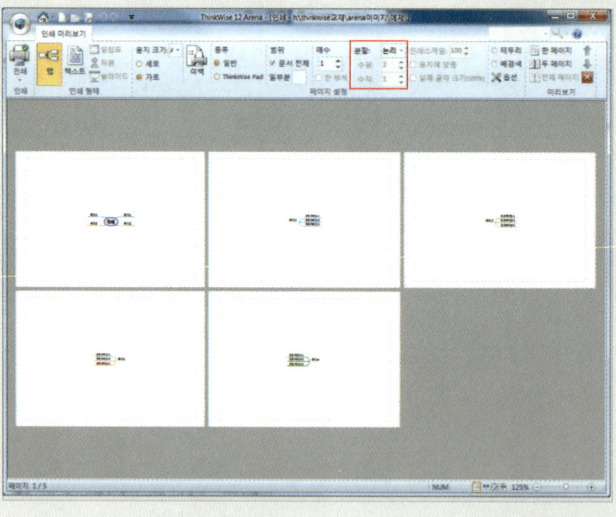

⑩ 인쇄 스케일 설정

ThinkWise는 인쇄할 문서의 크기를 사용자가 직접 지정할 수 있습니다.

인쇄 스케일 : 작성한 문서의 실제 크기를 '100'이라고 했을 때 인쇄 크기를 비율로 지정합니다. 예를 들어 50%로 지정하여 인쇄할 경우 글자 크기가 '20'인 가지는 글자 크기가 '10'으로 인쇄됩니다.

용지에 맞춤 : 설정한 용지에 모두 인쇄되도록 문서의 크기를 자동으로 조절합니다. 문서의 내용이 많을 경우 글자가 작게 인쇄되고, 문서의 내용이 적을 경우 글자가 크게 인쇄됩니다.

실제 글자 크기(100%) : 용지의 크기와 관계없이 사용자가 작성한 글자 크기가 그대로 인쇄됩니다. 내용이 많을 경우 지정된 용지 밖으로 벗어날 수 있으며 이 경우 맵 위치를 이동하거나 벗어난 방향으로 용지를 추가하여 여러 장으로 물리적 분할 인쇄를 할 수 있습니다.

> **TIP** 미리보기 화면에서 실제 글자 크기(100%)로 지정시 문서가 용지 밖으로 벗어나는 경우의 조치방법
>
>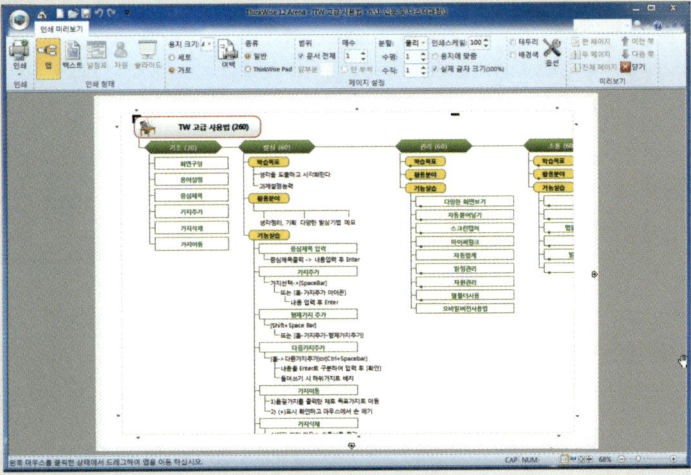
>
> 1. 미리보기 화면의 맵을 마우스 왼쪽 버튼으로 클릭하여 드래그하면 맵의 배치를 사용자가 지정할 수 있습니다.
>
>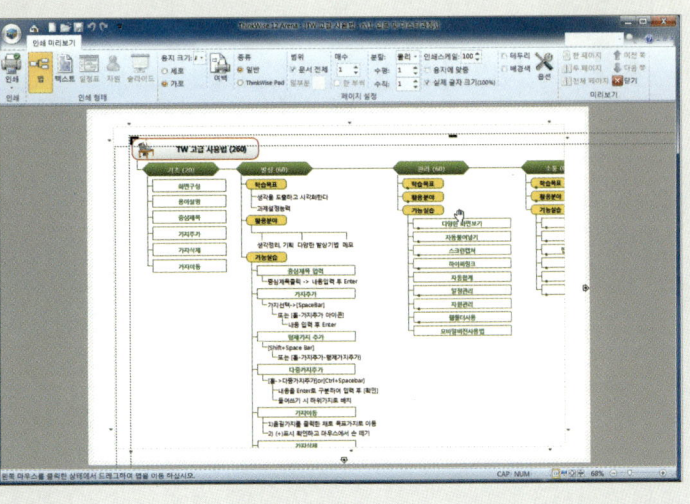

2. 미리보기 화면 상단의 용지에 맞춤을 지정하여 용지 크기에 맞도록 맵의 크기를 조절합니다.

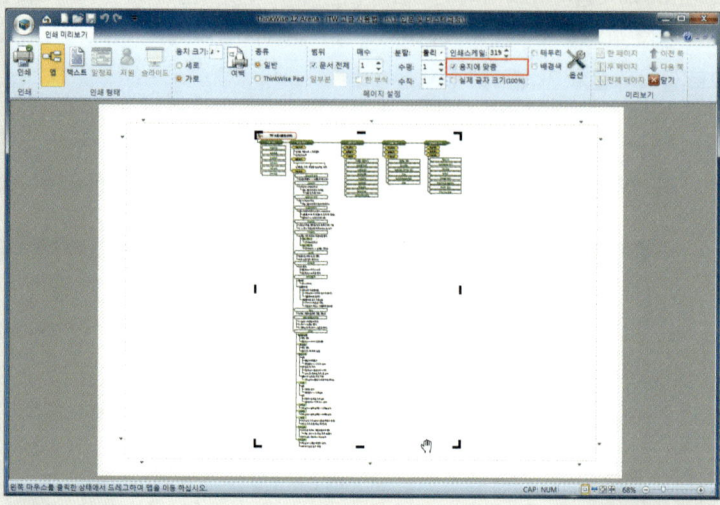

3. 벗어나는 부분이 다음 용지에 출력되도록 용지를 추가할 수 있습니다(물리적 분할인쇄와 동일). 이때 '용지에 맞춤'을 선택하면 아래와 같이 늘어난 용지에 꼭 맞도록 맵 크기가 확대됩니다.

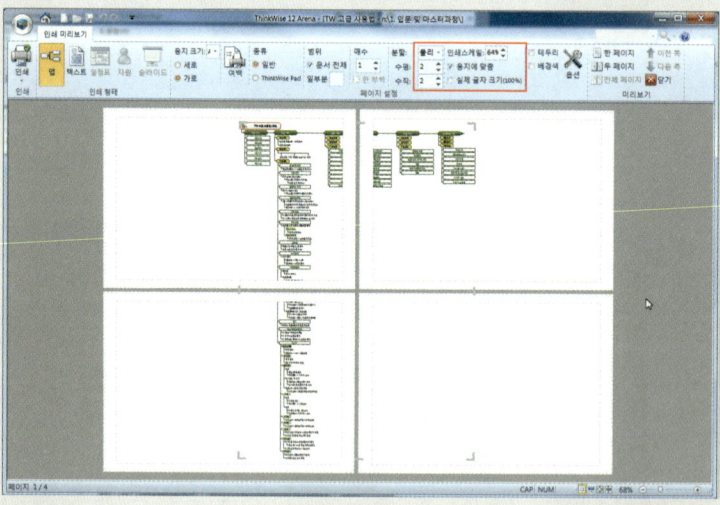

4.크기조절 핸들을 이용해 용지 크기만큼 맵을 조절합니다.

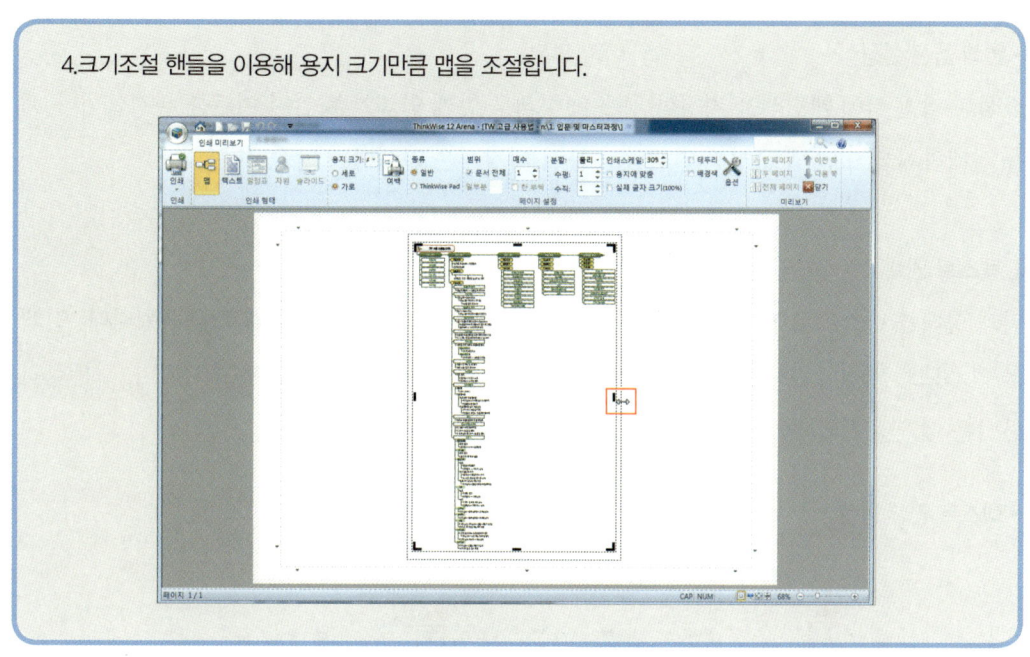

⓫ 테두리, 배경색 설정
   맵 문서 인쇄시 용지 가장자리에 테두리를 인쇄할 것인지 여부를 결정합니다.

• 인쇄 여백 설정

맵 문서를 인쇄할 용지의 여백을 마우스로 직접 조절할 수 있습니다. 용지 여백은 미리보기 화면의 가장자리 여백 선을 클릭하여 줄이거나 늘릴 수 있습니다.

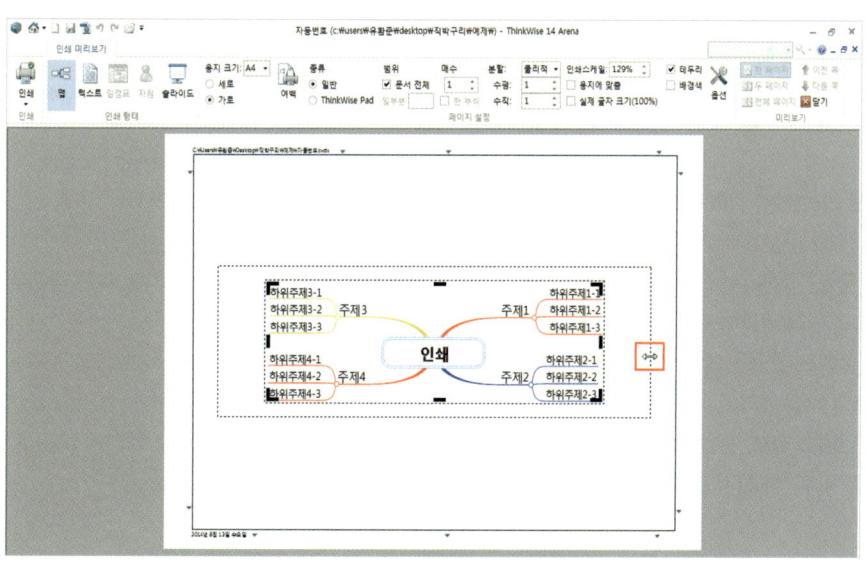

• 인쇄 옵션 설정

작성된 맵 문서에 배경색을 지정한 경우 배경색을 함께 인쇄할 것인지 여부를 결정합니다. 배경색을 선택하지 않으면 맵 문서만 인쇄하고 문서 배경색은 인쇄하지 않습니다.

4. 텍스트 인쇄

인쇄 형태를 텍스트로 지정하면 화면에는 맵 문서가 텍스트 문서의 형태로 출력됩니다. 인쇄 형태를 텍스트로 지정하면 미리보기 화면의 상단 페이지 설정 메뉴가 바뀌어 표시되며, 기본적인 동작 방법은 맵 인쇄시와 동일합니다.

• 텍스트 인쇄 옵션

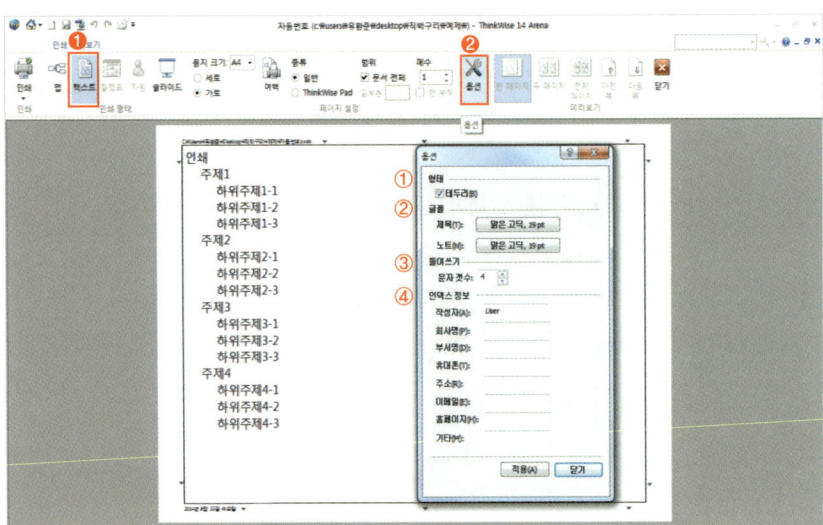

01 [인쇄 미리보기] 창에서 인쇄 형태를 '텍스트'로 지정하고 [옵션] 버튼을 클릭합니다.
02 ① [형태] 옵션에서 페이지의 테두리를 선택할 수 있습니다.
03 ② [글꼴] 옵션에서 텍스트로 인쇄할 때 텍스트의 크기를 지정합니다. 텍스트 크기는 제목(맵으로 입력되었던 각각의 주제어)과 노트로 나누어 지정할 수 있습니다.
04 ③ [들여쓰기] 옵션에서 텍스트로 인쇄할 때, 문서작성 당시의 레벨에 따라 들여쓰기로 그 단계가 구분됩니다. 레벨이 바뀔 때마다 어느 정도의 너비로 들여쓰기 할 것인지를 지정합니다.
05 ④ [인덱스 정보] 옵션에서 맵 정보테이블 인쇄시에 표기될 작성자와 회사명을 입력할 수 있습니다. 인덱스 정보 입력 후 [적용] 버튼을 눌러야만 입력이 완료됩니다.

5. 일정 인쇄

일정 인쇄 페이지 설정은 맵 문서의 일정을 인쇄하기 전에 인쇄 페이지의 용지, 모양 등을 설정하는 곳입니다. ThinkWise는 사용자의 설정에 따라 인쇄용지의 방향, 인쇄용지의 크기, 일정 출력 구간 등을 설정할 수 있습니다.

01 **[파일]** 탭을 누르고 **[인쇄]**를 선택합니다.
02 **[인쇄]** 창이 뜨면 **'인쇄 형태'**를 일정표로 선택하고 **[미리보기]** 버튼을 누릅니다.

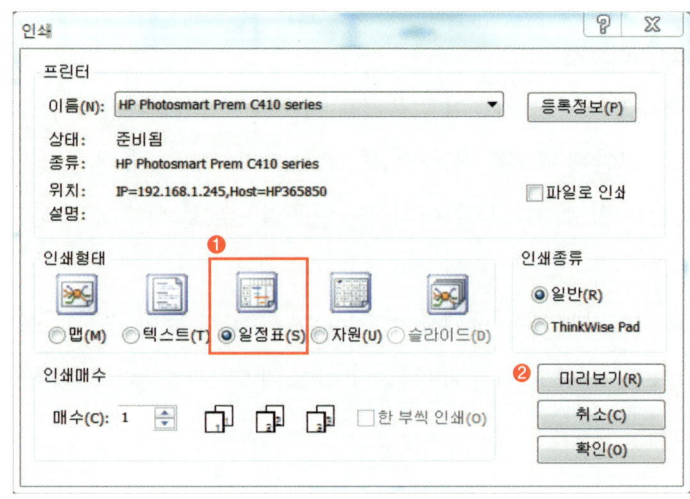

03 **[인쇄 미리보기]** 창이 뜨면 **[페이지 설정 그룹]**에서 **[옵션]**을 설정합니다.

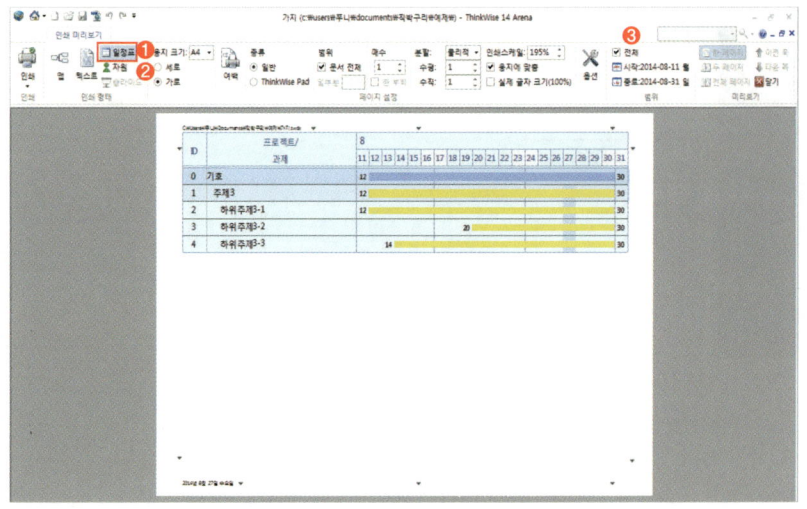

❶ **용지 크기** : 대부분의 경우 용지의 크기와 공급에 대한 설정은 자동으로 되어있습니다. 하지만 다른 크기로 인쇄할 때는 원하는 용지 크기를 선택합니다.
❷ **방향** : 용지 방향을 세로로 할 것인지 가로로 할 것인지 선택합니다.
❸ **출력구간** : 일정의 처음부터 끝까지 인쇄하고 싶다면 전체를 선택하십시오. 특정한 기간을 인쇄하려면 시작, 끝 버튼을 선택하여 일자를 지정하십시오.

`04` 페이지 설정이 이루어졌다면 설정된 내용을 인쇄할 수 있습니다.

6. ThinkWise Pad 인쇄 미리보기

ThinkWise Pad는 ThinkWise 사용자들이 컴퓨터를 사용할 수 없는 환경에서 효과적인 메모와 업무관리를 할 수 있도록 고안된 메모용 패드입니다. ThinkWise Pad는 휴대가 간편하여 떠오르는 아이디어를 즉시 기록할 수 있고, 기록된 아이디어는 일주일 단위로 삭제, 선별하여 ThinkWise로 재정리할 수 있습니다.

ThinkWise로 정리된 아이디어 맵은 출력하여 ThinkWise Pad에 꽂아 수시로 상기하고 관리할 수 있는 장점이 있습니다. ThinkWise와 ThinkWise Pad는 디지털과 아날로그의 결합 효과를 극대화하는 도구가 될 것입니다.

`01` [**파일**] 탭을 누르고 [**인쇄**]의 '**ThinkWise Pad 인쇄 미리보기**'를 선택합니다.

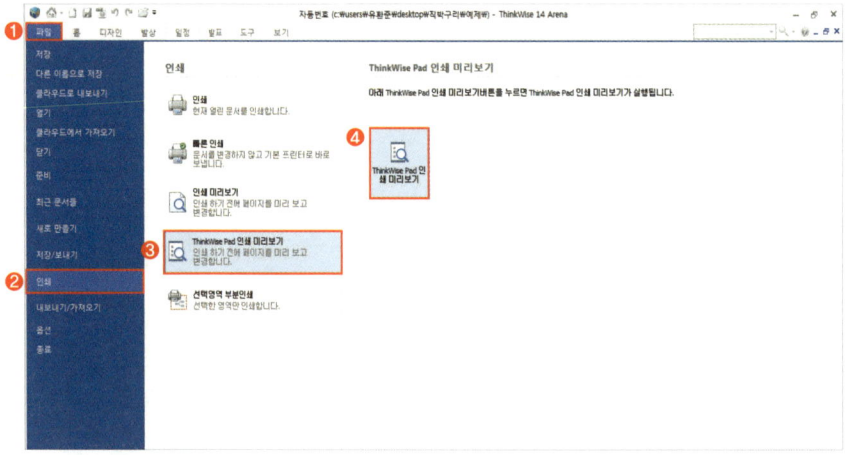

`02` 인쇄 형태, 용지 크기, 용지 방향 등을 지정하고 미리보기 화면을 확인합니다.
`03` [**ThinkWise Pad**] 그룹에서 인쇄할 Pad를 추가, 변경, 삭제할 수 있습니다.

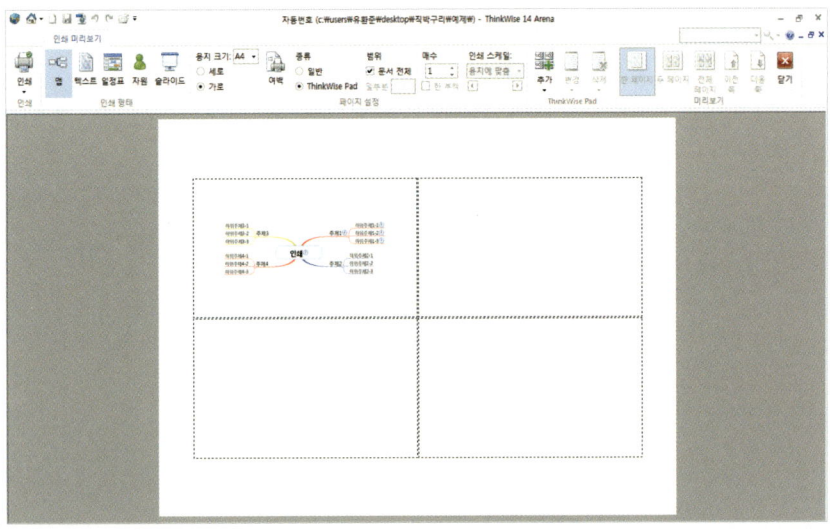

04 빠른 인쇄를 누르면 즉시 인쇄됩니다.

6-1. ThinkWise Pad용 양식지 추가 방법

ThinkWise Pad에 사용되는 6가지 양식을 출력해 사용할 수 있습니다.

01 **[인쇄 미리보기]** 화면의 **[추가]** 버튼을 누릅니다.
02 추가할 Pad를 선택하려면 추가 버튼 오른쪽의 상세버튼을 누릅니다.
03 **[스타일]**의 총 6가지의 양식지 중 원하는 서식파일을 선택합니다.

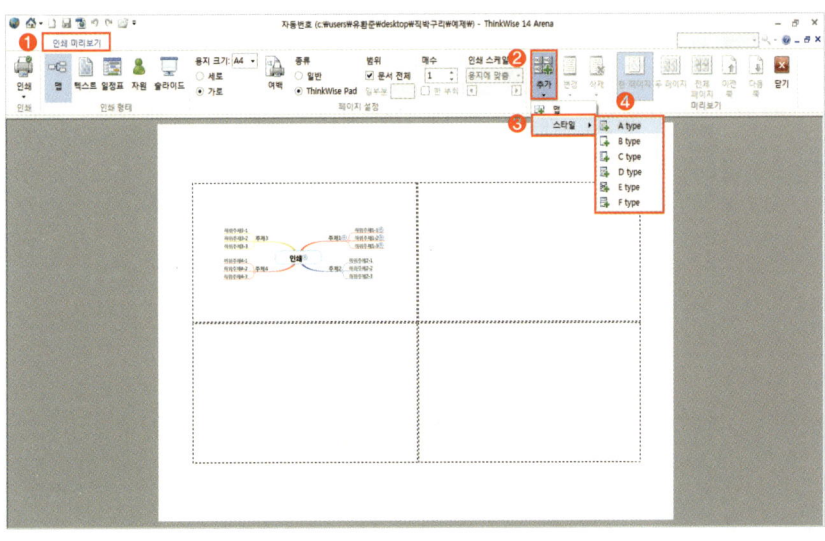

04 선택한 서식파일이 추가된 것을 볼 수 있습니다.

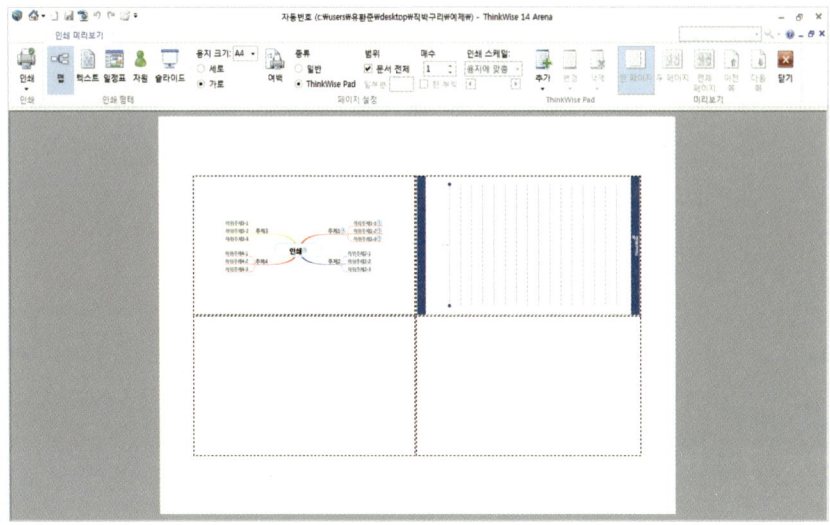

05 [**추가**] 버튼을 눌러 여러 개의 양식을 추가할 수 있습니다.

6-2. ThinkWise Pad용 양식지 타입별 모양

6-3. ThinkWise Pad용 맵(양식지) 변경 방법

01 변경하고자 하는 패드를 선택하고 [**인쇄 미리보기**]의 [ThinkWise Pad] 그룹에서 [**변경**] 버튼을 누릅니다.

02 [**맵 문서**] 또는 [**스타일**] 버튼을 누릅니다.

03 현재 열린 맵 문서 가운데 추가하고자 하는 맵 문서를 선택합니다. 또는 배경(양식지)의 경우 변경하고자 하는 타입을 선택합니다.

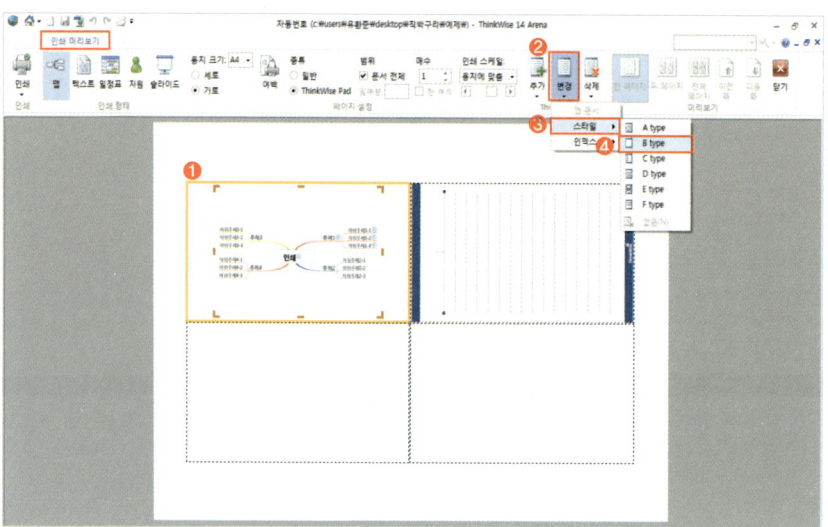

04 선택한 맵 또는 선택한 B Type 배경(양식지)으로 변경된 것을 확인할 수 있습니다.

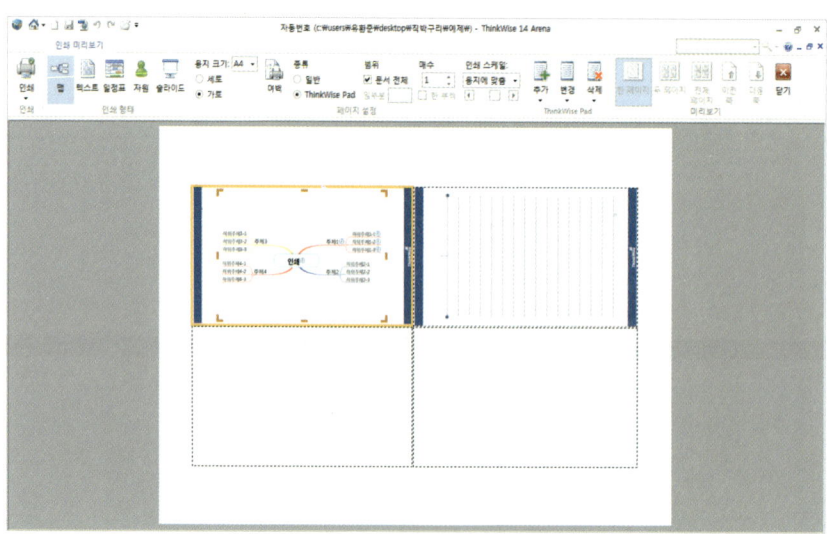

6-4. ThinkWise Pad 인덱스 변경 방법

ThinkWise Pad 인쇄시 용지 상단에 인덱스를 추가할 수 있습니다.

01 ThinkWise Pad 미리보기 화면에서 원하는 맵 또는 배경을 선택합니다.
02 [**ThinkWise Pad 그룹**]에서 [**변경**]을 누르고 [**인덱스**]를 선택합니다.

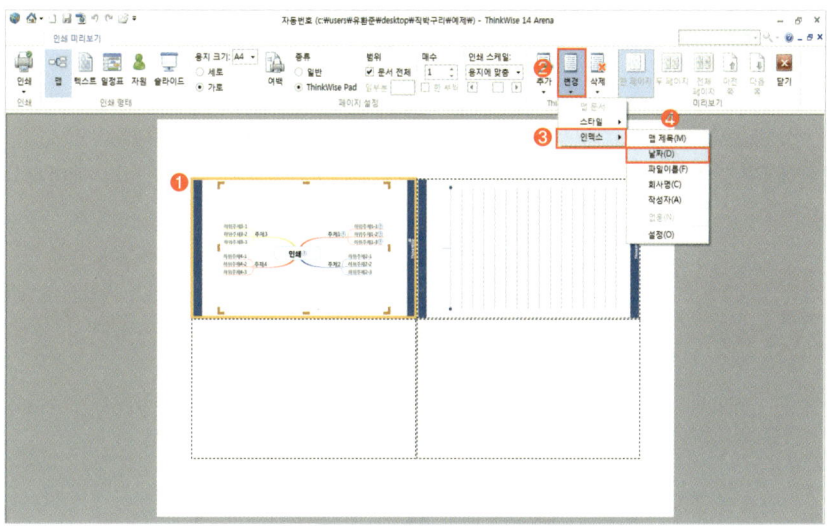

03 양식지(배경) 상단에 선택한 인덱스(날짜)가 추가된 것을 볼 수 있습니다.

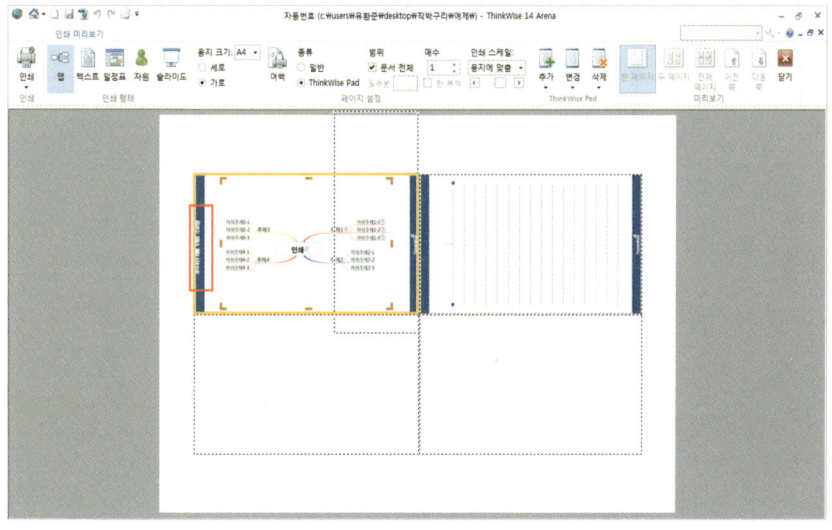

7. 페이지 나누기

특정 가지를 선택하고 페이지 나누기를 지정하면, 맵 문서를 논리적으로 분할하여 인쇄할 때 페이지 나누기를 지정한 가지가 별도의 페이지로 나누어 출력됩니다.

논리적 분할 인쇄는 기본적으로 중심제목과 1레벨 가지만을 한 장에 출력하고 각 1레벨을 기준으로 1장씩 출력하는데, 페이지 나누기는 일부분을 추가로 분리하여 출력하는 기능입니다. 이 밖에도 파워포인트 문서변환시에도 페이지 나누기가 적용됩니다.

01 논리적 인쇄 또는 파워포인트로 문서변환시 페이지를 분할할 가지를 선택합니다.
02 **[도구]** 탭에 **[구조]** 그룹에서 '**페이지 나누기**'를 실행합니다. 또는 오른쪽 버튼을 눌러 '**페이지 나누기**' 메뉴를 실행합니다.

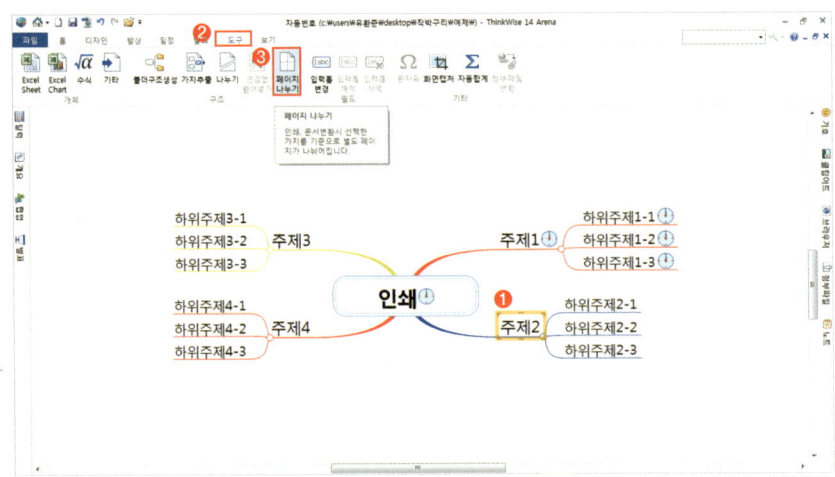

03 선택한 가지에 페이지 나누기 아이콘이 생성됩니다.

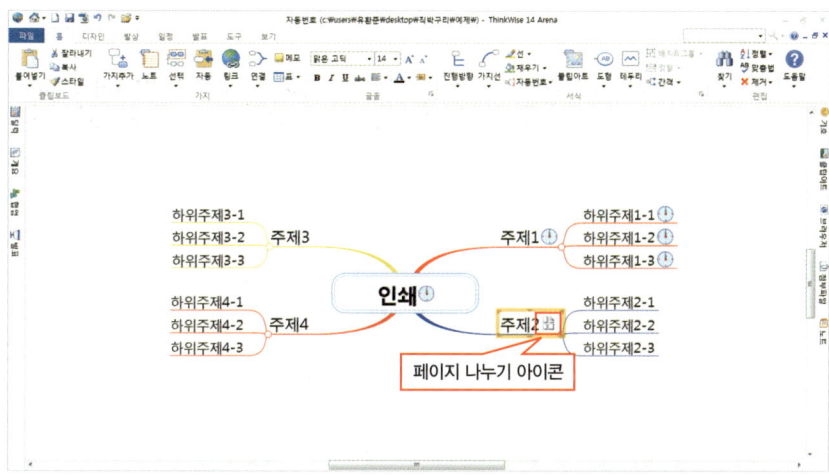

■ 화면 캡처

ThinkWise는 문서 작성 중 언제나 원하는 화면을 캡처하여 하위가지로 추가할 수 있는 스크린캡처 기능을 지원합니다.

01 인터넷 브라우저 등 캡처할 내용을 화면에 표시합니다.
02 ThinkWise에서 캡처 이미지를 추가할 가지를 선택합니다.
03 [도구] 탭의 [기타] 그룹에서 '**화면캡처**' 메뉴를 실행합니다.

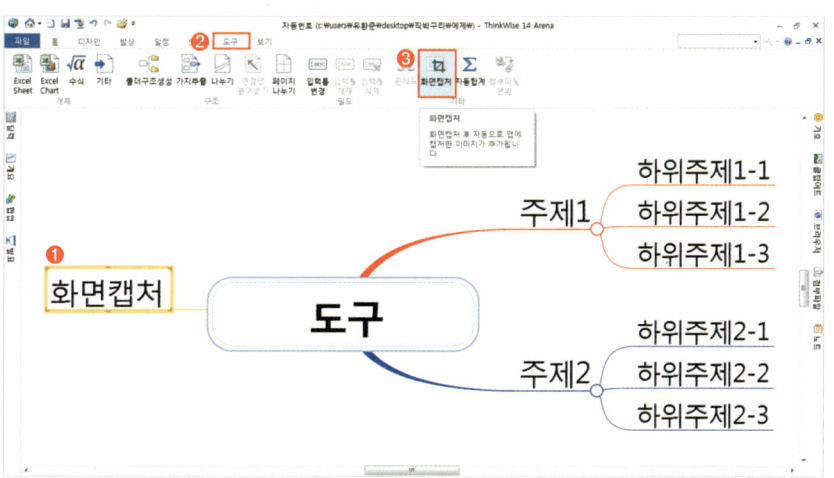

04 ThinkWise 화면이 사라지고 마우스 커서가 (+) 모양으로 바뀌면 캡처할 영역을 드래그하여 선택합니다.

05 선택한 영역이 캡처되어 선택한 가지의 하위가지로 추가된 것을 볼 수 있습니다.

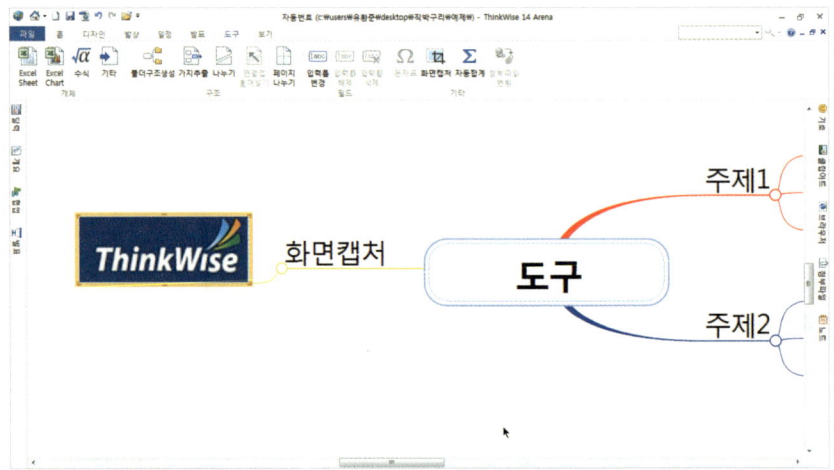

■ 자동합계

ThinkWise는 자동합계 기능을 제공합니다. 하위가지에 입력한 숫자를 자동으로 상위가지에 합해 표시해주는 이 기능은 맵을 더욱 다양한 용도로 유용하게 쓸 수 있도록 도와줍니다.

01 자동합계를 실행할 항목을 선택합니다.
02 [도구] 탭의 '자동합계' 메뉴를 실행합니다.

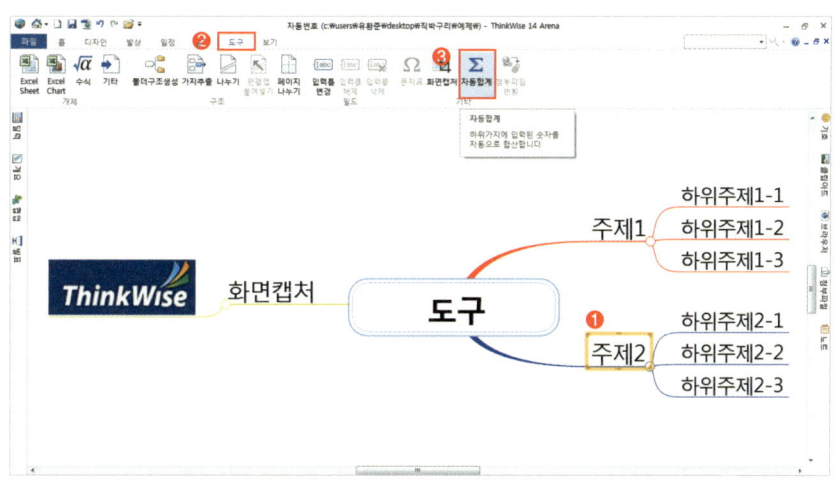

03 메뉴 실행과 동시에 선택한 가지와 그 하위가지에 [0] 표시가 추가된 것을 볼 수 있습니다.

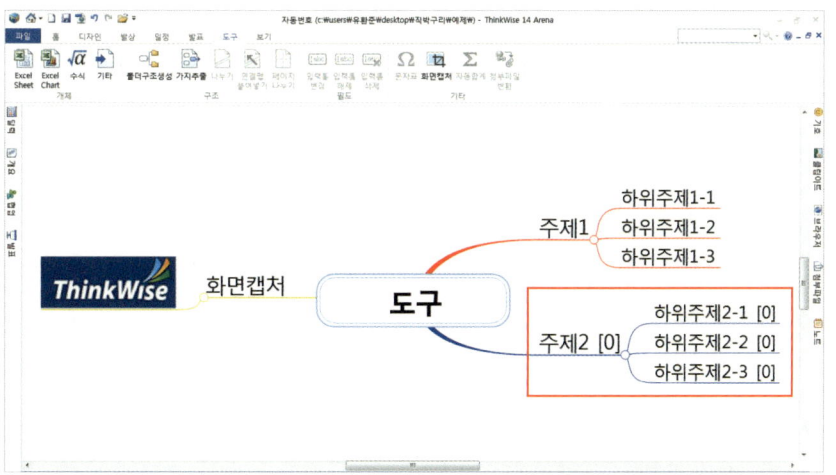

04 가지들 중 가장 하위가지를 선택하고 [ ] 사이에 숫자를 입력하고 '엔터키'를 누릅니다.
05 선택한 가지와 그 상위가지에 자동으로 합계가 입력된 것을 볼 수 있습니다.

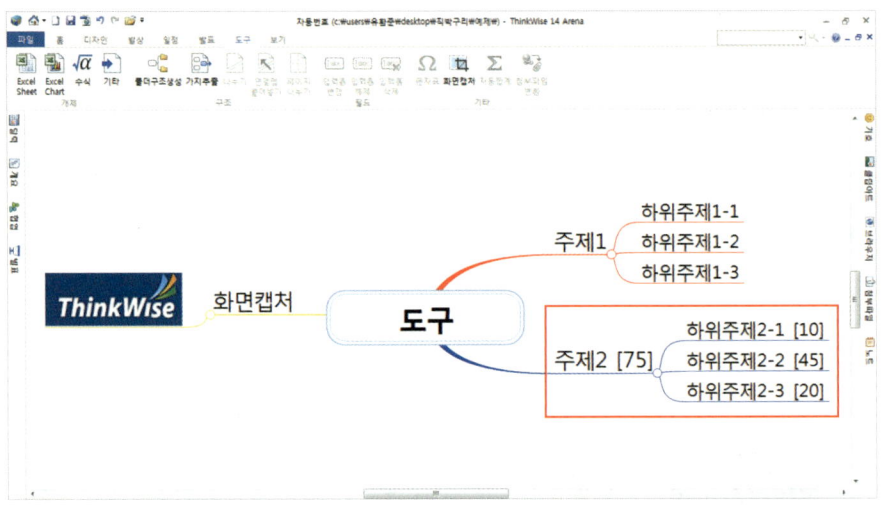

■ 도움말 사용

ThinkWise 프로그램을 사용하는데 필요한 다양한 정보를 제공합니다.

1. 도움말

ThinkWise 프로그램 사용법이나 기능의 용도 등을 알고 싶을 때 실행합니다. 키보드의 F1 을 눌러도 도움말이 실행됩니다. 실행된 도움말 화면에서 각 메뉴에 있는 하이퍼링크 아이콘을 누르면 해당 메뉴에 대한 설명을 볼 수 있습니다.

2. ThinkWise 사용가이드

ThinkWise 프로그램을 사용하는데 필요한 사용법, 매뉴얼, 샘플 맵 등을 모아놓은 파일이 실행됩니다. 프로그램의 주요 기능을 맵 문서의 형식으로 설명합니다.

3. ThinkWise 맵 자료실

ThinkWise에서는 사용자가 직접 작성한 각종 맵 자료를 조회, 다운로드 할 수 있는 게시판을 운영합니다. ThinkWise 맵 자료실 메뉴를 실행하면 바로 이동 가능합니다.

4. ThinkWise 사이트 방문

ThinkWise 홈페이지로 바로 이동할 수 있습니다.

5. ThinkWise 업데이트

ThinkWise 프로그램 최신 패치 업데이트가 가능합니다.

PART3

성공하는 사람들만 아는

ThinkWise 200% 활용법

Chapter ❶

발상 도구 ThinkWise

창의적이고 체계적인 사고를 만들어주는 ThinkWise는 창의적인 아이디어 발상을 도와주는 다양한 기능을 지원합니다. 다양한 발상 기법을 접목한 ThinkWise 발상 기능을 이용하여 여러분의 창의적인 사고능력을 발휘하십시오.

■ 브레인스토밍

ThinkWise는 확산 사고의 대표적인 자유연상 기법인 브레인스토밍을 쉽게 할 수 있도록 도와줍니다. 주어진 주제에 대한 자유로운 발상을 통해 최대한 많은 아이디어를 도출해내는 것이 목적입니다. 브레인스토밍을 ThinkWise와 프로젝터를 이용해 수행하는 경우 칠판이나 큰 모조지에 적어나가는 방식에 비해 월등한 효과를 거둘 수 있습니다. 생각나는 대로 핵심어를 입력하고 필요에 따라 재배치할 수 있기 때문입니다.

ThinkWise는 쏟아져나오는 아이디어를 분류하고 정리하는 과정을 거치면서 여러 사람의 생각을 한 방향으로 모을 수 있게 도와주고, 이런 과정을 통해 일에 대한 긍정적인 태도와 자신감을 갖도록 해줍니다.

01 [발상] 탭의 [사고 패턴] 그룹에서 '브레인스토밍' 메뉴를 실행합니다.
02 브레인스토밍을 위한 화면이 실행됩니다.
03 [브레인스토밍] 탭의 '설명'을 클릭하면, 화면 오른쪽에는 발상 창이 실행되고 브레인스토밍에 대한 개념과 작성방법을 보여줍니다.

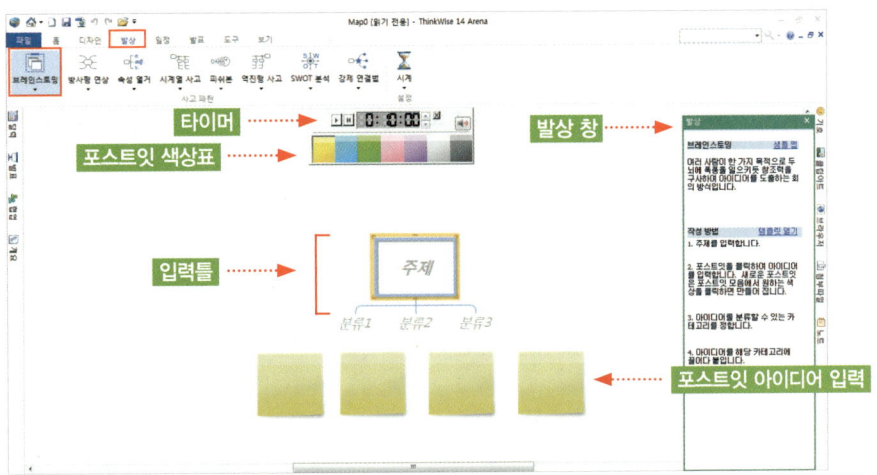

1. 브레인스토밍 모드 세부 사용법

• 타이머

브레인스토밍은 시간을 제한하고 실행하는 경우가 많습니다. 브레인스토밍시 자동으로 타이머가 실행되어 시간을 설정할 수 있습니다.

• 포스트잇 색상표

브레인스토밍시 포스트잇을 사용했던 것처럼 ThinkWise에서도 포스트잇을 이용한 브레인스토밍이 가능합니다. 맵 문서 바탕화면을 마우스로 클릭한 후 포스트잇 색상표에서 원하는 색을 선택하면 클릭한 위치에 포스트잇이 추가됩니다. 또는 [Shift]를 누른 상태로 맵 문서 바탕화면을 클릭하여도 포스트잇이 추가됩니다.

• 입력틀

01 입력틀로 설정되어 있는 주제 항목을 클릭하여 브레인스토밍의 주제를 입력합니다.
02 브레인스토밍 후 도출된 아이디어를 용도와 목적, 가능성 등으로 분류할 수 있는데 이때 입력틀로 설정된 분류 항목으로 가지를 이동하여 분류할 수 있습니다.
03 분류는 추가나 삭제할 수 있습니다.

• 포스트잇 아이디어 입력

화면에 예시로 작성되어 있는 4개의 포스트잇을 더블클릭하면 아이디어를 입력할 수 있습니다. 포스트잇을 선택한 후 위쪽 포스트잇 색상표에서 다른 색을 클릭하면 기존에 입력된 포스트잇의 색상이 변경됩니다.

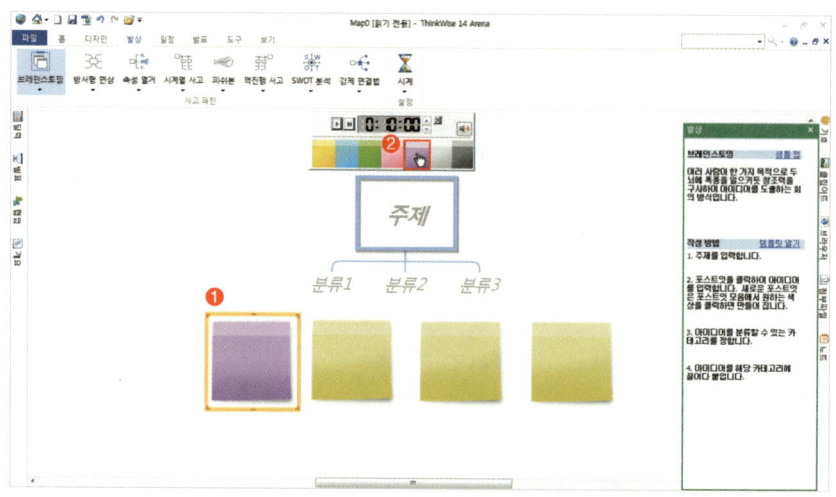

• 포스트잇 아이디어 묶기

포스트잇으로 작성된 아이디어를 화면에서 분류하여 묶음으로 지정할 수 있습니다.

01 묶음으로 지정할 아이디어를 선택합니다.

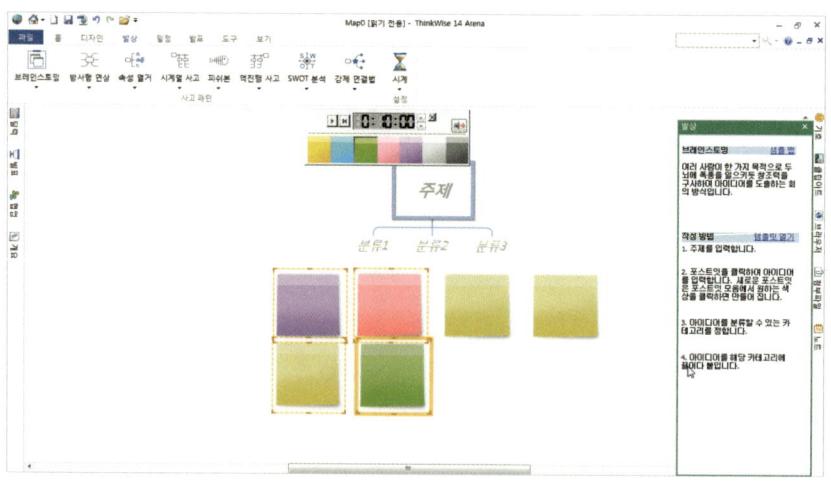

02 Shift 를 누른 상태로 빈 공간을 클릭하면 선택한 아이디어들이 묶음으로 지정됩니다.

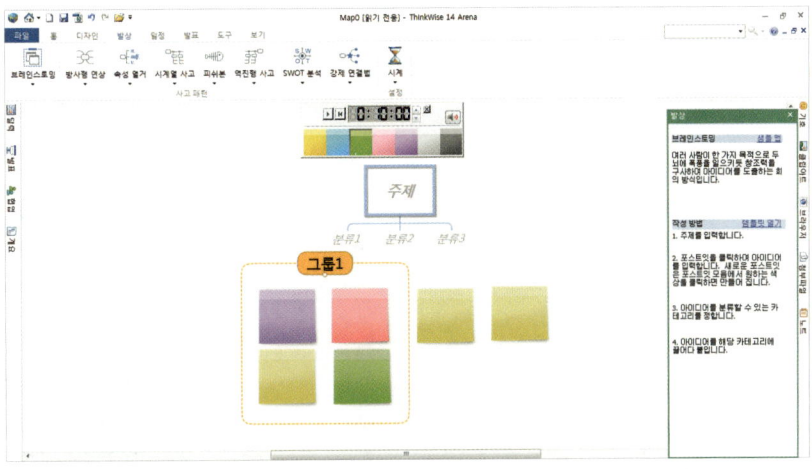

03 그룹명을 선택하고 위쪽 브레인스토밍 맵으로 가지를 이동하면 브레인스토밍 맵으로 재구성됩니다.

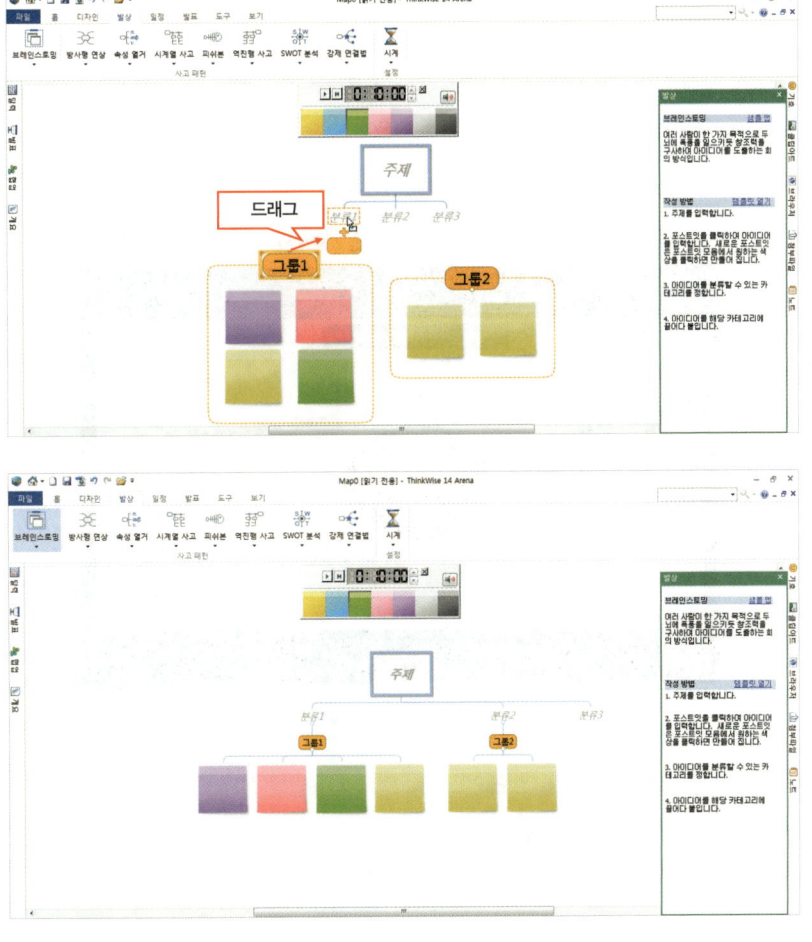

2. 발상 창 사용하기

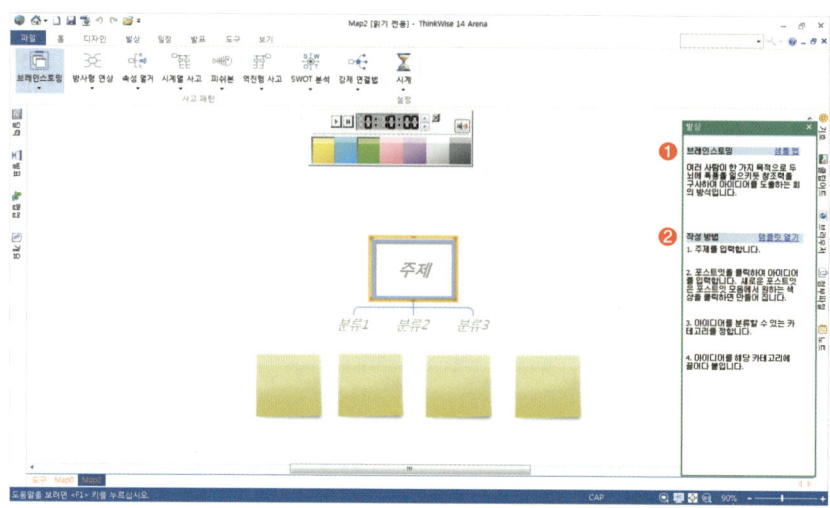

❶ 브레인스토밍을 실행하면 발상 창의 브레인스토밍 메뉴가 자동으로 실행됩니다. 브레인스토밍 메뉴에서는 브레인스토밍의 개념을 설명하고 **[샘플]** 맵을 클릭하여 다양한 사례를 볼 수 있습니다.

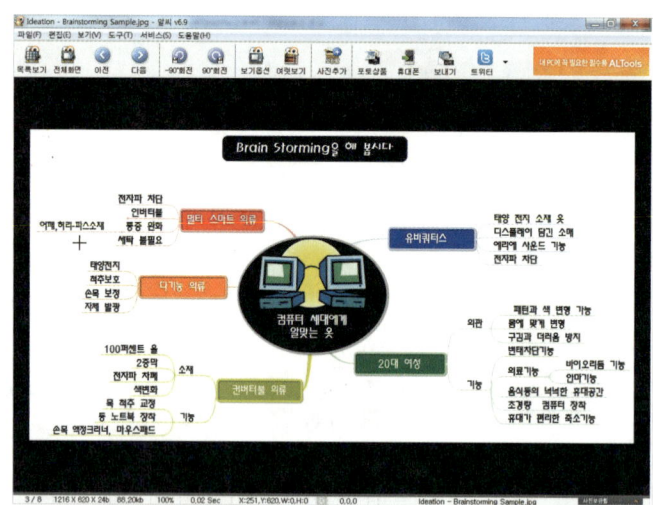

❷ 작성 방법에서는 맵 문서 화면에 실행된 브레인스토밍 맵의 사용법을 설명하고 **'템플릿 열기'**를 선택하면 새로운 템플릿 파일이 다시 실행됩니다.

■ 방사형 연상

방사형 연상을 더욱 효율적으로 훈련하기 위한 접근 방법을 제시합니다. 방사형 연상은 중심주제에서 밖으로 사고를 확장해나가는 사고법으로 상상, 연상, 결합의 과정을 통하여 논리적이고 창의적인 사고를 유도하는 방법입니다.

01 [발상] 탭의 [사고 패턴] 그룹에서 '방사형 연상' 메뉴를 실행합니다.
02 방사형 연상을 위한 화면이 실행됩니다.
03 화면 오른쪽에는 발상 창이 실행되어 방사형 연상에 대한 개념과 작성방법을 설명합니다.

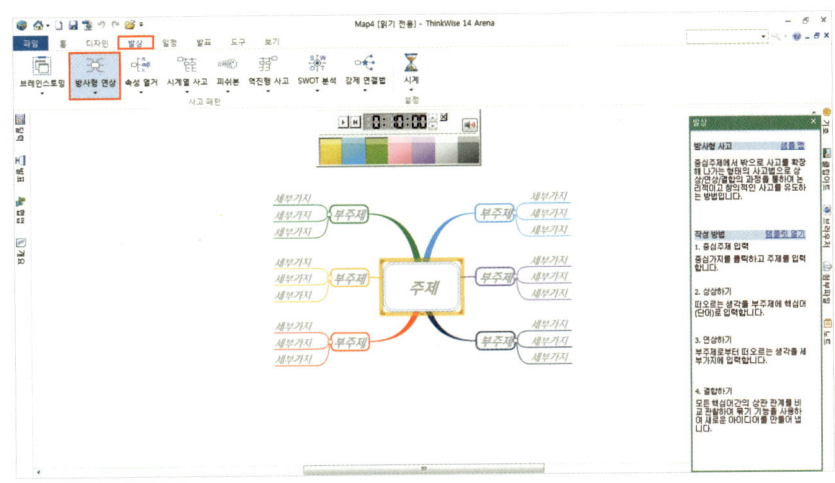

■ 속성 열거

속성 열거법은 미국의 크로퍼드 교수가 창안한 사고 방법으로 문제는 작게 할수록 아이디어가 나오기 쉽다는 점과 모든 분석의 대상이나 사물에는 속성이 있다는 점을 토대로 만들어진 분석법입니다. 이 기법은 주로 제품을 개량하거나 개선하려는 용도로 고안되었는데, 우리가 어떤 일을 기획할 때 육하원칙의 관점에서 차례대로 생각해 나가면 발상이 쉬워지듯이, 속성 열거법은 분석하려는 대상의 속성을 열거해 놓고 이로부터 개선의 실마리를 찾아 나가는 방법입니다.

특히 개선, 개량하려는 사물의 속성을 열거할 때 명사형, 형용사형, 동사형 속성으로 나누어서 브레인스토밍하는 것입니다. 명사형 속성이란 눈에 보이는 전체, 전체의 일부, 또는 제작 방법을 말합니다. 형용사형 속성은 대상 사물의 성질과 특성을 표현하는 속성이고, 동사형 속성이란 대상 사물의 기능적 속성을 말합니다.

자전거를 예로 들어 보면 바퀴, 페달, 핸들, 체인, 안장, 몸체, 브레이크 등은 명사적 속성에 해당합니다. 빠르다, 언덕에서 힘들다, 여름에 덥다, 위험하다 등은 형용사적 속성이고, 동사적 속성으로는 여러 사람이 탈 수 있다, 짐을 이동한다, 눈길에 미끄러진다 등을 생각할 수 있습니다.

이처럼 자전거의 속성을 열거한 다음 각각의 속성에 대하여 새로운 아이디어를 만들 수 있는데, 예를 들면 '눈길에서 미끄러지지 않도록 자동차의 스노우타이어와 같은 성질의 자전거용 타이어를 개발하면 어떨까?'와 같은 생각을 전개해 나가는 것입니다. 속성 열거법은 주어진 주제에 대해 자유로운 연상을 하되 시작 시점에서 속성을 열거하고 아이디어를 생성하는 확산적 사고 기법이면서 강제 연상 기법입니다.

01 [발상] 탭의 [사고 패턴] 그룹에서 '**속성 열거**' 메뉴를 실행합니다.
02 속성 열거를 위한 화면이 실행됩니다.
03 화면 오른쪽에는 발상 창이 실행되어 속성 열거에 대한 개념과 작성 방법을 설명합니다.

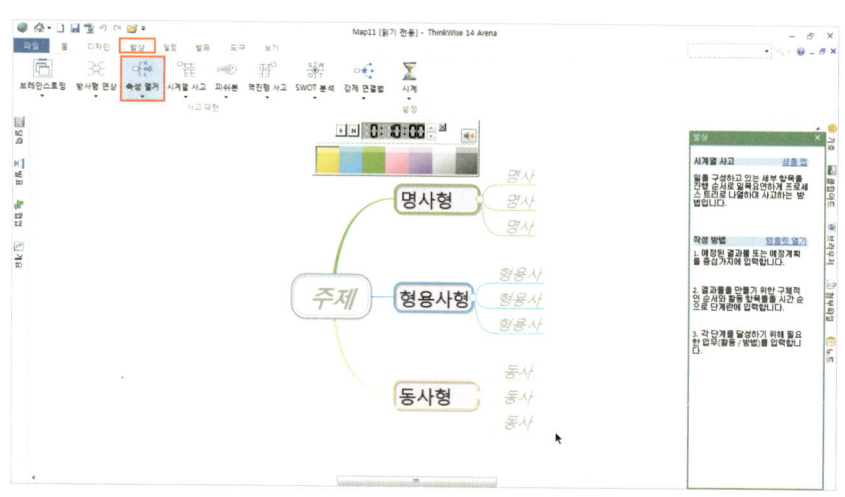

■ **시계열 사고**

시계열 사고란 어떤 일을 구성하고 있는 세부 항목을 진행 순서를 감안하여 시계열적으로 일목요연하게 풀어 사고하는 것을 말합니다. 일을 구성하고 있는 항목을 구조화하고 분석하는 능력과 함께 일이 진행될 과정을 시계열 구조, 즉 프로세스트리로 표현하는 능력은 계열적으로 수렴해 사고하는 능력이며, 일을 잘하는 사람의 공통된 방법입니다.

어떤 문제나 목표에 대해 남들이 막연하게 생각하고 있는 동안, 여러분은 ThinkWise를 사용하여 일과 생각을 구조화하고 분석하여 프로세스트리를 작성한다면 이미 목표 달성과 문제해결 과정의 반 이상을 해낸 것과 같습니다. 나머지 반은 계획대로 추진하는 것입니다. 그리고 이러한 훈련을 거듭하여 습관화하는 과정에서 여러분은 어느새 일 잘하는 사람이 되어있을 것입니다.

01 [발상] 탭의 [사고 패턴] 그룹에서 '**시계열 사고**' 메뉴를 실행합니다.
02 시계열 사고를 위한 화면이 실행됩니다.
03 화면 오른쪽에는 발상 창이 실행되어 시계열 사고에 대한 개념과 작성방법을 설명합니다.

■ 피쉬본

피쉬본은 특성 요인도를 표현하는 기법중의 하나입니다. 특성 요인도는 결과적으로 나타난 어떤 특성의 원인을 물고기 뼈와 같은 형태로 도식화하여 문제점을 파악하고 해결책을 찾아가는 계열적 수렴 사고의 기법입니다. 물고기 뼈의 형태로 그린다고 해서 '어골도'라고 불리기도 하는 특성 요인도는 공장의 현장에서 발생하는 문제점을 분석하고 해결책을 찾는 분임토론에 매우 효과적으로 사용됩니다.

01 [발상] 탭의 [사고 패턴] 그룹에서 '**피쉬본**' 메뉴를 실행합니다.
02 피쉬본을 위한 화면이 실행됩니다.
03 화면 오른쪽에는 발상 창이 실행되어 피쉬본에 대한 개념과 작성방법을 설명합니다.

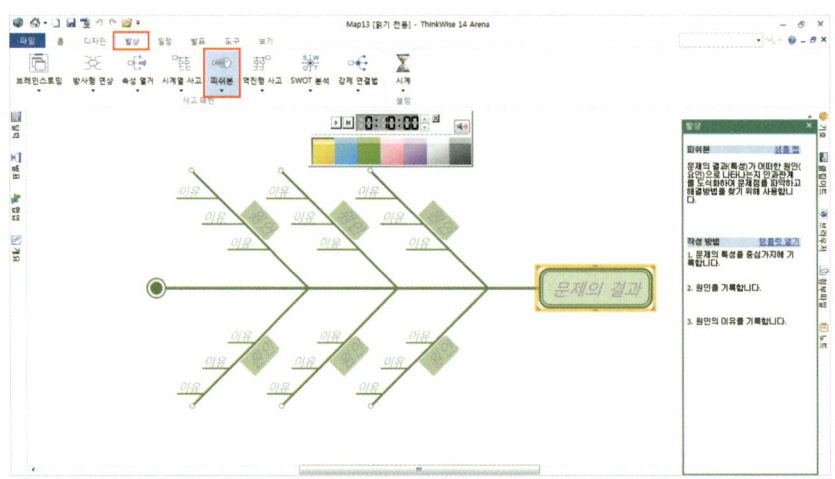

■ 역진행 사고

역진행 사고는 주어진 업무가 성공적으로 완성된 상태를 먼저 서술한 다음 이를 달성하기 위해 해야 할 구체적인 일들을 역순으로 정리하는 방법입니다.

01 [발상] 탭의 [사고 패턴] 그룹에서 '**역진행 사고**' 메뉴를 실행합니다.
02 역진행 사고를 위한 화면이 실행됩니다.
03 화면 오른쪽에는 발상 창이 실행되어 역진행 사고에 대한 개념과 작성방법을 설명합니다.

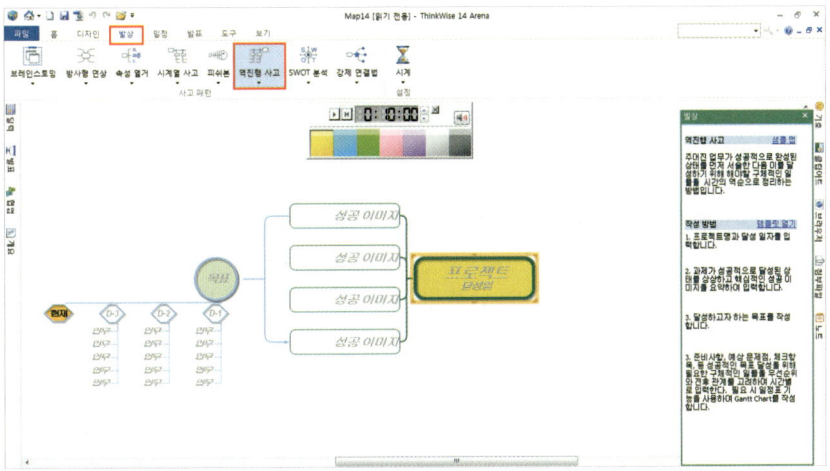

■ SWOT 분석

SWOT 분석은 내적 요인인 Strength(강점)와 Weakness(약점), 외적 요인인 Opportunity(기회), Threat(위협)를 분석함으로써 보다 강력한 전략을 개발하는 방법입니다.

01 [발상] 탭의 [사고 패턴] 그룹에서 'SWOT 분석' 메뉴를 실행합니다.
02 SWOT 분석을 위한 화면이 실행됩니다.
03 화면 오른쪽에는 발상 창이 실행되어 SWOT 분석에 대한 개념과 작성방법을 설명합니다.

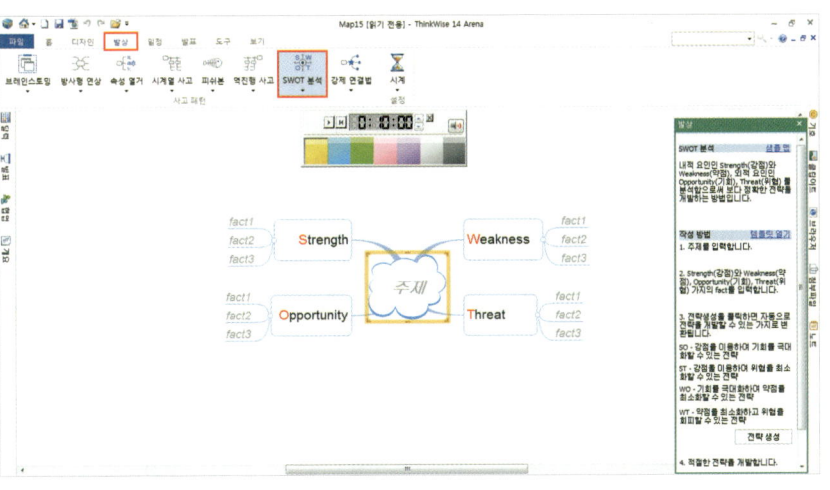

■ **강제 연결법**

강제 연결법은 서로 관계가 없어 보이는 사물이나 아이디어를 강제로 연결해서 새로운 아이디어를 만드는 발상법입니다.

01 [**발상**] 탭의 [**사고 패턴**] 그룹에서 '**강제 연결법**' 메뉴를 실행합니다.
02 강제 연결법을 위한 화면이 실행됩니다.
03 화면 오른쪽에는 발상 창이 실행되어 강제 연결법에 대한 개념과 작성방법을 설명합니다.

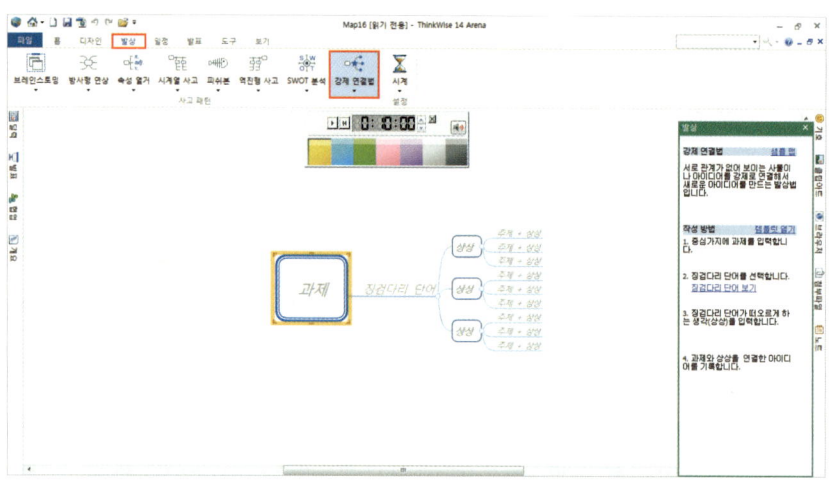

■ 시계

브레인스토밍시 화면에 표시되는 스톱워치의 시간을 설정할 수 있습니다.

• 시간 설정 방법

01 [발상] 탭의 [설정] 그룹에서 '시계의 아래쪽 화살표'를 누릅니다.
02 회의 시간을 10분, 20분, 30분 … 60분 중 선택합니다.
03 사용자 정의를 눌러 회의 시간을 임의로 선택할 수 있습니다.

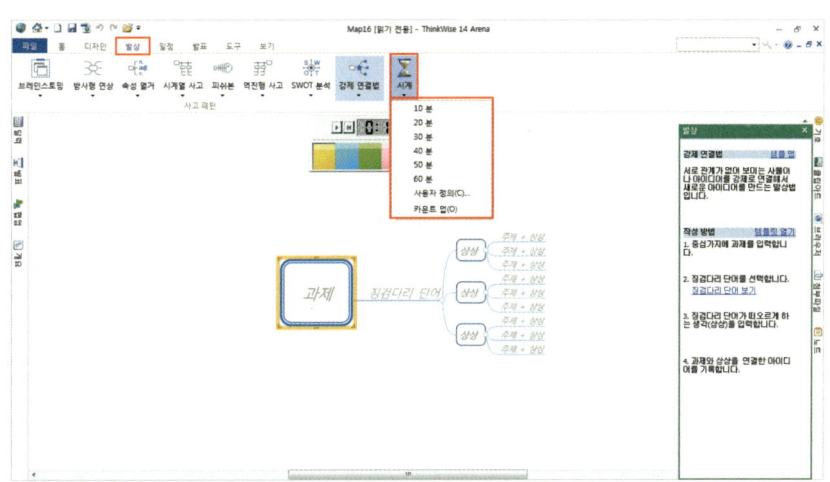

Chapter ❷

소통 도구 ThinkWise

ThinkWise를 이용하여 시각적으로 구조화된 맵 문서는 정보를 체계적이고 논리적으로 전달하는 데 매우 효과적입니다. ThinkWise를 이용하여 회의, 발표, 프레젠테이션을 효과적으로 진행하십시오.

■ **발표(프레젠테이션) 개념**

❶ 훌륭한 프레젠테이션 기술은 모든 비즈니스에서 중요한 성공의 요소입니다. ThinkWise는 자연스럽게 생각을 정리하는 것을 도울 뿐 아니라 발표 준비시간을 단축시켜 줍니다.
❷ ThinkWise 발표 기능으로 맵 문서를 프레젠테이션용 슬라이드로 만들고 슬라이드 쇼까지 할 수 있습니다.
❸ 만들어진 슬라이드는 수동 또는 자동으로 슬라이드 간의 전환 간격을 설정할 수 있으며, 'Esc' 키를 누르기 전까지 계속 반복할 수 있습니다.

기존에 우리가 하던 발표는 주로 파워포인트를 이용하는 것이었습니다. 파워포인트는 매우 편리하고 유용한 도구이지만, 작성하는데 많은 시간과 노력이 필요하고, 한 번 작성한 내용을 재구성하기도 쉽지 않습니다. ThinkWise는 업무 진행 중 작성한 문서를 그대로 사용하여 효과적인 프레젠테이션을 진행할 수 있습니다. ThinkWise 발표 기능을 이용하여 실용적이고 혁신적인 소통의 방법을 경험하십시오.

1. 발표/개요 실행하기

업무시간의 상당 부분을 차지하는 회의 시간과 정보를 공유하고 의견을 조율하는 과정에서 팀원들의 회의 집중도를 높이고 회의 생산성을 높이는 방법을 제시합니다.

`01` 발표할 맵을 실행합니다. **[발표]** 탭을 클릭합니다.

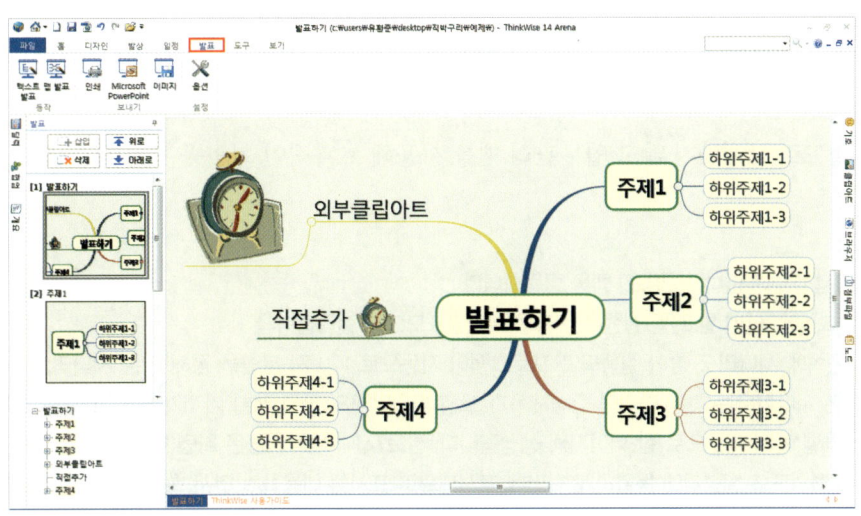

`02` **[동작]** 그룹에서 **[맵 발표]**를 실행하면 자동으로 발표모드가 실행됩니다.

`03` 왼쪽 개요창에서 화면에 표시하고자 하는 항목을 더블클릭합니다. 해당 항목과 표시 범위 2레벨까지의 내용이 화면에 표시됩니다. 선택한 항목 이외의 내용은 흐리게 표시되어, 참여자들로 하여금 발표 내용에 집중하도록 유도합니다.

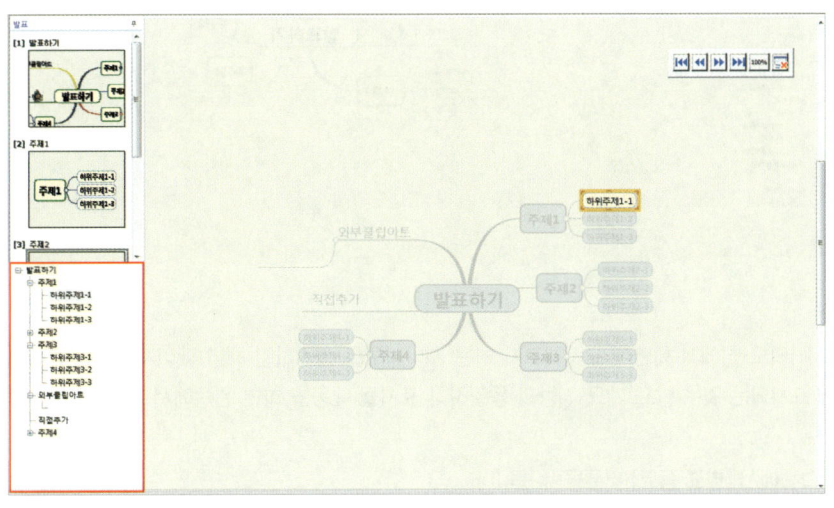

04 [동작] 그룹에서 [발표 종료] 버튼을 누릅니다.

2. 발표/시나리오 실행하기

앞에서 설명한 발표/개요 실행하기가 개요 목록을 이용하여 발표 내용을 화면에 표시는 것이라면 발표/시나리오 실행하기는 발표할 화면을 시나리오로 구성하여 발표를 진행할 수 있습니다. 발표용 문서를 별도로 작성하지 않고 업무관리 맵을 사용해 효과적인 회의를 진행할 수 있도록 도와줍니다.

01 발표할 맵을 실행합니다. [발표] 탭을 클릭합니다.
02 [동작] 그룹에서 [맵 발표]를 실행하면 자동으로 발표모드가 실행됩니다.
03 화면 왼쪽에 시나리오 창이 실행되고 프로그램이 자동으로 페이지 분할을 통해 기본 시나리오를 생성해줍니다. 기본 시나리오는 첫 페이지에 중심제목과 표시 범위만큼의 하위 레벨 가지가 표시되고, 두 번째 페이지부터는 1레벨 가지 기준으로 한 페이지씩 생성됩니다. 발표/시나리오 기능은 화면 왼쪽의 시나리오 창에 표시된 영역이 회의모드 실행시에 동일하게 화면에 표시되므로 표시될 내용을 보면서 회의를 진행할 수 있습니다.

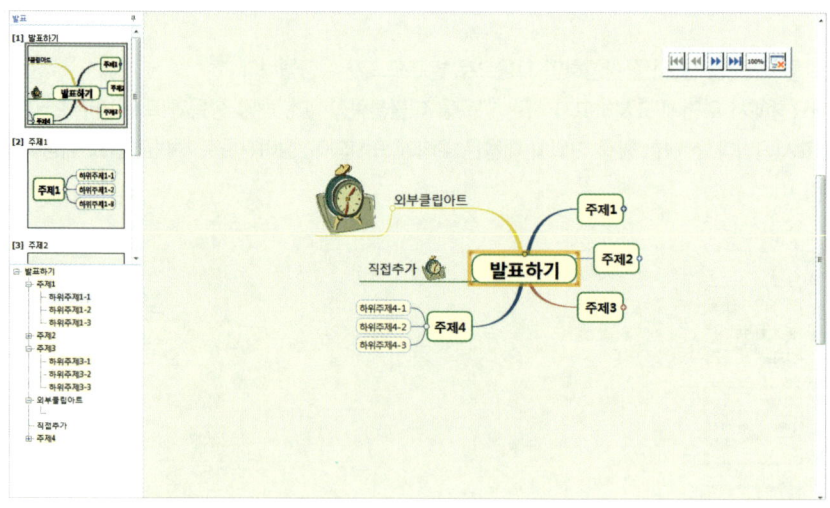

04 왼쪽 시나리오 창에서 화면에 표시하고자 하는 시나리오를 클릭하면 해당 페이지가 화면에 표시됩니다. 이때 화면에 표시되는 것은 발표/개요 기능과 동일하나 표시될 내용을 화면 왼쪽에서 미리 볼 수 있다는 차이가 있습니다.
05 [동작] 그룹에서 [발표 종료] 버튼을 누릅니다.

3. 옵션

발표 진행시 화면 표시 범위, 글자 크기, 화면에 표시하는 방식 등을 설정할 수 있습니다.

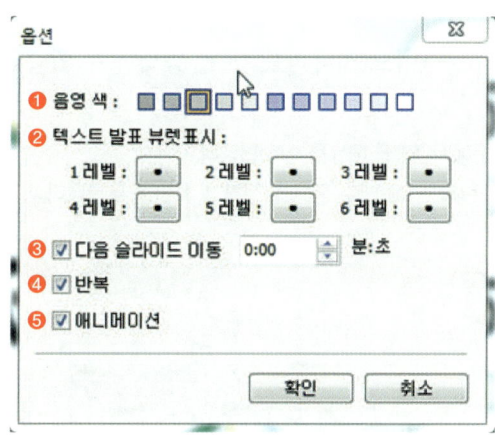

- ❶ **음영색** : 발표 실행시 선택한 영역 이외의 부분은 옅은 색으로 표시되는데, 이때 사용되는 음영색을 사용자가 선택할 수 있습니다.
- ❷ **텍스트 발표 뷰렛표시** : 발표 실행 중 선택한 항목을 기준으로 하위로 몇 레벨까지를 화면에 표시할 것인지를 선택합니다.
- ❸ **다음 슬라이드 이동** : 발표 실행 중 다음 슬라이드로 이동하는 시간을 설정합니다.
- ❹ **반복** : 발표 내용의 반복을 설정합니다.
- ❺ **애니메이션** : 애니메이션 모드를 선택하면 발표모드 실행시 선택한 항목으로 화면이 이동할 때 화면이 흘러가듯이 이동하고, 애니메이션 모드를 해제하면 선택한 항목으로 이동할 때 화면이 즉시 전환됩니다.

4. 보내기

4-1. 인쇄

발표를 위해 작성한 각각의 슬라이드(시나리오 창)를 출력할 수 있습니다.

01 [발표] 탭의 [보내기] 그룹에서 '인쇄' 메뉴를 실행합니다.

02 인쇄 화면이 실행되면 프린터, 인쇄 매수 등을 설정하고 확인을 누릅니다.

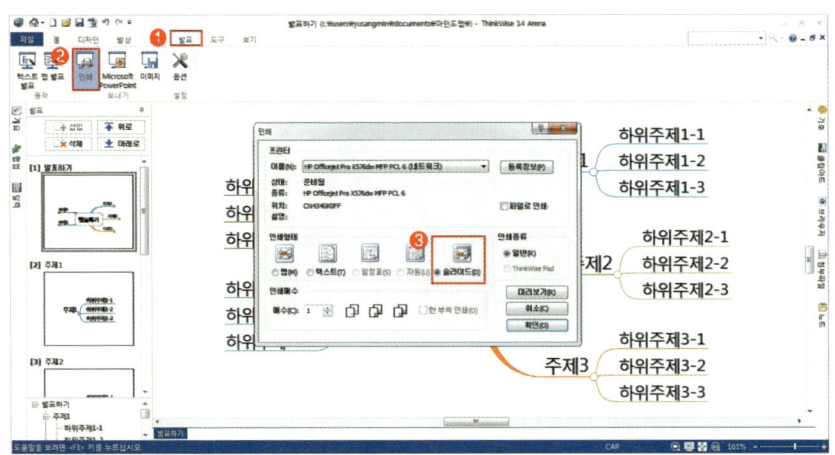

03 각각의 슬라이드가 인쇄됩니다.

4-2. Microsoft PowerPoint로 보내기

발표를 위해 작성한 맵 문서를 MS PowerPoint 문서로 변환할 수 있습니다.

01 [발표] 탭의 [보내기] 그룹에서 'Microsoft PowerPoint' 메뉴를 실행합니다.
02 'Microsoft PowerPoint 문서로 변환' 대화상자가 나타납니다.

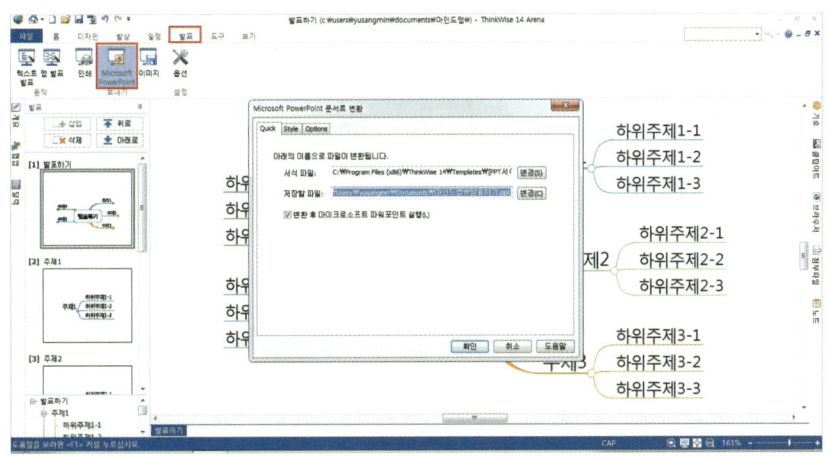

03 서식 파일 : 변환된 워드 문서에 적용할 서식 파일을 지정합니다.
04 저장할 파일 : Microsoft PowerPoint 문서로 변환 후 저장할 위치를 지정합니다. 기본적으로는 현재 변환하고자 하는 맵 문서가 저장된 위치에 저장됩니다.
05 '**변환 후 Microsoft 파워포인트 실행**' 버튼에 체크합니다.
06 [Style] 탭 : 적용하고자 하는 [PPT 서식]을 선택합니다.

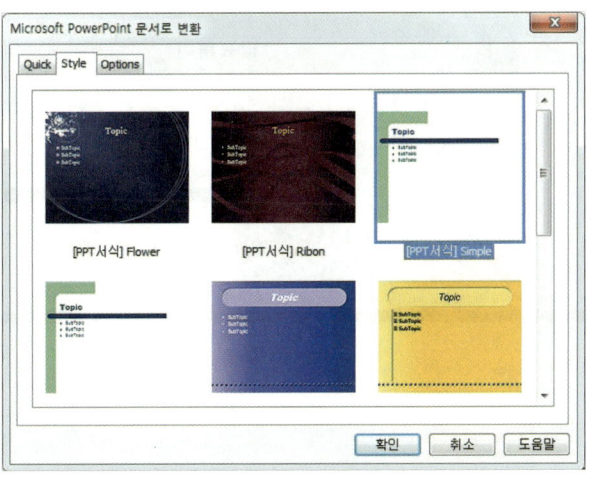

06 **[옵션] 탭** : 변환 방식 선택 및 결과에 포함할 항목을 선택합니다. 맵 문서에서 사용된 여러 가지 설정과 삽입된 개체 등에 대해 변환시 포함할 항목을 선택합니다.

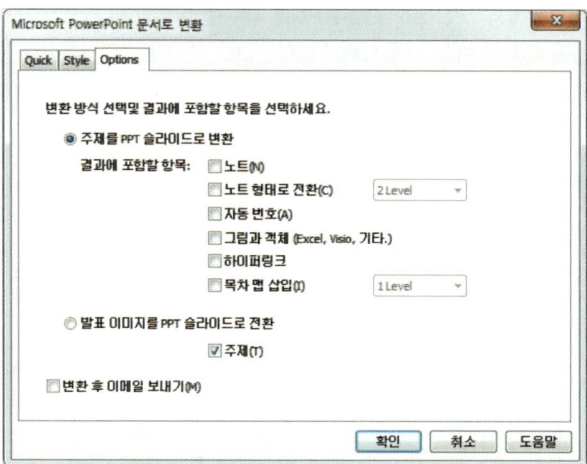

07 **[확인]** 버튼을 누릅니다.
08 맵 문서 제목이 Microsoft PowerPoint 문서의 제목이 되고 나머지 주제가 내용이 되는 Microsoft PowerPoint 문서가 생성됩니다.

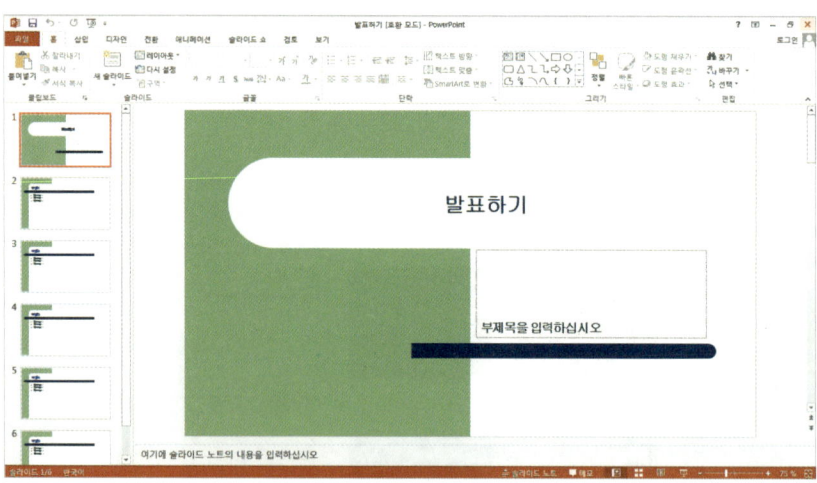

4-3. 이미지로 보내기

발표를 위해 작성한 맵 문서를 이미지 파일로 저장할 수 있습니다.

01 [발표] 탭의 [보내기] 그룹에서 '**이미지**' 메뉴를 실행합니다.

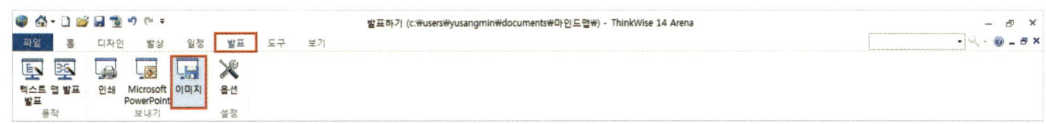

02 다른 이름으로 저장 창이 실행되면 파일 이름, 파일 형식을 선택하고 저장합니다.

03 저장 가능한 이미지 파일 형식은 jpg, bmp, gif, png입니다.

Chapter ❸

문서작성 도구 ThinkWise

ThinkWise는 생각을 쉽고 빠르게 정리하여 체계적인 문서작성이 가능하도록 도와줍니다. 기획서, 보고서의 작성시 생각 정리 단계에서 맵을 사용하고 정리된 내용을 MS Word, MS Powerpoint, 한글, 원노트 등으로 자동 변환이 가능하여 문서작성 효율을 월등히 향상시켜줍니다.

■ 내보내기

[**파일**] 탭에서 [**내보내기/가져오기**] 메뉴를 '내보내기'클릭하고 그룹에서 내보내고자 하는 프로그램을 선택합니다.

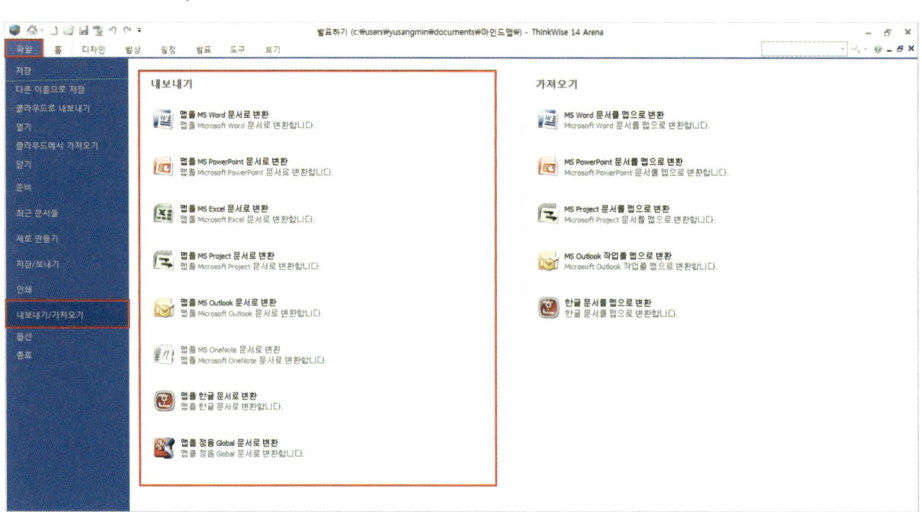

1. Microsoft Word 문서로의 변환

Microsoft Word는 매우 대중적인 워드프로세서입니다. 이것은 매우 간단한 편지 작성에서부터 매우 복잡한 보고서 문서 작성에까지 폭 넓게 사용할 수 있습니다. ThinkWise는 맵 문서를 Microsoft Word 문서로 변환할 수 있습니다.

01 변환할 맵 문서를 실행합니다.
02 [파일]에서 [내보내기/가져오기]의 '**맵을 MS Word 문서로 변환**'을 실행합니다.
03 '**Microsoft Word 문서로 변환**' 대화상자가 나타납니다.

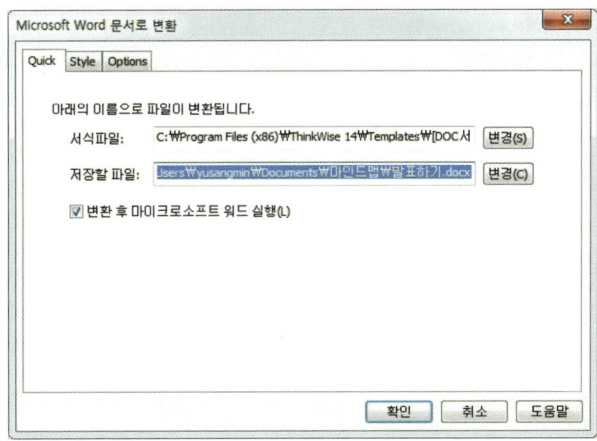

04 서식 파일 : 변환된 워드 문서에 적용할 서식 파일을 지정합니다.
05 저장할 파일 : Microsoft Word 문서로 변환 후 저장할 위치를 지정합니다. 기본적으로는 현재 변환하고자 하는 맵 문서가 지정된 위치에 저장됩니다.
06 '**변환 후 Microsoft 워드 실행**' 버튼을 체크합니다.
07 [style] 탭 : 변환된 Microsoft Word 문서에 적용할 서식 파일을 다시 한 번 지정합니다.

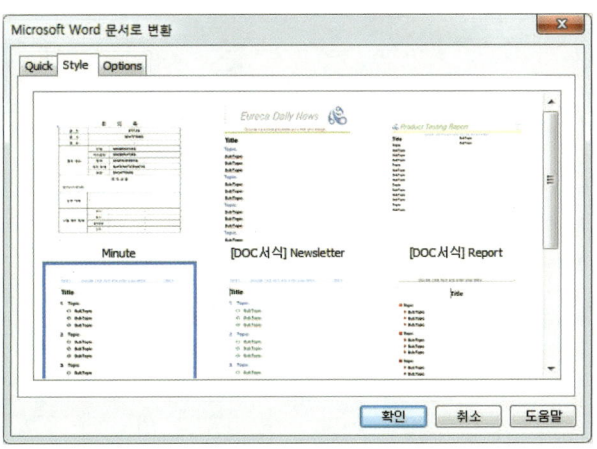

08 **[Option] 탭** : 결과에 포함할 항목으로, 맵 문서에서 사용된 여러 가지 설정과 삽입된 개체 등에 대해 변환시 포함할 항목을 선택합니다.

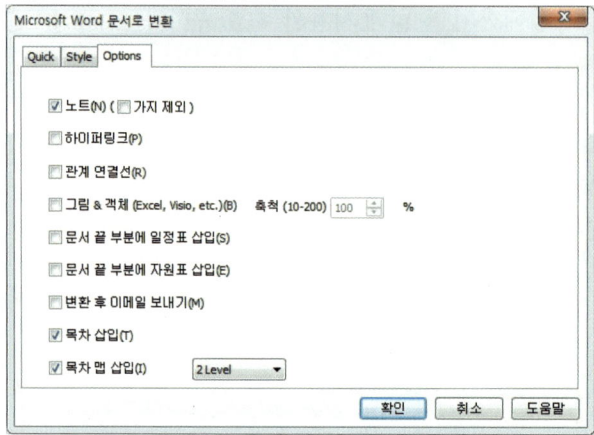

09 **[확인]** 버튼을 누릅니다.
10 맵 문서 제목이 Microsoft Word 문서의 제목이 되고 나머지 주제가 내용이 되는 Microsoft Word 문서가 만들어집니다.

2. Microsoft PowerPoint 문서로 변환

ThinkWise는 맵 문서와 Microsoft PowerPoint 문서와의 양방향 문서변환 기능을 지원합니다.

01 Microsoft PowerPoint 문서로 변환할 맵 문서를 실행합니다.
02 **[파일]**에서 **[내보내기/가져오기]**의 '**맵을 MS PowerPoint 작업으로 변환**'을 실행합니다.
03 '**Microsoft PowerPoint 문서로 변환**' 대화상자가 나타납니다.

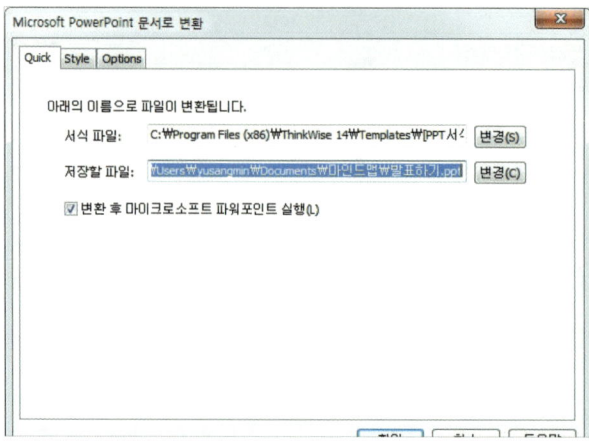

04 서식 파일 : 변환된 워드 문서에 적용할 서식 파일을 지정합니다.

05 저장할 파일 : Microsoft PowerPoint 문서로 변환 후 저장할 위치를 지정합니다. 기본적으로는 현재 변환하고 자 하는 맵 문서가 저장된 위치에 저장됩니다.

06 '변환 후 Microsoft 파워포인트 실행' 버튼에 체크합니다.

07 [Style] 탭 : 적용하고자 하는 **[PPT 서식]**을 선택합니다.

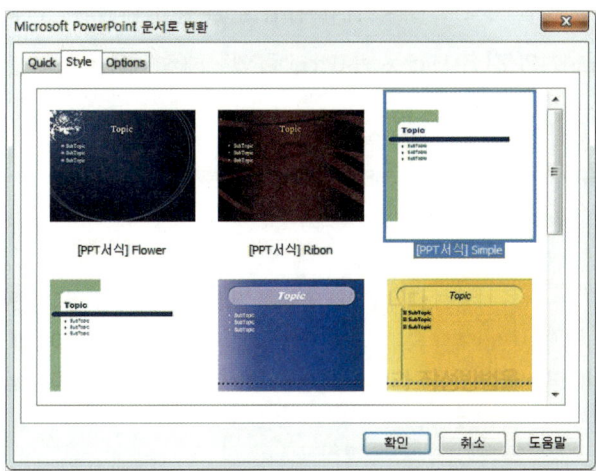

08 [Option] 탭 : 변환 방식 선택 및 결과에 포함할 항목을 선택합니다. 맵 문서에서 사용된 여러 가지 설정과 삽입된 개체 등에 대해 변환시 포함할 항목을 선택합니다.

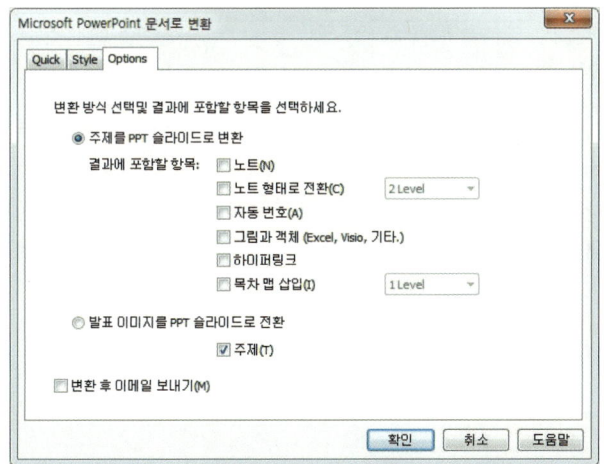

09 [확인] 버튼을 누릅니다.

10 맵 문서 제목이 Microsoft PowerPoint 문서의 제목이 되고 나머지 주제가 내용이 되는 Microsoft PowerPoint 문서가 만들어집니다.

3. Microsoft Excel 문서로 변환

Microsoft Excel은 셀 단위로 숫자나 내용을 입력하여 분석, 계산 등에 활용하는 프로그램입니다. ThinkWise는 맵 문서를 이와 같은 Microsoft Excel로 변환해줍니다.

01 Microsoft Excel 문서로 변환할 맵 문서를 실행합니다.
02 [파일]에서 [내보내기/가져오기]의 '맵을 MS Excel 문서로 변환'을 실행합니다.
03 Microsoft Excel 작업으로 변환 대화상자가 실행됩니다.

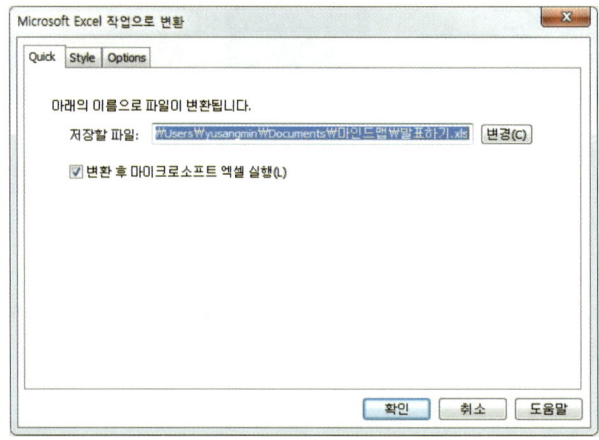

04 [변경] 버튼을 눌러 저장할 파일 위치와 파일명을 지정할 수 있습니다. 기본적으로는 현재 변환하고자 하는 맵 문서가 저장된 위치에 저장됩니다.
05 변환된 Microsoft Excel 문서를 실행하려면 '변환 후 Microsoft 엑셀 실행'을 체크하십시오.
06 [Style] 탭 : Microsoft Excel 문서의 특성상 맵 문서를 변환했을 때 Microsoft Excel의 셀에 어떤 형식으로 적용할지를 선택합니다.

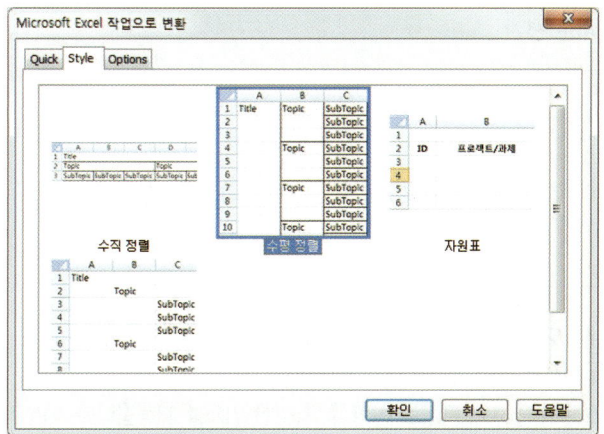

07 **[Option] 탭** : 결과에 포함할 항목을 선택합니다.

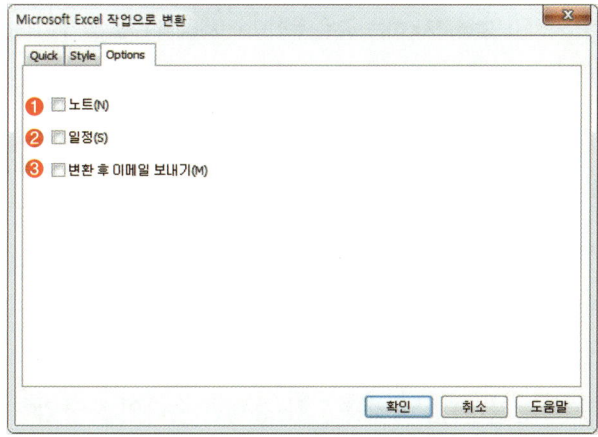

❶ **노트** : 노트 포함을 선택하면 Microsoft Excel 작업으로 변환시 엑셀로 변환된 각 주제에 메모가 생성됩니다.
❷ **일정** : 결과에 포함할 항목으로 일정을 선택하면 MS Excel 작업으로 변환시 엑셀로 변환된 각 주제에 메모가 생성되어 일정기간 정보 표시가 나타나게 됩니다.
❸ **변환 후 이메일 보내기** : 이 항목을 선택하면 Excel 문서로 변환된 파일을 이메일로 보낼 수 있습니다.

08 **[확인]** 버튼을 누릅니다.
09 Microsoft Excel 문서가 생성된 것을 볼 수 있습니다.

4. Microsoft Project 문서로 변환

Microsoft Project는 강력한 일정계획 도구입니다. 관리할 작업을 손쉽게 맵으로 작성한 후 Microsoft Project를 이용하여 복잡한 작업과 인력에 대한 내용을 정리할 수 있습니다. ThinkWise는 맵 문서의 일정과 MS Project 문서와의 양방향 문서변환 기능을 지원합니다.

01 Microsoft Project 문서로 변환할 맵 문서를 실행합니다.
02 **[파일]**에서 **[내보내기/가져오기]**의 '**맵을 MS Project 문서로 변환**'을 실행합니다.
03 **Microsoft Project 문서로 변환 마법사**가 실행됩니다.
04 **저장할 파일** : Microsoft Project 문서로 변환 후 저장할 위치를 지정합니다. 기본적으로는 현재 변환하고자 하는 맵 문서가 저장된 위치에 저장합니다.
05 **[다음]** 버튼을 누릅니다.
06 일정이 포함되어 있는 모든 가지의 내용들은 자동으로 변환됩니다. MS Project 문서로 변환시 포함할 항목을 선택하여야 합니다. 필요한 항목을 선택한 후 다음 버튼을 눌러 다음 단계로 이동하십시오.
07 결과에 기호의 우선순위를 포함하고자 하는 경우 우선순위 세팅 버튼을 눌러 우선순위를 지정할 수 있습니다. 지정 후 확인을 누릅니다.
08 **[다음]** 버튼을 누릅니다.
09 변환된 Microsoft Project 문서를 실행하려면 '**변환 후 Microsoft 프로젝트 실행**'을 체크하십시오.
10 **[마침]** 버튼을 누릅니다.
11 Microsoft Project 문서가 생성된 것을 볼 수 있습니다.

5. Microsoft Outlook 작업으로 변환

Microsoft Outlook은 통신, 일정, 작업 관리를 위한 강력한 온라인 도구입니다. 여러분들이 관리할 일정과 작업을 맵 문서로 만들어 Microsoft Outlook 작업으로 변환할 수 있습니다.

01 **[파일]**에서 **[내보내기/가져오기]**의 '**맵을 MS Outlook 작업으로 변환**'을 실행합니다.
02 Microsoft Outlook 프로그램이 실행되면서 작업 메뉴가 화면에 표시됩니다.
03 ThinkWise 문서에서 일정이 입력되어 있던 맵 주제들의 목록이 표시되고 일정이 입력되어 있는 것을 볼 수 있습니다.
04 필요할 때마다 현재 상태에서 작업과 일정을 계속 추가해 나갈 수 있습니다.

6. Microsoft OneNote 문서로 변환

ThinkWise는 맵 문서와 Microsoft OneNote 문서의 변환 기능을 지원합니다.

01 Microsoft OneNote 문서로 변환할 맵 문서를 실행합니다.
02 [파일]에서 [내보내기/가져오기]의 '**맵을 MS OneNote 문서로 변환**'을 실행합니다.
03 Microsoft OneNote 프로그램이 실행되고 맵 문서가 Microsoft OneNote 문서 화면에 표시된 것을 확인할 수 있습니다.

7. 맵을 한글 문서로 변환

한글은 국내에서 가장 대중적인 워드프로세서입니다. 이것은 매우 간단한 편지 작성에서부터 매우 복잡한 보고문서 작성에까지 폭넓게 사용할 수 있습니다. ThinkWise는 맵 문서를 한글 문서로 변환할 수 있습니다.

01 한글 문서로 변환할 맵 문서를 실행합니다.
02 [파일]에서 [내보내기/가져오기]의 '**맵을 한글 문서로 변환**'을 실행합니다.
03 '한글 문서로 변환' 대화상자가 나타납니다.

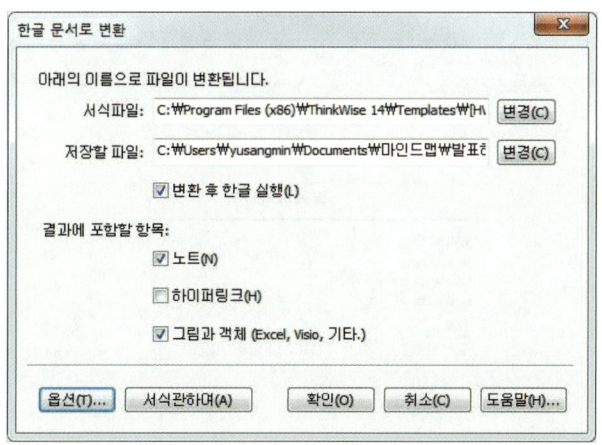

04 **서식파일** : [**변경**] 버튼을 누른 후 변환 후의 한글 문서에 적용할 서식 파일을 지정합니다. 맵 문서변환시 지정된 서식 파일에 있는 한글 문서의 스타일을 맵 문서의 각 레벨에 적용합니다. 단, ThinkWise가 기본적으로 제공하는 서식 파일(default.hwt)을 사용하는 경우 별도의 설정은 필요하지 않습니다. [**열기**] 버튼을 누릅니다.

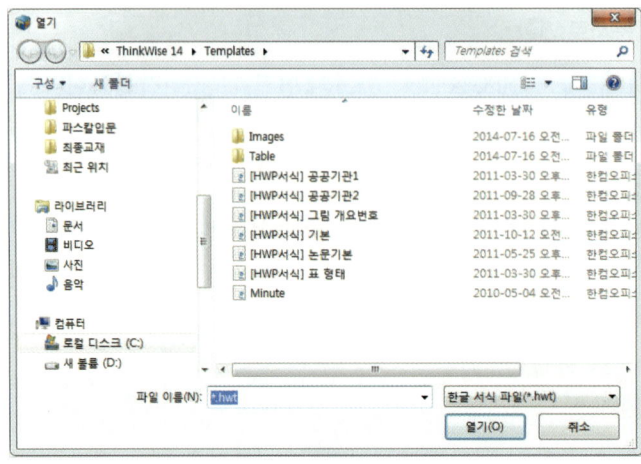

05 **저장할 파일** : 한글 문서로 변환 후 저장할 위치를 지정하고 다음을 누릅니다. 기본적으로는 현재 변환하고자 하는 맵 문서가 저장된 위치에 저장합니다.

06 **'변환 후 한글 실행 버튼'**을 체크합니다.

07 결과에 포함할 항목을 선택합니다. 모든 가지의 내용들은 자동으로 변환됩니다. 노트, 하이퍼링크, 그림과 개체 등은 선택하여야 포함합니다. 필요한 항목을 선택한 후 **[확인]** 버튼을 누릅니다.

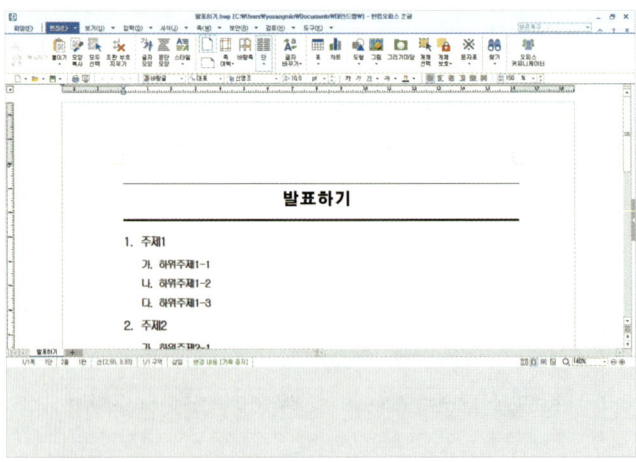

8. 정음글로벌

ThinkWise는 맵 문서를 정음글로벌 문서로 변환할 수 있습니다.

- **01** 정음글로벌 문서로 변환할 맵 문서를 실행합니다.
- **02** [파일]에서 [내보내기/가져오기]의 **'맵을 정음 Global 문서로 변환'**을 실행합니다.
- **03** 정음글로벌 문서로 변환하는 창이 나타납니다.
- **04** 변환 후의 정음글로벌 문서에 적용할 서식 파일을 지정합니다.
- **05** **저장할 파일** : 정음글로벌 문서로 변환 후 저장할 위치를 지정하고 다음을 누릅니다. 기본적으로는 현재 변환하고자 하는 맵 문서가 저장된 위치에 저장합니다.
- **06** 변환 후 정음글로벌 실행 버튼을 체크합니다.
- **07** 결과에 포함할 항목을 선택합니다.
- **08** [마침]을 누르면 문서변환이 완료됩니다.

■ 가져오기

[**파일**] 탭에서 [**내보내기/가져오기**] 메뉴의 **'가져오기'** 그룹에서 맵으로 변환하고자 하는 형식을 선택합니다.

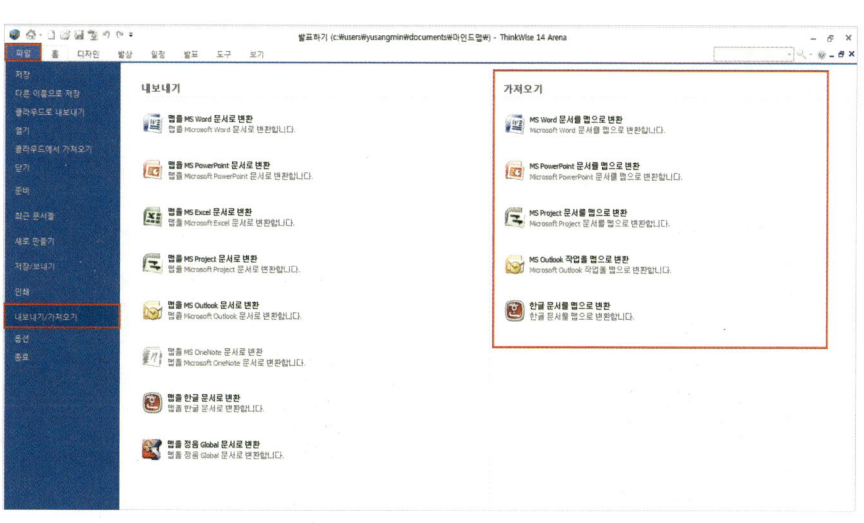

1. Microsoft Word 문서를 맵으로 변환

ThinkWise는 Microsoft Word 문서를 ThinkWise 문서로 변환하는 기능을 지원합니다.

01 [파일] 탭에서 [내보내기/가져오기]의 'MS Word 문서를 맵으로 변환'을 실행합니다.

02 변환하고자 하는 Microsoft Word 문서를 선택하고 열기를 누릅니다.

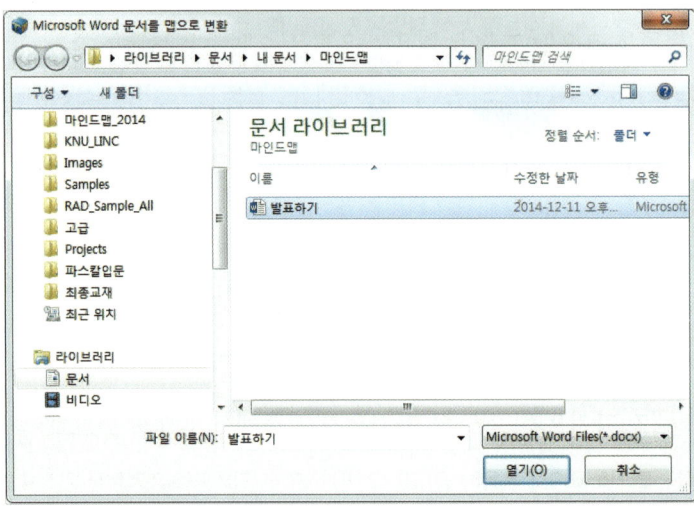

03 'Microsoft Word 문서를 맵으로 변환' 대화상자가 나타나고 선택한 문서가 변환할 파일메뉴에 표시됩니다.

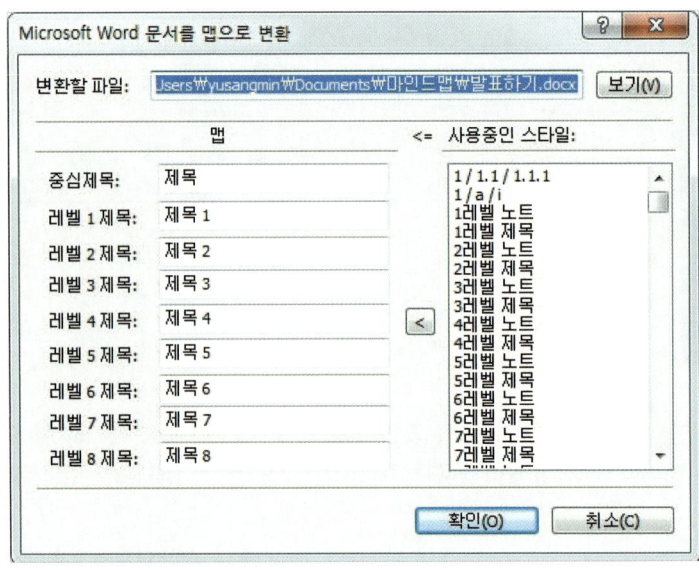

04 맵으로 변환하고자 하는 Microsoft Word 문서에 적용되어 있는 스타일 중 제목에 해당하는 것을 오른쪽의 사용 중인 스타일 메뉴에서 선택합니다.

05 선택한 스타일을 맵의 어느 위치에 적용할 것인지를 왼쪽의 맵 메뉴에서 선택한 후 중앙의 적용 버튼 ◁ 을 누릅니다.

06 마찬가지로 Microsoft Word 문서의 본문에 적용되어 있는 스타일도 맵으로 변환시 어느 위치로 놓을 것인지 같은 방법으로 지정합니다.

07 이 단계를 반복하면서 맵 문서의 레벨과 Microsoft Word 문서에서 사용 중인 스타일을 동기화합니다.

08 완료되면 [확인] 버튼을 누릅니다.

09 Microsoft Word 문서로부터 맵 문서가 만들어질 것입니다. Microsoft Word 문서의 제목이 맵 문서의 제목으로, Microsoft Word 문서의 소제목이 맵 문서의 하위가지로, Microsoft Word 문서의 본문 내용이 맵 문서의 노트로 변환된 것을 볼 수 있습니다.

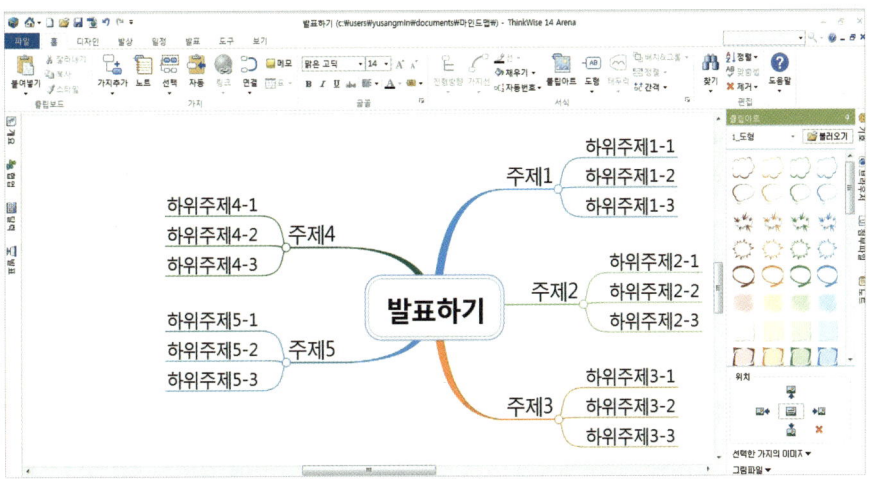

10 새로운 이름으로 맵 문서를 저장합니다.

11 맵 문서 꾸미기 기능을 사용하여 외관을 자유롭게 수정하여 사용합니다.

> **TIP**
> • 문서를 변환하기 위해서는 Microsoft Word 문서의 내용이 모두 스타일을 사용하고 있는지 확인하십시오. 맵 문서로 변환시 Microsoft Word 문서는 반드시 스타일을 가지고 있어야 하며 이것은 맵 문서로 변환할 때 필수적인 사항입니다.

2. Microsoft PowerPoint 문서를 맵으로 변환

작성된 Microsoft PowerPoint 문서를 맵 문서로 변환할 수 있습니다.

01 [파일] 탭에서 [내보내기/가져오기]의 'MS PowerPoint 문서를 맵으로 변환'을 실행합니다.
02 변환하고자 하는 Microsoft PowerPoint 문서를 선택하고 [열기]를 누릅니다.
03 'Microsoft PowerPoint 문서를 맵으로 변환' 대화상자가 나타나면 변환하고자 하는 Microsoft PowerPoint 문서를 선택 후 열기를 누릅니다.
04 [확인] 버튼을 선택하십시오.
05 Microsoft PowerPoint 문서로부터 맵 문서가 만들어집니다. 슬라이드 제목이 맵 문서의 제목으로 각 슬라이드의 내용이 하위주제로 변환됩니다.
06 새로운 이름으로 맵 문서를 저장합니다.
07 맵 문서 꾸미기 기능을 사용하여 외관을 자유롭게 수정하여 사용합니다.

> **TIP** · 문서를 변환하기 위해서는 Microsoft PowerPoint 문서의 내용이 모두 디자인 서식을 사용하고 있는지 확인하십시오. 맵 문서로 변환시 Microsoft PowerPoint 문서는 반드시 서식을 가지고 있어야 하며 이것은 맵 문서로 변환할 때 필수적인 사항입니다.

3. Microsoft Project 문서를 맵으로 변환

Microsoft Project 에서 작업한 일정을 맵으로 변환할 수 있습니다.

01 [파일] 탭에서 [내보내기/가져오기]의 'MS Project 문서를 맵으로 변환'을 실행합니다.
02 변환하고자 하는 Microsoft Project 문서를 선택하고 열기를 누릅니다.
03 'Microsoft Project 문서를 맵으로 변환' 대화상자가 나타나면 맵 문서로 변환하기를 원하는 문서(*.mpp)를 선택합니다.
04 [확인] 버튼을 누릅니다.
05 Microsoft Project 문서로부터 맵 문서가 만들어집니다.
06 새로운 이름으로 맵 문서를 저장합니다.
07 맵 문서 꾸미기 기능을 사용하여 외관을 자유롭게 수정할 수 있습니다.

4. Microsoft Outlook 작업을 맵으로 변환

Microsoft Outlook에서 작업한 일정을 맵으로 변환할 수 있습니다. 모든 작업이 세부일정과 함께 맵 문서로 변환됩니다.

01 [파일] 탭에서 [내보내기/가져오기]의 'MS Outlook 작업을 맵으로 변환'을 실행합니다.
02 맵 문서로 변환할 기간을 지정한 후 [확인] 버튼을 누릅니다.
03 그룹을 선택하고 [확인] 버튼을 누릅니다.
04 설정한 기간에 해당하는 작업내용이 맵 문서로 변환되어 MS Outlook으로부터 새로운 맵 문서가 만들어집니다.
05 새로운 이름으로 맵 문서를 저장하십시오.
06 맵 꾸미기 기능을 사용하여 외관을 자유롭게 수정하여 사용합니다.

5. 한글 문서를 맵으로 변환

ThinkWise는 한글 문서를 ThinkWise 문서로 변환하는 기능을 지원합니다.

01 [파일] 탭에서 [내보내기/가져오기]의 '한글 문서를 맵으로 변환'을 실행합니다.
02 변환하고자 하는 한글 문서를 선택하고 [열기]를 누릅니다.
03 '한글 문서를 맵으로 변환' 대화상자가 나타나고 선택한 문서가 변환할 파일 메뉴에 표시됩니다.
04 맵으로 변환하고자 하는 한글 문서에 적용되어 있는 스타일 중 제목에 해당하는 것을 오른쪽의 사용 중인 스타일 메뉴에서 선택합니다.
05 선택한 스타일을 맵의 어느 위치에 적용할 것인지를 왼쪽의 맵 메뉴에서 선택한 후 중앙의 적용 버튼(◊)을 누릅니다.
06 마찬가지로 한글 문서의 본문에 적용되어 있는 스타일도 맵으로 변환시 어느 위치에 놓을 것인지 같은 방법으로 지정합니다.
07 이 단계를 반복하면서 맵 문서의 레벨과 한글 문서에서 사용 중인 스타일을 동기화합니다.
08 완료되면 [확인] 버튼을 누릅니다.
09 한글 문서로부터 맵 문서가 만들어집니다. 한글 문서의 제목이 맵 문서의 제목으로, 한글 문서의 소제목이 맵 문서의 가지로, 한글 문서의 본문이 맵 문서의 노트로 변환됩니다.
10 새로운 이름으로 맵 문서를 저장합니다.
11 맵 문서 꾸미기 기능을 사용하여 외관을 자유롭게 수정하여 사용합니다.

- 한글 문서의 내용이 모두 스타일을 사용하고 있는지 확인하십시오. 맵으로 변환시 한글 문서는 반드시 스타일을 가지고 있어야 하며 이것은 맵 문서로 변환할 때 필수적인 사항입니다.

■ 다른 프로그램에 맵 붙여넣기

ThinkWise는 다양한 외부 프로그램에 맵을 붙여넣을 수 있습니다. 맵 전체를 복사한 후 붙여넣기를 할 수 있으며, 반대로 다른 프로그램의 내용을 맵 문서에 붙여넣을 수도 있습니다.

1. Microsoft Word 프로그램에 맵 문서 붙여넣기

01 맵 문서를 실행합니다.

02 맵 문서의 바탕화면을 '**마우스 오른쪽 버튼**'으로 누르고 나타나는 메뉴에서 '**전체 복사**'를 실행합니다.

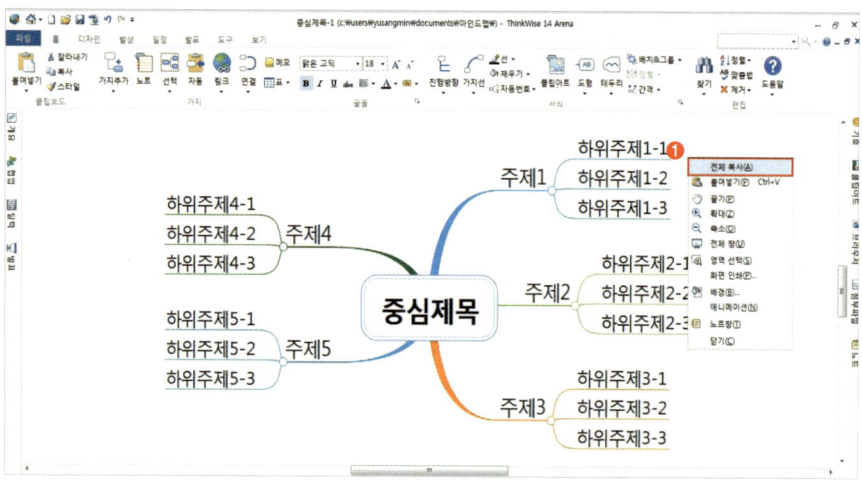

03 '**Microsoft Word**' 프로그램을 실행하여 [**홈**] 탭의 [**붙여넣기**]의 아래쪽 화살표를 눌러 '**선택하여 붙여넣기**'를 실행합니다.

04 [**선택하여 붙여넣기**] 창이 뜨면 '**ThinkWise Document 개체**'를 선택하고 [**확인**] 버튼을 누릅니다.

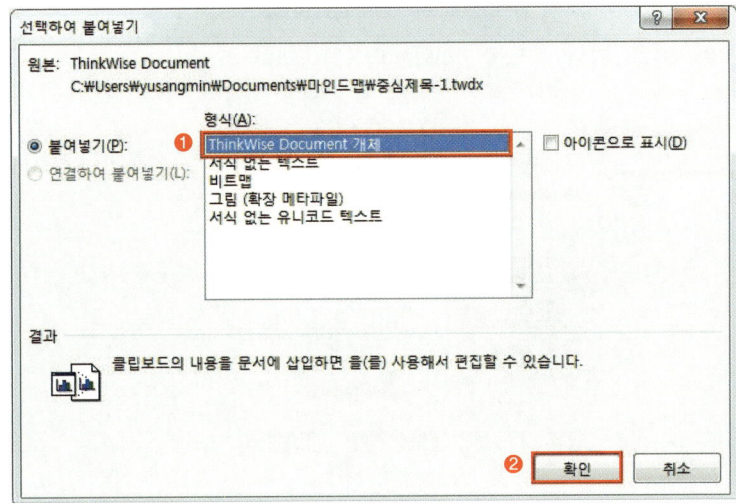

05 맵 문서가 모양 그대로 붙여진 것을 볼 수 있습니다.

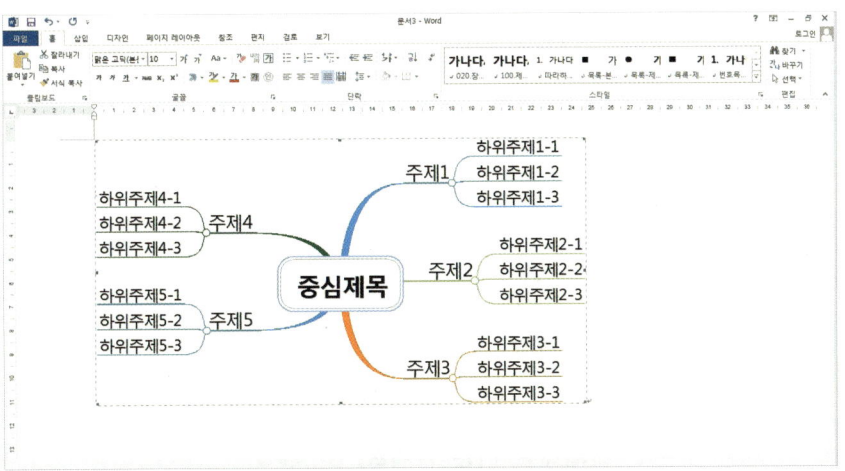

06 Microsoft PowerPoint, Excel, Word 등에 모두 같은 방법으로 맵 붙여넣기가 가능합니다.

> **TIP**
> 맵 문서가 그대로 붙여지지 않고 텍스트로만 붙여지는 경우에는
> 1. Microsoft Word 프로그램에서 [홈] 탭의 붙여넣기의 아래쪽 화살표를 눌러 **'선택하여 붙여넣기'**를 실행합니다.
> 2. **'선택하여 붙여넣기'** 대화상자의 형식 메뉴에서 **'서식이 없는 텍스트'**를 선택합니다.
> 3. [확인] 버튼을 누릅니다.
> 4. **Microsoft PowerPoint, Excel, 한글** 모두 같은 방법으로 맵 붙여넣기가 가능합니다(단, 한글은 골라 붙이기 메뉴에서 붙여넣기가 가능합니다).

'신세대를 읽는 키워드, BRAVO' 맵을 불러와서 다음을 처리하시오.

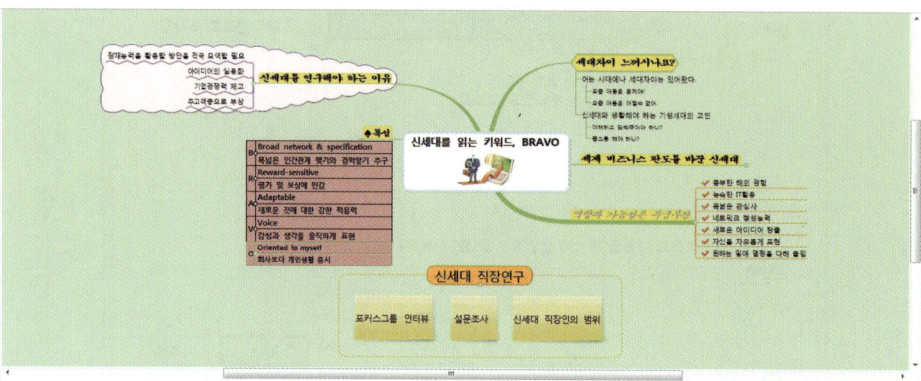

1. 맵을 한글문서로 변환하시오.

▶결과

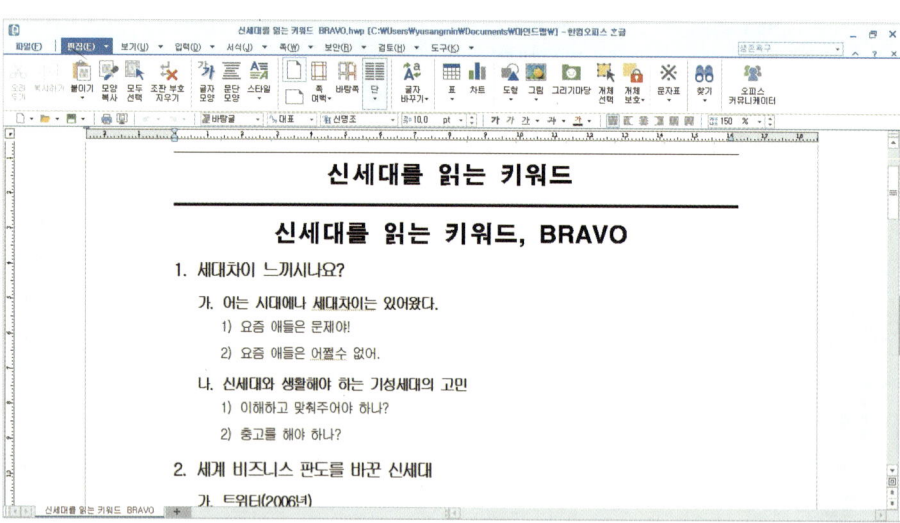

chapter 4

정보 관리도구 ThinkWise

■ **자료 연결(하이퍼링크)**

맵 문서의 가지에 여러 가지 형식의 파일을 연결할 수 있습니다. 연결이 가능한 파일은 사용자의 컴퓨터에 있는 모든 파일로 맵 문서뿐 아니라 워드, 엑셀, 파워포인트, 동영상 파일 등 모든 형식의 파일이며 폴더와 인터넷 주소, 전자메일 주소까지도 링크가 가능합니다. 그리고 링크된 파일은 언제든지 마우스 클릭만으로 열어볼 수 있습니다. 웹 페이지가 링크된 경우에는 웹 브라우저가 실행되고, 이메일 주소를 링크하였을 때는 컴퓨터에 설치된 메일 프로그램(Outlook Express 등)을 통해 편지 보내기가 실행되어, 바로 이메일을 보낼 수 있습니다.

한 개의 가지에 링크할 수 있는 항목의 개수는 제한이 없으나, 맵 문서 화면에 보이는 항목은 20개입니다.

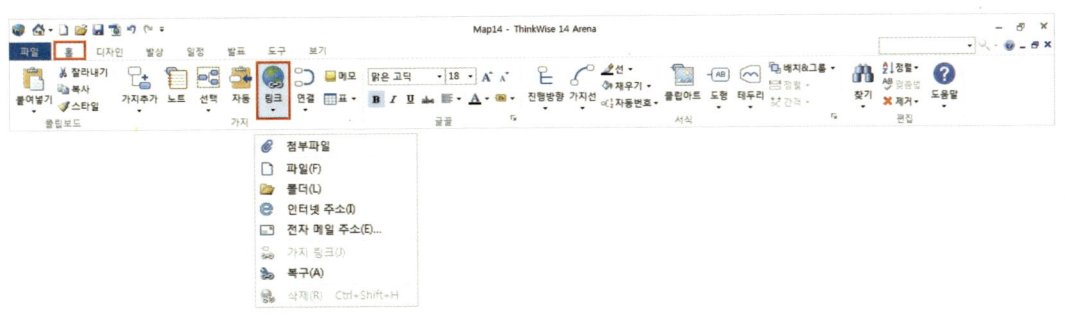

1. 파일 연결하기

가지 하나에 한 개 혹은 여러 개의 파일(맵 문서 파일, 다른 프로그램 파일, 웹 페이지, 전자메일)을 연결할 수 있습니다.

01 링크를 설정할 가지를 선택합니다.

02 [홈] 탭의 [가지] 그룹에서 [링크]의 '**파일**'을 선택합니다. 또는 링크를 설정할 가지를 마우스 오른쪽 버튼으로 누른 후 하이퍼링크 메뉴의 파일 메뉴를 누릅니다.

03 '**연결할 파일**' 대화상자가 실행되면 내 컴퓨터에서 링크할 파일을 선택하고 열기를 누릅니다.

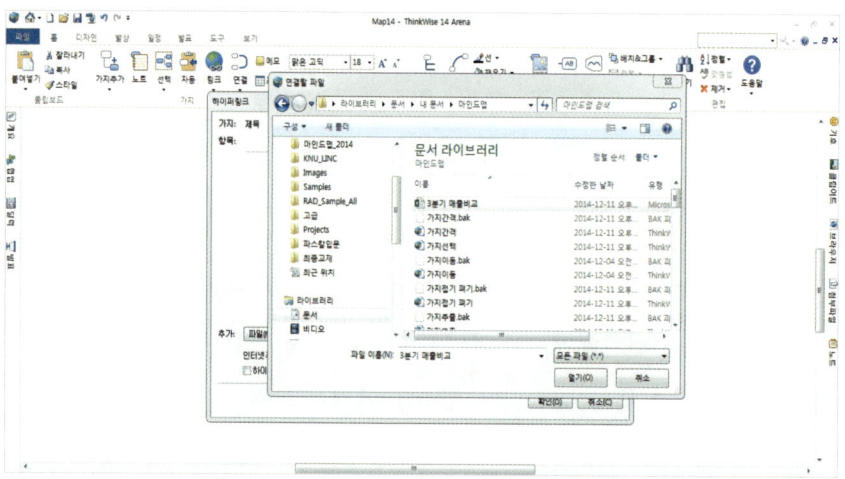

04 선택한 파일이 '**하이퍼링크**' 창에 등록되고 링크주소, 설명 그리고 경로가 표기된 것을 볼 수 있습니다.

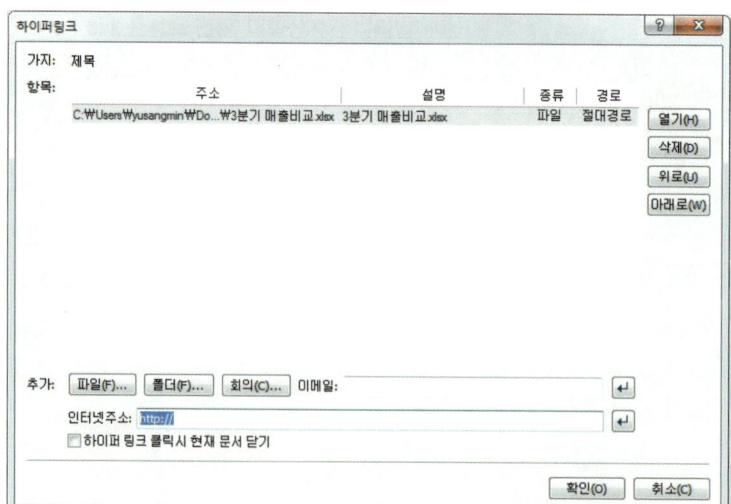

05 다른 파일을 추가로 등록하려면 하이퍼링크 화면 하단의 **'추가'** 항목에서 파일 또는 폴더를 다시 누르고 링크하고자 하는 파일을 선택하면 됩니다. 하이퍼링크는 개수에 제한 없이 등록이 가능합니다.

06 **[확인]**을 누릅니다.

07 선택한 가지의 글자 옆에 하이퍼링크 아이콘이 추가된 것을 확인할 수 있습니다.

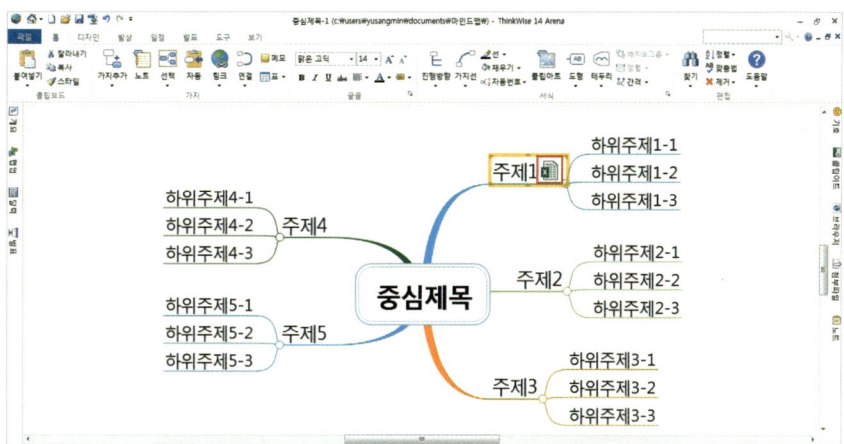

> **TIP**
>
> 하이퍼링크 창의 세부 기능을 설명합니다.
> 1. **항목** : 하이퍼링크를 설정하기 위해 사용자가 선택한 파일, 폴더, 이메일, 인터넷 주소가 표시됩니다.
> 2. **추가** : 하이퍼링크를 반복해서 여러 개를 설정하려고 할 때 추가 항목에서 해당 메뉴를 누르거나 값을 입력합니다. [회의] 버튼을 누를 경우 협업에 개설된 회의 방을 하이퍼링크할 수 있습니다.
> 3. **하이퍼링크 클릭시 현재 문서 닫기** : 하이퍼링크된 항목 실행시 맵 문서를 그대로 둘 것인지, 닫을 것인지를 지정하는 옵션입니다. 이 옵션을 선택할 경우 링크된 항목을 실행하면 맵 문서는 닫힙니다.
> 4. **열기** : 하이퍼링크된 파일을 실행할 수 있습니다.
> 5. **삭제** : 하이퍼링크된 파일을 삭제할 수 있습니다.
> 6. **위로** : 하이퍼링크된 파일 중 하나를 선택하여 목록의 위로 이동시켜 순서를 바꿀 수 있습니다.
> 7. **아래로** : 하이퍼링크된 파일 중 하나를 선택하여 목록의 아래로 이동시켜 순서를 바꿀 수 있습니다.

• **하이퍼링크 파일 실행하기**

01 가지의 글자 옆에 추가된 하이퍼링크 아이콘을 마우스로 클릭합니다.

02 하이퍼링크 목록이 한 개일 때에는 파일이 즉시 실행되며, 2개 이상 하이퍼링크가 되어 있을 때에는 링크된 파일 목록이 나타나므로 그중 하나를 클릭하여 실행할 수 있습니다.

2. 폴더 연결하기

파일뿐 아니라 폴더를 링크할 수 있습니다.

01 하이퍼링크를 설정하는 방법은 위에서 설명한 **'파일'** 설정과 동일합니다.

02 하이퍼링크 메뉴가 실행되면 **[폴더]** 버튼을 누릅니다.

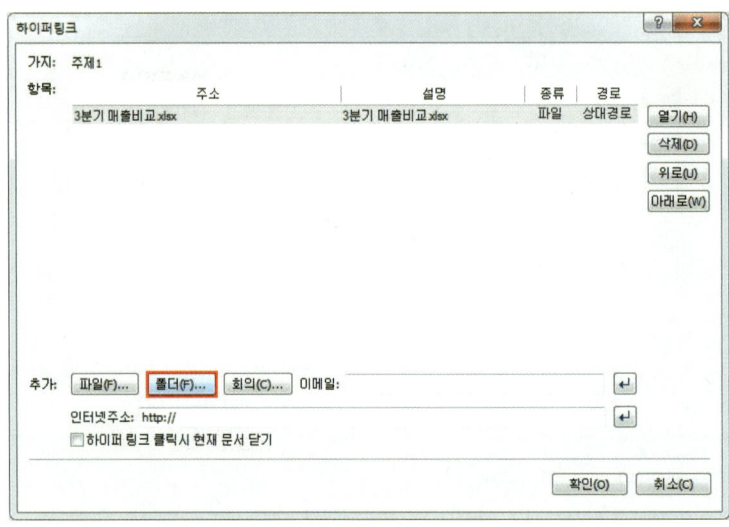

03 링크하고자 하는 폴더를 선택하고 **[확인]** 버튼을 누릅니다.

04 하이퍼링크 창에 선택한 폴더가 등록되고 링크주소와 설명이 표기된 것을 볼 수 있습니다.
05 [확인] 버튼을 누릅니다.
06 선택한 가지의 글자 옆에 하이퍼링크 아이콘이 추가된 것을 확인할 수 있습니다.

• 하이퍼링크 폴더 실행하기

01 가지의 글자 옆에 추가된 하이퍼링크 아이콘을 마우스로 클릭합니다.
02 하이퍼링크 목록이 한 개일 때는 파일이 즉시 실행되며, 2개 이상 하이퍼링크가 되어 있을 때는 링크된 파일 목록이 나타나므로 그중 하나를 클릭하여 실행할 수 있습니다.
03 하이퍼링크 목록 중에 확장자가 표시된 것은 파일, 확장자가 표시되지 않은 것은 폴더이므로 쉽게 구분할 수 있습니다.

3. 인터넷 주소 연결하기

맵 문서에 인터넷 주소를 링크할 수 있습니다.

01 하이퍼링크를 설정하는 방법은 위에서 설명한 '**파일**' 설정과 동일합니다.
02 하이퍼링크 메뉴가 실행되면 인터넷 주소 입력칸에 인터넷 주소를 입력합니다. 인터넷 주소를 직접 입력하기 어려운 경우에는 접속할 인터넷 페이지에서 주소를 복사하여 하이퍼링크 인터넷 주소 입력칸에 붙여넣기를 할 수 있습니다.
03 주소 입력이 완료되면 주소 입력창 오른쪽의 입력 버튼을 클릭합니다.
04 인터넷 주소가 위쪽 항목에 추가된 것을 확인한 후 [**확인**]을 누릅니다.
05 선택한 가지의 글자 옆에 하이퍼링크 아이콘이 추가된 것을 확인할 수 있습니다.

• 하이퍼링크 - 인터넷 주소 실행하기

01 가지의 글자 옆에 추가된 하이퍼링크 아이콘을 마우스로 클릭합니다.
02 하이퍼링크 목록이 한 개일 때에는 파일이 즉시 실행되며, 2개 이상 하이퍼링크가 되어 있을 때에는 링크된 파일 목록이 나타나므로 그중 하나를 클릭하여 실행할 수 있습니다.
03 인터넷 익스플로러가 실행되고 해당 홈페이지로 접속합니다.

4. 전자메일 주소 연결하기

맵 문서에 전자메일 주소를 링크할 수 있습니다.

01 하이퍼링크를 설정하는 방법은 위에서 설명한 '**인터넷 주소**' 설정과 동일합니다.
02 하이퍼링크 메뉴가 실행되면 전자메일 주소 입력칸에 이메일 주소를 입력합니다.
03 전자메일 주소 입력이 완료되면 주소 입력창 오른쪽의 입력 버튼을 클릭합니다.
04 전자메일 주소가 위쪽 항목에 추가된 것을 확인한 후 [**확인**]을 누릅니다.
05 선택한 가지의 글자 옆에 하이퍼링크 아이콘이 추가된 것을 확인할 수 있습니다.

• 하이퍼링크 전자메일 주소 실행하기

01 가지의 글자 옆에 추가된 하이퍼링크 아이콘을 마우스로 클릭합니다.
02 하이퍼링크 목록이 한 개일 때에는 파일이 즉시 실행되며, 2개 이상 하이퍼링크가 되어 있을 때에는 링크된 파일 목록이 나타나므로 그중 하나를 클릭하여 실행할 수 있습니다.
03 컴퓨터에 설치된 이메일 발송 프로그램(Outlook 또는 Outlook Express)의 새 메시지 창이 실행되고 받은 사람의 이메일 주소가 자동으로 입력됩니다.
04 제목, 메시지 등을 작성한 후 보내기를 누르면 바로 이메일이 발송됩니다.

5. 가지 링크

맵 문서의 가지와 가지를 하이퍼링크로 연결할 수 있습니다. 맵 문서의 가지를 동일 맵 문서 또는 다른 맵 문서의 특정 가지에 하이퍼링크합니다.

01 링크로 연결하려는 가지를 선택합니다(단, 문서가 저장되어 있는 경우에만 가지 링크가 가능하므로, 링크로 연결하려는 가지가 있는 문서를 먼저 저장하십시오).
02 [홈] 탭의 [가지] 그룹에서 [링크] 메뉴의 '**가지 링크**' 메뉴를 실행합니다.
03 마우스 포인터 모양이 바뀌면 링크를 설정할 가지를 선택합니다.

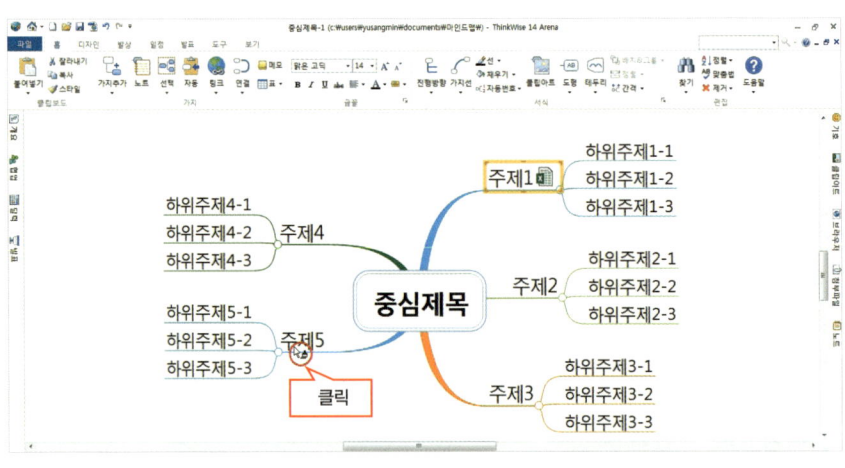

04 선택한 가지에 맵 문서를 의미하는 하이퍼링크 아이콘이 생성되고, 이 하이퍼링크를 클릭하면 앞의 **01** 에서 선택한 가지가 하이퍼링크되어 있는 것을 볼 수 있습니다.

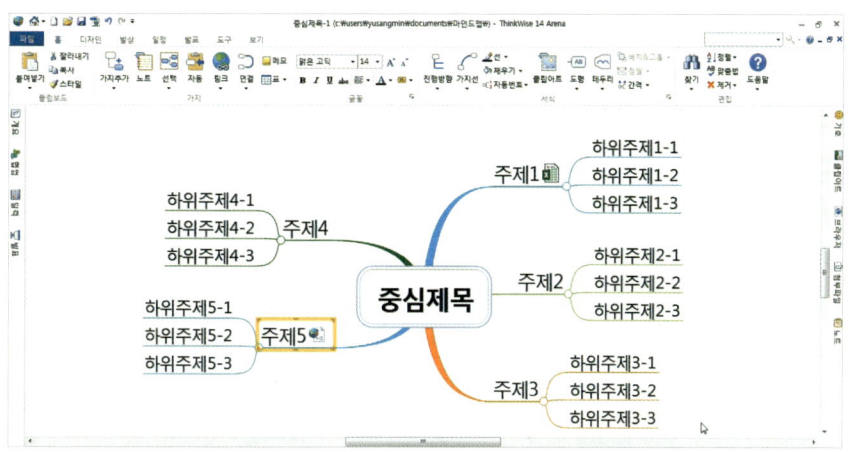

TIP • 가지 링크는 가지복사 후 선택하여 붙여넣기 메뉴를 이용하여 연결할 수도 있습니다. 이 방법은 [선택하여 붙여넣기] – [가지 링크] 메뉴에서 배울 수 있습니다.

6. 여러 개의 파일 하이퍼링크 연결

하이퍼링크 메뉴를 이용하지 않고 한꺼번에 여러 개의 파일을 편리하게 하이퍼링크할 수 있습니다.

01 ThinkWise 프로그램을 윈도우 탐색기와 함께 화면에 표시합니다.

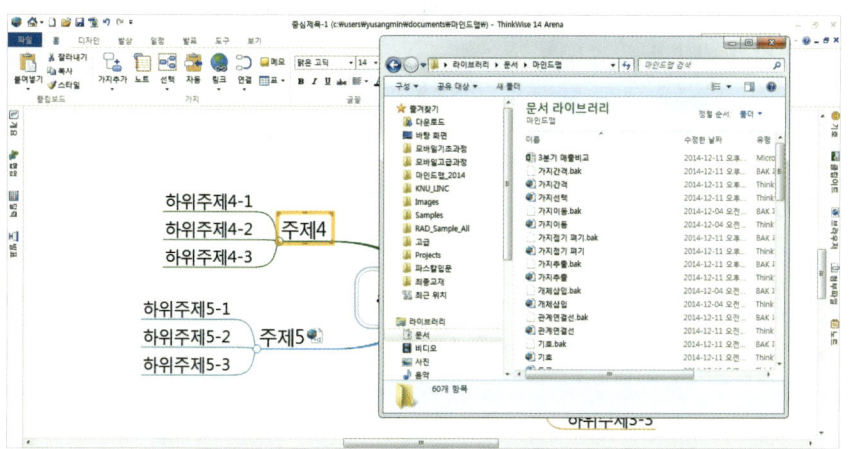

02 '**윈도우 탐색기**'에서 하이퍼링크로 연결할 파일을 모두 선택합니다.

03 선택한 파일을 마우스로 끌어 ThinkWise 화면의 하이퍼링크하고자 하는 가지 위로 이동하고 마우스를 놓습니다.

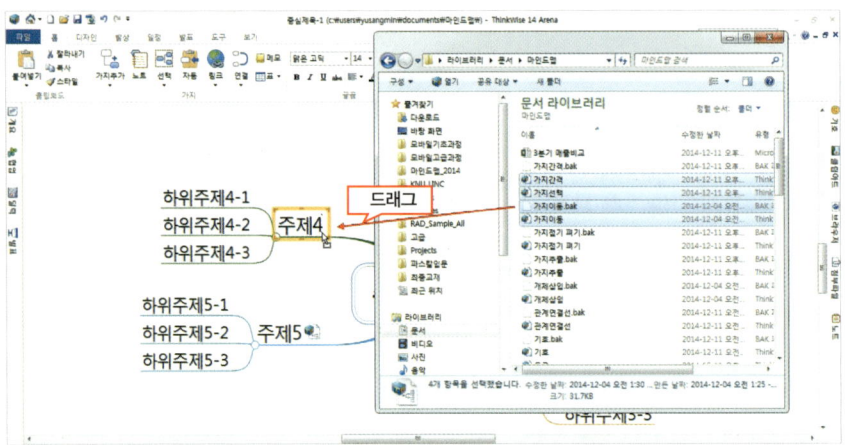

04 하이퍼링크가 설정된 가지의 하이퍼링크 아이콘을 마우스로 클릭하면 하이퍼링크된 파일의 목록을 볼 수 있습니다.

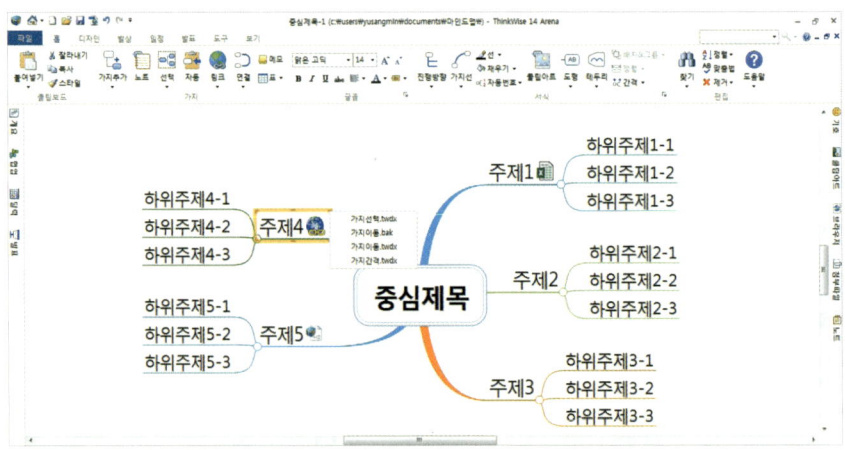

7. 하이퍼링크 복구

하이퍼링크된 파일이 삭제되었거나 다른 위치로 이동한 경우 기존의 하이퍼링크가 손상됩니다. 이때 하이퍼링크 복구 기능을 이용하면 어떤 파일의 하이퍼링크가 손상되었는지 쉽게 찾을 수 있으며, 하이퍼링크를 새롭게 지정하거나 삭제할 수 있습니다.

01 [홈] 탭의 [가지] 그룹에서 '링크'의 '복구' 메뉴를 실행합니다.

02 손상된 하이퍼링크가 있는 경우 '하이퍼링크 복구' 창이 실행되고 경로를 수정해야 하는 파일명이 표시됩니다.

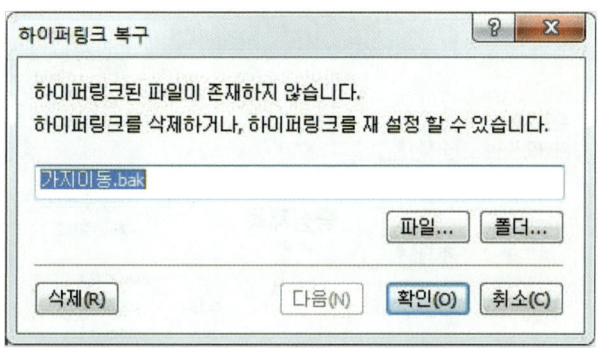

03 손상된 하이퍼링크가 2개 이상인 경우 화면의 [다음]이 활성화됩니다. 경로를 수정한 다음 [다음]을 눌러 손상된 링크를 모두 수정하십시오.

04 수정이 완료되면 [확인]을 누릅니다.

05 하이퍼링크를 수정하지 않고 링크 정보를 삭제하려면 [삭제]를 누릅니다.

> **TIP** • 손상된 하이퍼링크가 없는 경우 아래와 같은 메시지가 실행됩니다.

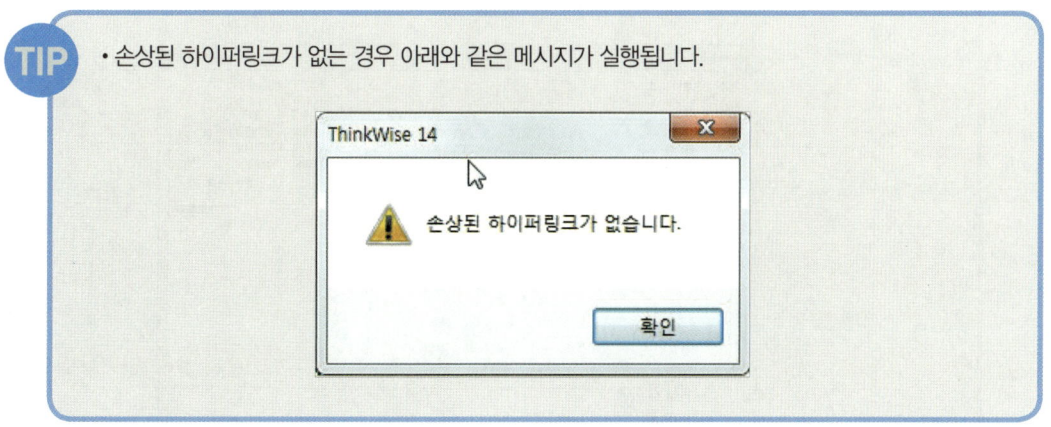

8. 하이퍼링크 지우기

가지에 설정된 하이퍼링크 정보를 삭제할 수 있습니다.

01 하이퍼링크가 연결된 가지를 선택합니다.

02 [홈] 탭의 [가지] 그룹에서 [링크] 메뉴의 '**삭제**'를 선택하거나 [편집] 그룹에서 '**제거**' 메뉴를 실행합니다. 또는 하이퍼링크가 연결된 가지를 마우스 오른쪽 버튼으로 눌러 '**속성 제거**'를 선택합니다.

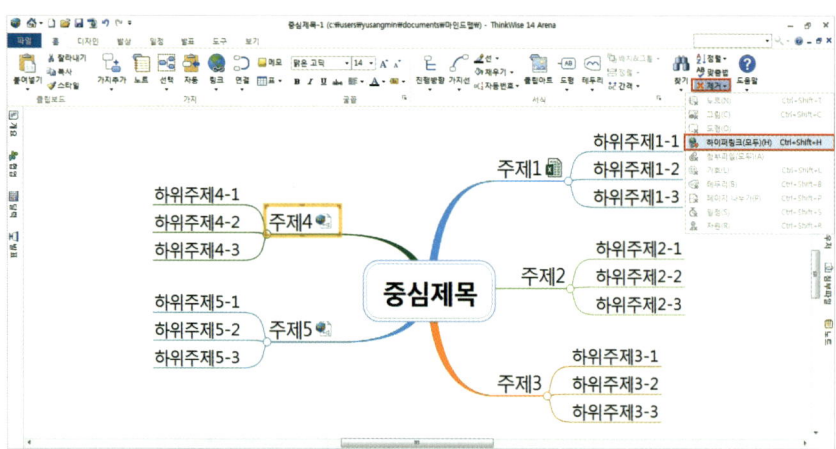

03 하이퍼링크를 실행하면 가지에 설정된 하이퍼링크 정보가 모두 삭제됩니다.

TIP
- 하이퍼링크 정보를 일부만 삭제하려면 하이퍼링크 설정 메뉴로 접속하여 하이퍼링크 항목 중 삭제할 대상을 선택하고 [**삭제**]를 실행하십시오.

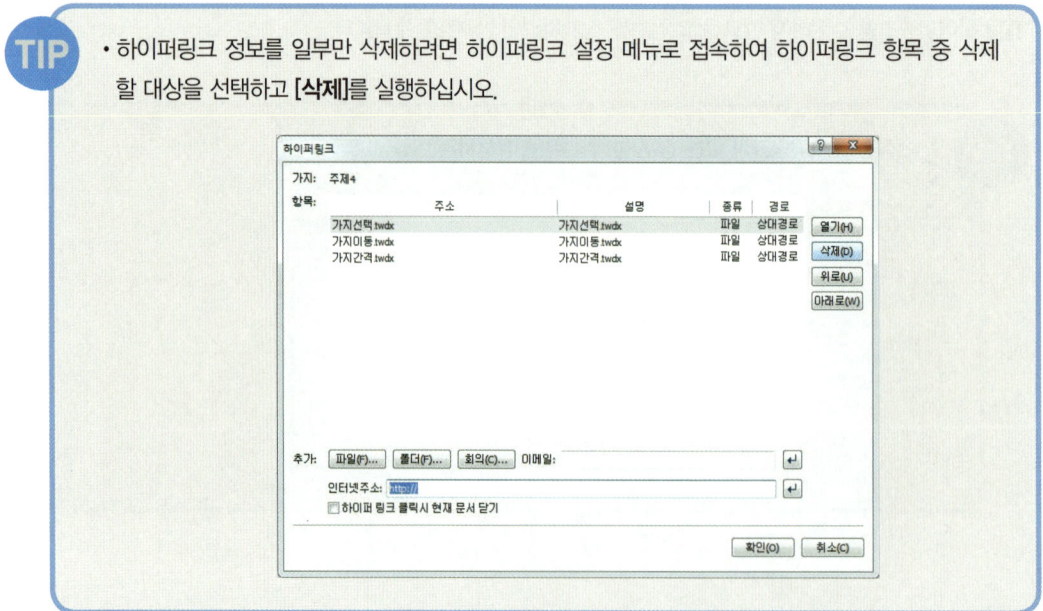

■ 나누기

맵 문서의 크기가 너무 커서 한 장의 맵으로 활용하기 어려운 경우, 특정 부분을 잘라서 별도의 문서로 분리하여 저장할 수 있도록 지원합니다. 이때 문서를 나누는 번거로운 과정을 한 번에 수행하고, 원본 맵과 분리된 맵이 하이퍼링크로 자동 연결될 수 있도록 지원하는 것이 나누기 기능입니다.

01 맵 문서 중 별도의 파일로 분리하고자 하는 기준가지를 선택합니다.
02 [도구] 탭의 구조 그룹에서 '나누기'를 실행합니다.

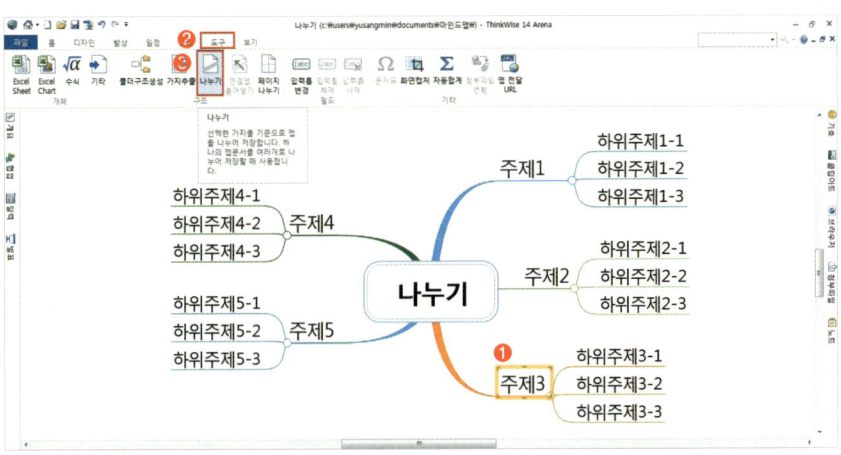

03 [다른 이름으로 저장] 대화상자가 나타나면 나누기가 실행된 파일을 저장합니다.
04 저장과 동시에 원본 맵의 가지 내용이 사라지고 나눠지며, 다른 이름으로 저장된 맵 문서는 자동으로 원본 맵의 가지에 하이퍼링크로 연결됩니다.

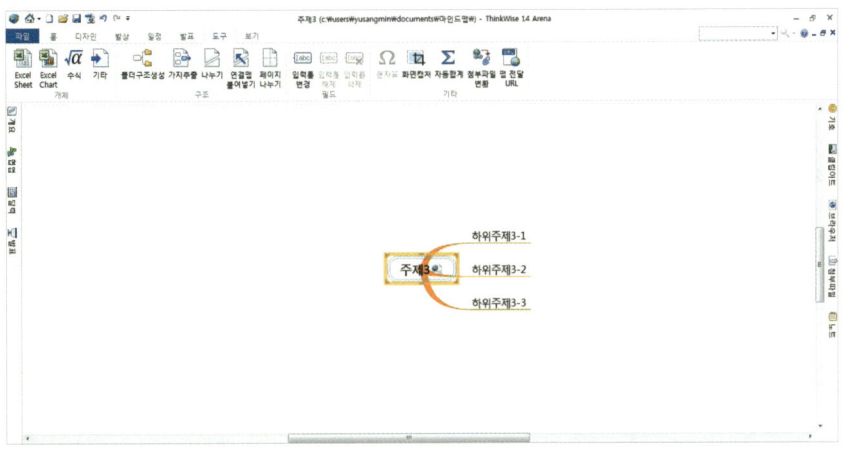

05 분리되어 원본 맵에 하이퍼링크로 연결된 맵은 가지의 하이퍼링크 아이콘을 눌러 간단히 열어 볼 수 있습니다.

■ **연결 맵 붙여넣기**

위에서 설명한 나누기 기능을 통해 맵 문서에 맵 문서가 하이퍼링크로 연결된 것처럼, 맵 문서 가지에 하이퍼링크로 연결된 맵 문서가 있는 경우 현재 맵 문서와 하이퍼링크된 맵 문서를 통합할 수 있습니다. 프로젝트 진행 단계에서는 파트를 나누어 별도의 맵으로 관리하고, 프로젝트 완료 단계에서 나누어졌던 파일들을 통합하여 전체를 하나의 파일로 관리할 수 있습니다.

01 맵 문서가 하이퍼링크되어 있는 가지를 선택합니다.
02 [**도구**] 탭의 [**구조**] 그룹에서 '**연결 맵 붙여넣기**'를 실행합니다.

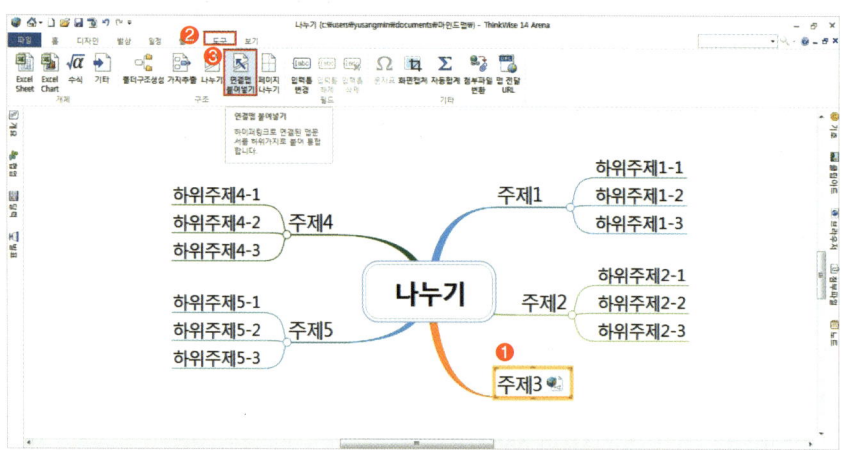

03 선택한 가지의 하위가지로 하이퍼링크로 연결된 맵 문서의 내용이 추가됩니다.

> **TIP**
> 1. ThinkWise 옵션의 기타 탭에서 연결 맵 붙여넣기시 단계를 지정할 수 있습니다. 기본 단계는 1로 설정되어 있고, 필요시 단계를 수정할 수 있습니다.
> 2. 예를 들어 '기업' 맵에 '제품' 맵이, '제품' 맵에 '개발' 맵이 하이퍼링크가 되었을 때 '기업' 맵에 '제품' 맵까지만 통합되는 것은 1단계이고, 여기에 '개발' 맵까지 통합되는 것은 2단계입니다.

■ 폴더 구조 생성

폴더 구조 생성 기능은 내 컴퓨터의 특정 폴더를 ThinkWise가 자동으로 구조화하여 맵 문서화해주는 기능으로 내 컴퓨터 자료가 어떠한 구조로 구성되어 있는지 쉽게 관리할 수 있도록 도와줍니다.

01 [도구] 탭의 [구조] 그룹에서 '폴더 구조 생성' 메뉴를 실행합니다.

02 맵으로 변환할 폴더 선택에서 내 컴퓨터의 특정 폴더를 지정합니다. 경로명 오른쪽의 찾아보기 버튼을 눌러 원하는 폴더 지정 후 [확인]을 누릅니다.

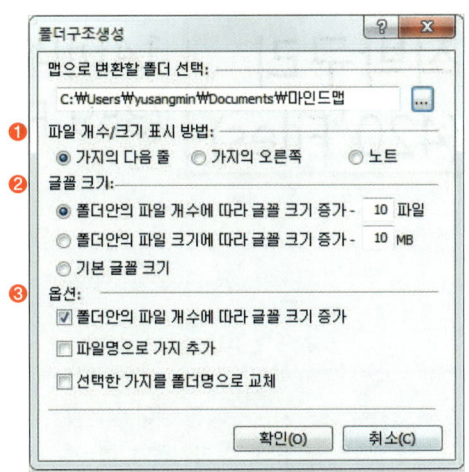

❶ 파일 개수/크기 표시방법
 – **가지의 다음 줄** : 파일 개수/크기 정보를 폴더 이름의 아랫줄에 보여줍니다.
 – **가지의 오른쪽** : 파일 개수/크기 정보를 폴더 이름의 오른쪽에 보여줍니다.
 – **노트** : 파일 개수/크기 정보를 폴더 이름이 생성된 가지의 노트에 보여줍니다.
❷ 글꼴 크기
  글꼴 크기가 폴더 안의 파일 개수에 따라 증가하도록 할 것인지, 폴더 안의 파일 크기에 따라 증가하도록 할 것인지, 기본 글꼴 크기로 할 것인지 선택합니다.
❸ 옵션
 – **폴더 안의 파일 개수에 따라 글꼴 크기 증가** : 파일 개수에 따라 맵의 글꼴 크기를 비례하여 표시할 것인지를 선

택합니다.
- **파일명으로 가지 추가** : 폴더 구조 생성시에 폴더 속에 있는 파일을 하이퍼링크로 연결합니다. 이때 파일명으로 가지추가 옵션을 지정하면 폴더 생성 후 그 하위가지로 각각의 파일명의 가지가 추가 생성됩니다.
- **선택한 가지를 폴더명으로 교체** : 폴더 구조 생성시 선택한 가지의 하위가지로 결과 맵이 생성됩니다. 이때 선택한 가지를 폴더명으로 교체 옵션을 선택하면, 기능 수행 전에 선택한 가지명, 폴더명으로 교체되어 결과 맵이 생성됩니다.

03 선택이 완료되면 **[확인]** 버튼을 누릅니다.
04 선택한 폴더 내의 모든 폴더와 파일 목록이 맵으로 자동 구조화되는 것을 볼 수 있습니다.

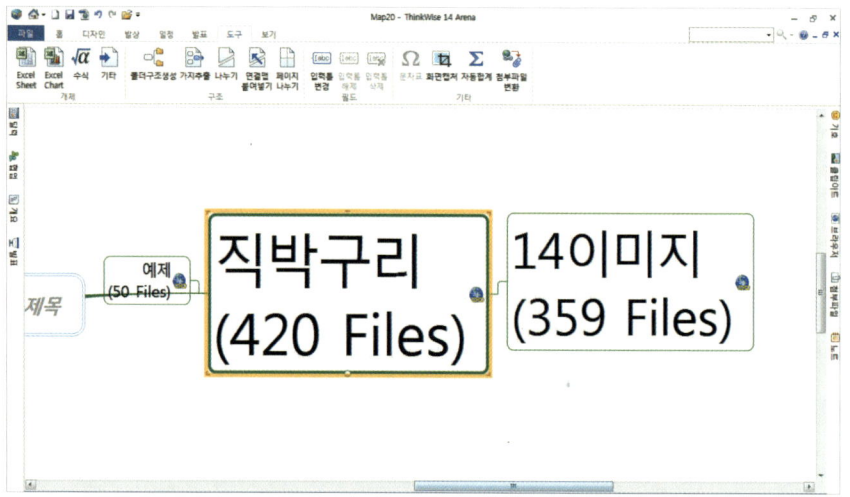

> **TIP**
> - 폴더 구조 생성 기능은 새 문서를 또는 기존 문서를 열어 실행할 수 있습니다. 이때 맵 문서의 가지를 선택하고 기능을 실행할 경우 **'폴더명으로 가지추가'** 메뉴를 사용하실 수 있습니다. **'폴더명으로 가지추가'** 를 선택하지 않으면 선택한 가지의 하위가지로 폴더 구조가 생성되나, **'폴더명으로 가지추가'** 를 선택할 경우 선택한 가지의 내용이 선택한 폴더명으로 바뀌면서 그 하위로 가지가 추가됩니다.

연습 '신세대를 읽는 키워드, BRAVO' 맵을 불러와서 다음을 처리하시오.

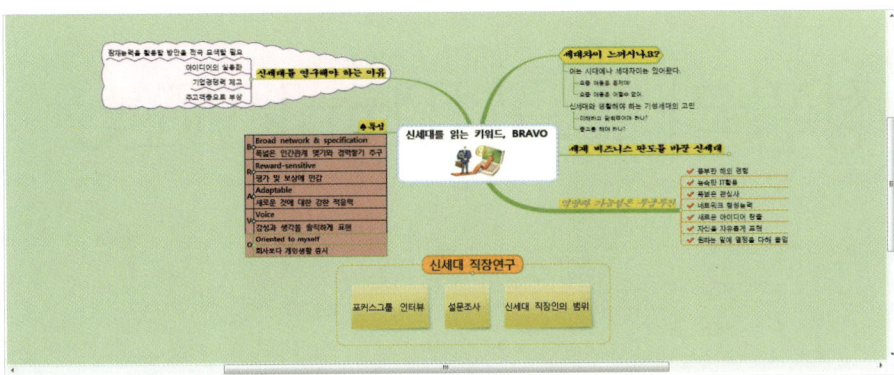

1. '세계 비즈니스 판도를 바꾼 신세대' 가지를 펴고 하위가지 '페이스북'과 '트위터'에 각각 'www.facebook.com'과 'www.twitter.com'의 인터넷 주소를 연결하시오.
2. '신세대를 연구해야 하는 이유' 가지와 '역량과 가능성은 무궁무진' 가지를 하이퍼링크로 연결하시오.
3. '세계 비즈니스 판도를 바꾼 신세대' 가지를 맵에서 분리하여 별도의 파일로 저장하시오.
4. 맵을 저장하시오.

결과

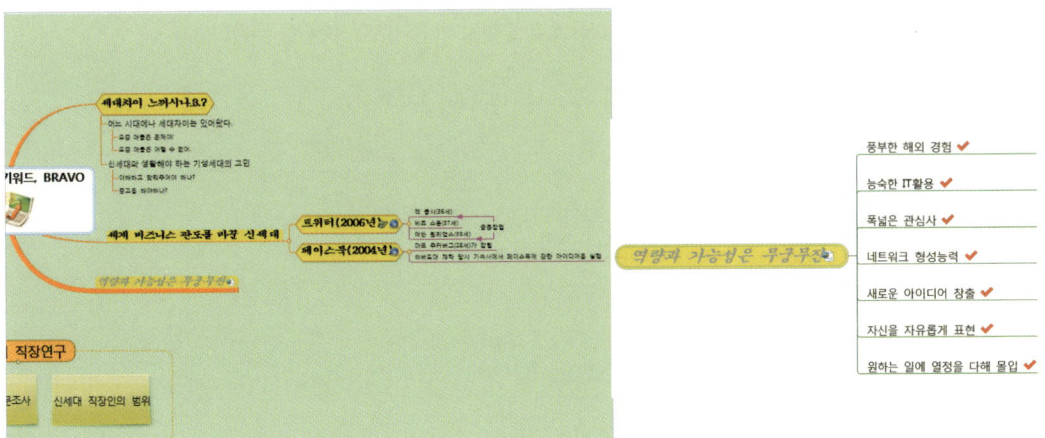

Chapter ❺

일정관리 도구 ThinkWise

■ 일정

프로젝트와 같이 기간계획을 가진 일에 대한 맵 문서를 작성할 때, ThinkWise는 일정표를 작성하거나 달성률 표시 등으로 진행관리를 편리하게 할 수 있습니다. 일정표는 여러 개의 일정으로 구성되며, 각각의 일정에는 시작일과 종료일이 지정됩니다.

1. 일정 창 열기

일정을 수립하기 위해서는 우선 일정 창을 실행해야 합니다.

01 [일정] 탭의 [일정] 그룹에서 '창 열기' 메뉴를 실행합니다(일정 창이 열리면 창 열기는 창 닫기로 바뀝니다). 또는 일정이 설정된 가지의 일정 아이콘을 마우스로 클릭하거나 키보드의 F4 를 누릅니다.

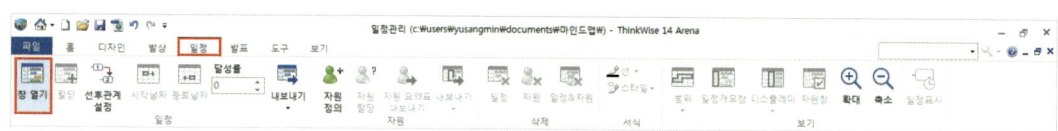

2. 일정 입력

맵 문서에 일정을 입력하는 것을 '**할당**'이라고 합니다.

• 주제에 일정 추가 방법

01 일정을 추가하고자 하는 가지를 한 개 또는 여러 개 선택합니다.

02 [**일정**] 탭의 [**일정**] 그룹에서 '할당' 메뉴를 실행합니다. 또는 가지를 마우스 오른쪽 버튼으로 누른 후 나타나는 메뉴에서 일정을 선택합니다.

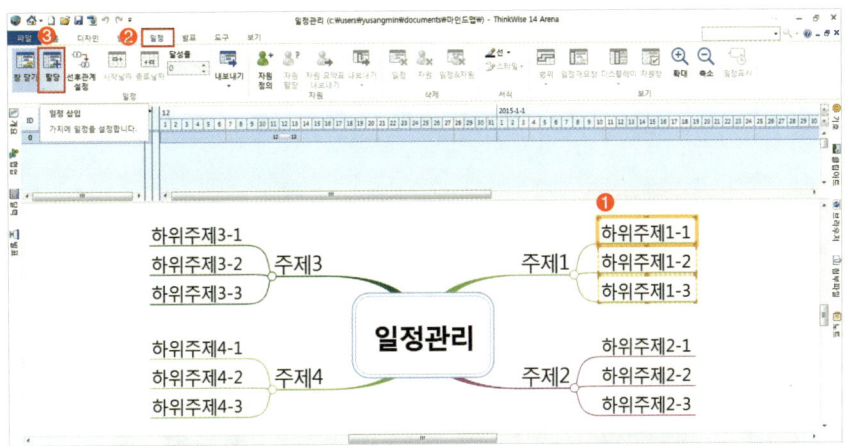

03 선택한 주제가 일정 창에 등록되며 오늘 날짜에 해당하는 '일정 바(Bar)'가 생성된 것을 볼 수 있습니다.

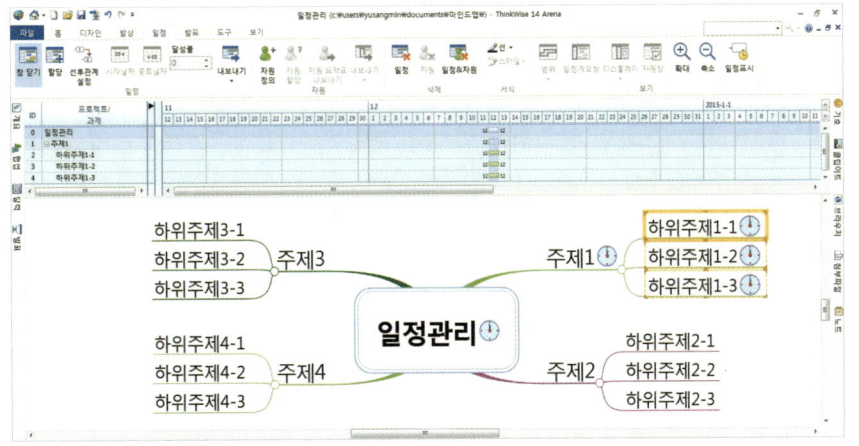

04 '일정 바'의 끝을 마우스로 클릭하여 드래그하면 일정을 수립할 수 있습니다.

05 '일정 바'의 중앙을 마우스로 클릭하여 드래그하면 일정을 이동할 수 있습니다.

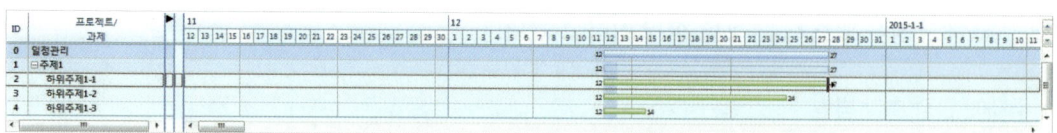

06 일정을 추가하면 맵 문서 가지에 일정 아이콘이 생성됩니다.

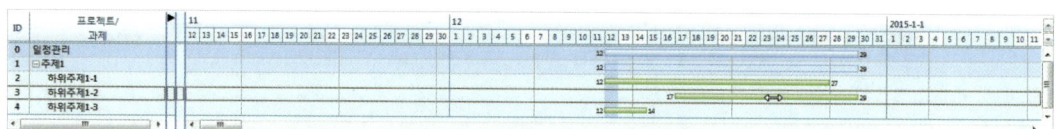

> **TIP** • 일정 수립시 [일정] 탭의 [일정] 그룹에서 시작 날짜와 종료 날짜 메뉴를 이용해 직접 입력할 수 있습니다.

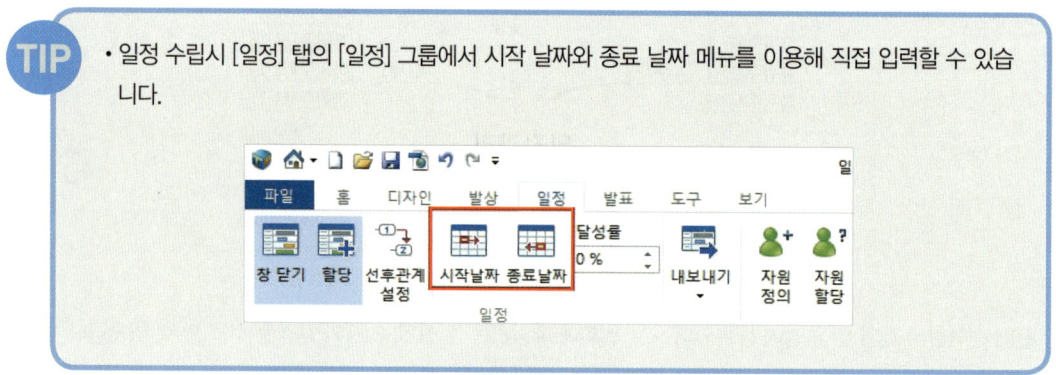

3. 달력 창을 이용한 일정 입력

일정을 입력할 때 ThinkWise 화면 왼쪽의 달력 창을 이용하여 쉽게 입력할 수 있습니다.

01 일정을 추가하고자 하는 가지를 한 개 또는 여러 개 선택합니다.
02 왼쪽의 달력 창을 실행합니다.
03 달력 창에서 일정을 드래그하여 선택합니다.

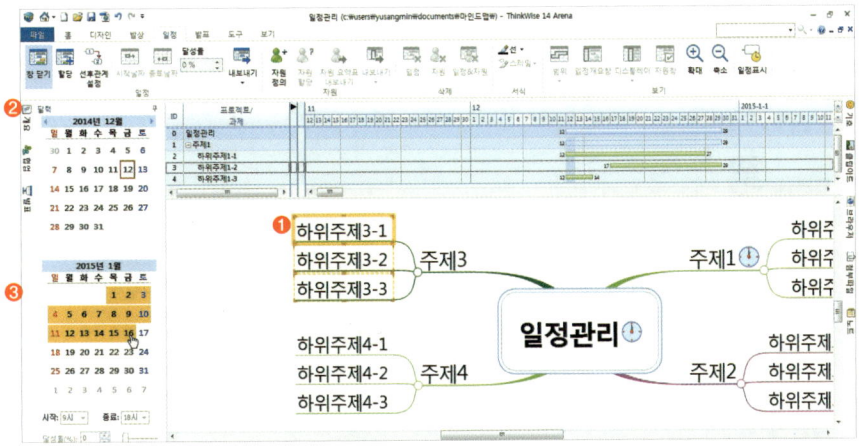

04 선택한 가지에 드래그한 가지만큼의 일정이 수립됩니다.

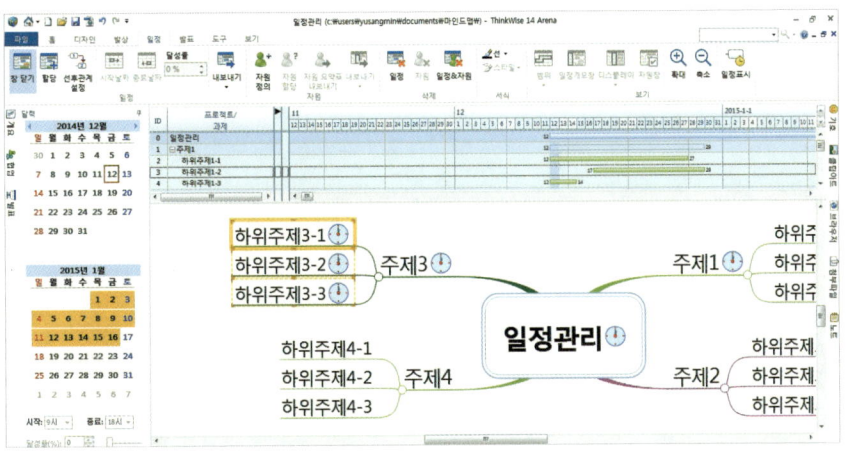

4. 일정 분할

일정은 경우에 따라 한 번 발생하는 것으로 종료되기도 하고 반복해서 여러 번 발생하기도 합니다. 같은 일이 두 번 이상 반복되는 경우 일정을 분할하거나 추가로 등록할 수 있습니다.

01 '일정 바'를 분할하고자 하는 위치에 마우스를 놓고 마우스 오른쪽 버튼으로 누른 후 **'일정 분할'** 메뉴를 선택합니다.

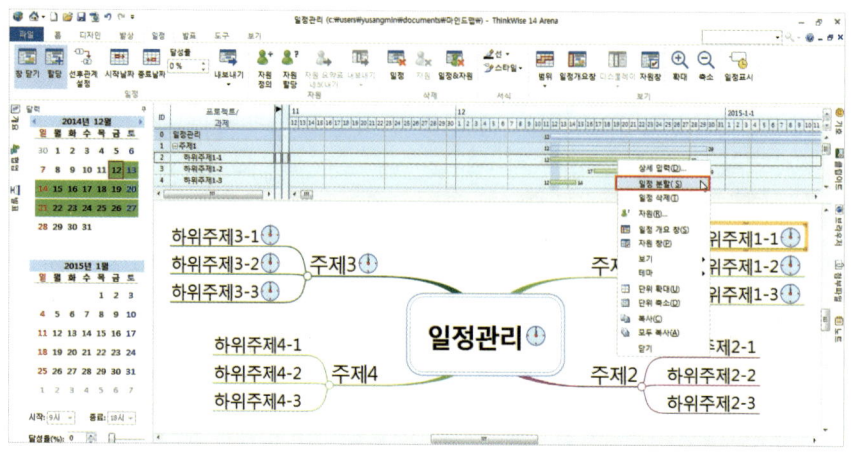

02 일정이 분할된 것을 볼 수 있습니다. 분할된 '일정 바'를 마우스로 클릭하여 이동할 수 있습니다.

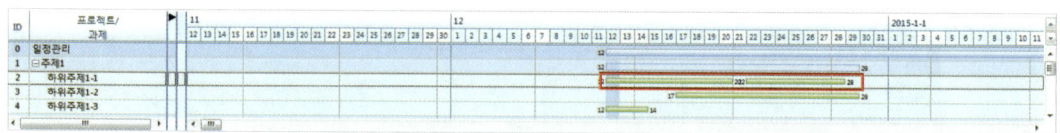

03 이미 '일정 바'가 생성되어 있는 경우 반복되는 일정을 추가하려면 기존에 입력된 '일정 바'의 앞쪽 또는 뒤쪽에 마우스를 클릭한 상태로 드래그합니다.

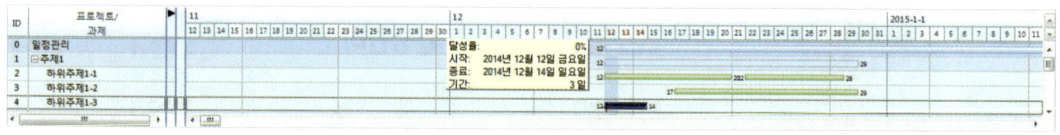

04 반복되는 일정이 추가됩니다.

5. 일정 통합

하나의 항목에 입력된 복수의 일정을 하나로 통합할 수 있습니다.

> 01 떨어져 있는 '일정 바'를 마우스로 끌어당겨 합칩니다.
> 02 일정이 합쳐진 것을 볼 수 있습니다.

6. 일정 단위 변경

ThinkWise는 입력된 일정을 표시하는 기간 범위를 여러 가지로 조정하여 볼 수 있는 기능을 제공합니다. 일정 창은 기본적으로 기간 범위가 '일 단위'로 설정되어 있지만 '주 단위, 월 단위, 년 단위'로 확대하거나 시간 단위로 축소할 수 있습니다.

> 01 일정 창 안에서 마우스 오른쪽 버튼을 누른 후 단위 확대 또는 단위 축소를 선택합니다. 또는 시간표에 있는 단위 확대 또는 단위 축소 버튼을 클릭합니다.

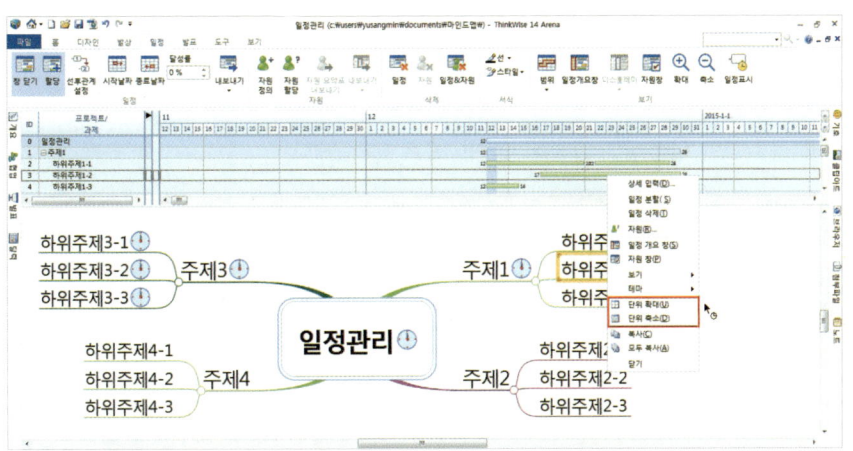

7. 일정 창의 접기 / 펴기

맵이 많은 단계를 가진 경우 일정 또한 많은 단계를 가지게 됩니다. 이 경우 원하는 단계에서 일정 창의 접기와 펴기 메뉴를 이용하거나 주제 옆에 있는 ⊞, ⊟ 아이콘을 클릭하여 하위가지의 일정을 숨기거나 보이게 할 수 있습니다. 일정 창에서 접기와 펴기를 하게 되면 맵 문서에서도 동일하게 적용됩니다. 물론 맵 문서에서 접기와 펴기를 하면 동일하게 일정 창에서도 적용됩니다.

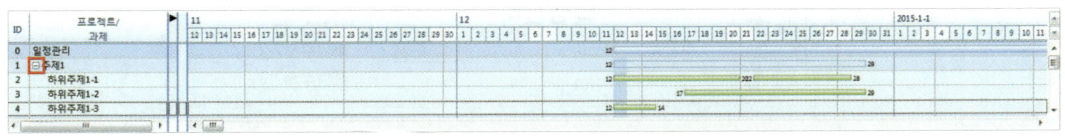

8. 달성률 지정

수립한 일정에 대해 현재까지의 달성률을 지정할 수 있습니다. 달성률을 지정하게 되면 달성한 비율과 그렇지 않은 비율이 색으로 구분되어 표시됩니다.

01 달성률을 지정하고자 하는 '일정 바'를 마우스로 더블클릭하거나 마우스 오른쪽 버튼을 눌러 **'상세 입력'** 메뉴를 선택하면 일정 창이 나타납니다.

02 달성률(%)을 숫자로 입력하거나 레버를 오른쪽으로 이동시켜 설정합니다.

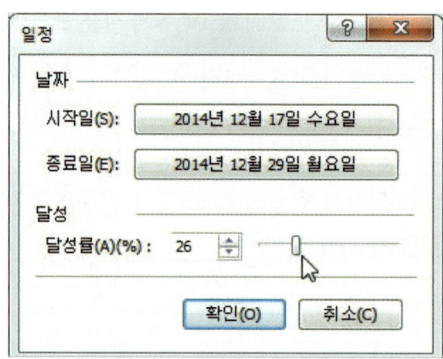

03 [확인] 버튼을 누르면 '일정 바'가 달성률만큼 빗금으로 표시됩니다.

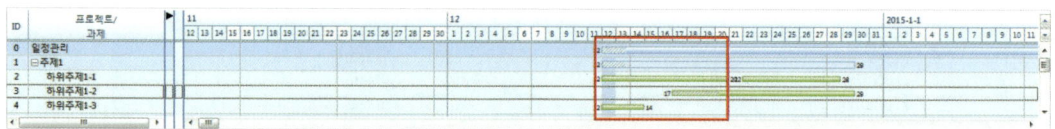

04 일정에 달성률이 지정되면 맵 가지에 있는 일정 아이콘에 달성률이 반영됩니다.

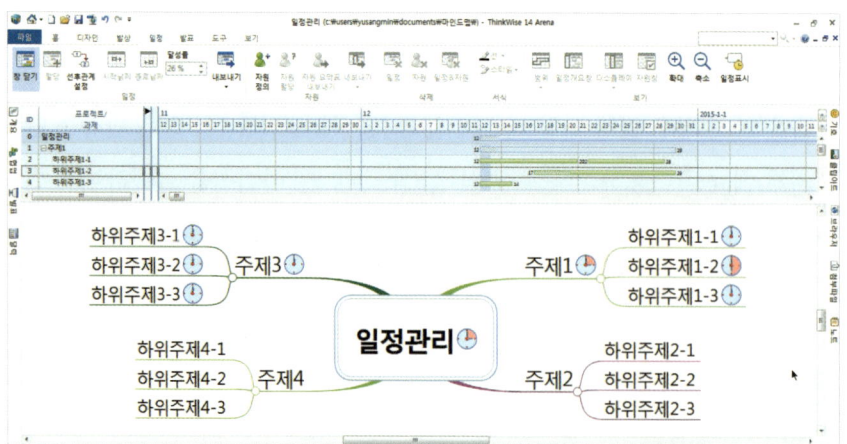

9. 일정 창의 주제 변경

일정 창에 표시된 주제가 잘못되어 수정하려는 경우, 맵 문서로 돌아와서 수정하지 않고 일정 창에서 바로 수정할 수 있습니다. 일정 창에 있는 어떤 제목 혹은 주제라도 자유롭게 변경할 수 있으며, 변경된 내용은 자동으로 맵 문서에 적용됩니다.

01 수정하고자 하는 주제를 마우스로 더블클릭합니다.

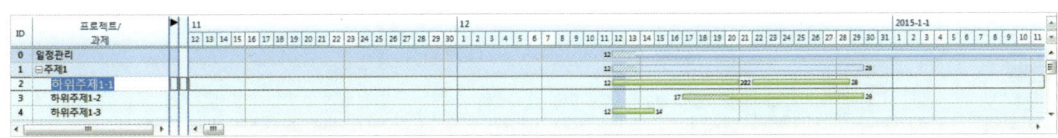

02 주제를 수정합니다.

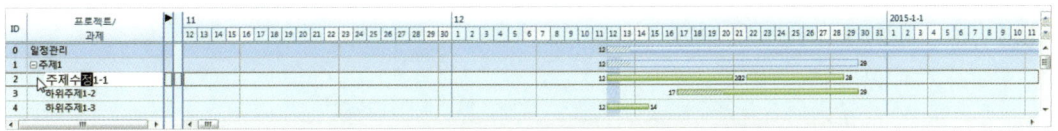

03 일정 창의 주제와 맵 문서의 주제가 동일하게 수정됩니다.

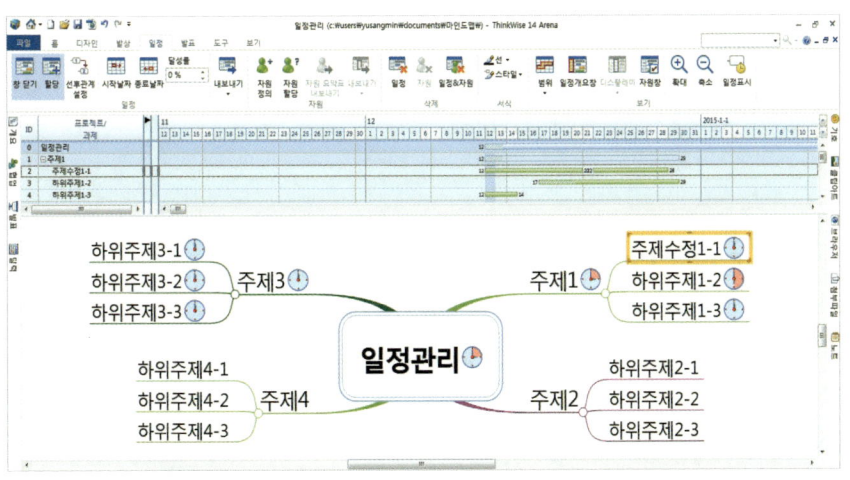

10. 내보내기

일정을 수립하여 생성된 일정표를 인쇄하거나 다른 프로그램에서 활용할 수 있도록 변환할 수 있습니다.

10-1. 일정 인쇄

01 [일정] 탭의 [일정] 그룹에서 '**내보내기**'의 '**인쇄**' 메뉴를 실행합니다.

02 인쇄 대화상자가 실행되며, 일정표를 인쇄할 수 있습니다.

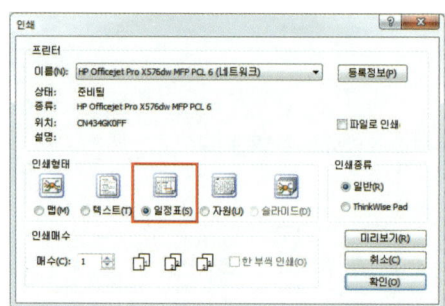

10-2. 모두 복사

01 [일정] 탭의 [일정] 그룹에서 '**내보내기**'의 '**모두 복사**' 메뉴를 실행합니다.
02 일정표가 모두 복사되며, 이미지 파일의 형식으로 MS Word, Power Point, 한글 등 다른 프로그램에 '붙여넣기' 할 수 있습니다.

10-3. MS Outlook 작업으로 변환

01 [일정] 탭의 [일정] 그룹에서 '**내보내기**'의 '**MS Outlook 작업으로 변환**'을 실행합니다.
02 MS Outlook 프로그램이 실행되고 일정이 수립되었던 가지의 내용과 일정 정보가 MS Outlook의 작업 항목에 추가된 것을 볼 수 있습니다.

10-4. 이미지로 저장 방법

01 [일정] 탭의 [일정] 그룹에서 '**내보내기**'의 '**이미지로 저장**' 메뉴를 실행합니다.
02 [**다른 이름으로 저장**] 대화상자에서 저장할 위치와 파일 이름을 지정한 후 저장을 누릅니다(저장 가능한 파일 형식은 emf, bmp, jpg, gif, png, tif입니다).
03 맵 문서가 이미지 파일로 저장됩니다.

11. 일정표 서식 지정

일정표의 색상과 스타일을 지정할 수 있습니다.

11-1. 일정표 선 서식 지정

01 '일정 바'를 마우스로 선택합니다.
02 [일정] 탭의 [서식] 그룹에서 '**선 색**' 메뉴를 실행합니다.

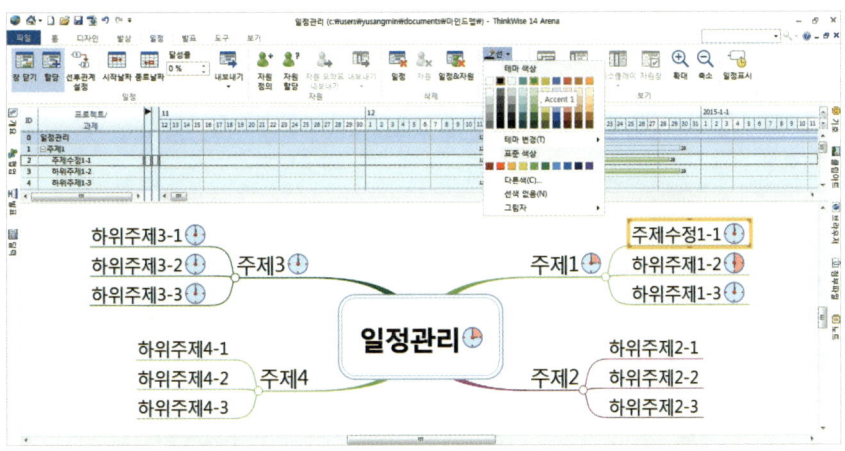

03 색상을 선택하면 '일정 바'의 색상이 바뀝니다.

> **TIP**
> 1. '일정 바'의 색상을 수정하면 맵 문서의 동일한 맵 항목의 가지 색상도 함께 수정됩니다.
> 2. '일정 바'의 색상은 팔레트를 이용하여 지정할 수도 있습니다.

11-2. 일정 스타일

일정표의 색상 스타일을 변경할 수 있습니다.

01 [일정] 탭의 [서식] 그룹에서 '**스타일**' 메뉴를 실행합니다.

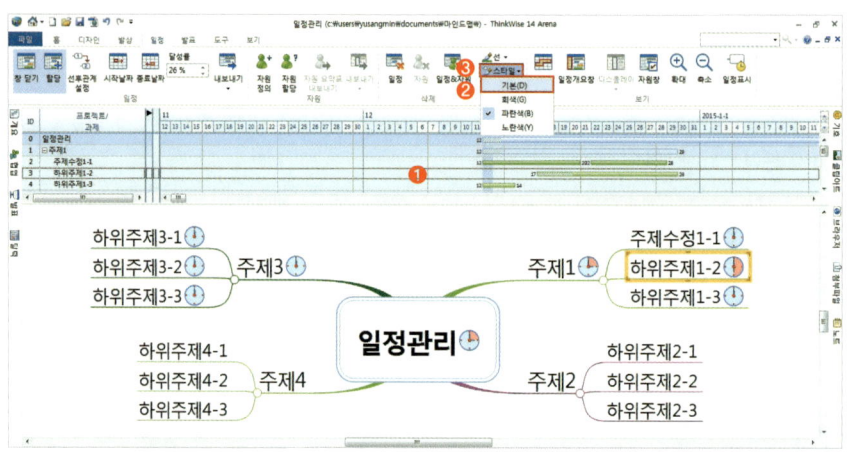

02 기본, 회색, 파란색, 노란색 중 선택하여 지정할 수 있습니다.

- 기본 스타일

- 회색 스타일

- 파란색 스타일

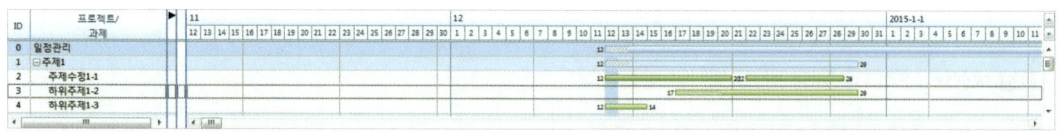

– 노란색 스타일

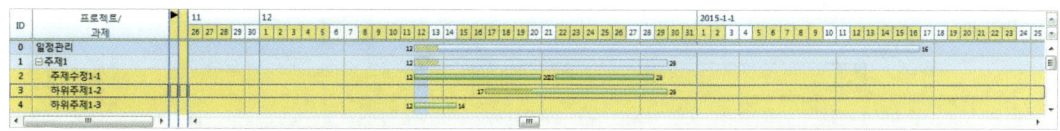

12. 다양한 일정 보기

작성된 일정표를 다양한 설정으로 화면에 표시할 수 있습니다.

12-1. 일정 범위

위에서 설명한 일정단위 변경 기능과 동일하게 동작하는 기능입니다.

01 일정 창을 마우스로 클릭합니다.
02 [일정] 탭의 [보기] 그룹에서 '**범위**' 메뉴를 실행합니다.
03 일정표의 날짜 표시를 **일, 주, 월, 년** 단위로 변경할 수 있으며, **시간** 단위로도 표시할 수 있습니다.

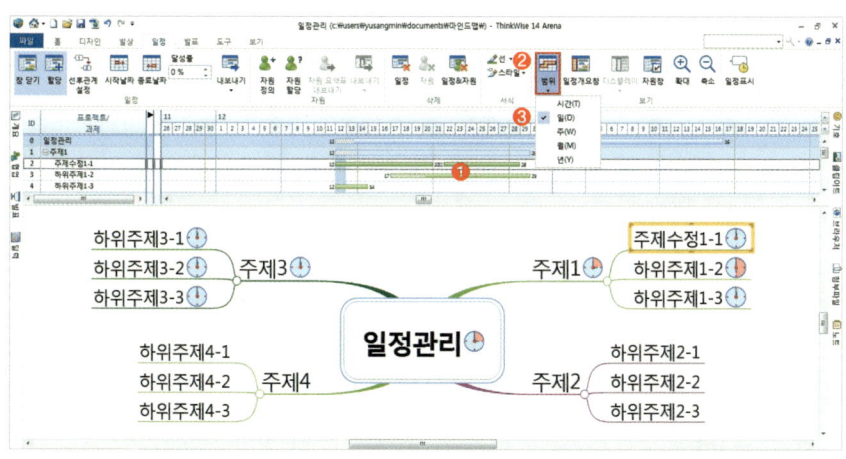

12-2. 일정 창에서 일정 개요창 보기

일정 항목과 일정표 이외의 상세 일정정보를 볼 수 있습니다.

01 [일정] 탭의 [보기] 그룹에서 '**일정 개요창**'을 실행합니다. 또는 일정표에서 마우스 오른쪽 버튼의 '**일정 개요창**' 메뉴를 실행합니다.
02 일정 창에 일정 개요창이 실행되며 입력된 일정 정보가 화면에 표시됩니다.

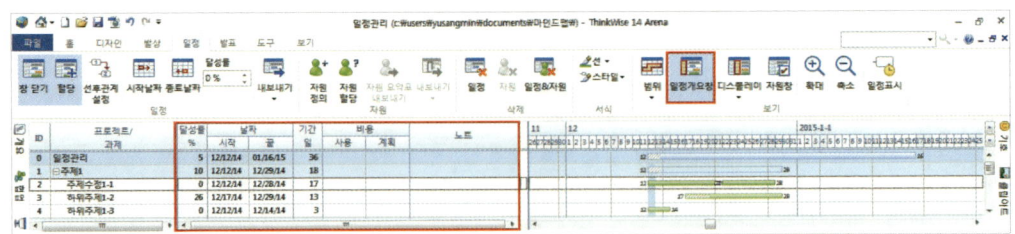

12-3. 일정 창에서 자원 창 보기

맵 문서에 자원이 설정된 경우 일정 창에서 자원 정보를 볼 수 있습니다.

01 [일정] 탭의 [보기] 그룹에서 '**자원 창**'을 실행합니다. 또는 일정표에서 마우스 오른쪽 버튼의 자원 창 메뉴를 실행합니다.

02 일정 창에 자원 창이 실행되며 입력된 자원 정보가 화면에 표시됩니다.

■ 자원

ThinkWise는 프로젝트 관련 맵문서 작성시 인원, 기계, 재료 등의 자원에 대한 정의 및 각 주제(작업)에 대한 자원 할당을 할 수 있는 기능이 있습니다. 이 기능은 프로젝트 수행시간과 예산을 동시에 계획하고 달성률을 관리해야 하는 경우에 특히 유용하게 사용할 수 있습니다. 자원기능을 사용하려면 먼저 자원을 정의해야 하는데, 사용자가 직접 자원정의를 하거나 다른 문서에서 사용하던 자원정의 파일을 불러와 사용할 수 있습니다.

1. 자원정의

프로젝트를 수행하는 데 있어 소요되는 모든 자원을 정의합니다. 자원정의시 필요한 항목은 **이름**, **단위당 비용**, **단위**입니다.

01 [일정] 탭의 [자원] 그룹에서 '**자원정의**' 메뉴를 실행합니다.

02 자원정의 대화상자가 실행되면 페이지 하단의 ⊞ 버튼을 누른 후 각 항목을 마우스로 더블클릭하여 자원 목록을 하나씩 입력합니다.

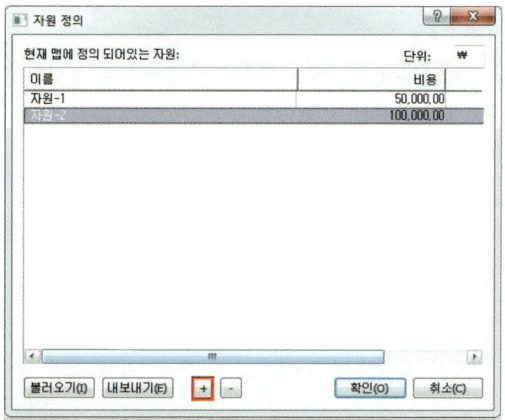

03 자원정의시 입력되어야 할 사항은 **이름, 단위 당 비용**입니다.
04 ⊞ 버튼을 눌러 모든 자원 목록을 정의합니다.
05 모든 자원 목록의 정의가 완료되면 [**확인**] 버튼을 눌러 자원정의를 완료합니다.

1-1. 자원정의 파일 가져오기

이전에 만들어 두었던 자원 파일을 불러와 사용합니다.

01 [**일정**] 탭의 [**자원**] 그룹에서 '**자원정의**' 메뉴를 실행합니다.
02 자원정의 대화상자가 실행되면 페이지 하단의 [**불러오기**] 버튼을 누른 후 CSV 파일을 선택합니다.
03 불러온 파일에 의해 자원정의가 완료됩니다.
04 필요시 ⊞ 버튼을 눌러 정의항목을 추가하거나 ⊟ 버튼을 눌러 불필요한 자원정의 항목을 삭제할 수 있습니다.

> **TIP**
> 1. 자원 파일의 형식은 CSV(CommaSeparated ValueFormat)나 ASCII 텍스트 파일이어야 합니다.
> 2. 정의한 자원 정보를 다른 응용 프로그램에서 사용하려면 '내보내기' 버튼을 클릭하십시오. 그러면 자동적으로 csv 파일 형식으로 저장됩니다.

2. 자원 할당

맵 문서(프로젝트)의 주제(작업)에 자원을 할당하는 방법입니다.

01 일정이 입력된 가지를 선택합니다.
02 [일정] 탭의 [자원] 그룹에서 자원의 '**자원 할당**' 메뉴를 실행합니다. 또는 가지를 마우스 오른쪽 버튼으로 누른 후 자원의 '**자원 할당**' 메뉴를 실행합니다.

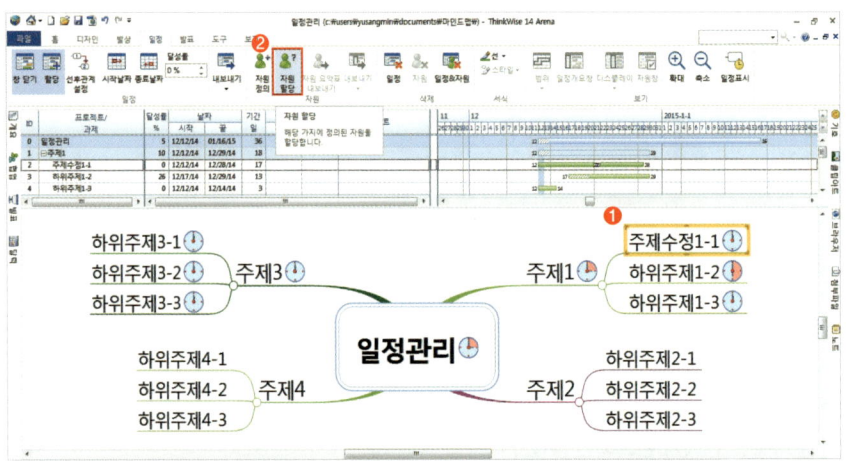

03 자원 할당 대화상자에서 실행되고 정의한 자원 항목이 표시된 것을 확인할 수 있습니다.
04 선택한 맵 문서의 가지에 입력된 주제와 관련하여 소요된 자원 항목의 계획(단위)과 실행(단위)를 입력합니다. 단위(수량)만 입력하면 금액은 자동으로 계산되어 표시됩니다.

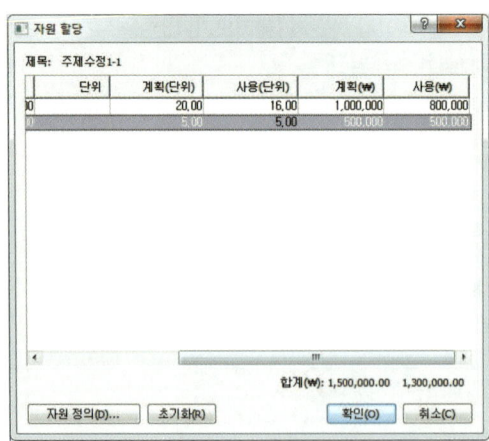

05 자원 할당이 완료되면 [확인] 버튼을 누릅니다.
06 맵 문서의 선택한 가지에 자원 아이콘이 생성된 것을 볼 수 있습니다.

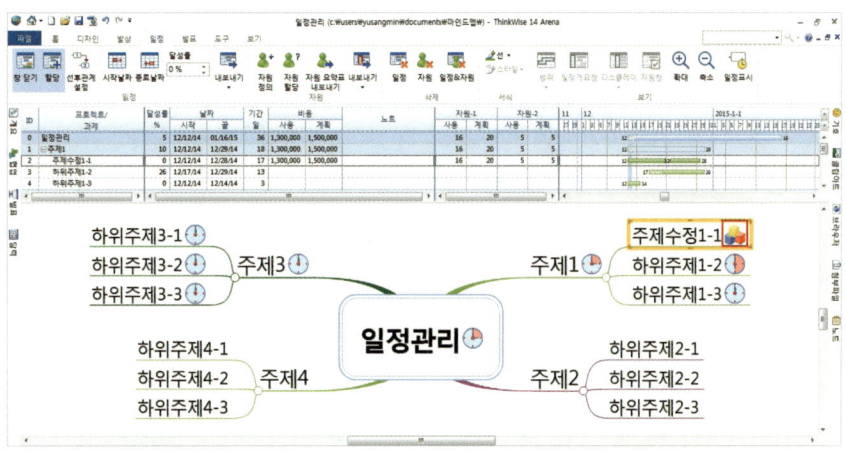

2-1. 일정 창에서 자원 정보 보기

입력된 자원은 일정 창의 자원 창에서 볼 수 있습니다.

01 가지에 추가된 일정 아이콘 또는 자원 아이콘을 클릭하면 일정 창이 화면에 나타납니다.
02 일정 창에서 자원 정보를 보려면 일정 창의 마우스 오른쪽 버튼을 눌러 나타나는 메뉴에서 '**일정 개요창**' 메뉴와 '**자원 창**' 메뉴를 실행합니다. 또는 [**일정**] 탭의 [**보기**] 그룹에서 '**일정 개요창**' 또는 '**자원 창**'을 실행합니다.
03 디스플레이의 아래쪽 화살표를 눌러 일정 개요창과 자원 창의 세부 메뉴를 표시할지 여부를 선택할 수 있습니다.

3. 자원 삭제

맵 문서에 입력된 자원을 삭제할 수 있습니다.

01 자원이 입력된 가지를 선택합니다.
02 [**일정**] 탭의 [**삭제**] 그룹에서 '**자원 삭제**'를 실행합니다. 또는 가지를 마우스 오른쪽 버튼으로 누르고 속성 제거의 자원 메뉴를 실행합니다.

4. 자원 요약표 내보내기

정의한 자원 목록을 파일로 저장하여 활용할 수 있습니다.

01 자원이 정의된 맵 문서를 실행합니다.
02 [일정] 탭의 [자원] 그룹에서 '**내보내기**'를 실행합니다.
03 보고서 요약 **내보내기** 대화상자가 실행되면 텍스트 파일로 자원 요약표를 저장합니다.

> **TIP** 자원 창은 일반적인 방법으로 인쇄, 미리보기가 가능합니다.
> 1. ThinkWise 단추를 누른 후 인쇄를 실행합니다.
> 2. 인쇄 대화상자에서 인쇄 형태를 자원으로 선택하고 확인 버튼을 누릅니다.

Chapter 6

협업 도구 ThinkWise

■ **ThinkWise의 협업 서비스**

ThinkWise는 Cloud(클라우드), Collaboration(협업), Commucation(소통) 기능을 가진 클라우드 기반의 협업 서비스로, PC 및 Mobile 간 맵 문서를 공유하기 위한 클라우드뿐만 아니라 팀원들과 공유된 맵문서를 공동으로 편집하면서 의견수렴까지 한 번에 해결할 수 있습니다.

또한, 맵 자료를 쉽게 공유할 수 있도록 플래시 뷰어와 함께 게시판에 삽입할 수 있습니다. 접기/펴기, 확대/축소, 하이퍼링크, 인쇄 등 다양한 기능을 지원하기 때문에 시각적으로 정리된 맵 형태 그대로 보여줄 수 있습니다.

ThinkWise 14 Arena 정품 사용자에게는 협업 기능을 무료로 제공합니다. 협업은 실시간과 비실시간으로 진행할 수 있습니다. 단, 인터넷(네트워크)이 온라인 상태가 되어 있어야 합니다. 블로그나 카페, 게시판에 여러분이 만든 맵을 게시해 보십시오.

■ Cloud(클라우드)

개인 클라우드를 이용하여 언제 어디서나 PC와 Mobile간 동일 형태의 맵 문서를 공유/편집할 수 있습니다.

■ Collaboration(컬래버레이션)

팀원 간 공유된 맵 문서는 실시간/비실시간 공동작업으로 진행할 수 있습니다. 단, 공동작업은 PC에서만 가능합니다.

■ Communication(소통)

팀원과 진행한 회의 내용은 자동으로 워드나 HWP 형태의 지정된 회의록으로 자동 변환되며, 다양한 형태의 맵 문서(오피스, 한글, 훈민정음, 프로젝트)로도 변환할 수 있습니다. 시각적으로 직접 정리한 맵 문서를 이용하여 파일을 공유하고 회의를 정리한다면, 소통과 공유가 원활하게 진행되므로 팀워크와 생산성이 향상됩니다.

1. 협업 시작하기

01 협업을 하고자 하는 기본 맵을 작성합니다.

02 화면 좌측에서 [**협업**] 메뉴의 [**개설**]을 클릭합니다.

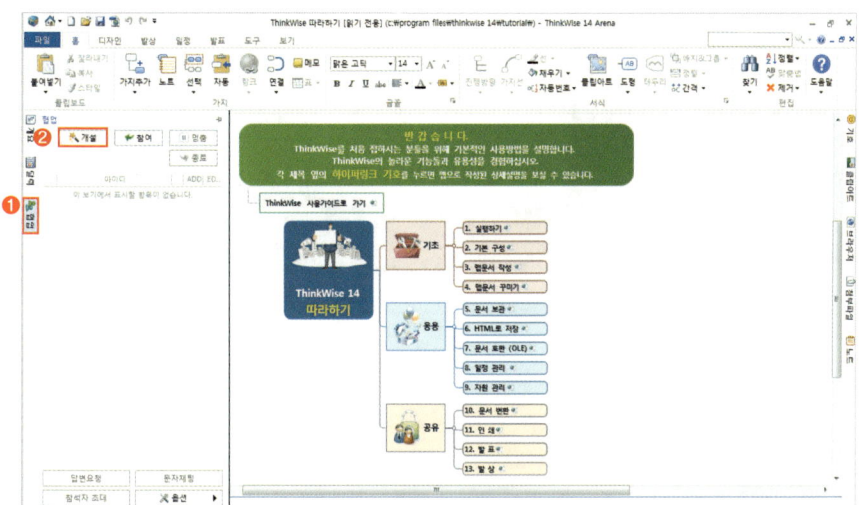

03 ThinkWise 14 Arena 홈페이지로 이동한 다음 로그인하여 시작합니다.
또는 http://arena.thinkwise.co.kr에서 직접 로그인하여 협업을 할 수 있습니다.

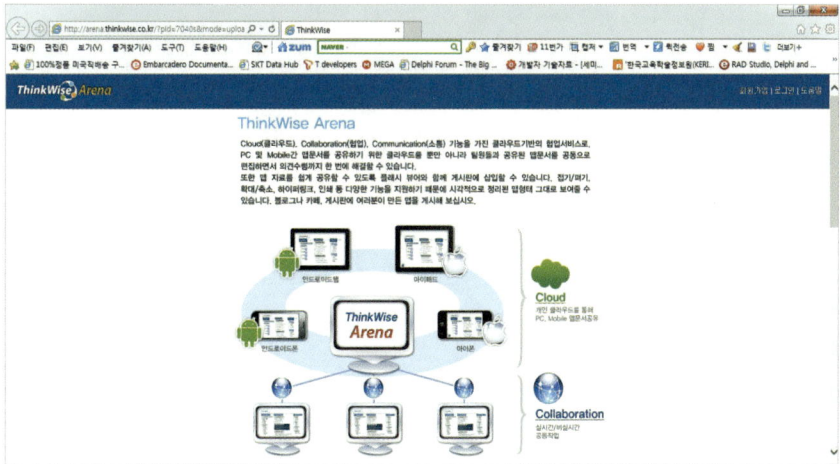

04 로그인 창이 실행되면 http://www.thinkwise.co.kr에 등록한 전자우편 주소와 비밀번호를 통해 로그인합니다.

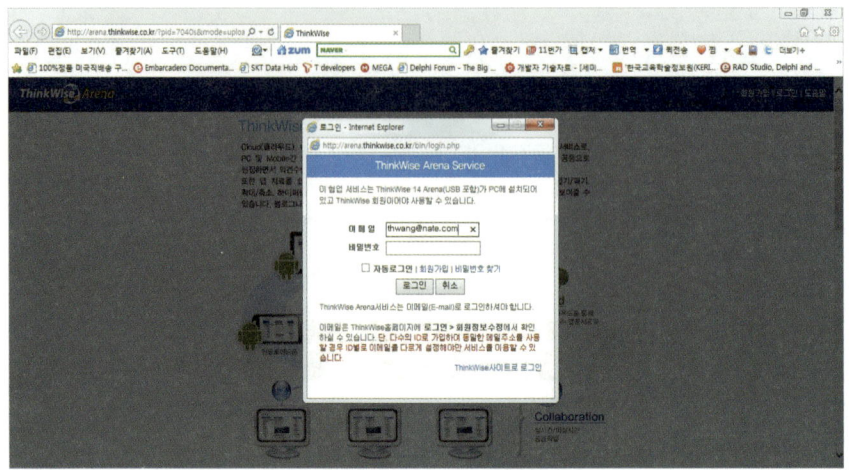

05 협업 창이 실행됩니다.

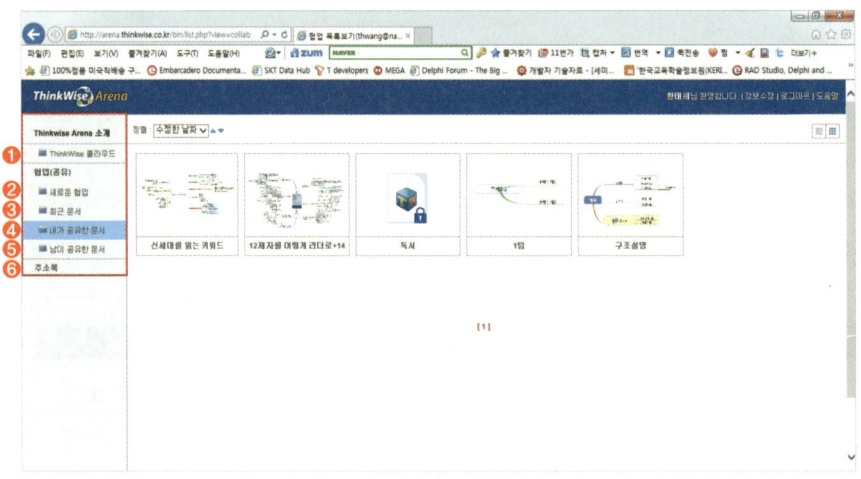

❶ ThinkWise 클라우드

ThinkWise 14 Arena에서 '클라우드로 내보내기'를 통해 업로드한 맵 문서 파일들을 보관하는 저장소입니다. 정품 사용자는 수정, 삭제가 가능합니다.

❷ 새로운 협업

다음 화면과 같이 '협업 개설하기' 창이 열립니다. 협업 개설시 [내PC 문서]는 기존 저장 맵 문서를 선택하여 협업을 시작하는 방법이며, [새 문서]는 새로운 맵 문서로 협업을 시작하는 방법입니다.

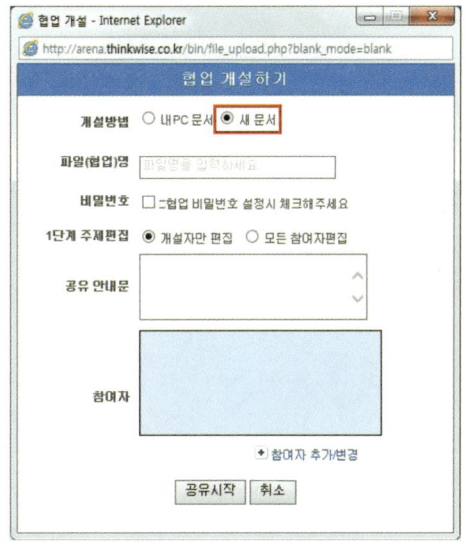

❸ **최근 문서**
최근 협업 개설시 작성된 협업 문서가 저장되어 있는 장소입니다.

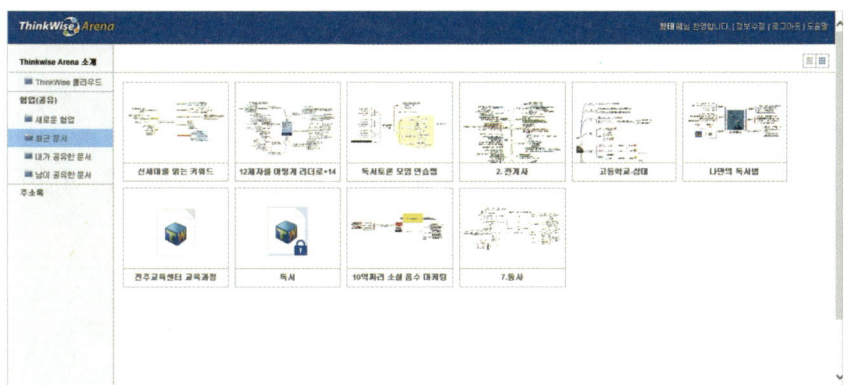

❹ **내가 공유한 문서**
현재까지 협업을 시작하여 공유한 문서들의 공간입니다.

❺ **남이 공유한 문서**
다른 사용자가 공유한 맵 문서의 공간입니다. 공유를 허락한 경우에만 표시됩니다.

❻ **주소록**
전자우편 주소를 통해 협업에 초대할 수 있습니다. 우편 주소를 수정, 추가, 삭제가 가능합니다.

> 협업 체험을 할 수 있도록 ThinkWise에서 무료로 제공하고 있습니다.
> http://www.thinkwise.co.kr/main/col_try.asp

Chapter 7

모바일 ThinkWise

■ **ThinkWise Mobile**

ThinkWise Mobile은 생각을 메모할 수 있으며, 회의에 참여하거나, 강의나 설교를 들으면서 정보를 빠르게 기록, 편집, 정리할 수 있습니다. 또한 모든 PC용, 모바일용에 탑재되어 있는 Dropbox, 클라우드를 활용하면 맵문서를 모바일 기기 또는 PC로 옮기기 위한 복사가 필요없이 하나의 파일을 여러 기기에서 즉시 공유할 수 있습니다.

새로운 ThinkWise Mobile은 맵과 노트의 장점을 결합한 신개념의 맵핑 모드를 지원합니다. 빠른 작성이 필요할 때는 트리노트 모드로 정보의 분류와 구조화, 이동이 가능하고, 편집이 필요할 때는 맵모드의 전환이 터치만으로 가능하여 자유롭게 사용할 수 있습니다.

1. ThinkWise Mobile 설치하기

ThinkWise를 모바일에서 사용하기 위해서는 안드로이드 마켓에 접속해 어플을 직접 다운받아 설치해야 합니다.

01 PlayStore를 실행한 후 'ThinkWise'를 입력하여 검색하면 나타나는 목록에서 **[ThinkWise(씽크와이즈)]**를 선택합니다. Apple의 iOS용 iPhone/iPad용 ThinkWise는 전용 AppStore에서 다운로드하여 설치할 수 있습니다. [안드로이드 및 iOS용 모두 무료입니다.]

 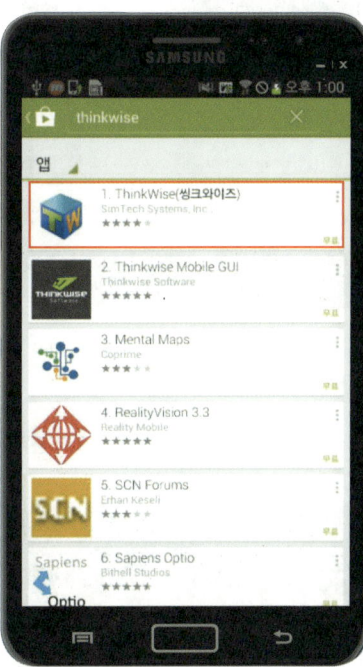

02 **[ThinkWise(씽크와이즈)]**에 대한 설명이 표시되는데 **[설치]** 버튼을 누른 후 **[동의]** 버튼을 눌러 어플리케이션을 설치합니다.

 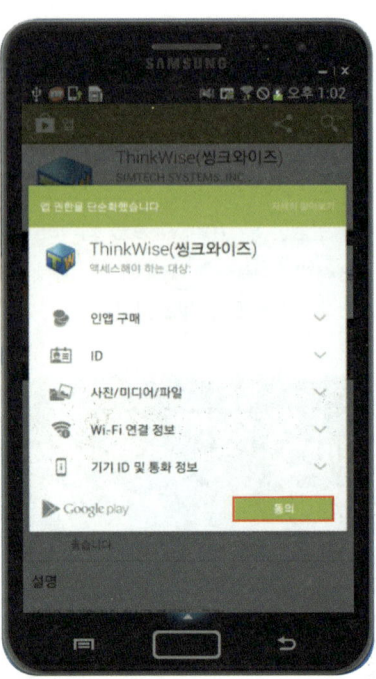

03 어플리케이션이 다운로드되면서 자동으로 설치가 완료되면 **[열기]** 버튼을 눌러 ThinkWise를 실행합니다.

 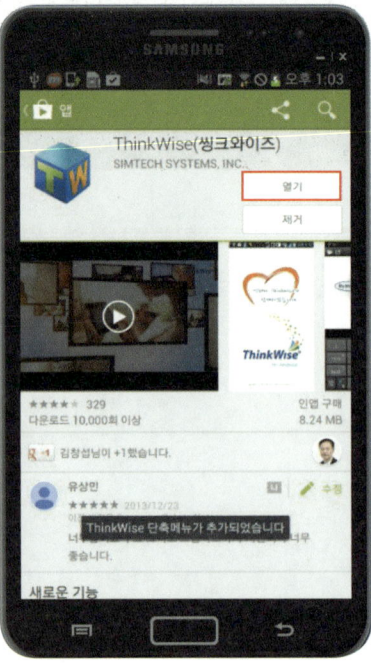

04 ThinkWise가 실행됩니다.

2. ThinkWise Mobile 주요기능

(1) 클라우드를 통한 PC연동

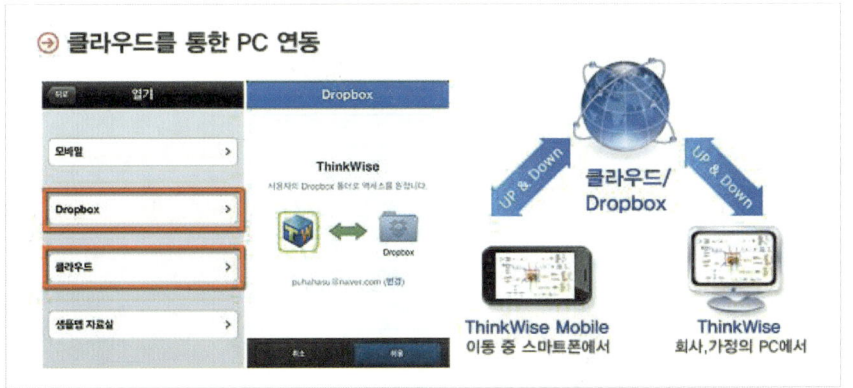

(2) 쉽고 빠르게 가지를 입력/삭제/이동할 수 있습니다.

(3) 연속 입력으로 입력 속도를 향상시켰습니다.

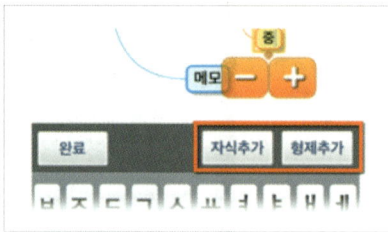

(4) 직관적인 가지 이동이 가능해졌습니다.

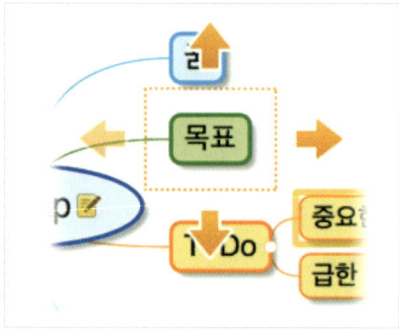

(5) 디자인이 기능 위주로 편리해졌습니다.

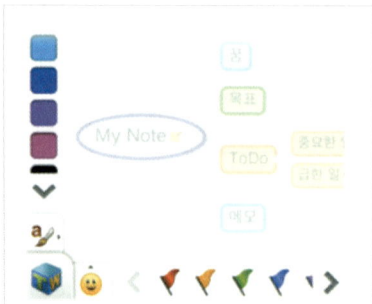

(6) 맵 스타일과 맵 진행 방향이 다양합니다.
(7) 가지 접기와 펴기로 공간을 여유롭게 사용할 수 있습니다.
(8) 긴 글에 유용한 노트 입력이 가능합니다.
(9) 이미지를 바로 찍어 맵에 적용할 수 있습니다.

(10) 아래와 같이 가지의 형태로 작성하는 방법과 메모의 형태로 작성하는 방법이 있습니다.
두 가지 방법 모두 메뉴에서 사용자가 직접 **가지** ↔ **노트**로 변경할 수 있습니다.

ThinkWise 모바일은 누구나 무료로 사용하실 수 있습니다. 여러분이 있는 그곳에서 즉시 표현하고, 소통하고, 공유하십시오. 이것이 ThinkWise가 추구하는 혁신이며, 여러분과 함께하고 싶은 소통과 공유의 세상입니다.

부록

활용 맵 예시
ThinkWise 활용기

MBO 목표관리 맵_ 조문찬

Management by objectives

Peter Drucker가 1954년 「경영의 실제」에서 주장 - 계획 기법

- 경영자가 자기 부하와 합의하여 활동 목표를 결정. 이를 바탕으로 부하의 실적 평가제도
- 특성
  - 목표의 구체성: 부하들의 참여. 계획 기간 명시. 실적 feedback

① 피해야 할 사항

- 목표지상주의
  - 계획은 수단일 뿐 상황에 따라 목표 수단은 변할 수 있어야 한다.
- 숫자화 할 수 있는 목표에만 치중
- 종업원 사기, 조직문화(C.I), 만족 등도 중시해야 한다.
- 과다한 서류 업무
  - 형식적인 것은 최소한으로 줄여야 한다.
- 상의 하달식 경영

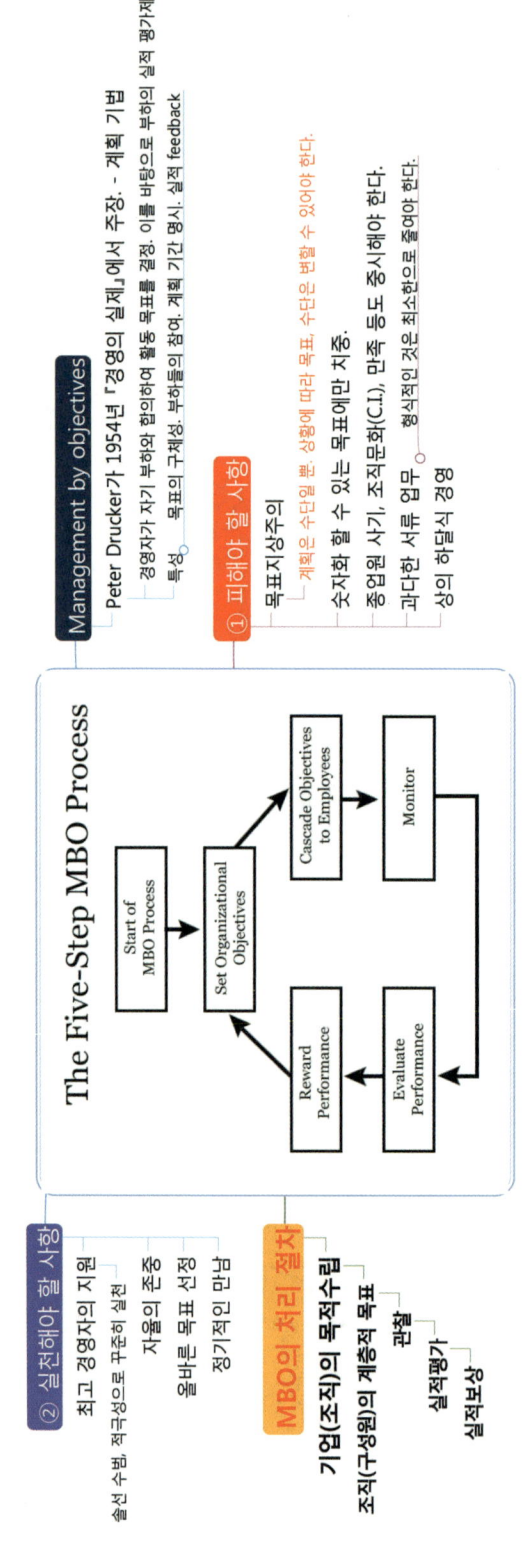

The Five-Step MBO Process

- Start of MBO Process
- Set Organizational Objectives
- Cascade Objectives to Employees
- Monitor
- Evaluate Performance
- Reward Performance

② 실천해야 할 사항

- 최고 경영자의 지원
- 솔선 수범 적극성으로 구준히 실천
- 자율의 존중
- 올바른 목표 선정
- 정기적인 만남

MBO의 처리 절차

- 기업(조직)의 목적수립
- 조직(구성원)의 계층적 목표
- 관찰
- 실적평가
- 실적보상

● **주간업무 맵**_ 김성봉

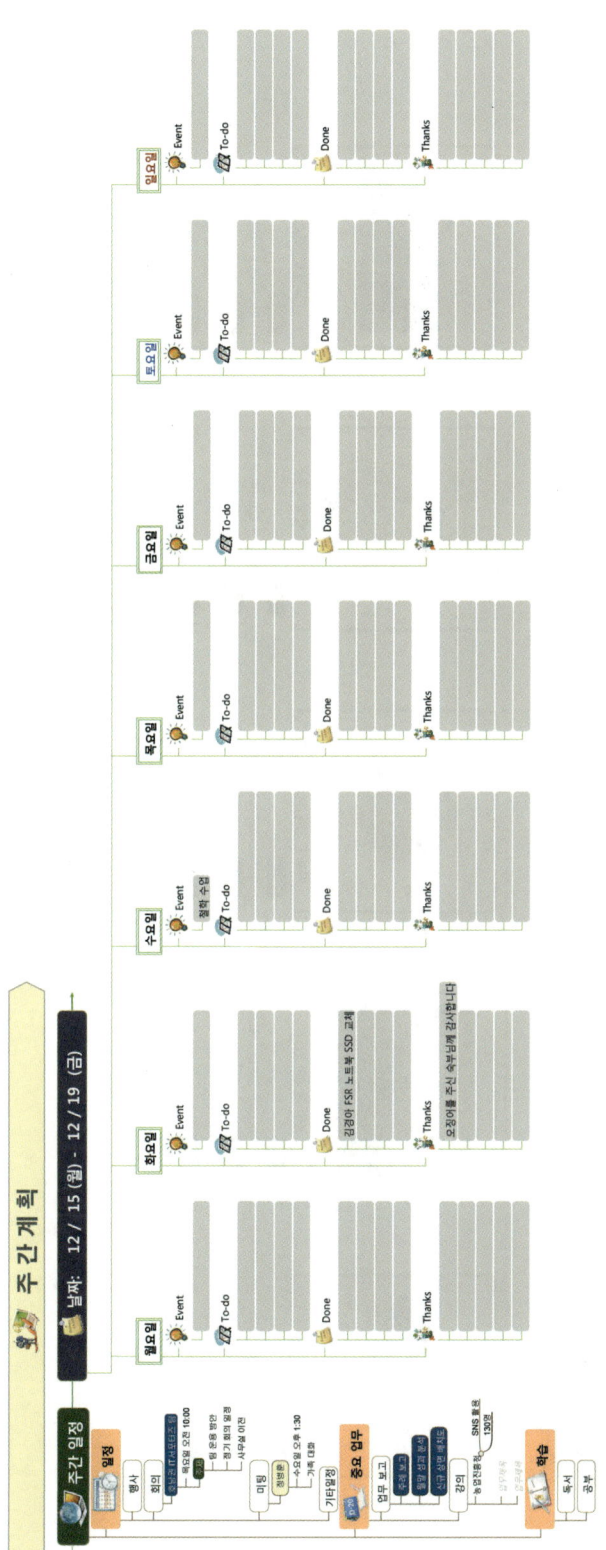

2014년 겨울 축제 맵_ 이은정

(기둥 : 정렬, 가지선 두께, 선 색, 바탕색, 기호, 하이퍼링크, 진행 방향 등 적용)

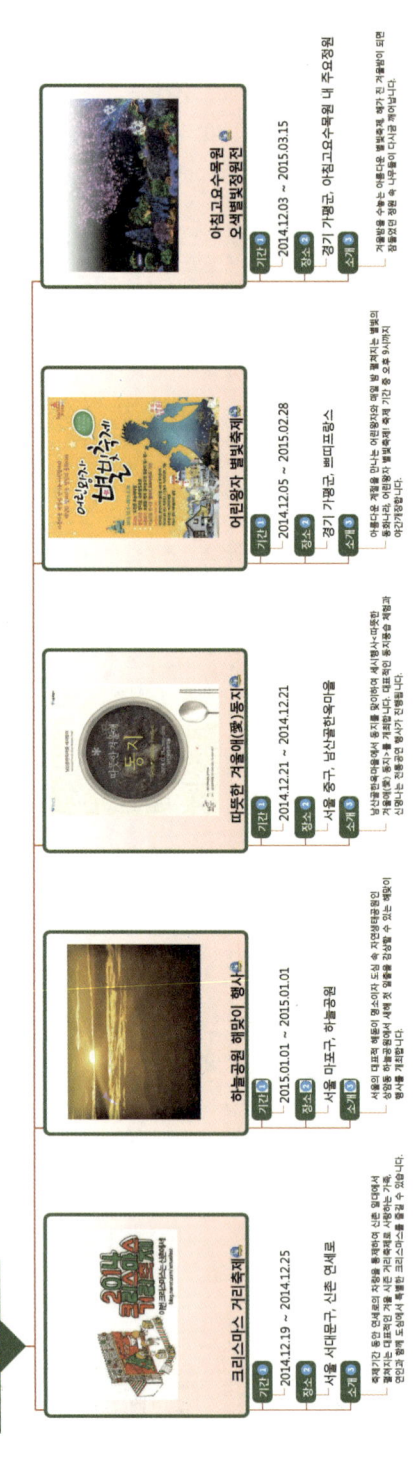

크리스마스 거리축제
- 기간: 2014.12.19 ~ 2014.12.25
- 장소: 서울 서대문구, 신촌 연세로
- 소개: 축제기간 동안 연세로의 차량을 통제하고 신촌대학로를 걷거리로 대표적인 겨울 축제인 크리스마스를 주제로 시즌 거리축제로 사용하는 가로, 연교와 함께 도심에서 특별한 크리스마스를 즐길 수 있습니다.

하늘공원 해맞이 행사
- 기간: 2015.01.01 ~ 2015.01.01
- 장소: 서울 마포구, 하늘공원
- 소개: 서울의 대표적 해맞이 명소이자 억새 군락지 속 자연생태공원인 하늘공원에서 새해 첫 일출을 감상할 수 있는 해맞이 행사를 개최합니다.

따뜻한 겨울애(愛) 동지
- 기간: 2014.12.21 ~ 2014.12.21
- 장소: 서울 중구, 남산골한옥마을
- 소개: 남산골한옥마을에서 겨울철 동지를 맞이하여 세시행사+대동한 겨울애(愛) 동지를 개최합니다. 대표적인 동지행사 체험과 신명나는 전통공연 등이 진행됩니다.

어린왕자 별빛축제
- 기간: 2014.12.05 ~ 2015.02.28
- 장소: 경기 가평군, 쁘띠프랑스
- 소개: 아름다운 겨울을 만나는 어린왕자의 매일 밤 불꽃처럼 별빛의 홀로나리, 어린왕자 별빛축제가 축제 기간 중 오후 9시까지 야간개장입니다.

아침고요수목원 오색별빛정원전
- 기간: 2014.12.03 ~ 2015.03.15
- 장소: 경기 가평군, 아침고요수목원 내 주요정원
- 소개: 겨울빛을 수놓는 야름다운 어른들의 별빛축제, 매가 진 겨울밤이 되면 잠들었던 정원 속 나무들이 다시금 깨어납니다.

스키장 일정 맵 _ 최효주

스키장 고고씽

☆ 일정계획
- 날짜: 2014.12.20
- 장소: 강원도 원주시 오크밸리
- 인원: 4명
- 준비물
  - 내의
  - 털모자
  - 마스크
  - 장갑
  - 두꺼운 양말
  - 회비 10만원

■ 문화시설

- 복지 영상실
- 전문공연장
- 예약접수
  - 장소

사우스콘도 전문공연 사무실	사우스콘도 세미나실	전문공연
영상교육		
맞은편관측		

- 운영시간 및 요금

항목	운영시간	이용요금
일반프로그램	주말 : (금) 20시, 21시 / (토) 20시, 21시, 22시 공휴일전일, 겨울시즌 (12월 4주 ~ 1월) 매일 : 20시, 21시	소인 14,000원 / 대인 16,000원 회원 30% 할인 비회원 3인이상 10%, 10인이상 20% 할인
전문프로그램	매주 일 ~ 목요일 (여름시즌제외) 지정하시는 시간	12,000원 / 1인 (대인, 소인 구분없음) 30인 이상 20% 할인
회원제프로그램	매주 일 ~ 목요일, 겨울시즌 : 21시 이후 지정하시는 시간 금, 토, 공휴일전일, 여름시즌 : 23시 이후 지정하시는 시간	연회비 (상담문의) 연중 10회 무료 / 1회당 회원포함 2인 무료 추가 1인당 1만원 추가 (5인까지 추가가능)

- 예약안내
  - 정원제로 운영과 날씨에 따라 프로그램이 취소될 수 있으므로 예약이 필요함
  - 날씨관계로 프로그램이 취소되실 경우 예약하신 분에게는 프로그램 1시간 전까지 통보를 드림
  - 예약은 전화로 시간과 인원을 통보해 주시면 되고, 예약금은 따로 없음
  - 문의처 : 033-730-3773(내선3773)

주차공원
- 마운틴파크 산책로
  - 마운틴파크 위치
  - 코스
- 전나무숲길
  - 숲
  - 그룹

● 즐길거리
- 수영장
- 쾌적하고 안락한 공간의 당구장
- 호텔 수준의 오크밸리 사우나
- 카트체험장
- 사바이벌
- 탁구장
- 카라반

★ 먹거리
- 낭만적인 정통 유러피안 로드카페
- 전통 최고급 한식당 가림
- 부담없이 즐길 수 있는 푸드코트
- 클럽하우스
- 주점 펀펀 펍스
- 오크뷰 레스토랑
- 롯데리아

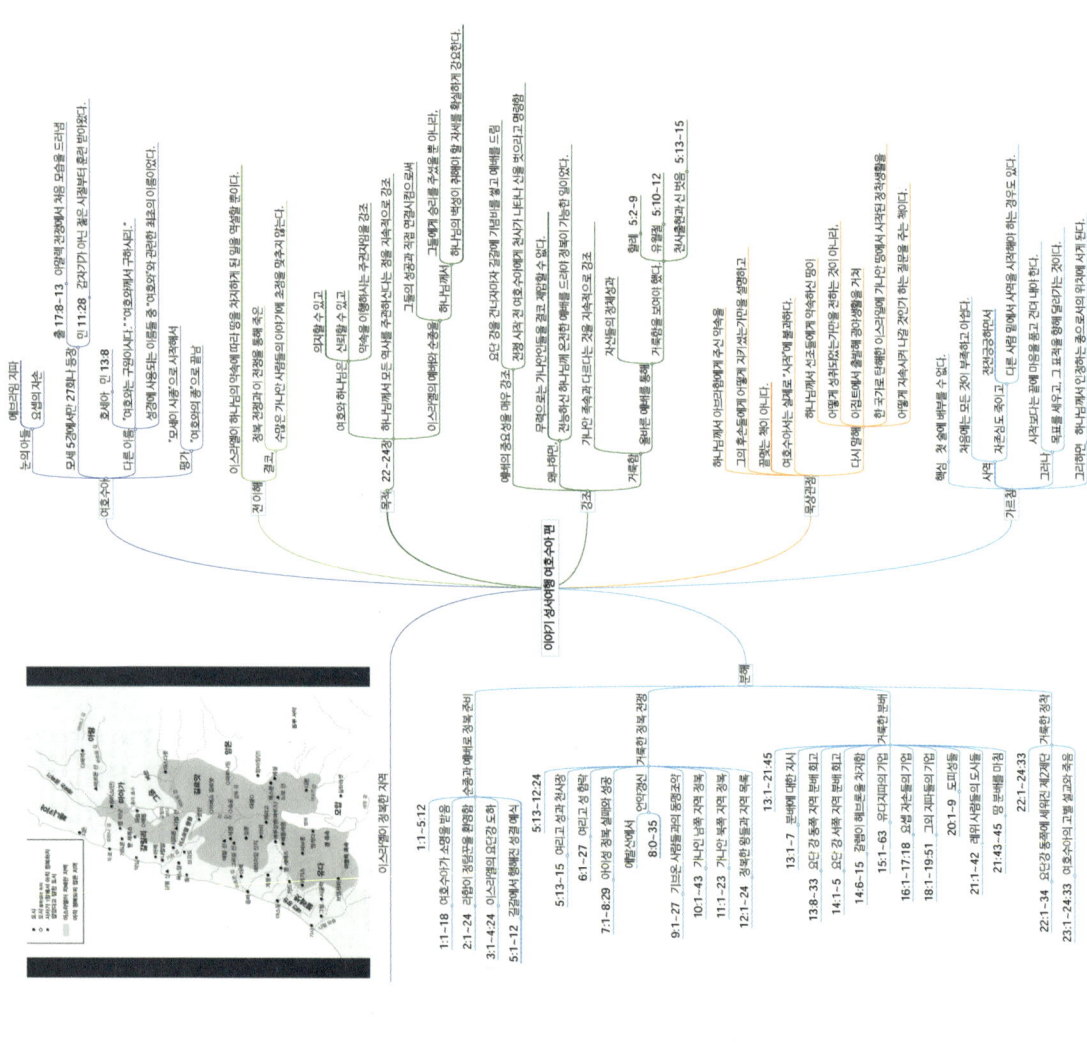

바울의 통역자들 맵 _ 양명종

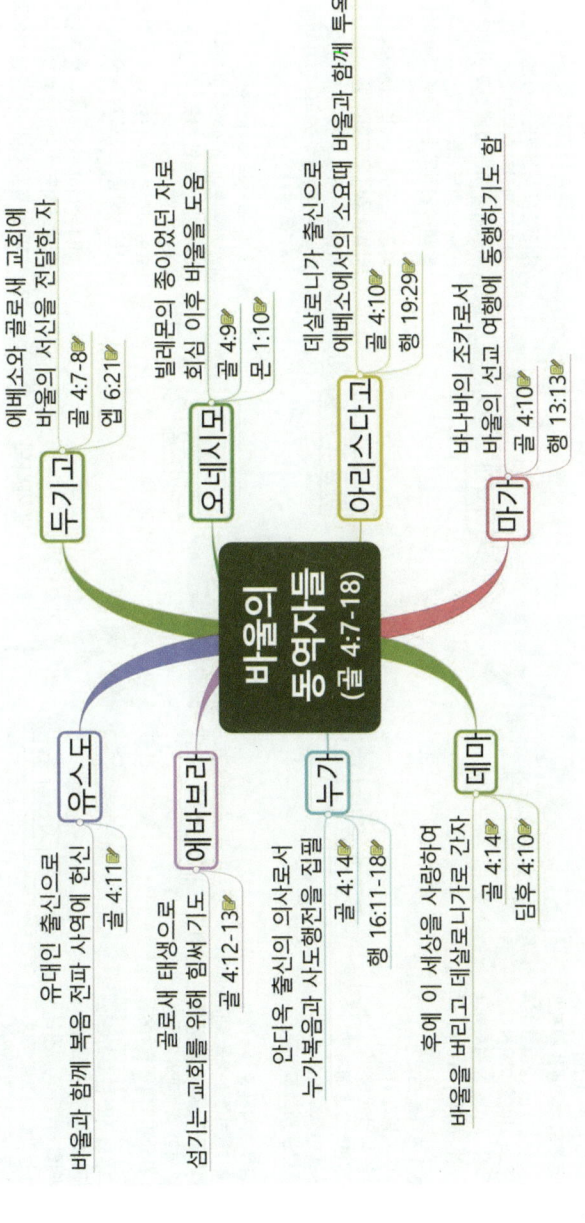

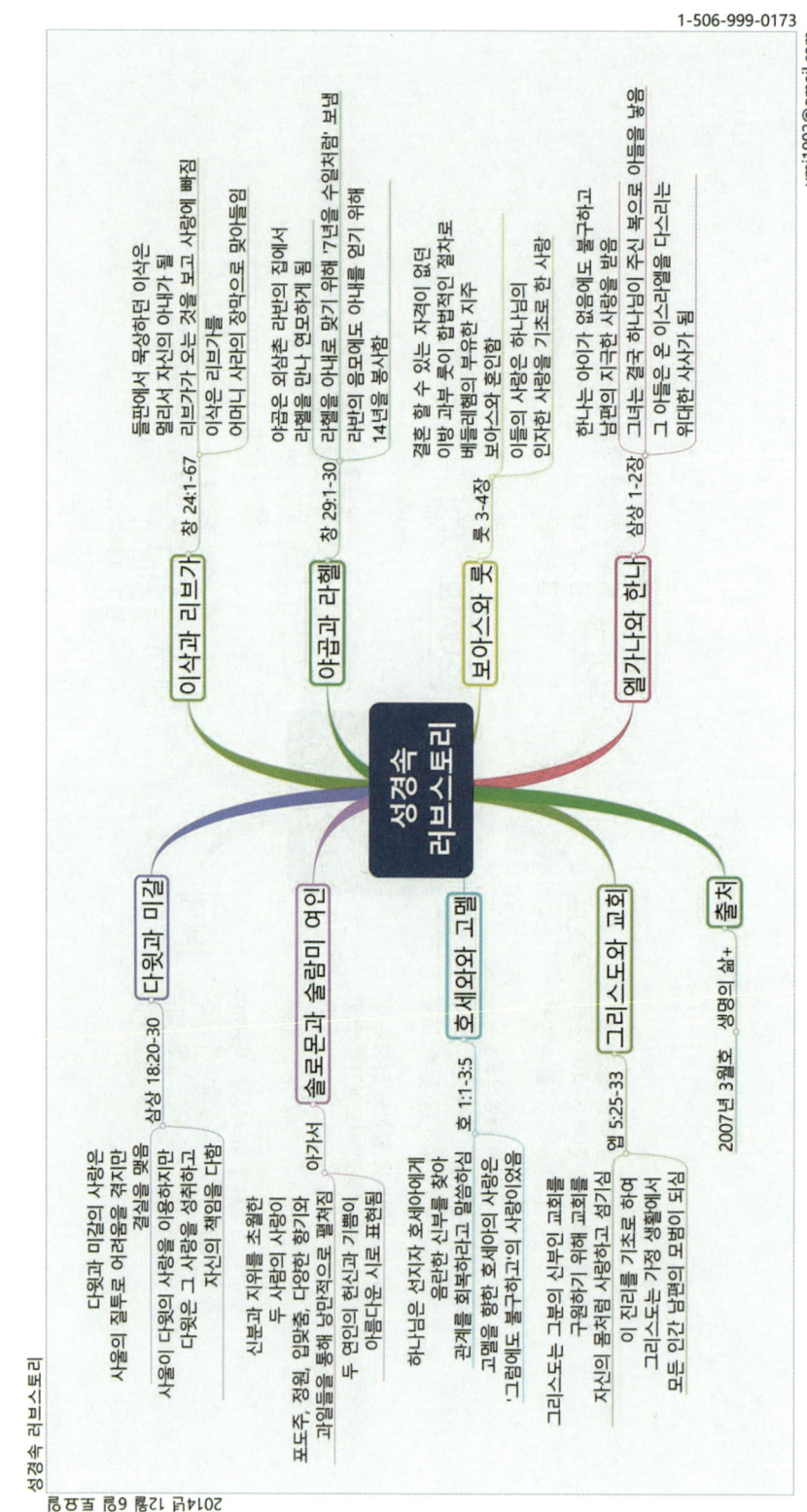

● **문장 5형식 맵**_ 이문상

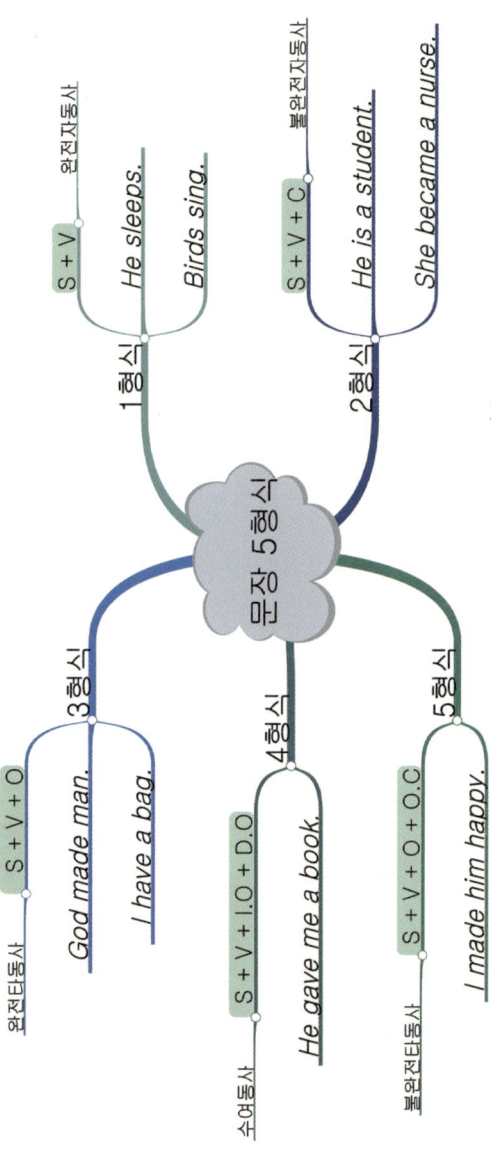

전문가 10인이 말하는 영어공부 성공법 맵_ 이은상

중학교에서 대학교까지 정규교육 10년, 입사시험, 직장생활, 일반인들이 오늘날에 이르기까지 영어에 들인 땀과 시간, 돈은 엄청납니다.

'영어 전문가들은 축자사자 매달리는 올림픽 정신'만으로 영어실력이 올라가지는 않는다고 잘라 말한다. "영어에 기적은 없다. 조금씩이라도 매일 꾸준히 공부하라"

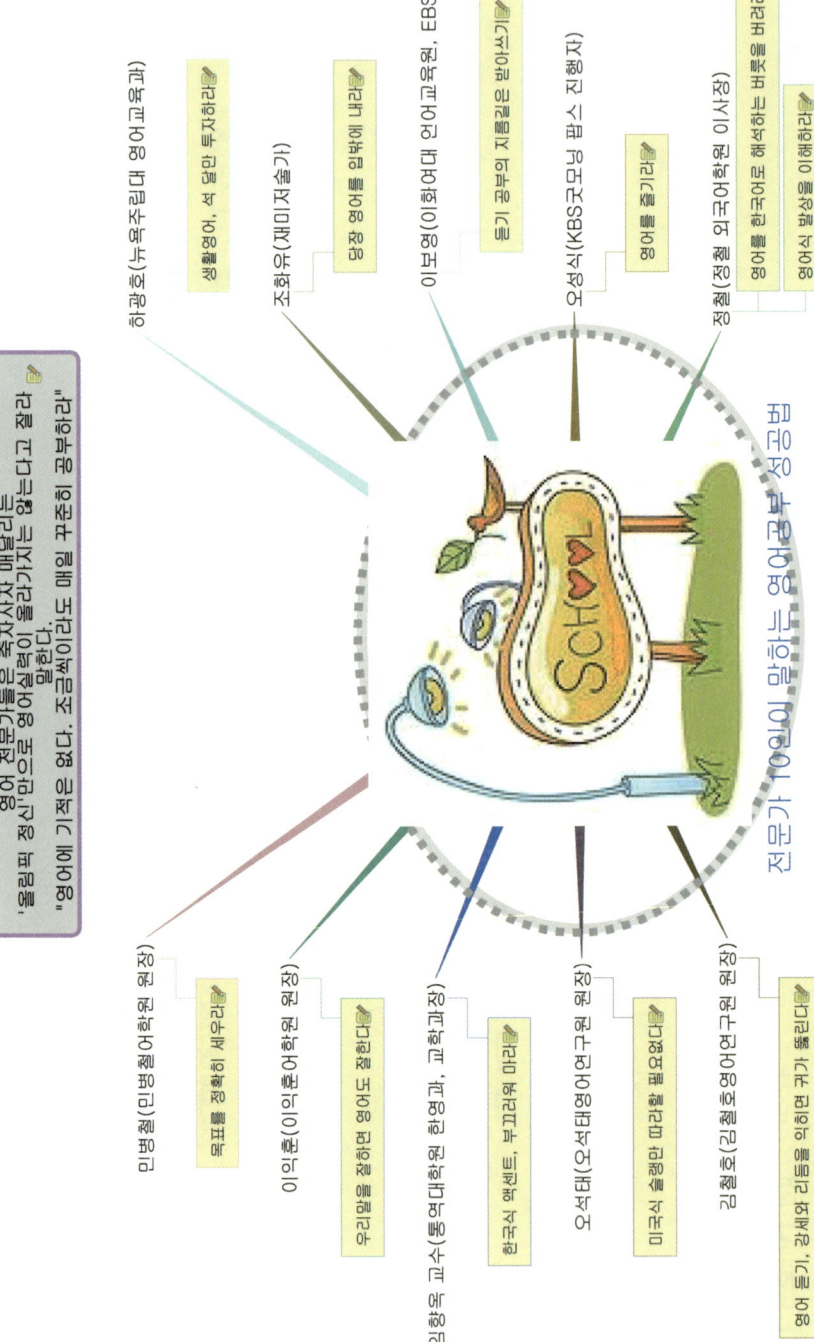

전문가 10인이 말하는 영어공부 성공법

- 민병철(민병철어학원 원장) — 목표를 정확히 세우라
- 이익훈(이익훈어학원 원장) — 우리말을 잘하면 영어도 잘한다
- 임향옥 교수(통역대학원 한영과, 교학과장) — 한국식 엑센트, 부끄러워 마라
- 오석태(오석태영어연구원 원장) — 미국식 슬랭만 따라할 필요 없다
- 김철호(김철호영어연구원 원장) — 영어 듣기, 강세와 리듬을 익히면 귀가 뚫린다
- 하광호(뉴욕주립대 영어교육과) — 생활영어, 석 달만 투자하라
- 조화유(재미저술가) — 당장 영어를 입 밖에 내놓라
- 이보영(이화여대 언어교육원, EBS강사) — 듣기 공부의 지름길은 받아쓰기
- 오성식(KBS굿모닝팝스 진행자) — 영어를 즐기라
- 정철(정철 한국어학원 이사장) — 영어를 한국어로 해석하는 버릇을 버려라 / 영어식 발상을 이해하라

● **교무업무 맵**_ 이신규

(기능 : 전체적인 윤곽을 만들고 폴더 별로 하이퍼링크 연결)

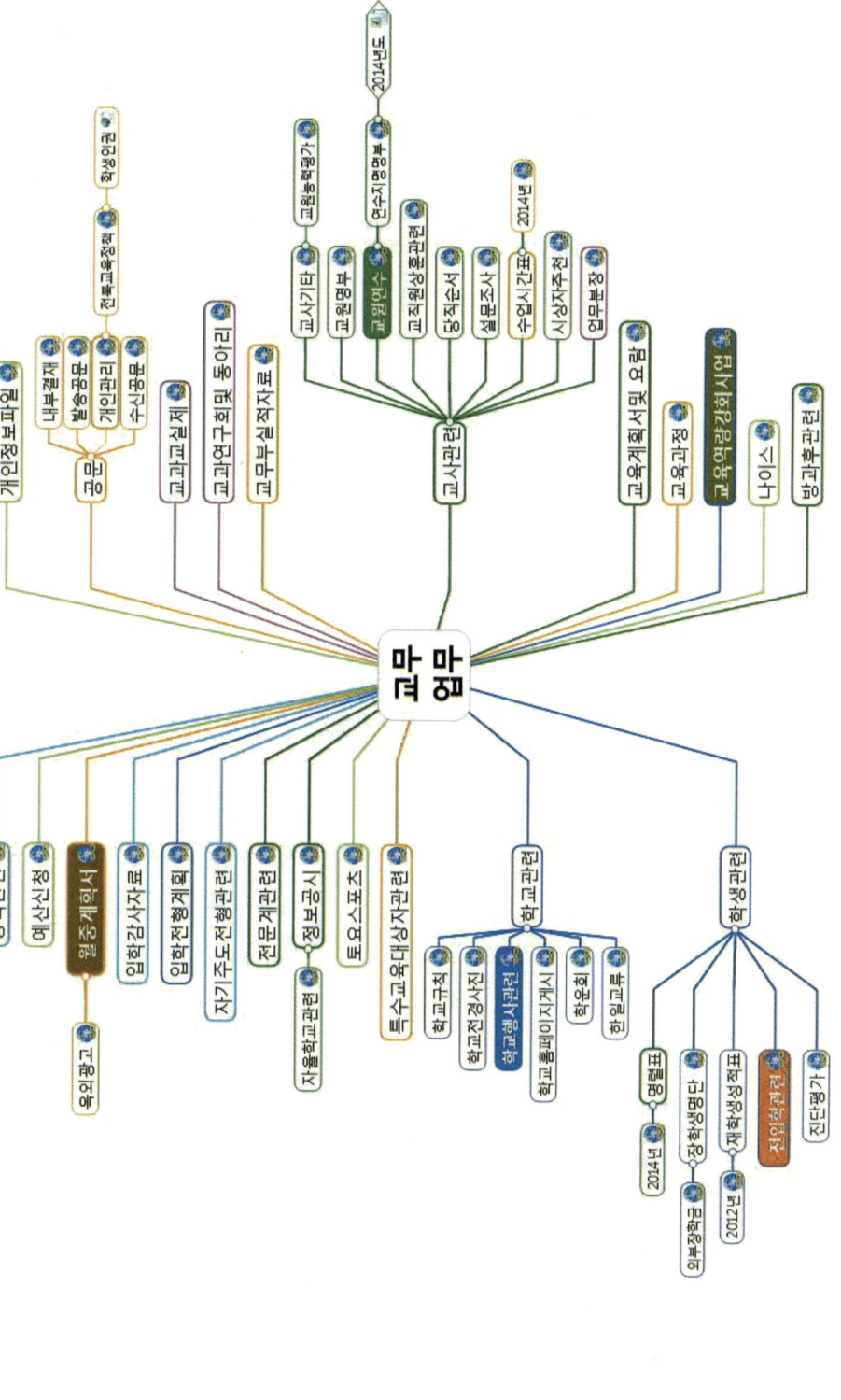

인물 관계도와 줄거리 맵_ 오경미

무기여 잘 있어라 - 줄거리

1부: 전선(고리지아)->밀라노
- 1장: 신을 참청하기 위해 전투 중
- 2장: 군종신부와 군인들의 대화
- 3장: 군종신부에 대해 내가 깨닫은 것
- 4장: 미스 바클리와의 첫 만남
  - 그녀가 나에게 관심있는 것 같다고 리날디가 암시. 그녀의 약혼자가 죽었다는 것을 알게 됨.
- 5장: 미스 바클리와의 첫 키스
- 6장: 주둔지에서 돌아와 캐서린을 만나러 감
  - 그녀는 그를 기다렸음 그가 거짓으로 그녀를 사랑한다고 말 할 필요가 없다고 얘기함.
- 7장: 술 마시고 그녀를 만나러 가지만 못 만남
  - 그녀를 갑자기 여긴 것에 대해 깨달음
- 8장: 캐서린의 '성 안토니오'를 목에 걸고 전선으로
- 9장: 박격포를 맞아 나는 영국군 야전병원으로 후송됨
  - 파시니 죽고. 나는 영국군 야전병원으로 후송됨
- 10장: 전쟁에 대한 생각. 전쟁을 끝내려면 한 쪽이 그만뒤아야 함
- 11장: 아전 병원에 리날디가 찾아 옴. 훈장받게 됨
- 12장: 군종신부의 병문안: 나는 누구도 사랑하지 않음
  - 신부님의 고향 아부르지에로 돌아가길 원하심
  - 밀라노 미군병원으로 후송될 예정
  - 선물 가져옴
  - 하나님을 사랑하는 것을 행복을 준다고 얘기
  - 후송 전날 밤 리날디의 소원이 찾아와 시간을 보냄
  - 캐서린도 밀라노로 간다는 소식을 전해 들음

2부: 밀라노->전선
- 13장: 밀라노 미군병원에 도착
  - 의사가 없음
  - 미스 밴캠포의 불편한 만남
- 14장: 캐서린 미군병원으로 옴
  - 내가 그녀를 사랑한다는 것을 깨달음
- 15장: 발렌티니에게 수술받기로 함
  - 군의관들은 6개월 뒤 수술해야 한다고 했으나 기다릴 수 없어서 다른 의사에게
- 16장: 수술 전날 밤 캐서린과 함께 보냄
- 17장: 수술 잘됐음. 그가 사랑이 깊어짐
  - 캐서린이 받으러 안하도록 개어지가 부탁
- 18장: 행복한 시간. 결혼 못하는 이유
  - 캐서린은 나는 결혼을 원하지만 그녀는 헤어지지 않는다고 반대. 간혹시의 신부로 결혼할 경우 분구로를 주장
- 19장: 몸이 많이 회복되어 낯에 혼자 다님
  - 마이어스 부부 부영사, 에도레, 성아가모와의 만남
  - 캐서린은 바를 두려워함. 빗속에 죽어있는 자신들의 모습을 보기때문에
- 20장: 경마장에서 캐서린과 즐거운 시간
- 21장: 전선복귀통보. 캐서린의 임신소식
  - 3주 휴가 후에 복귀
  - 기뻤지만 '생리적인' 덫에 걸렸다는 생각
- 22장: 황달로 벤캠포에 실망이 휴가 취소
  - 내가 술을 너무 많이 마셔서 황달이 걸렸다고 생각
- 23장: 캐서린과 밀라노에서 보내는 마지막 밤
  - 아기는 혼자서 잘 놓기로 약속
  - 매일 편지하기로 함
- 24장: 기차를 타고 전선으로 돌아감

3부: 전선->바인시차->우디네->열차
- 25장: 전선으로 복귀 함
  - 모두 반가워 함
  - 리날디, 군종신부, 소령과 식사
  - 모두 지쳐있음. 특히 리날디!
  - '바인시차'로 가기로 예정됨
- 26장: 군종신부와의 대화
  - 그 전쟁이 끝날거라고 믿고 내가 돌아와 반긴다고 기뻐함
- 27장: 바인시차에 도착
  - 지도를 고리지아로 보냄
  - 포카치시-바인시차 승리-아전병원철수-> 고리지아 도착 > 잠시 쉼 > 선발대가 두고간 것을 챙겨서 우디네로 출발
- 28장: 우디네로 가는 여정
  - 길이 마빙. 두 소녀와 두 하사와를 태움
  - 캐서린 생각이 간절(잠꼬대)
- 29장: 차가 진창에 빠져 걸어서 우디네로
  - 도망친 하사들이 죽임(무모하게 죽게)
- 30장: 함께한 사람들이 흩어짐(아일리는에게)
  - 아이모가 총살당함(이탈리아군에게)
- 31장: 보넬로가 도망(잠자리 포로가 되려고)
  - 피아베 내가 탈리아멘토 강독 다리를 건너면 중 내가 아전헌병에게 붙들림-> 강으로 뛰어듦(총살 당하기로)
- 32장: 탈리아멘토 강 건너 안
  - 외롭고 슬픔 굶주림
  - 리날디, 군종신부, 캐서린에게 작별인사

4부: 열차->밀라노->스위스(몽트뢰)
- 33장: 열차에서 뛰어내려 밀라노 도착
  - 시만스를 찾아감(성악공부하던 친구)
- 34장: 캐서린 재회
  - 전쟁이 더이상 생각도 하기 싫음
  - 나는 그걸로 여전히 믿고 신분증, 편안함
  - 파거슨 훌쩍이 나를 원망(캐서린을 위험하게 만들어서)
- 35장: 밀라노에서 잠시 보낸 시간
  - 캐서린이 파거슨에게 간 동안 바텐더와 낚시
  - 그때씨 백작과 당구를 칠 줄. 그의 책, 신앙, 삶에서 소중한 것 등에 얘기 함
- 36장: 스위스로 떠남
  - 폭우가 내리는 밤
  - 바텐더가 아침에 나를 장소로 올 것이라 얼려줌
  - 바텐더 도움으로 보트를 타고 한방중에 떠남

5부: 스위스(몽트뢰)->스위스(로잔)
- 37장: 밤세 노저서 스위스 도착
  - 아침시식후 세관에 체포됨
  - 임시비자 발급받아 몽트뢰로 감
  - 둘 다 몹시 피곤하다는 지점
- 38장: 스위스에서 보낸 평화로운 가을-겨울
  - 골방이 찾아서 아기를 작게 낳아야 함
- 39장: 1월. 산책하며 여전히 행복한 삶
  - 로잔으로 출산 위해 감
- 40장: 로잔에 간다는 것
  - 편한한 구청빈 부부와 헤어짐
  - 로잔에서이 생활(산책, 아기옷사기, 권투)
- 41장: 캐서린 아이 모두 출산시 죽음
  - 모두를 계이
  - 빗속에서 혼자 걸어 돌아옴

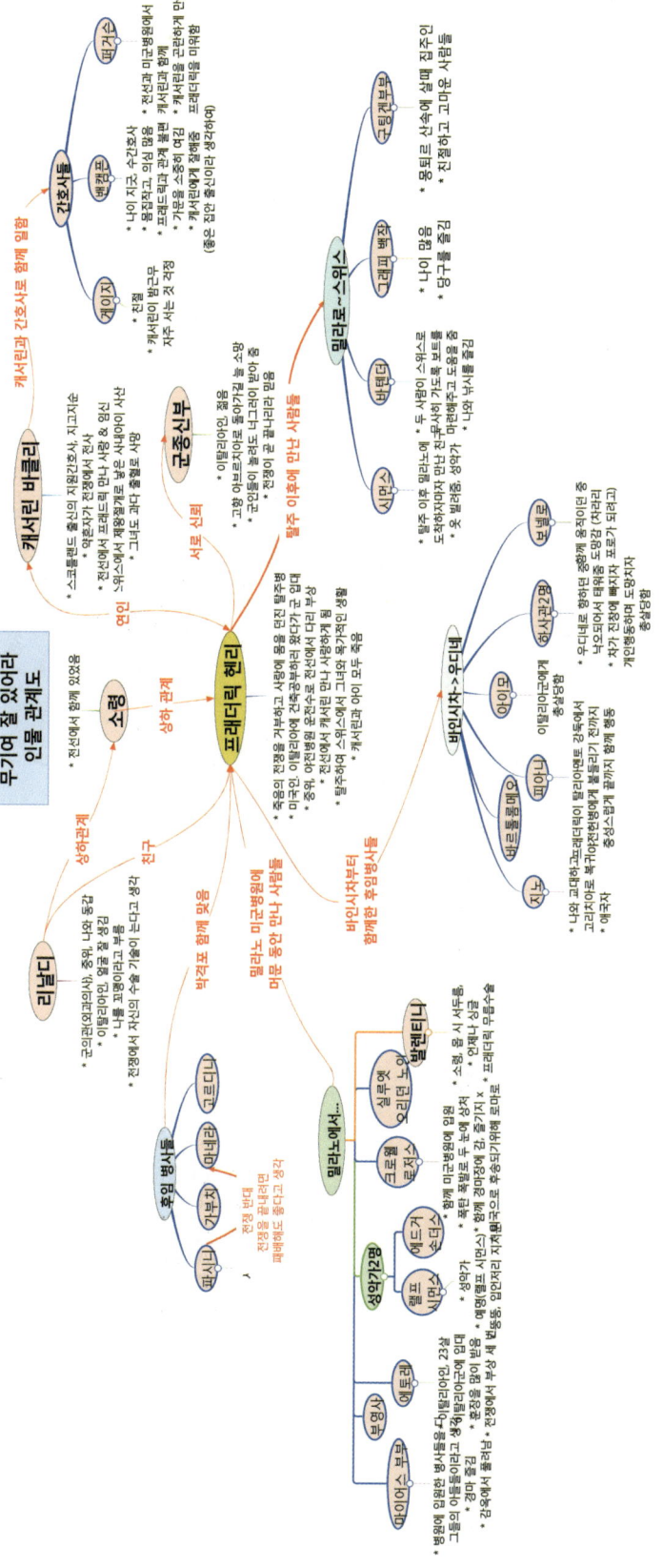

2014년 메트라이프 베리타스 독서경영 결산 맵 _ 조석중

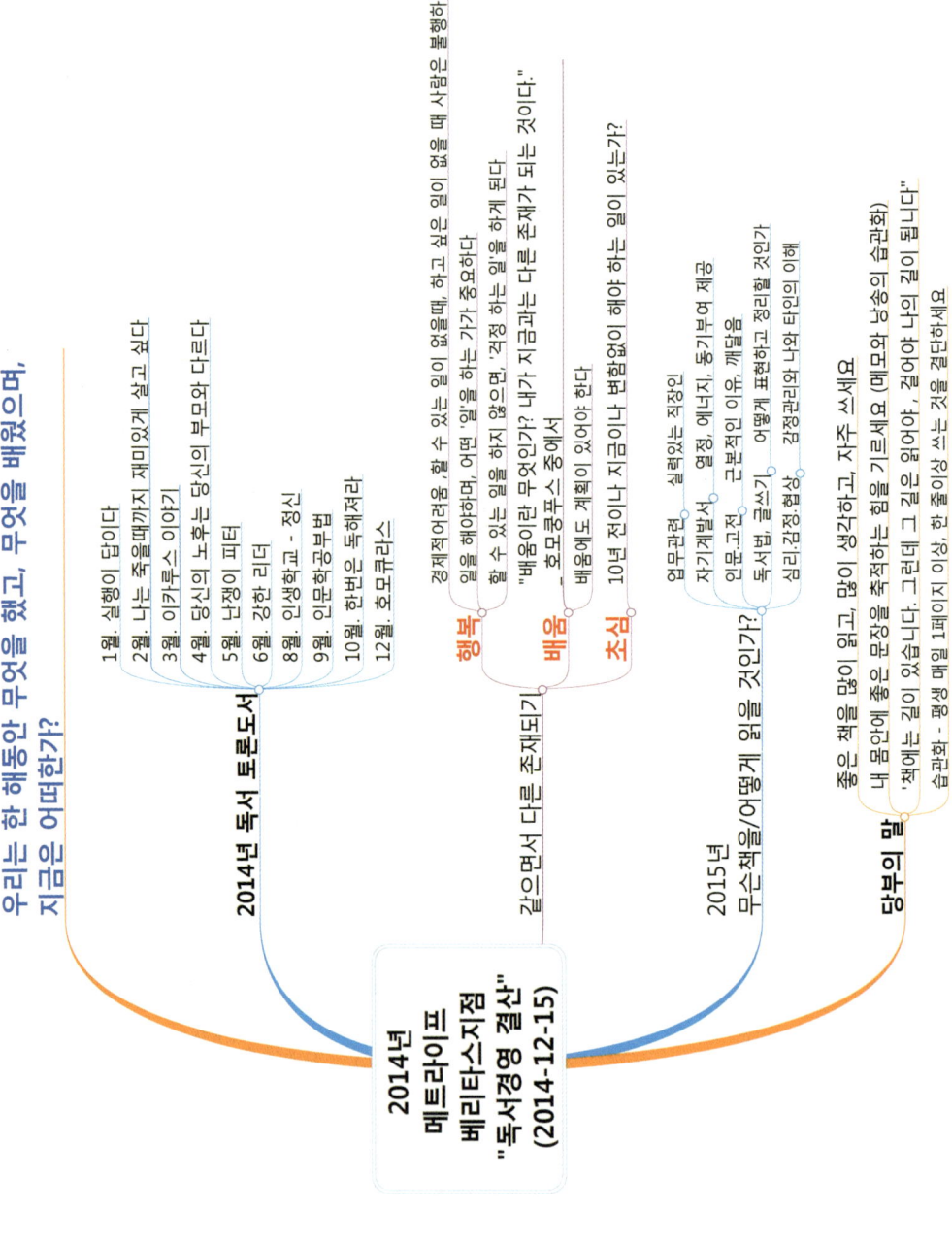

자기계발 반복ToDo 체크리스트 맵_ 신지호

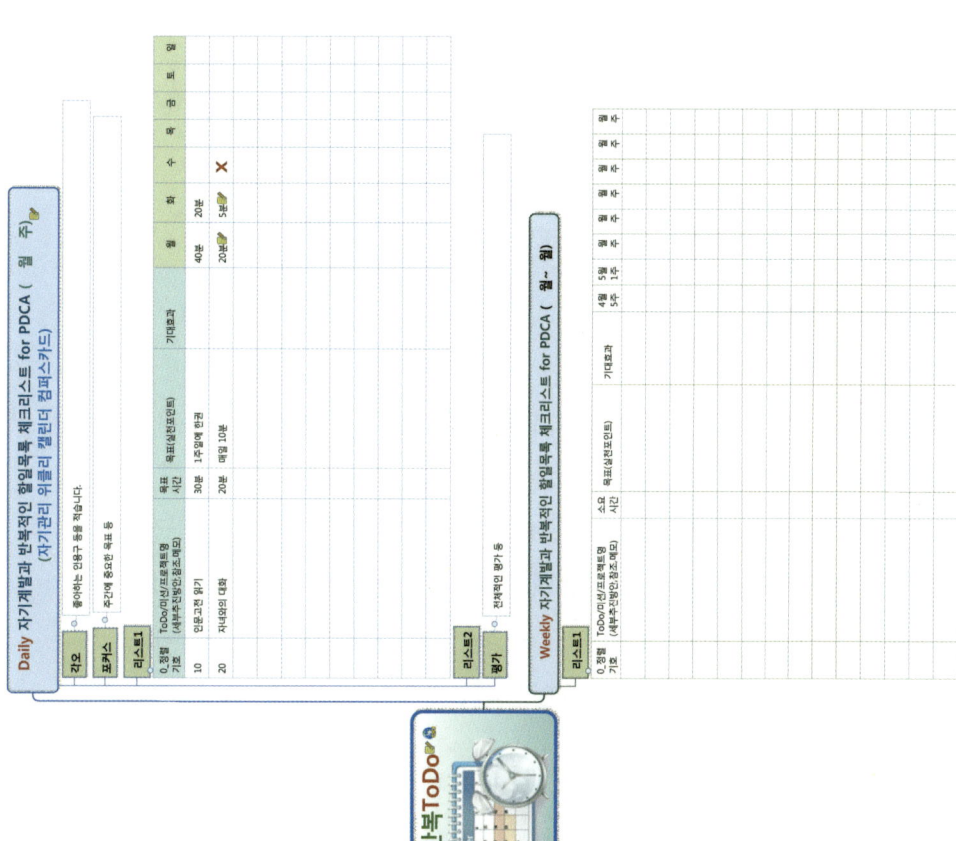

활용기 공모전에 참가하신 이주영 님의 활용기입니다

ThinkWise 사용 전
- 단순히 나열식으로 할 일/업무 내용 등을 정리
- 많은 정보가 분류되지 않아서 일을 중복으로 처리하거나 빠트리는 경우가 발생
- 전체적인 처리 시간이 긴 편
- 마무리된 자료가 없으므로 평가하고 개선하기가 어려움

ThinkWise 사용 후
[ThinkWise를 활용하게 된 계기]
마인드맵에 대한 책을 읽어보게 되고, 관련 온라인 카페, 클럽 등을 찾아서 자료를 찾던 중 ThinkWise라는 프로그램에 대해서 알게 되었습니다.

비용적인 문제로 무료 프로그램인 freemind라는 프로그램도 써보고, 외국의 프로그램들도 사용해보았으나, 언어적인 문제와 직관적이지 못한 인터페이스, 마인드맵 자료끼리의 링크 등의 이유로 오랫동안 사용하는 것이 힘들다는 결론을 얻게 되었습니다. 이에 ThinkWise trial version을 받아서 사용하게 되었습니다.

[ThinkWise 사용 후 장점]
- 무엇보다도 전체적인 내용이 한눈에 들어옴
- 관련 자료끼리 분류 및 정리가 용이함
- 묶은 자료를 다른 자료에 활용이 용이함
- 프로젝트나 기간 동안의 업무를 별도로 보관함으로써 활용도가 높아짐
- 개인적인 업무와 일상 활동 등에서 주로 활용
- 자료의 추가/삭제/확장 등이 용이함

[ThinkWise의 주 활용분야 및 방법]

- 업무/학습 등에서 주로 활용
- 업무 : 일주일을 나누어서 할 일 및 일정 정리
- 학습 : 목차를 만들어서 전체 흐름을 파악

[ThinkWise를 사용 후 달라진 점-사용 전과 비교]

- 빠트리거나 지나치는 업무 및 활동이 급격히 감소
- 처리 시간의 감소(관련 활동들의 분류가 용이해짐)
- 처리 process의 표준성 확보: 모든 자료를 마인드맵화하여 분류!
- 다양한 정보나 생각 정리가 편리함

[ThinkWise 추천 활용 분야 및 이유]

- 개인 업무 활용 : 분류/강조/추가/삭제가 용이함
- 학습 자료의 목차 정리 : 방대하더라도 한 눈에 내용이 들어옴
- 회의 : 복잡했던 협업이 일관성을 보이며 진행됨
- 시사 자료의 정리 : 쟁점이 무엇인지, 그에 따른 해결 방법이 무엇인지 판단 가능

[출처] 업무와 학습을 동시에 잡기_이주영 님
더 많은 사용자들의 활용수기는 http://www.thinkwise.co.kr
공식 카페 http://cafe.naver.com/mindprocessing 를 통해 확인하실 수 있습니다.

생각에 엔진을 달다
시작과 끝 ThinkWise

초판 1쇄 인쇄일 | 2015년 1월 28일
초판 1쇄 발행일 | 2015년 1월 30일

지은이　　| 유상민 황태회 장민석
펴낸곳　　| 북마크
펴낸이　　| 정기국
디자인　　| 서용석 안수현
편집　　　| 조은아 김수진
관리　　　| 안영미

주소　　　| 서울특별시 동대문구 왕산로23길 17(제기동) 중앙빌딩 305호
전화　　　| (02) 325-3691
팩스　　　| (02) 335-3691
홈페이지　| www.bmark.co.kr
등록　　　| 제 303-2005-34호(2005.8.30)

ISBN　　 | 979-11-85846-11-8　13000
값　　　　| 20,000원

이 책은 저작권법에 따라 보호를 받는 저작물이므로 무단전재와 무단복제를 금하며,
이 책 내용의 전부 또는 일부를 이용하려면 반드시 저작권자와 북마크의
서면동의를 받아야 합니다.